KUHN · VON HEBEL

Gemeindeordnung und Kreisordnung für das Land Nordrhein-Westfalen

Gemeindeordnung und Kreisordnung für das Land Nordrhein-Westfalen (GO NRW – KrO NRW)

Textausgabe mit Einführung und ergänzenden Vorschriften

Dr. Marco Kuhn
Erster Beigeordneter
Landkreistag Nordrhein-Westfalen

Viola von Hebel
Referentin
Landkreistag Nordrhein-Westfalen

BOORBERG

Bibliografische Information der Deutschen Nationalbibliothek |
Die Deutsche Nationalbibliothek verzeichnet diese Publikation in der Deutschen Nationalbibliografie; detaillierte bibliografische Daten sind im Internet über www.dnb.de abrufbar.

ISBN 978-3-415-07804-8

Anfragen gemäß EU-Verordnung über die allgemeine Produktsicherheit (EU) 2023/988 (General Product Safety Regulation – GPSR) richten Sie bitte an: Richard Boorberg Verlag GmbH & Co KG, Produktsicherheit, Scharrstraße 2, 70563 Stuttgart; E-Mail: produktsicherheit@boorberg.de

Titelfoto: © Tom Bayer – stock.adobe.com | Satz: abavo GmbH, Nebelhornstraße 8, 86807 Buchloe | Druck und Bindung: Plump Druck & Medien GmbH, Rolandsecker Weg 33, 53619 Rheinbreitbach

Richard Boorberg Verlag GmbH & Co KG | Scharrstraße 2 | 70563 Stuttgart
Stuttgart | München | Hannover | Berlin | Weimar | Dresden
www.boorberg.de

Vorwort

Was ist unter kommunaler Selbstverwaltung zu verstehen? Wie regeln die Kommunen eigenverantwortlich die Wahrnehmung der ihnen obliegenden Aufgaben? Welche gesetzlichen Vorgaben haben sie insofern zu beachten? Das sind nur einige der Fragen, die sich vor allem im Kommunalwahljahr 2025 in besonderer Weise stellen.

Die vorliegende Zusammenstellung aktueller kommunalverfassungsrechtlicher Regelwerke soll insbesondere kommunale Mandatsträgerinnen und Mandatsträger dabei unterstützen, diese Fragen zu beantworten. Zusätzlich wird im Rahmen einer einführenden Erläuterung ein Überblick über zentrale Aspekte des Kommunalrechts gegeben und dabei ein Blick auf die Umsetzung in der Praxis sowie aktuelle Herausforderungen und Chancen geworfen. An relevanten Stellen wird zudem auf die sich aus den Aufgaben der Jugendhilfe ergebenden Besonderheiten hingewiesen. Damit sollen kommunalen Mandatsträgerinnen und Mandatsträgern praktische Anregungen und Hinweise für ihren wichtigen Beitrag zu einer lebendigen und funktionsfähigen Demokratie gegeben werden.

Dr. Marco Kuhn Viola von Hebel

Düsseldorf, im Juli 2025

Inhalt

Einführung

A. Wer sind „die Kommunen“, was ist kommunale Selbstverwaltung?

Wie gestalten sich das Zusammenleben und die wirtschaftliche Entwicklung vor Ort, wo sollen neue Bau- oder Gewerbegebiete erschlossen werden, wie gut ist der öffentliche Personennahverkehr ausgebaut, welche Angebote werden zur Kindertagesbetreuung, schulischen und außerschulischen Bildung vorgehalten? Das sind nur einige der Fragen, die vor Ort zu beantworten sind. Nicht völlig losgelöst von Vorgaben oder Regelungen, die von Bund oder Land getroffen werden, aber doch weitgehend eigenverantwortlich. Die so verstandene Eigen- oder Selbstverwaltung spiegelt sich in dem Begriff „Kommune“ wider, der aus dem Lateinischen kommt und im Kern nichts anderes als Gemeinschaft bedeutet.

Die Idee, dass sich örtliche, von Bürgerinnen und Bürgern getragene Gemeinschaften selbst verwalten, blickt auf eine lange und wechselvolle Geschichte zurück, wurde aber erst mit der Weimarer Reichsverfassung von 1919 als kommunale Selbstverwaltungsgarantie verfassungsrechtlich abgesichert. Mit Inkrafttreten des Grundgesetzes hat die kommunale Selbstverwaltung noch einmal deutlich an Gewicht gewonnen. Die Mütter und Väter des Grundgesetzes (und nachfolgend die Verfassungsgeberinnen und Verfassungsgeber auf der Landesebene) haben die dezentrale Verwaltungsebene als Reaktion auf die zentralistische Politik des nationalsozialistischen Unrechtsregimes durch Artikel 28 Absatz 2 Grundgesetz (GG) gezielt gestärkt. Ergänzend hierzu wird die kommunale Selbstverwaltung auch auf der Landesebene abgesichert (in Nordrhein-Westfalen (NRW) durch Artikel 78 Landesverfassung (LVerf)). Diese dezentrale, auf die örtliche Gemeinschaft ausgerichtete Verwaltungsstruktur ermöglicht Entscheidungen nahe an den Bürgerinnen und Bürgern. Es gilt das Prinzip der Subsidiarität. Das, was man vor Ort entscheiden kann, soll auch dort und nicht auf höherer Ebene entschieden werden.

Aus der Sicht der Bürgerinnen und Bürger sind die Kommunen deshalb der zentrale Ort ihrer politischen Mitwirkung und Teilhabe. Hier können sie mitgestalten, die von ihnen gewählten Vertreterinnen und Vertreter unmittelbar erleben und ihnen ihre Anliegen und Vorstellungen direkt vortragen (zu den Möglichkeiten der direkten Beteiligung siehe unter E). Zurecht spricht das Bundesverfassungsgericht von der kommunalen Selbstverwaltung als „Keimzelle der Demokratie“.

In diesem Sinne garantiert Artikel 28 Absatz 2 Satz 1 GG *„den Gemeinden [...] das Recht [...], alle Angelegenheiten der örtlichen Gemeinschaft im Rahmen der Gesetze in eigener Verantwortung zu regeln“*. Die Selbstverwaltung wird den Gemeinden also nicht schrankenlos gewährt, steht vielmehr unter einem Gesetzesvorbehalt, was nichts anderes heißt, als dass in das gemeindliche Selbstverwaltungsrecht eingegriffen werden darf, dies aber nur durch oder aufgrund eines Gesetzes.

Auch den Gemeindeverbänden wird – allerdings nur im Rahmen des ihnen gesetzlich zugewiesenen Aufgabenbereiches – *„das Recht der Selbstverwaltung“* garantiert (Artikel 28 Absatz 2 Satz 2 GG).

Das Grundgesetz verwendet also nicht den Begriff „Kommune“, spricht in Artikel 28 Absatz 2 stattdessen von *„Gemeinden“* und *„Gemeindeverbänden“*. Wenngleich Letztere im Vergleich zu den Gemeinden nur einen eingeschränkten verfassungsrechtlichen Schutz genießen, ist Gemeinden und Gemeindeverbänden gemeinsam, dass sie keine Untergliederungen der staatlichen Verwaltung sind, sondern eigenverantwortlich agierende und mit eigenen Zuständigkeiten ausgestattete Selbstverwaltungskörperschaften.

Grundgesetz und Landesverfassung sprechen allgemein von *„Gemeinden“*, ohne nach deren Größe, Einwohnerzahl, Finanz- oder Verwaltungskraft zu unterscheiden. Eine Differenzierung nimmt allerdings der Landesgesetzgeber vor, indem er zwischen den Kategorien der kreisfreien Städte und kreisangehörigen Städte und Gemeinden unterscheidet, wobei im kreisangehörigen Raum nach der Einwohnerzahl noch weitergehend zwischen Mittleren und Großen kreisangehörigen Städten differenziert wird (§ 4 Gemeindeordnung NRW (GO)). Die Zuordnung zu einer jener Gemeindekategorien ist insbesondere für die Zuständigkeit für bestimmte Verwaltungsaufgaben maßgeblich. Dessen unbeschadet gilt, dass – solange nicht ausnahmsweise abweichend geregelt – die Vorschriften des Kommunalrechts, die die Gemeinden adressieren, auf kreisfreie Städte und kreisangehörige Städte und Gemeinden gleichermaßen anwendbar sind.

Zu den „*Gemeindeverbänden*" im Sinne des Grundgesetzes zählen die Kreise, die sich aus mehreren kreisangehörigen Städten und Gemeinden zusammensetzen (§ 1 Absatz 2 Kreisordnung NRW (KrO)) und deren Gebiet aus der Gesamtheit jener Städte und Gemeinden besteht (§ 15 KrO). Den Kreisen, zu denen kommunalverfassungsrechtlich auch die Städteregion Aachen gehört, obliegt vor allem die Wahrnehmung überörtlicher, auf das Kreisgebiet bezogener Aufgaben.

Eine zweite gemeindeverbandliche Ebene im Sinne des Grundgesetzes bilden die Landschaftsverbände. Sie gewährleisten die Erledigung bestimmter, in der Landschaftsverbandsordnung (LVerbO) aufgeführter überörtlicher Selbstverwaltungsaufgaben, die über die Reichweite, Verwaltungskraft und fachliche Expertise der Kreise und kreisfreien Städte hinausgehen (siehe dazu unter H).

Andere vom Gesetzgeber als Gemeindeverbände bezeichnete Einrichtungen wie etwa die Zweckverbände nach dem Gesetz über kommunale Gemeinschaftsarbeit (siehe dazu unter G) oder auch der Regionalverband Ruhr (siehe dazu unter H) zählen dagegen nicht zu den verfassungsrechtlich besonders geschützten Gemeindeverbänden.

Festzuhalten bleibt, dass es nicht „die" Kommune gibt. Wenn von Kommunen im Sinne der verfassungsrechtlich verbürgten Selbstverwaltungsgarantie gesprochen wird, sind damit in NRW Gemeinden und Gemeindeverbände und ganz konkret 22 kreisfreie Städte, die regionsangehörige Stadt Aachen (in Teilen einer kreisfreien Stadt gleichstehend), 31 Kreise (einschließlich der

Städteregion Aachen), 373 kreisangehörige Städte und Gemeinden sowie zwei Landschaftsverbände gemeint. Bei aller Unterschiedlichkeit ist ihnen gemeinsam, dass sie Gebietskörperschaften des öffentlichen Rechts sind, die auf der Grundlage eigener demokratischer Legitimation eigene Aufgaben sowie solche Aufgaben erfüllen, die ihnen zur Wahrnehmung übertragen wurden.

Da es im Folgenden im Kern um die Kreise, die kreisfreien Städte und die kreisangehörigen Gemeinden geht, sind mit dem Begriff „Kommune" im Weiteren, soweit nicht anders aufgeführt, ausschließlich die vorgenannten Gebietskörperschaften gemeint.

B. Welche Bedeutung haben die Kommunen?

Ist erst einmal klar, wer mit dem Begriff „Kommune" gemeint ist, stellt sich schnell die Frage, welche Bedeutung die Kommune überhaupt hat. Dies lässt sich zum Beispiel so beschreiben: Die Kommune ist die dem einzelnen Menschen nächste Einheit des Staates. Auf dieser Grundlage soll die Bedeutung der Kommune im Folgenden aus zwei verschiedenen Perspektiven betrachtet werden – derjenigen der/des Einzelnen und derjenigen des Staates.

Aus Sicht der/des Einzelnen ist die Kommune an erster Stelle ein Ort. Das Gebiet einer Gemeinde soll schon nach der Gemeindeordnung so bemessen sein, dass die örtliche Verbundenheit der Einwohnerinnen und Einwohner gewahrt und ihre Leistungsfähigkeit zur Erfüllung ihrer Aufgaben gesichert ist (§ 15 GO). Dabei besteht ihr Gebiet aus einzelnen Grundstücken (§ 16 GO) und kann aus Gründen des öffentlichen Wohls verändert werden (§§ 17 ff. GO). Mit Blick auf das Gebiet eines Kreises, das, wie bereits ausgeführt, aus der Gesamtheit der zu ihm gehörenden Gemeinden besteht (§ 15 KrO) und beispielsweise durch Ein-/Ausgliederung von Gemeinden ebenfalls aus Gründen des öffentlichen Wohls verändert werden kann (§ 16 KrO), steht hingegen nur dessen Leistungsfähigkeit zur Erfüllung seiner Aufgaben im Fokus (§ 14 KrO).

Ist die/der Einzelne in der Kommune geboren, lebt sie/er schon seit Jahren auf ihrem Gebiet oder fühlt sie/er sich der Kommune einfach besonders verbunden, verwendet die/der Einzelne oft stolz den Namen der Kommune (§ 13 Absatz 1 GO, § 12 KrO) und bezeichnet sich zum Beispiel als „Düsseldorfer" oder „Borkenerin". Neben ihrem Namen dürfen Kommunen aber auch andere Bezeichnungen führen, die auf der Geschichte oder auf ihrer Eigenart oder Bedeutung beruhen (§ 13 Absatz 3 GO, § 12 Absatz 2 KrO). Der einzelne Mensch wiederum wird im Rahmen des Kommunalrechts als Einwohnerin/Einwohner oder als Bürgerin/Bürger bezeichnet (§ 21 GO, § 20 KrO – wobei die Gemeinde- und Kreisordnung NRW ausschließlich das generische Maskulinum verwenden). Einwohnerin/Einwohner ist, wer in der Gemeinde/dem Kreis wohnt. Bürgerin/Bürger ist, wer zu den Gemeindewahlen wahlberechtigt ist. Neben der Verwendung ihres Namens wird die Zugehörigkeit zu einer Kommune oft auch dadurch zum Ausdruck gebracht, dass bestimmte Zeichen verwendet werden. Denn die Kommunen führen Dienstsiegel sowie Wappen und Flaggen (§ 14 GO, § 13 KrO).

Neben dieser ortsbezogenen und oft emotionalen Bedeutung hat die Kommune im Alltag für ihre Einwohnerinnen und Einwohner aber auch ganz praktische Relevanz. Die Kommune ist Ziel des einen oder anderen „lästigen Gangs zum Amt", wie im Falle der Beantragung eines Personalausweises, eines Führerscheins oder der Zulassung des neuen Autos. Aber auch freudige Anlässe, wie eine Eheschließung oder die Beurkundung der Geburt eines Kindes, bringen die Einwohnerinnen und Einwohner mit ihrer Kommune zusammen. An heißen Sommertagen lockt es zudem den einen oder die andere in das örtliche Schwimmbad, das als öffentliche Einrichtung von der Kommune betrieben wird (§ 8 GO, § 6 KrO).

Aus staatlicher Sicht sind die Gemeinden die Grundlage des demokratischen Staats- und des dezentralen Verwaltungsaufbaus (dazu bereits unter A), sie fördern das Wohl ihrer Einwohnerinnen und Einwohner in freier Selbstverwaltung und handeln zugleich in Verantwortung für die zukünftigen Generationen (§ 1 GO). Sie sind in ihrem Gebiet grundsätzlich ausschließliche und eigenverantwortliche Träger der öffentlichen Verwaltung (Artikel 78 Absatz 2 LVerf, § 2 GO). Hinsichtlich der Kreise liegt der Fokus auf den kreisangehörigen Gemeinden und deren Einwohnerinnen und Einwohner (§ 1

KrO). Auch sie sind grundsätzlich ausschließliche und eigenverantwortliche Träger der öffentlichen Verwaltung, allerdings bezogen auf die Wahrnehmung der auf ihr Gebiet begrenzten überörtlichen Angelegenheiten (Artikel 78 Absatz 2 LVerf, § 2 Absatz 1 KrO).

Gleichzeitig obliegen den Kommunen verschiedene Aufgaben, die sie im Sinne des Gesetzes erfüllen müssen oder dürfen (dazu unter C). Pflichtaufgaben können den Kommunen allerdings nur durch Gesetz übertragen werden (§ 3 Absatz 1 GO, § 2 Absatz 2 Satz 2 KrO), wobei ein Weisungsrecht vorgesehen werden kann (§ 3 Absatz 2 GO, § 2 Absatz 2 Satz 3 KrO, siehe dazu unter C.II).

C. Welche Aufgaben haben die Kommunen?

Die Aufgaben der Kommune sind vielfältig und können an dieser Stelle nur angerissen werden. Schon in der Landesverfassung heißt es beispielsweise, dass die Verwaltung in den Händen der Landesregierung, der Gemeinden und der Gemeindeverbände liegt (Artikel 3 Absatz 2 LVerf), Land und Gemeinden die Pflicht haben, Schulen zu errichten und zu fördern (Artikel 8 Absatz 3 Satz 1 LVerf) sowie Kultur, Kunst, Wissenschaft und Sport zu pflegen und fördern haben (Artikel 18 Absätze 1 und 3 LVerf). Darüber hinaus stehen die natürlichen Lebensgrundlagen und die Tiere unter dem Schutz auch der Kommunen (Artikel 29a LVerf).

Kommunalrechtlich lassen sich in NRW im Wesentlichen drei Aufgabenformen unterscheiden: Die Selbstverwaltungsaufgaben, unterteilt in freiwillige und pflichtige, (dazu C.I) sowie die Pflichtaufgaben zur Erfüllung nach Weisung (dazu C.II). Von geringer praktischer Bedeutung und deshalb (an dieser Stelle) zu vernachlässigen ist die Kategorie der staatlichen Auftragsangelegenheiten, zumal die landesrechtliche Neuübertragung von Auftragsangelegenheiten auf die Kommunen nicht mehr zulässig ist (vgl. Dietlein/Hellermann, Öffentliches Recht in Nordrhein-Westfalen, 10. Auflage 2024, § 1 Rn. 69 ff.). Zur Organleihe wird auf die Ausführungen unter D.II.2 verwiesen.

I. Kommunale Selbstverwaltung

Die kommunale Selbstverwaltung garantiert den Gemeinden, alle Angelegenheiten der örtlichen Gemeinschaft im Rahmen der Gesetze in eigener Verantwortung zu regeln (Artikel 28 Absatz 2 GG). Ihnen obliegt das Recht zur Selbstverwaltung durch ihre gewählten Organe (Artikel 78 Absatz 1 Satz 1 LVerf). Nach der Rechtsprechung des Bundesverfassungsgerichts sind *„Angelegenheiten des örtlichen Wirkungskreises [...] nur solche Aufgaben, die in der örtlichen Gemeinschaft wurzeln oder auf die örtliche Gemeinschaft einen spezifischen Bezug haben und von dieser örtlichen Gemeinschaft eigenverantwortlich und selbständig bewältigt werden können“* (BVerfGE 8, 122, 134). Gemeinhin werden mit der kommunalen Selbstverwaltung die sogenannten Gemeindehoheiten verbunden; dazu zählen vor allem die Planungshoheit der Kommune, ihre Personal- und Organisationshoheit, aber auch die Finanz- und Satzungshoheit (vgl. dazu im Einzelnen Burgi, Kommunalrecht, 7. Auflage 2024, § 6 Rn. 33 und Dietlein/Hellermann, Öffentliches Recht in Nordrhein-Westfalen, 10. Auflage 2024, § 1 Rn. 186 f.). Damit fällt es den Kommunen unter anderem zu, ihr Gemeindegebiet (baurechtlich) zu beplanen, ihre eigene Verwaltungsstruktur zu organisieren und mit Personal auszustatten, ihre Finanzen zu regeln und ihre Angelegenheiten durch Satzung zu regeln (§ 7 GO, § 5 KrO).

Im Rahmen der kommunalen Selbstverwaltung ist zwischen den Aufgaben zu unterscheiden, die die Kommunen wahrnehmen können (freiwillige Selbstverwaltungsaufgaben), und solchen, die sie erledigen müssen – wobei sie über die Art und Weise der Aufgabenerfüllung im Rahmen des Gesetzes selbst entscheiden können – (pflichtige Selbstverwaltungsaufgaben).

Bei den pflichtigen Selbstverwaltungsaufgaben geht es um die Umsetzung von Bundes- oder Landesrecht. Bundesrecht wird grundsätzlich durch die Länder als eigene Angelegenheit ausgeführt; dann regeln die Länder die Einrichtung der Behörden und das Verwaltungsverfahren selbst (Artikel 84 GG). Das Land weist die Aufgaben oft den Kommunen zu. Eine unmittelbare Aufgabenübertragung durch den Bund auf die Kommunen ist nicht zulässig (Artikel 84 Absatz 1 Satz 7 GG). Dieses sogenannte „Durchgriffsverbot“ hat unter anderem finanzielle Relevanz. Im Zusammenspiel mit dem landesrechtlichen Konnexitätsprinzip soll sichergestellt werden, dass den Kommunen (jedenfalls theoretisch) eine ausreichende Finanzausstattung für die Aufgabenwahrnehmung zuteilwird. Getreu dem Motto „Wer bestellt, bezahlt.“ ist das Land – und eben nur das Land – verpflichtet, bei einer Aufgabenübertragung auf die Kommunen auch eine Regelung zum Ausgleich der finanziellen Belastungen zu regeln. So sieht schon die Landesverfassung vor, dass das Land die Kommunen durch Gesetz oder Rechtsverordnung zur Übernahme und Durchführung bestimmter öffentlicher Aufgaben verpflichten kann, wenn dabei gleichzeitig Bestimmungen über die Deckung der Kosten getroffen werden (Artikel 78 Absatz 3 Satz 1 LVerf); eine einfachgesetzliche Regelung findet sich zudem in § 3 Absatz 4 GO, § 2 Absatz 4 KrO (zum Konnexitätsrecht siehe unter F.III).

Beispiel: Die Kinder- und Jugendhilfe

Eine pflichtige Selbstverwaltungsaufgabe der Kommunen in NRW ist die Kinder- und Jugendhilfe nach dem Sozialgesetzbuch – Achtes Buch (SGB VIII). Auf der Grundlage des Rechts eines jeden jungen Menschen auf Förderung und Erziehung soll die Jugendhilfe die jungen Menschen unter anderem in ihrer Entwicklung fördern und ihnen ermöglichen, selbstbestimmt zu interagieren und gleichberechtigt teilhaben zu können (§ 1 Absätze 1 und 3 Nummern 1 und 2 SGB VIII). Gleichzeitig sollen die Erziehungsberechtigten unterstützt werden (§ 1 Absatz 3 Nummer 3 SGB VIII). Zudem soll die Jugendhilfe Kinder und Jugendliche vor Gefahren für ihr Wohl schützen (§ 1 Absatz 3 Nummer 4 SGB VIII, in NRW gilt seit April 2022 zudem das Landeskinderschutzgesetz NRW).

Die Leistungen der Jugendhilfe werden durch die Träger der freien und der öffentlichen Jugendhilfe erbracht. Die Leistungsverpflichtungen nach dem SGB VIII richten sich an die Träger der öffentlichen Jugendhilfe (§ 3 Absatz 2 SGB VIII). Diese werden durch Landesrecht bestimmt (§ 69 Absatz 1 SGB VIII). Entsprechend den bundesgesetzlichen Regelungen (vgl. §§ 69, 85 SGB VIII) wird in NRW nach dem Ersten Gesetz zur Ausführung des Kinder- und Jugendhilfegesetzes (AG-KJHG, konkret § 1) unterschieden zwischen örtlichen und überörtlichen Trägern. Die Aufgaben der überörtlichen Träger der öffentlichen Jugendhilfe sind den Landschaftsverbänden übertragen (§ 8 AG-KJHG). Örtliche Träger der öffentlichen Jugendhilfe sind die Kreise, kreisfreien Städte (§ 1a Absatz 1 AG-KJHG) und – auf Antrag – Große kreisangehörige Städte, die hierzu bestimmt wurden (§ 2 AG-KJHG). Bis zur Änderung des AG-KJHG mit dem Gesetz zur Änderung nordrhein-westfälischer Ausführungsgesetze zum SGB VIII vom 10.06.2025 waren auch Mittlere kreisangehörige Städte antragsberechtigt. Dies wurde unter Verweis auf die steigenden Anforderungen der Kinder- und Jugendhilfe und die strukturellen, personellen und finanziellen Ressourcen großer Kommunen abgeschafft; Mittlere kreisangehörige Gemeinden, die bereits zu örtlichen Trägern der öffentlichen Jugendhilfe bestimmt wurden, können diesen Status jedoch behalten (Drs. 18/9770 Neudruck). Daher kann auf die „Verordnung über die Bestimmung Großer kreisangehöriger Städte und Mittlerer kreisangehöriger Städte zu örtlichen Trägern der öffentlichen Jugendhilfe“ verwiesen werden. Zugleich steht den kreisangehörigen Gemeinden nunmehr das ausdrückliche Recht zu, zu beantragen, dass ihre Bestimmung zum örtlichen Träger der öffentlichen Jugendhilfe widerrufen wird, wodurch – insbesondere eine Verständigung mit dem betroffenen Kreis vorausgesetzt – umgangssprachlich ausgedrückt, das Jugendamt zum Kreis zurückkehrt (§ 2 Absatz 3 AG-KJHG).

Damit ergibt sich in NRW eine im Bundesvergleich einmalige Jugendamtsstruktur bestehend aus 186 Jugendämtern. Davon sind 23 Jugendämter bei kreisfreien Städten (inklusive der regionsangehörigen Stadt Aachen), 27 bei Kreisen und 136 bei kreisangehörigen Gemeinden angesiedelt. Im Vergleich dazu gibt es bundesweit – je nach Zählweise – insgesamt 556 Jugendämter. Bayern als nach der Einwohnerzahl zweitgrößtes Bundesland hat „nur“ 96 Jugendämter. Im Gegensatz dazu weist das Saarland mit nur sechs Jugendämtern die – abgesehen von den Stadtstaaten – wenigsten Jugendämter auf.

Eine weitere – wenn auch nicht landesspezifische – Besonderheit ist es, dass die Struktur des öffentlichen Jugendhilfeträgers unmittelbar durch das Bundesrecht vorgegeben wird. Denn eigentlich ist die Einrichtung der Behörden Aufgabe der Länder, Artikel 84 Absatz 1 Satz 1, Artikel 85 Absatz 1 Satz 1 GG. Das SGB VIII sieht jedoch vor, dass die Träger der öffentlichen Jugendhilfe jeweils ein Jugendamt einrichten, das aus der Verwaltung und einem Jugendhilfeausschuss besteht (§§ 69 Absatz 3, 70 Absatz 1 SGB VIII). Darüber hinaus trifft es sogar Regelungen zur Zusammensetzung des Jugendhilfeausschusses, die auf der Landesebene weiter konkretisiert werden (dazu unter D.I.1).

Die Aufgaben der Jugendhilfe sind für die jungen Menschen, ihre Familien und die Kommunen von großer Bedeutung. Beispielhaft soll auf drei Bereiche eingegangen werden:

1. Die Kindertagesbetreuung legt oft den Grundstein für die Bildungsbiografie des Kindes und ermöglicht zugleich die Vereinbarkeit von Familie und Beruf. Kinder im Alter von einem Jahr bis zu drei Jahren haben seit 2013 einen Anspruch auf frühkindliche Förderung in einer Tageseinrichtung oder in Kindertagespflege (§ 24 Absatz 2 SGB VIII). Für Kinder im Alter von drei Jahren bis zum Schuleintritt besteht ein Anspruch auf den Besuch beziehungsweise die Förderung in einer Tageseinrichtung bereits seit 1996 (§ 24 Absatz 3 SGB VIII). Mit dem Kinderbildungsgesetz (KiBiz) trifft das Land NRW umfassende Regelungen betreffend die Kindertagesbetreuung (in Kindertageseinrichtungen und Kindertagespflege).
2. Den Jugendämtern obliegt der Schutzauftrag bei Kindeswohlgefährdung (§ 8a SGB VIII). Demnach müssen sie, wenn ihnen gewichtige Anhaltspunkte für die Gefährdung des Wohls eines Kindes oder Jugendlichen bekannt werden, das Gefährdungsrisiko einschätzen. Sofern zur Abwendung der Gefährdung eine Hilfe notwendig und geeignet ist, ist dies den Erziehungsberechtigten anzubieten und sind gegebenenfalls weitere Stellen einzubeziehen. Das Jugendamt ist unter engen Voraussetzungen sogar berechtigt und verpflichtet, das Kind oder den Jugendlichen in Obhut zu nehmen (§§ 8a Absatz 2 Satz 2, 42 SGB VIII).

3. Eine (vorläufige) Inobhutnahme hat auch zu erfolgen, wenn ein ausländisches Kind oder ein ausländischer Jugendlicher unbegleitet nach Deutschland einreist (§ 42 Absatz 1 Satz 1 Nummer 3, § 42a SGB VIII).

Im Bereich der kommunalen Selbstverwaltung unterliegen die Kommunen der Aufsicht des Landes nach § 119 Absatz 1 GO (für Kreise in Verbindung mit § 57 Absatz 3 KrO). Danach erstreckt sich die Aufsicht darauf, dass die Kommunen im Einklang mit den Gesetzen verwaltet werden. Diese allgemeine Aufsicht oder auch Rechtsaufsicht umfasst damit ausschließlich die Prüfung der Rechtmäßigkeit des Handelns, die sie mit den Mitteln der §§ 121 ff. GO (für Kreise in Verbindung mit § 57 Absatz 3 KrO) umsetzen kann; eine Zweckmäßigkeitsprüfung erfolgt nicht. Im Einzelnen steht den Aufsichtsbehörden das Recht auf Unterrichtung zu, sie können darüber hinaus die Bürgermeisterin/den Bürgermeister beziehungsweise die Landrätin/den Landrat anweisen, Beschlüsse des Rates beziehungsweise des Kreistags und der Ausschüsse zu beanstanden und diese notfalls selbst aufheben sowie Anordnungen der Bürgermeisterin/des Bürgermeisters beziehungsweise der Landrätin/des Landrats ihrerseits beim Rat beziehungsweise Kreistag beanstanden und auch notfalls aufheben. Darüber hinaus stehen den Aufsichtsbehörden ein Anordnungsrecht und das Recht zur Ersatzvornahme zu, wenn die Kommunen ihre Aufgaben nicht erfüllen. Schließlich hat das für Kommunales zuständige Ministerium das Recht, eine Beauftragte/einen Beauftragten zu bestellen, die/der die Aufgaben der Kommune wahrnimmt. Auch die Auflösung des Rats beziehungsweise Kreistags ist unter bestimmten Voraussetzungen möglich.

II. Pflichtaufgaben zur Erfüllung nach Weisung

Den Kommunen können Aufgaben zudem als Pflichtaufgaben zur Erfüllung nach Weisung übertragen werden (§ 3 Absatz 2 GO, § 2 Absatz 2 Satz 3 KrO). Soweit die Kommunen ihre Aufgaben nach Weisung erfüllen, unterliegen sie der Sonderaufsicht nach den hierfür erlassenen Gesetzen. Damit kann, je nach den konkreten Regelungen, neben einer Kontrolle der Rechtmäßigkeit auch eine Zweckmäßigkeitsprüfung durch die Aufsichtsbehörde erfolgen.

Beispiel: Die Ordnungsbehörden

So nehmen die Kommunen beispielsweise die Aufgaben als Ordnungsbehörden als Pflichtaufgaben zur Erfüllung nach Weisung wahr, wobei die Weisungen zur zweckmäßigen Erfüllung erteilt werden können (§§ 3 Absatz 1, 9 Ordnungsbehördengesetz NRW (OBG)). Konkret sind die Gemeinden als örtliche Ordnungsbehörden zuständig, die Aufgaben der Kreisordnungsbehörden nehmen die Kreise und – obwohl es der Name anders vermuten lässt – auch die kreisfreien Städte wahr. In diesem Rahmen haben die Kommunen Gefahren für die öffentliche Sicherheit und Ordnung abzuwehren (§ 1 Absatz 1 OBG).

III. Aufgabenerfüllung durch wirtschaftliche Betätigung

Zur Erfüllung ihrer Aufgaben dürfen sich die Kommunen nach §§ 107 ff. GO (die für die Kreise über § 53 Absatz 1 KrO im Wesentlichen entsprechend Anwendung finden) in gewissen Grenzen wirtschaftlich betätigen. Nach § 107 Absatz 1 Satz 3 GO ist *„als wirtschaftliche Betätigung […] der Betrieb von Unternehmen zu verstehen, die als Hersteller, Anbieter oder Verteiler von Gütern oder Dienstleistungen am Markt tätig werden, sofern die Leistung ihrer Art nach auch von einem Privaten mit der Absicht der Gewinnerzielung erbracht werden könnte“*. Ausnahmen hiervon regelt Absatz 2, der festlegt, was nicht als wirtschaftliche Betätigung in diesem Sinne gilt, so zum Beispiel der Betrieb von der Straßenreinigung dienenden Einrichtungen oder Einrichtungen der Abfallentsorgung.

Die Gemeinden unterliegen im Rahmen ihrer wirtschaftlichen Betätigung bestimmten Grenzen und Voraussetzungen. Grundsätzlich sind die Voraussetzungen für eine zulässige wirtschaftliche Betätigung in § 107 GO geregelt. Danach muss insbesondere ein öffentlicher Zweck die wirtschaftliche Betätigung der Gemeinde erfordern, die Tätigkeit nach Art und Umfang in einem angemessenen Verhältnis zu ihrer Leistungsfähigkeit stehen und – jedenfalls in den meisten Fällen – der öffentliche Zweck durch andere Unternehmen nicht besser und wirtschaftlicher erfüllt werden können. Eine spezielle Regelung findet sich für die energiewirtschaftliche Betätigung von Gemeinden. § 107a GO regelt, dass die wirtschaftliche Betätigung in den Bereichen der Strom-, Gas- und Wärmeversorgung einem öffentlichen Zweck dient und zulässig ist, wenn die Betätigung nach Art und Umfang in einem angemessenen Verhältnis zur Leistungsfähigkeit der Gemeinde steht.

Gemeindliche wirtschaftliche Unternehmen können beispielsweise ohne Rechtspersönlichkeit als Eigenbetriebe geführt werden (§ 114 GO). Auch besteht die Möglichkeit, Unternehmen und Einrichtungen als Anstalt des öffentlichen Rechts zu führen (§ 114a GO).

Des Weiteren dürfen Gemeinden unter den in § 108 GO bezeichneten Voraussetzungen Unternehmen und Einrichtungen des privaten Rechts gründen oder sich an ihnen beteiligen; dabei muss unter anderem die Haftung der Gemeinde betragsmäßig begrenzt werden und ein gewisser Einfluss der Gemeinde sichergestellt sein. Zudem soll die Gemeinde insbesondere ab einem bestimmten Anteil an dem Unternehmen/der Einrichtung des Privatrechts darauf hinwirken, dass ihr gewisse Informations- und Prüfungsrechte zustehen, und sie ausüben (§ 112 Absatz 1 GO).

Für die Vertretung der Gemeinde in Unternehmen oder Einrichtungen sind besondere Vorgaben zu beachten (§ 113 GO). Darüber hinaus legt die Gemeindeordnung zu berücksichtigende Wirtschaftsgrundsätze fest (§ 109 GO): So sind die Unternehmen und Einrichtungen insbesondere so zu führen, dass der verfolgte öffentliche Zweck nachhaltig erfüllt wird. Soweit dessen Erfüllung nicht beeinträchtigt wird, sollen Unternehmen zudem einen Ertrag für die Gemeinde abwerfen. Die Differenz von Aufwendungen und Erträgen soll als Jahresgewinn zudem so hoch sein, dass neben bestimmten erforderlichen Rücklagen eine marktübliche Verzinsung des Eigenkapitals erzielt wird. Schließlich wird der Missbrauch einer wirtschaftlichen Machtstellung eines gemeindlichen Unternehmens, das keine gleichartigen Konkurrenten hat, in der Form unterbunden, dass es nicht zugleich die Abnahme weiterer Leistungen verlangen darf (§ 110 GO).

Im Rahmen ihrer wirtschaftlichen Betätigung unterliegt die Gemeinde zudem gewissen Anzeigeverpflichtungen, die es der Aufsichtsbehörde ermöglichen sollen, die Einhaltung der gesetzlichen Voraussetzungen zu überprüfen (§ 115 GO).

D. Wer handelt für die Kommunen?

Als Gebietskörperschaften und damit als juristische Personen des öffentlichen Rechts besitzen Kommunen keine „natürliche“ Handlungsfähigkeit; erst durch ihre Organe werden sie handlungsfähig. Das sind neben der jeweiligen Kommunalvertretung (Rat oder Kreistag) eine Hauptverwaltungsbeamtin oder ein Hauptverwaltungsbeamter.

I. Gemeinden

Die Verwaltung der Gemeinden wird ausschließlich durch den Willen der Bürgerschaft bestimmt (§ 40 Absatz 1 GO). Alleinige Träger der kommunalen Selbstverwaltung sind mithin die Bürgerinnen und Bürger. Vertreten werden sie – ganz im Sinne der verfassungsrechtlichen Grundentscheidung für die repräsentative Demokratie – durch den Rat und die Bürgermeisterin/den Bürgermeister (§ 40 Absatz 2 GO). Zudem besteht in den kreisfreien Städten in jedem Stadtbezirk eine Bezirksvertretung, auf deren gewählte Mitglieder die für den Rat geltenden Vorschriften entsprechende Anwendung finden (§ 36 GO).

Durchbrochen wird diese auf dem Prinzip der repräsentativen Demokratie beruhende Aufgabenverteilung durch Bürgerbegehren und Bürgerentscheide als Formen der unmittelbaren demokratischen Beteiligung (§ 26 GO, siehe dazu unter E).

Wenngleich dem Rat als oberstem Willensbildungs- und Beschlussorgan einer Gemeinde fraglos eine herausragende Position zukommt, ist er der Bürgermeisterin/dem Bürgermeister nicht übergeordnet. Im Gegenteil, es handelt sich um zwei „gleichrangige“ Organe, die jeweils über eine eigene demokratische Legitimation verfügen. Beide Organe teilen sich die Verantwortung. Vereinfacht ausgedrückt entscheidet in der praktischen Arbeit die Politik (der Rat) über das „Ob“ einer Aufgabenstellung, während die hauptamtliche Verwaltung (die Bürgermeisterin/der Bürgermeister) über das „Wie“ der Aufgabenerfüllung entscheidet.

1. Rat

Als Vertretung der Bürgerschaft kann der Rat als Volksvertretung bezeichnet werden. Ein Parlament im eigentlichen Sinne ist er jedoch nicht. Vielmehr ist der Rat als Organ der kommunalen Selbstverwaltung der Exekutive zuzuordnen. Wenngleich der Rat auch Merkmale eines Parlaments aufweist, nimmt er Verwaltungstätigkeiten wahr.

Als zentrales Leitungsorgan der Gemeinde bestimmt der Rat die Grundlinien der politischen Gestaltung. Heißt konkret, dass prinzipiell alle Angelegenheiten der Gemeindeverwaltung seiner Zuständigkeit unterfallen (Allzuständigkeit, § 41 Absatz 1 Satz 1 GO). Dabei steht es dem Rat frei, in der von ihm zu verabschiedenden Hauptsatzung und in der Zuständigkeitsordnung für den Rat und seine Ausschüsse einzelne Aufgaben und Entscheidungsbefugnisse auf die Bürgermeisterin/den Bürgermeister oder auf Ratsausschüsse zu delegieren, soweit die betreffenden Aufgaben und Befugnisse nicht in den Vorbehaltskatalog des § 41 Absatz 1 Satz 2 GO fallen. Im Falle einer solchen Delegation auf einzelne Ausschüsse handeln diese (beschließenden) Ausschüsse anstelle des Rates, während die übrigen (beratenden) Ausschüsse ihn unterstützen (durch die Vorberatung von Sachverhalten und Detailfragen etc.).

Das hat sich in der kommunalen Praxis bewährt. Tatsächlich wird die eigentliche inhaltliche Arbeit in aller Regel nicht vom Rat als Kollegialorgan, sondern in den von ihm eingesetzten Ausschüssen geleistet, wobei zwischen freiwilligen Ausschüssen (Bau- und Planungsausschuss, Umweltausschuss, Personalausschuss, Schulausschuss, Sozialausschuss etc.) und Pflichtausschüssen (Hauptausschuss,

Finanzausschuss, Rechnungsprüfungsausschuss) zu unterscheiden ist (§§ 57 ff. GO).

Bei deren Besetzung ist nach der Rechtsprechung des Bundesverwaltungsgerichts das im Demokratieprinzip des Artikels 20 Absätze 1 und 2 GG wurzelnde, sogenannte Spiegelbildlichkeitsprinzip zu beachten. Danach müssen sich grundsätzlich die Kräfte- bzw. Mehrheitsverhältnisse der Fraktionen und Gruppen, die im Rat vertreten sind, in den Ausschüssen widerspiegeln.

Mit Ausnahme des Hauptausschusses können den Ausschüssen neben Ratsmitgliedern grundsätzlich auch sachkundige Bürgerinnen und Bürger mit Stimmrecht angehören (§ 58 Absatz 3 GO). Das sind diejenigen, die das 16. Lebensjahr vollendet haben und im Übrigen dem Rat angehören können (§ 21 Absatz 2 GO). Allen Ausschüssen mit Ausnahme des Hauptausschusses können zudem sachkundige Einwohnerinnen und Einwohner, die in der Gemeinde wohnen (§ 21 Absatz 1 GO), mit beratender Stimme angehören (§ 58 Absatz 4 Satz 2 in Verbindung mit § 58 Absatz 3 Satz 1 GO), also auch Personen mit Wohnsitz oder ständigem Aufenthalt in der Gemeinde aus dem Nicht-EU-Ausland.

Besonderheit: Jugendhilfeausschuss

Eine Besonderheit ist der Jugendhilfeausschuss. Dessen Einrichtung ist durch das SGB VIII vorgegeben (siehe dazu unter C.I). Ihm gehören nach § 71 SGB VIII als stimmberechtigte Mitglieder sowohl Mitglieder des Rats beziehungsweise des Kreistags oder von ihnen gewählte Personen, die in der Jugendhilfe erfahren sind, an als auch auf Vorschlag der anerkannten Träger der freien Jugendhilfe gewählte Personen. Darüber hinaus sollen selbst organisierte Zusammenschlüsse zur Selbstvertretung (§ 4a SGB VIII) dem Jugendhilfeausschuss als beratende Mitglieder angehören. Das Landesrecht konkretisiert diese Vorgaben: Nach § 4 AG-KJHG sind höchstens 15 stimmberechtigte Mitglieder einschließlich der/des Vorsitzenden vorgesehen. Zudem gehören dem Jugendhilfeausschuss bis zu 13 Personen aus bestimmten Gruppen als beratende Mitglieder an, die mittels Satzung um weitere sachkundige Personen ergänzt werden können, wobei auch auf die angemessene Beteiligung von Frauen und jungen Menschen zu achten ist (§ 5 AG-KJHG).

In der Sache befasst sich der Jugendhilfeausschuss mit allen Angelegenheiten der Jugendhilfe, wozu unter anderem aktuelle Problemlagen junger Menschen und die Jugendhilfeplanung gehören (§ 71 Absatz 3 SGB VIII). Dazu stehen ihm bestimmte Beschluss-, Anhörungs- und Antragsrechte zu (§ 71 Absatz 4 SGB VIII).

Die Abgrenzung der Zuständigkeit des Jugendhilfeausschusses zu den Aufgaben, die auch ohne dessen Befassung durch die Jugendamtsverwaltung wahrgenommen werden können, kann im Einzelfall schwierig sein. Grundsätzlich gilt, dass die Geschäfte der laufenden Verwaltung durch die Verwaltung selbst geregelt werden können – jedoch im Rahmen der Satzung und der Beschlüsse des Rates beziehungsweise des Kreistages und des Jugendhilfeausschusses (§ 70 Absatz 2 SGB VIII). Was mit Geschäften der laufenden Verwaltung gemeint ist, hat das Oberverwaltungsgericht für NRW wie folgt beschrieben:

„Zu den Geschäften der laufenden Verwaltung zählen neben der Ausführung der Beschlüsse des [wenn auch hier] Landesjugendhilfeausschusses alle Entscheidungen und Rechtshandlungen, deren Erledigung eine Entscheidung der Lenkungsorgane nicht oder nicht mehr erfordert, weil sie bereits gesetzlich vorbestimmt ist, weil eine grundsätzliche Vorentscheidung des Lenkungsorgans bereits vorliegt oder weil eine sachgerechte Entscheidung innerhalb des vom Gesetz oder von Vorentscheidungen gelassenen Beurteilungs- oder Ermessensspielraums von Verwaltungsfachleuten selbstständig getroffen werden kann“(OVG NRW, Urteil vom 22.03.2007, 12 A 217/05 m. w. N.).

Praktisch herangezogen werden in diesem Kontext unter anderem auch die Größe, die Finanzkraft und die Einwohnerzahl der Gemeinde sowie die finanziellen Auswirkungen der in Rede stehenden Handlung (Dietlein/Hellermann, Öffentliches Recht in Nordrhein-Westfalen, 10. Auflage 2024, § 2 Rn. 191).

Geschäfte der laufenden Verwaltung, für die grundsätzlich die Bürgermeisterin/der Bürgermeister zuständig ist, kann sich der Rat unter näher bestimmten Voraussetzungen vorbehalten beziehungsweise zurückholen (§ 41 Absatz 3 GO).

In Ergänzung zu den einschlägigen gesetzlichen Vorgaben (§§ 48 ff. GO) kann das Verfahren der Beratung und Beschlussfassung im Rat und in seinen Ausschüssen durch die Geschäftsordnung des Rates konkretisiert werden.

Rats- und Ausschusssitzungen sind im Regelfall öffentlich abzuhalten (§ 48 Absatz 2 Satz 1 GO). Der Grundsatz der Öffentlichkeit konkretisiert Anforderungen des Demokratie- und Rechtsstaatsprinzips und gewährleistet Transparenz, Kontrolle und Partizipation. Traditionell wird das so verstandene Öffentlichkeitsgebot durch die Herstellung der sogenannten Saalöffentlichkeit gewährleistet, bei der die Öffentlichkeit mit den Rats- beziehungsweise Ausschussmitgliedern als ihren politischen Vertreterinnen und Vertretern innerhalb eines Sitzungsraumes zusammentrifft. Nur bei Angelegenheiten, die sich ihrem Wesen nach nicht für eine öffentliche Beratung und Entscheidung eignen, kann die Öffentlichkeit ausnahmsweise ausgeschlossen werden (§ 48 Absatz 2 Sätze 2 und 3 GO).

Aus den Erfahrungen der Corona-Pandemie hat der Gesetzgeber im Jahre 2022 die Konsequenz gezogen, dass Rats- und Ausschusssitzungen auch in digitaler Form – das heißt ohne persönliche Anwesenheit der Gremienmitglieder am Sitzungsort unter Einsatz technischer Hilfsmittel – durchgeführt werden können, wenn besondere Ausnahmefälle wie Katastrophen, eine epidemische Lage oder andere außergewöhnlichen Notsituationen dies erfordern (§ 47a Absätze 1 und 2 Satz 1 GO). Für Ausschusssitzungen gilt zudem, dass sie – mit Ausnahme der gesetzlichen Pflichtausschüsse – unter gesetzlich näher bestimmten Voraussetzungen anlasslos in hybrider Form durchgeführt werden können, also mit persönlicher Anwesenheit einiger Gremienmitglieder am Sitzungsort, während andere Gremienmitglieder lediglich digital an der Sitzung teilnehmen (§ 58a GO). Sowohl die Durchführung digitaler als auch hybrider Sitzungen ist jedoch nur zulässig, wenn und soweit die erforderlichen technischen Voraussetzungen für ihre Durchführung vorliegen und alle Gremienmitglieder über eine digitale Zugangsmöglichkeit zur Sitzung verfügen (§ 47a Absatz 4 GO).

Wie viele Personen dem Rat angehören, hängt von der Zahl der Einwohnerinnen und Einwohner einer Gemeinde ab (§ 3 Absatz 2 Satz 1 Kommunalwahlgesetz (KWahlG)), das sind zwischen 20 und 90 Personen, gegebenenfalls erhöht durch Ausgleichs- und Überhangmandate (§ 33 Absatz 3 KWahlG). Durch einen entsprechenden Beschluss des Rates kann die gesetzlich vorgesehene Zahl der Ratsmitglieder vor der Wahl um zwei, vier, sechs, acht, zehn oder zwölf verringert werden; mindestens müssen einem Rat aber 20 gewählte Mitglieder angehören (§ 3 Absatz 2 Satz 2 KWahlG). Hinzu kommt die Bürgermeisterin/der Bürgermeister kraft Gesetzes als Mitglied beziehungsweise Vorsitzende/Vorsitzender des Rates (§ 40 Absatz 2 Sätze 2 und 4 GO).

Gewählt werden die Mitglieder des Rates von den Bürgerinnen und Bürgern in allgemeiner, unmittelbarer, freier, gleicher und geheimer Wahl für die Dauer von fünf Jahren (§ 42 Absatz 1 GO). Damit gelten für die Ratswahl die gleichen Prinzipien wie für die Wahlen zum Landtag und (mit Ausnahme der Dauer der Wahlperiode) zum Bundestag. Eine Besonderheit weisen die Kommunalwahlen insoweit auf, als auch Staatsangehörige aus den anderen Mitgliedsstaaten der Europäischen Union unter näher bestimmten Voraussetzungen wahlberechtigt sind (Artikel 28 Absatz 1 Satz 3 GG). Diese verfügen auch über das passive Wahlrecht. Wählbar ist jede wahlberechtigte Person, die am Wahltag das 18. Lebensjahr vollendet hat und seit mindestens drei Monaten in dem Wahlgebiet ihre Wohnung und bei mehreren Wohnungen ihre Hauptwohnung hat oder sich sonst gewöhnlich aufhält und keine Wohnung außerhalb des Wahlgebiets hat (§ 12 Absatz 1 KWahlG).

Einmal gewählt, können die Ratsmitglieder ihr Mandat frei und unabhängig ausüben. Das heißt, sie können im Rahmen der Gesetze nach ihrer freien, nur durch das öffentliche Wohl bestimmten Überzeugung entscheiden. Eine Einschränkung erfährt dieses freie Mandat jedoch dann, wenn es um sogenannte gebundene Entscheidungen ohne Ermessensspielraum geht (zum Beispiel die Erteilung einer Baugenehmigung, der keine öffentlich-rechtlichen Vorschriften entgegenstehen).

Da der Rat als Kollegialorgan der Exekutive zuzuordnen ist (dazu bereits oben), kann das Mandat als Ratsmitglied nicht mit einem Parlamentsmandat auf der Bundes- oder Landesebene gleichgesetzt werden. Damit erklärt sich, dass Ratsmitglieder bestimmten Verschwiegenheits-, Treue- und Befangenheitsregelungen unterliegen sowie grundsätzlich zur Teilnahme an den Ratssitzungen verpflichtet sind. Zudem genießen sie keine Immunität, sondern müssen sich unter Umständen strafrechtlich verantworten. Auch müssen sie für einen etwaigen Schaden, der der Gemeinde entstanden ist, geradestehen.

Anders als Mandatsträger auf der Bundes- oder Landesebene nehmen Ratsmitglieder ihr Mandat ehrenamtlich und damit grundsätzlich unentgeltlich wahr. Um auszuschließen, dass sich jemand allein aus finanziellen Gründen an der Bewerbung um ein Ratsmandat gehindert sieht, garantiert § 45 GO in Verbindung mit der Entschädigungsverordnung allen Ratsmitgliedern einen Anspruch auf eine angemessene Aufwandsentschädigung, auf Ersatz des durch die Mandatsausübung verursachten Verdienstausfalls, auf eine sogenannte Haushaltsführungsentschädigung sowie die Erstattung von Aufwendungen für die entgeltliche Betreuung von pflege- und betreuungsbedürftigen Angehörigen während der Ausübung des Mandats.

Weiterhin werden Ratsmitglieder vor Benachteiligungen geschützt, indem § 44 Absatz 1 GO ein allgemeines Behinderungsverbot hinsichtlich Kandidatur, Annahme und Ausübung des kommunalen Mandats normiert. Außerdem haben Ratsmitglieder und Mitglieder von Ausschüssen gegenüber ihrem Arbeitgeber einen unmittelbaren Anspruch auf Freistellung für die Zeit der Mandatsausübung (§ 44 Absatz 2 GO).

2. Bürgermeisterin/Bürgermeister

Neben dem Rat vertritt eine hauptamtliche Bürgermeisterin/ein hauptamtlicher Bürgermeister – in kreisfreien Städten: Oberbürgermeisterin/Oberbürgermeister – die Bürgerschaft als zweites direkt gewähltes Organ einer Gemeinde (§ 40 Absatz 2 Satz 1 GO).

Zu ihrer/seiner Unterstützung kann der Rat für jeweils acht Jahre hauptamtliche Beigeordnete bestellen (§ 71 GO), wovon vor allem größere (kreisfreie) Städte und Gemeinden oftmals Gebrauch machen. Innerhalb einer Gemeinde kommt Beigeordneten eine herausgehobene Stellung zu. Sie gehören dem Verwaltungsvorstand an (§ 70 Absatz 1 GO) und vertreten die Bürgermeisterin/den Bürgermeister in ihrem jeweiligen Arbeitsgebiet (§ 68 Absatz 2 GO).

Ist die Bürgermeisterin/der Bürgermeister verhindert, obliegt – verallgemeinernd gesprochen – ihre/seine Vertretung bei der Leitung von Ratssitzungen und repräsentativen Tätigkeiten den ehrenamtlichen, vom Rat aus seiner Mitte gewählten Stellvertretungen (§ 67 Absatz 1 GO), im Übrigen der allgemeinen (hauptamtlichen) Vertretung (§ 68 Absatz 1 GO).

Die Bürgermeisterin/der Bürgermeister ist nicht nur die politische Leitfigur einer Gemeinde, sie/er trägt auch die Gesamtverantwortung für die Verwaltung, für deren Funktionieren und die Einheitlichkeit des Verwaltungsvollzugs. Dieser Verantwortung entspricht die Befugnis zur Leitung und Verteilung der Geschäfte sowie zur Beaufsichtigung des Geschäftsgangs (§ 62 Absatz 1 GO) und zugleich die Wahrnehmung der Aufgaben als Dienstvorgesetzte/Dienstvorgesetzter der Bediensteten der Gemeinde (§ 73 Absatz 2 GO). Weitere Aufgaben der Bürgermeisterin/des Bürgermeisters sind die Vorbereitung und Durchführung von Ratsbeschlüssen (§ 62 Absatz 2 GO) sowie die Wahrnehmung aller vom Rat übertragenen Angelegenheiten (§ 41 Absatz 2 GO) und die Erledigung der sogenannten „Geschäfte der laufenden Verwaltung“, die allerdings der Rat wieder an sich ziehen kann (§ 41 Absatz 3 GO).

Zu diesen administrativen Aufgaben treten die repräsentative Vertretung und die rechtswirksame Außenvertretung der Gemeinde hinzu (§ 63 Absatz 1 GO), zum Beispiel bei dem Erlass von Verwaltungsakten, der Ausfertigung und Verkündung vom Rat beschlossener Satzungen oder dem Abschluss öffentlich-rechtlicher oder privatrechtlicher Verträge.

Gewählt wird die Bürgermeisterin/der Bürgermeister von der Bürgerschaft in allgemeiner, unmittelbarer, freier, gleicher und geheimer Wahl für die Dauer von fünf Jahren zugleich mit dem Rat (§ 65 Absatz 1 GO in Verbindung mit §§ 46b ff. KWahlG). Bewerben können sich auch Staatsangehörige aus einem anderen Mitgliedsland der Europäischen Union. Gewählt wird nach den Grundsätzen der Mehrheitswahl. Danach ist gewählt, wer mehr als die Hälfte der gültigen Stimmen erreicht. Hat dies im ersten Wahlgang keine Bewerberin oder kein Bewerber um das Bürgermeisteramt geschafft, wird eine Stichwahl zwischen den beiden Bewerberinnen/Bewerbern mit der höchsten Stimmenzahl bei der ersten Wahl durchgeführt.

Die gewählte Bewerberin/der gewählte Bewerber erlangt mit dem Tag der Annahme der Wahl, frühestens jedoch mit dem Ausscheiden der Amtsvorgängerin beziehungsweise des Amtsvorgängers, die Stellung einer Beamtin/eines Beamten auf Zeit (§ 118 Absätze 2 und 3 Satz 1 Landesbeamtengesetz NRW (LBG)). Auf dieses Beamtenverhältnis finden grundsätzlich alle beamtenrechtlichen Vorschriften Anwendung. Eine Besonderheit gilt jedoch insofern, als für die Bürgermeisterin/den Bürgermeister die beamtenrechtliche Altersgrenze – Vollendung des 67. Lebensjahres – keine Anwendung findet (§ 118 Absatz 4 LBG).

II. Kreise

Zwischen Gemeinde- und Kreisverfassung bestehen zahlreiche Gemeinsamkeiten, sodass hinsichtlich der für die Kreise handelnden Organe weitgehend auf die vorstehenden Ausführungen verwiesen werden kann, zumal die Kreisordnung an verschiedenen Stellen ausdrücklich auf die Gemeindeordnung Bezug nimmt (§§ 32a, 41a, 47 Absatz 2 KrO). Anders als die Gemeindeordnung, die als kommunale Vertretungsorgane der Gemeinde mit Rat und Bürgermeisterin/Bürgermeister lediglich zwei Organe vorsieht, kennt die Kreisordnung mit dem Kreistag, der Landrätin/dem Landrat und dem Kreisausschuss drei Organe.

1. Kreistag

Der Kreistag ist die durch Artikel 28 Absatz 1 Satz 2 GG vorgeschriebene Vertretung des Volkes in den Kreisen. Insoweit dem Gemeinderat vergleichbar, ist der Kreistag kein Parlament im eigentlichen Sinne, sondern ein Organ der kommunalen Selbstverwaltung, das der Exekutive zuzurechnen ist. Wie die Mitglieder des Rates werden auch die Mitglieder des Kreistags in allgemeiner, unmittelbarer, freier, gleicher und geheimer Wahl auf die Dauer von fünf Jahren – gemeinsam mit der Landrätin/dem Landrat – gewählt (§ 27 Absatz 1 KrO). In Abhängigkeit von der Einwohnerzahl des Kreises besteht ein Kreistag grundsätzlich aus 48 bis 72 Mitgliedern (§ 3 Absatz 2 KWahlG), gegebenenfalls erhöht durch Ausgleichs- und Überhangmandate (§ 33 Absatz 3 KWahlG).

Während die Regelungen zur Rechtsstellung der Mitglieder des Kreistages, zu deren Informations- und Kontrollrechten, der internen Organisation und zum Verfahren im Kreistag weitgehend den für den Rat und seine Mitglieder geltenden Regelungen entsprechen, ist bezüglich der Zuständigkeiten des Kreistages zu beachten, dass die Kreisordnung – anders als die Gemeindeordnung (§ 41 Absatz 1 Satz 1 GO) – nicht vom Prinzip der Allzuständigkeit ausgeht. Stattdessen beschließt der Kreistag grundsätzlich (nur) über die Angelegenheiten des Kreises, die ihrer Bedeutung nach einer solchen Entscheidung bedürfen oder die er sich vorbehält (§ 26 Absatz 1 Satz 1 KrO). Daran anknüpfend hat der Gesetzgeber einen Katalog von Aufgaben normiert, deren Wahrnehmung ausschließlich dem Kreistag vorbehalten ist (§ 26 Absatz 1 Satz 2, Absätze 5 und 6 KrO). Anders als ein Gemeinderat kann der Kreistag keine Entscheidungskompetenzen auf die von ihm eingesetzten Ausschüsse übertragen (§ 41 KrO).

Ein weiterer wesentlicher Unterschied zur Gemeindeordnung liegt darin, dass die Kreisordnung kein Rückholrecht des Kreistages in Bezug auf die Geschäfte der laufenden Verwaltung kennt. Diese Aufgaben bleiben ausschließlich der Landrätin/dem Landrat zugeordnet (§ 42 Buchst. a KrO).

2. Landrätin/Landrat

Für die Wahl und Rechtsstellung einer Landrätin/eines Landrats gelten im Wesentlichen die gleichen Regelungen wie für Bürgermeisterinnen/Bürgermeister.

Mit dem Gesetz zur Änderung kommunalrechtlicher und weiterer Vorschriften im Land NRW vom 10.07.2025 hat der Gesetzgeber eine weitere Annäherung zu den für Gemeinden geltenden Regelungen vorgenommen, indem er den Kreisen die Möglichkeit eröffnet hat, Beigeordnete zu wählen. Hinsichtlich ihrer Wahl, Rechtsstellung, Zuständigkeiten und Befugnisse hat sich der Gesetzgeber an den für Gemeinden geltenden Regelungen orientiert und weitgehend auf die entsprechenden Bestimmungen der Gemeindeordnung Bezug genommen (§ 47 Absatz 2 KrO). Die Entscheidung über die Wahl von Beigeordneten trifft der Kreistag, wobei die Grundentscheidung, ob überhaupt mehr als eine Beigeordnete/ein Beigeordneter vorgesehen werden soll, durch die Hauptsatzung mit einer Zweidrittelmehrheit der gesetzlichen Mitglieder des Kreistags zu treffen ist (§ 47 Absatz 2 Satz 2 KrO). Kreise, die sich derzeit für die Bestellung einer allgemeinen Vertretung aus den Reihen der leitenden hauptamtlichen Beamtinnen und Beamten (§ 48 Absatz 3 KrO) oder die Wahl einer Kreisdirektorin/eines Kreisdirektors (§ 48 Absatz 2 KrO) entschieden haben und daran festhalten wollen, können ohne Änderung ihrer Hauptsatzung ihr bisheriges Organisationsmodell fortführen.

Bei den Zuständigkeiten und Aufgaben der Landrätin/des Landrats sind im Vergleich zu einer Bürgermeisterin/einem Bürgermeister einige Besonderheiten zu beachten.

So kann einer Landrätin/einem Landrat, anders als bei einer Bürgermeisterin/einem Bürgermeister, die Zuständigkeit für Geschäfte der laufenden Verwaltung nicht durch Beschluss des Kreistages oder Kreisausschusses entzogen werden, da die Kreisordnung eine dem Rückholrecht des Rates (§ 41 Absatz 3 GO) entsprechende Regelung nicht kennt.

Der Landrätin/dem Landrat kommt zudem eine Doppelfunktion zu, die durch die Wahrnehmung kreiskommunaler und staatlicher Aufgaben geprägt ist. Diese macht die Landrätin/den Landrat zur wichtigen Bündelungsbehörde der unteren Verwaltungsstufe zwischen Landes- und kommunaler Ebene:

Besonderheit:
Die untere staatliche Verwaltungsbehörde/Organleihe

Gestützt wird die starke Position der Landrätin/des Landrats im Verfassungsgefüge des Kreises durch ihre/seine Funktion als untere staatliche Verwaltungsbehörde (unter Mitwirkung des Kreisausschusses), zum Beispiel im Bereich der Sonderaufsicht, der Straßen- oder Standesamtaufsicht (§ 59 KrO). In dieser Funktion ist sie/er in den Organisations- und Funktionszusammenhang der Landesverwaltung eingebunden. Daher sind bei der Wahrnehmung von Aufgaben als untere staatliche Verwaltungsbehörde Vorgaben der Landesregierung zu beachten; in diesem Zusammenhang ist die Landrätin/der Landrat ausschließlich staatlichen Behörden gegenüber verantwortlich. Folgerichtig unterliegt sie/er insoweit nicht der Kontrolle des Kreistages. Ähnlich verhält es sich mit der allgemeinen Aufsicht über kreisangehörige Gemeinden oder auch der Leitung der Kreispolizeibehörde, die der Landrätin/dem Landrat im Wege der Organleihe obliegen (lediglich die Landrätin/der Landrat des Kreises Recklinghausen und die Städteregionsrätin/der Städteregionsrat der Städteregion Aachen nehmen nicht die Funktion der Leitung einer Kreispolizeibehörde wahr).

3. Kreisausschuss

Drittes Organ des Kreises ist der einzige Pflichtausschuss des Kreistages, der Kreisausschuss. Ihm gehören neben der Landrätin/dem Landrat mindestens acht und höchstens 16 vom Kreistag für die Dauer der Wahlperiode des Kreistages zu wählende Kreistagsmitglieder an (§ 51 Absätze 1 und 2 KrO).

Gemeinsam mit der Landrätin/dem Landrat nimmt der Kreisausschuss die Aufgaben des Kreises als untere staatliche Verwaltungsbehörde wahr (§ 58 Absatz 1 KrO, dazu D.II.2). Und im Verhältnis zum Kreistag kommt dem Kreisausschuss eine Auffangzuständigkeit zu, weil er über alle Angelegenheiten beschließt, die nicht dem Kreistag oder der Landrätin/dem Landrat zugewiesen sind (§ 50 Absatz 1 KrO). Einzelne Angelegenheiten kann der Kreisausschuss zudem auf die Landrätin/den Landrat delegieren (§ 50 Absatz 4 KrO).

E. Wie können sich Einzelne politisch beteiligen?

Gerade in Zeiten vielfältiger verfassungs- und demokratiefeindlicher Bestrebungen stellen sich viele Menschen die Frage „Wie kann ich mich politisch beteiligen?“. Auch wenn es sich bei der Bundesrepublik Deutschland um eine repräsentative und gerade keine direkte Demokratie handelt, sind die Möglichkeiten sich einzubringen auf kommunaler Ebene vielfältig. Sie reichen vom Wählen bis zur Wählbarkeit und bieten dazwischen viel Platz für eine Beteiligung jeder/jedes Einzelnen.

Ausgangspunkt einer Beteiligung ist meistens Wissen oder das „Wissenwollen“. Informationen werden heute auf den verschiedensten Wegen verbreitet. Neben sozialen Medien, Internet, Fernsehen oder (Lokal-)Radio werden die Einwohnerinnen und Einwohner auch unmittelbar durch den Gemeinderat unterrichtet. Die Gemeindeordnung sieht dies für die allgemein bedeutsamen Angelegenheiten der Gemeinde vor (§ 23 GO): Zum Beispiel bei wichtigen Planungen der Gemeinde, die das soziale oder kulturelle Wohl der Einwohnerinnen und Einwohner nachhaltig berühren, soll eine möglichst frühzeitige Unterrichtung über die Grundlagen, Ziele, Zwecke und Auswirkungen erfolgen. Klassisches Mittel hierfür sind Einwohnerversammlungen, die sicherlich schon den einen oder die andere Grundstückseigentümerin/Grundstückseigentümer beim Bau eines neuen Supermarktes oder einer neuen Bahnstrecke angelockt haben.

Doch Beteiligung ist keine Einbahnstraße. Nicht nur der Rat kann informieren. Die Einwohnerinnen und Einwohner können sich auch mit Anregungen oder Beschwerden an den Rat wenden – dieses Recht ist übrigens verfassungsrechtlich gewährleistet (Artikel 17 GG) – und werden anschließend über die Stellungnahme des Rats hierzu informiert (§ 24 GO). Aber damit nicht genug: Einwohnerinnen und Einwohner können zudem einen sogenannten Einwohnerantrag stellen (§ 25 GO): Wird hiermit eine konkrete Angelegenheit an den Rat herangetragen und begründet (und sind die weiteren formalen Zulässigkeitsvoraussetzungen erfüllt), muss der Rat unverzüglich über die Angelegenheit beraten und spätestens vier Monate nach Antragseingang eine Entscheidung treffen. Damit können die Einwohnerinnen und Einwohner unmittelbar Einfluss auf die vom Rat zu behandelnden Themen nehmen und ihre Anliegen zudem unmittelbar selbst erläutern.

Weitere typische Elemente von Bürgerbeteiligung sind schließlich das Bürgerbegehren und der Bürgerentscheid (§§ 26, 26a GO), wobei Ersteres die Vorstufe zu Letzterem ist. Danach können Bürgerinnen und Bürger (man beachte: nicht Einwohnerinnen und Einwohner, das wird im Folgenden noch trickreich) beantragen – das ist das Bürgerbegehren –, bei einer ablehnenden Entscheidung des Rates an seiner Stelle über eine gemeindliche Angelegenheit zu entscheiden – das ist dann der Bürgerentscheid.

Damit das Bürgerbegehren vom Rat entschieden wird, muss zunächst eine Vielzahl formaler Anforderungen erfüllt sein (§ 26 Absätze 2 bis 4 GO), unter anderem: Das Begehren muss eine konkrete Frage aufwerfen und diese begründen – dabei sind bestimmte Themen wie die innere Organisation der Verwaltung von vornherein ausgenommen. Beigefügt werden muss außerdem eine Schätzung, welche Kosten mit dem verfolgten Anliegen verbunden wären – diese stellt die Gemeindeverwaltung zur Verfügung. Damit der Rat über das Anliegen dann aber auch inhaltlich entscheiden muss, müssen die Initiatorinnen und Initiatoren eines Bürgerbegehrens noch viele weitere Bürgerinnen und Bürger von ihrem Anliegen überzeugen. Gestaffelt nach Einwohnerzahl der Gemeinde (Achtung: nicht Bürgerzahl) muss das Begehren von einer bestimmten Menge an Bürgerinnen und Bürgern unterzeichnet sein. Beispielhaft muss das Begehren bei einer Gemeinde mit bis zu 10.000 Einwohnerinnen/Einwohnern von 10 Prozent der Bürgerinnen und Bürger unterzeichnet sein.

Erst wenn das Bürgerbegehren zulässig ist, muss der Rat entscheiden, ob er diesem entspricht. Folgt der Rat dem Anliegen des Bürgerbegehrens nicht, kommt es in einem zweiten Schritt zur Entscheidung der Bürgerinnen und Bürger (§ 26 Absatz 6 GO). Der Bürgerentscheid betrifft in der Sache eine mit Ja oder Nein zu beantwortende Frage – mehr Antwortmöglichkeiten gibt es nicht –, und sie ist so entschieden, wie sie von der Mehrheit der (abgegebenen und gültigen) Stimmen beantwortet wurde (§ 26 Absatz 7 GO). Auch hier muss ein bestimmtes Quorum erreicht werden: So muss die Mehrheit in Abhängigkeit von der Einwohnerzahl der Gemeinde mindestens 10, 15 oder 20 Prozent der Bürgerinnen/Bürger ausmachen.

Das zu berechnen und dabei an den richtigen Stellen auf die Anzahl von Einwohnerinnen und Einwohnern einerseits und Bürgerinnen und Bürgern andererseits abzustellen, setzt in jedem Fall eine gute Konzentrationsfähigkeit voraus.

Schließlich sieht die Gemeindeordnung sogar die Verpflichtung von Einwohnerinnen und Einwohnern zu einer vorübergehenden ehrenamtlichen Tätigkeit sowie von Bürgerinnen und Bürgern zur Übernahme eines dauerhaften Ehrenamtes vor (§ 28 GO). Dagegen steht den Betroffenen nur der Einwand eines wichtigen Grundes zu (§ 29 GO). Die Ehrenamtlerinnen/Ehrenamtler und ehrenamtlich Tätigen treffen sowohl eine Verschwiegenheits- als auch eine Treuepflicht (§§ 30, 32 GO), zugleich haben sie Anspruch auf eine Entschädigung (§ 33 GO). Ein klassisches Beispiel für die ehrenamtliche Tätigkeit ist diejenige der Wahlhelferinnen und Wahlhelfer.

Für die Kreisebene sind dem Grunde nach vergleichbare Regelungen für Anregungen und Beschwerden (§ 21 KrO), Einwohneranträge (§ 22 KrO), Bürgerbegehren und Bürgerentscheide (§§ 23, 23a KrO) sowie die Übernahme von Ehrenämtern und ehrenamtlichen Tätigkeiten (§ 24 KrO) vorgesehen.

Neben diesen grundsätzlich allen Einwohnerinnen und Einwohnern beziehungsweise Bürgerinnen und Bürgern zur Verfügung stehenden Beteiligungsmöglichkeiten gewährt die Gemeindeordnung (nicht aber die Kreisordnung) bestimmten Gruppen auch darüber hinausgehende Optionen, sich einzubringen.

So sieht § 27 GO – in seiner Fassung ab Beginn der Wahlperiode der im Jahr 2025 anlässlich der allgemeinen Kommunalwahlen gewählten kommunalen Vertretungen – vor, dass in einer Gemeinde ein Ausschuss für Chancengerechtigkeit und Integration gebildet werden kann oder unter bestimmten Voraussetzungen gebildet werden muss. Dessen Mitglieder werden grundsätzlich am Tag der Kommunalwahl in allgemeiner, unmittelbarer, freier, gleicher und geheimer Wahl gewählt; wahlberechtigt sind nicht alle Bürgerinnen und Bürger, sondern nur gewisse Personen mit einer im Gesetz näher bestimmten Einwanderungsgeschichte, gewählt werden dürfen aber auch Bürgerinnen und Bürger ohne Einwanderungsgeschichte (vgl. die genauen Anforderungen in § 27 Absätze 3 bis 6, 10 GO). Zwischen dem Ausschuss und dem Rat der Gemeinde soll eine Abstimmung über die *„Themen und Aufgaben der Integration in der Gemeinde“* stattfinden; der Ausschuss für Chancengerechtigkeit und Integration kann sich aber auch mit allen Angelegenheiten der Gemeinde befassen, soll zu bestimmten Fragen Stellung nehmen und kann ein Mitglied benennen, das bei Ratssitzungen zu bestimmten Themen teilnehmen darf (§ 27 Absatz 7 GO). Für seine Aufgaben stehen ihm die erforderlichen (finanziellen) Mittel zu (§ 27 Absatz 8 GO). Mit dem neuen § 27 GO wird anders als noch in seiner alten Fassung nicht mehr zwischen einem „Integrationsrat“ und einem „Integrationsausschuss“ unterschieden, sondern ein einheitliches Gremium vorgesehen, das die Vorteile der beiden alten Gremien verbinden soll; zudem soll er sich nicht nur auf die Erstintegration beziehen, sondern umfassender die gleichberechtigte Teilhabe betreffen (vgl. Drs. 18/13836).

Darüber hinaus können Interessenvertretungen für weitere Personengruppen, wie Senioren und Menschen mit Behinderungen, eingerichtet oder zur Wahrnehmung ihrer Interessen eine Beauftragte/ein Beauftragter bestellt werden (§ 27b GO). Diese Regelung ist noch relativ jung und im Wesentlichen mit dem Gesetz zur Stärkung der kommunalen Selbstverwaltung aus November 2016 in die Gemeindeordnung aufgenommen worden. Sie sollte klarstellen, dass *„es der Gemeinde als Ausfluss ihrer Organisationshoheit freigestellt ist, für spezifische gesellschaftliche Gruppen Interessenvertretungen, Beiträte, Kommissionen oder Beauftragte zu bestellen, die nicht den Vorschriften der Gemeindeordnung über die Bildung von Ausschüssen unterworfen sind“* (Drs. 16/12363). Die klarstellende Regelung soll nach der Gesetzesbegründung die Gemeinden ermuntern, von dieser Möglichkeit der Einbindung gesellschaftlicher Gruppen in den kommunalen Willensbildungsprozess Gebrauch zu machen; auf einschränkende Vorgaben sei deshalb bewusst verzichtet worden (a. a. O.).

Beispiel: Partizipation von Kindern und Jugendlichen

Angesichts der Besonderheiten der Jugendhilfe sollen an dieser Stelle die bestehenden landesrechtlichen Partizipationsmöglichkeiten von Kindern und Jugendlichen überblicksartig beleuchtet werden:

Seit der letzten Überarbeitung der Gemeindeordnung (Drs. 18/13836) sieht § 27a GO spezielle Regelungen zur Beteiligung von Kindern und Jugendlichen vor, die bisherige Regelungen aufgreifen und verbinden (namentlich § 6 Absatz 2 3. AG-KJHG – KJFöG (Drittes Gesetz zur Ausführung des Kinder- und Jugendhilfegesetzes; Gesetz zur Förderung der Jugendarbeit, der Jugendsozialarbeit und des erzieherischen Kinder- und Jugendschutzes – Kinder- und Jugendförderungsgesetz), dazu unten, und § 24 GO, dazu oben). So sollen Kinder und Jugendliche in Angelegenheiten der Gemeinde beteiligt werden, die ihre Interessen berühren. Die Gemeinde kann dafür eine Jugendvertretung einrichten, hat aber in jedem Fall geeignete Beteiligungsverfahren zu entwickeln. Die Beteiligungsform ist nach der Gesetzesbegründung bewusst offen formuliert, damit auch die örtlichen Verhältnisse, schon bestehende Partizipationsformen und die Bedürfnisse der Jugendlichen berücksichtigt werden können (a. a. O.). Die in der Gemeinde wohnenden Jugendlichen können sogar mit einem bestimmten Quorum verlangen, dass der Rat über die Einrichtung einer Jugendvertretung entscheidet. Wird ein entsprechendes Gremium eingerichtet, ist die Beteiligung von Mitgliedern der Jugendvertretung an Rats- (und jedenfalls nach der Gesetzesbegründung auch Ausschuss-)Sitzungen in Angelegenheiten der Jugend zu regeln, dabei sind mindestens ein Rede-, Anhörungs- und Anregungsrecht vorzusehen (§ 27a Absatz 3 GO). Zudem ist den Jugendvertretungen eine angemessene Finanzausstattung zuzugestehen (§ 27a Absatz 4 GO).

Auch die bereits angesprochene Regelung des § 27b GO verweist weiterhin ausdrücklich auf die Gruppe der Kinder und Jugendlichen, dürfte angesichts des § 27a GO jedoch jedenfalls hinsichtlich einer Interessenvertretung weitestgehend obsolet sein.

Darüber hinaus sieht das Landesrecht in § 6 3. AG-KJHG – KJFöG ebenfalls eine Regelung zur Beteiligung von Kindern und Jugendlichen vor. Danach haben die Träger der öffentlichen Jugendhilfe dafür Sorge zu tragen, dass Kinder und Jugendliche entsprechend ihrem Entwicklungsstand in den sie betreffenden Angelegenheiten informiert und über ihre Rechte aufgeklärt werden. Auch eine Beteiligung an Planungen, Entscheidungen und Maßnahmen ist vorgesehen, wenn ihre Interessen berührt sind. Schließlich sollen die Jugendhilfeträger die Belange der Kinder und Jugendlichen auch bei der Gestaltung der Angebote der Kinder- und Jugendarbeit berücksichtigen.

Der Vollständigkeit halber wird zudem auf die bundesrechtlichen Vorgaben des § 4a SGB VIII betreffend selbst organisierte Zusammenschlüsse zur Selbstvertretung und des § 8 SGB VIII zur Beteiligung von Kindern und Jugendlichen hingewiesen. Darüber hinaus finden sich im SGB VIII in den verschiedensten Kontexten immer wieder Hinweise auf die Einbeziehung der Kinder und Jugendlichen als zentrale Betroffene des Kinder- und Jugendhilferechts.

F. Wie finanzieren sich die Kommunen?

Kommunale Selbstverwaltung und Aufgabenerfüllung setzen voraus, dass die Kommunen über eine ausreichende und angemessene Finanzausstattung verfügen. Nur dann können sie ihre Aufgaben sachgerecht wahrnehmen. Und nur dann sind ihnen die Handlungs- und Gestaltungsspielräume eröffnet, die das Prinzip der kommunalen Selbstverwaltung auszeichnen.

Aus eigenem Recht können die Kommunen bestimmte Finanzierungsquellen ausschöpfen. Hinzu treten Finanzzuweisungen und Kostenerstattungen von Land und Bund. Auskömmlich sind diese aber in der Realität nicht. Vor allem im Sozialbereich betrauen Land und Bund die Kommunen seit Jahren mit kostenträchtigen Aufgaben, ohne die damit verbundenen Mehrbelastungen angemessen auszugleichen oder den Kommunen entsprechende Steuerertragskompetenzen unmittelbar zuzuordnen.

I. Steuern, Gebühren und Beiträge

Im Rahmen ihrer verfassungsrechtlich verbürgten Selbstverwaltungsgarantie können die Kommunen (Verwaltungs- und Benutzungs-)Gebühren, Beiträge und Steuern erheben.

In absoluten Zahlen kommt hierbei den Steuern mit einem Anteil von rund 40 Prozent auf der Einnahmenseite die größte Bedeutung zu. Dazu zählen vor allem die Gewerbesteuer sowie die Grundsteuer, die gemäß Artikel 106 Absatz 6 GG den Gemeinden – nicht aber den Gemeindeverbänden – zustehen, die ihrerseits die genaue Höhe über eigene Hebesätze festlegen können. Neben diesen sogenannten Realsteuern können die Gemeinden örtliche Verbrauch- und Aufwandsteuern erheben (Vergnügungssteuer, Zweitwohnungssteuer, Bettensteuer, Hundesteuer etc.), die jedoch von vergleichsweise geringer Relevanz sind. Von deutlich größerer Bedeutung ist demgegenüber der den Gemeinden zustehende Anteil an der Einkommensteuer (Artikel 106 Absatz 5 GG) und der Umsatzsteuer (Artikel 106 Absatz 5a GG). Ein darüber hinaus reichendes generelles Steuerfindungsrecht steht den Gemeinden nicht zu; sie können nur innerhalb des gesetzlich gezogenen Rechtsrahmens Steuern erheben.

Im Unterschied zu Steuern können (Verwaltungs- und Benutzungs-)Gebühren und Beiträge nur als Gegenleistung für die konkrete Inanspruchnahme kommunaler Leistungen (Erteilung einer Genehmigung, Abfallentsorgung etc.) beziehungsweise öffentlicher Einrichtungen (Schwimmbäder, Büchereien etc.) geltend gemacht werden.

Erst wenn eine andere Finanzierung nicht möglich ist oder wirtschaftlich unzweckmäßig erscheint, dürfen Kredite aufgenommen werden (§ 77 Absatz 4 GO). Diese Subsidiarität der Kreditaufnahme erstreckt sich auf Kredite für Investitionen, deren Voraussetzungen § 86 GO regelt, und auf Kredite zur Liquiditätssicherung, deren Nachrang § 89 Absatz 2 Satz 1 GO zusätzlich klarstellt.

II. Kommunale Umlagen

Zwar können auch Gemeindeverbände von Gebühreneinnahmen profitieren (zum Beispiel die Kreise im Abfallbereich). Anders als die Gemeinden verfügen sie aber nicht über eigene Steuererträge. Typischerweise finanzieren sich Gemeindeverbände vor allem über Umlagen, die von den Kreisen bei den kreisangehörigen Städten und Gemeinden (Kreisumlage) und von den Landschaftsverbänden bei den Kreisen und kreisfreien Städten (Landschaftsumlage) erhoben werden. Insoweit kann von einem „interkommunalen Finanzausgleich" gesprochen werden.

Nach dem Wortlaut der einschlägigen gesetzlichen Regelungen (§§ 56 Absatz 1 KrO, 22 Absatz 1 LVerbO) darf eine Kreis- bzw. Landschaftsumlage nur erhoben werden, soweit sonstige Erträge die entstehenden Aufwendungen nicht decken. Dieses Subsidiaritätsprinzip ist allerdings von theoretischer Bedeutung. In der Praxis stellen die jeweiligen Umlagen notgedrungen das zentrale Finanzierungsinstrument der Kreise und Landschaftsverbände dar und drohen die Umlagepflichtigen in ihrer kommunalen Selbstverwaltung immer mehr einzuengen. Bemessen werden die Umlagen nach der Ertrags- und Einnahmekraft der jeweiligen Umlagepflichtigen.

Besonderheit: Jugendamtsumlage

Einen besonderen Unterfall der Kreisumlage stellt dabei die sogenannte Jugendamtsumlage dar. Diese kann der Kreis nur bei den kreisangehörigen Gemeinden ohne eigenes Jugendamt erheben, um die Aufwendungen des Kreisjugendamtes und der Einrichtungen der Jugendhilfe für diese Gemeinden zu decken (§ 56 Absatz 5 KrO).

III. Zuweisungen und Kostenerstattungen von Land und Bund

Zu den vorgenannten, eigenverantwortlich auszuschöpfenden Finanzierungsquellen kommen Zuweisungen und Kostenerstattungen von Land und Bund hinzu. So verpflichtet das Grundgesetz die Länder, die Kommunen am Landesanteil der Gemeinschaftsteuern (Einkommensteuer, Körperschaftsteuer und Umsatzsteuer) mit einem vom Landesgesetzgeber zu bestimmenden Prozentsatz (Verbundsatz) zu beteiligen (Artikel 106 Absatz 7 GG). Daran anknüpfend verpflichtet die Landesverfassung das Land, *„im Rahmen seiner finanziellen Leistungsfähigkeit einen übergemeindlichen Finanzausgleich zu gewährleisten"* (Artikel 79 Satz 2 LVerf).

Die Höhe der den Kommunen hiernach insgesamt zuzuweisenden Mittel sowie ihre Verteilung werden durch die jährlich neu zu beschließenden Gemeindefinanzierungsgesetze festgelegt, wobei die Rechtsprechung dem Landesgesetzgeber hinsichtlich der Bemessung jener Mittel (Finanzausgleichsmasse) einen weiten Ermessens- und Gestaltungsspielraum zuerkennt. Ein Anspruch der Kommunen auf eine bestimmte Höhe an Zuweisungen besteht nicht.

Für die Verteilung der Finanzausgleichsmasse auf die Kommunen sind einerseits der Finanzbedarf sowie andererseits die Finanzkraft der einzelnen Kommunen maßgeblich. Die Kommunen, deren normierter Finanzbedarf die Finanzkraft überschreitet, erhalten im Rahmen des Gemeindefinanzierungsgesetzes sogenannte Schlüsselzuweisungen, über die sie frei verfügen können. Diese Schlüsselzuweisungen dienen mit anderen Worten dazu, den durch eigene Einnahmen nicht gedeckten Finanzbedarf auszugleichen. Bei Kommunen, deren Finanzbedarf ihre Finanzkraft nicht übersteigt, wird angenommen, dass sie ihren Bedarf aus eigener Kraft finanzieren können. Diese sogenannten abundanten Kommunen erhalten deshalb keine Zuweisungen nach dem Gemeindefinanzierungsgesetz.

Zusätzlich zu den über das Gemeindefinanzierungsgesetz bereitgestellten Mitteln erhalten die Kommunen jährlich Mittel aus dem Landeshaushalt, deren Höhe und Zweckbestimmung in den Fachhaushalten der einzelnen Ressorts etatisiert werden.

Soweit den Kommunen neue Aufgaben zugewiesen oder bestehende Aufgaben verändert werden, muss das Land ihnen nach Maßgabe des sogenannten Konnexitätsprinzips die entstehenden wesentlichen Mehraufwendungen ausgleichen (Artikel 78 Absatz 3 LVerf, § 1 Konnexitätsausführungsgesetz NRW (KonnexAG). Damit wird der Gesetzgeber verpflichtet, bereits im Vorfeld eines gesetzgeberischen Tätigwerdens die mit einer Aufgabenübertragung oder -veränderung für die Kommunen verbundene Kostenbelastung abzuschätzen und unter näher bestimmten Voraussetzungen auszugleichen. Hinsichtlich des kommunalen Finanzausgleichs gilt diese Abschätzungs- und Ausgleichspflicht unabhängig von der Finanzkraft und dem konkreten Finanzbedarf einer einzelnen Kommune, ihr liegen vielmehr allein die notwendigen, durchschnittlichen Kosten zugrunde (§ 3 KonnexAG). Damit soll einer Aushöhlung des Rechts auf kommunale Selbstverwaltung entgegengewirkt werden, die mit der Übertragung von Pflichtaufgaben ohne entsprechenden finanziellen Ausgleich verbunden sein könnte. Einschränkend muss jedoch hinzugefügt werden, dass bei aller Sinnhaftigkeit der verfassungsrechtlichen beziehungsweise einfachgesetzlichen Verankerung des Konnexitätsprinzips nicht ausgeblendet werden kann, dass seine Umsetzung immer wieder zu Diskussionen, mitunter auch zu verfassungsgerichtlichen Auseinandersetzungen zwischen Kommunen und Land führt. Die aus Sicht der Kommunen nicht hinreichende Beachtung und zum Teil gar erfolgende Umgehung des Konnexitätsprinzips durch das Land bedingt im Ergebnis die vielfach schlechte Finanzlage der Kommunen.

Neben den Zuweisungen und Kostenerstattungen des Landes gewährt auch der Bund den Kommunen (über das Land) unter bestimmten Voraussetzungen Finanzhilfen für besonders bedeutsame Investitionen (zum Beispiel zur Bekämpfung der internationalen Finanzkrise 2008/09 mit dem sogenannten Konjunkturpaket II, durch das Kommunalinvestitionsförderungsgesetz 2015 oder einen pauschalen Ausgleich für Gewerbesteuermindereinnahmen aufgrund der Corona-Pandemie zugunsten der Gemeinden). Auch dann, wenn der Bund in einzelnen Kommunen besondere Einrichtungen veranlasst, die bei diesen unmittelbar Sonderbelastungen verursachen, kann er auf der Grundlage von Artikel 106 Absatz 8 GG zu einem entsprechenden finanziellen Ausgleich verpflichtet sein (zum Beispiel im Bereich der Landesverteidigung oder zugunsten der Bundesstadt Bonn).

G. Wie arbeiten Kommunen zusammen?

Gemeinsam gelingt vieles besser, effektiver und wirtschaftlicher. Eine Erkenntnis, die auch Kommunen zur Zusammenarbeit veranlasst. Und das mit steigender Tendenz, werden doch die finanziellen und personalwirtschaftlichen Handlungsspielräume immer enger, während zugleich die Digitalisierung neue Gestaltungsspielräume eröffnet.

Wollen Kommunen in Wahrnehmung gesetzlich geregelter Aufgaben, zu denen sie also berechtigt oder verpflichtet sind und bezüglich derer kein fachgesetzlicher Ausschluss der Zusammenarbeit gilt, miteinander kooperieren, setzt ihnen das Gesetz über kommunale Gemeinschaftsarbeit (GkG) den entsprechenden rechtlichen Rahmen und stellt mögliche öffentlich-rechtlich verfasste Organisationsformen zur Verfügung. Soweit es um die Wahrnehmung von Pflichtaufgaben zur Erfüllung nach Weisung geht, ist jedoch zu beachten, dass für eine gemeinsame Wahrnehmung dieser Aufgaben der Anwendungsbereich des Gesetzes über kommunale Gemeinschaftsarbeit nur nach der näheren Maßgabe von § 3 Absätze 2, 5 und 6 GO eröffnet ist. Pflichtaufgaben zur Erfüllung nach Weisung können mithin nicht in der Rechtsform einer Arbeitsgemeinschaft oder eines Zweckverbandes erfüllt werden.

Mit dieser Einschränkung erweist sich eine (nicht rechtsfähige) kommunale Arbeitsgemeinschaft als vergleichsweise lockere Form der interkommunalen Zusammenarbeit (§§ 2f. GkG). Damit ist keine Veränderung bestehender Zuständigkeiten verbunden. Mit einer solchen Arbeitsgemeinschaft wird vielmehr (nur) eine Koordination der Aufgabenerfüllung der beteiligten Kommunen angestrebt. So gesehen ist sie vor allem vorbereitender und unterstützender Natur.

Wenn Kommunen ihre Zusammenarbeit vertiefen und einzelne Aufgaben gemeinsam durchführen oder erfüllen wollen, können sie durch Vereinbarung einer Verbandssatzung einen Zweckverband gründen (§§ 4 Absatz 1, 9 GkG). Als Körperschaft des öffentlichen Rechts ist ein solcher Zweckverband zwar kein Gemeindeverband im Sinne von Artikel 28 Absatz 2 GG, kann aber selbstständig hoheitliche Befugnisse ausüben (§ 5 Absatz 1 GkG). Die jeweils wahrzunehmenden Aufgaben werden einem Zweckverband von den ihm angehörenden Kommunen zugewiesen (§§ 6, 9 ff. GkG), wobei deren Interessen über die Verbandsversammlung, in der jede beteiligte Kommune vertreten ist (§ 15 Absatz 1 GkG), wahrgenommen werden können. Die Verbandsversammlung wählt eine Verbandsvorsteherin/einen Verbandsvorsteher, die/der – vereinfacht gesagt – für die Verwaltung des Zweckverbandes zuständig ist (§ 16 GkG).

Neben jenen eigenverantwortlich zu gründenden Zweckverbänden (sogenannte Freiverbände) können Zweckverbände ausnahmsweise auch durch Gesetz errichtet werden (zum Beispiel Landesverband Lippe, Regionalverband Ruhr (dazu unter H) oder auch verschiedene Wasser- und Bodenverbände). Gesetzlich werden in diesen Fällen unter anderem der Aufbau, die Organe und deren Handlungsbefugnisse sowie das Verfahren der verbandsinternen Willensbildung vorgegeben.

Weiterhin können Kommunen zur gemeinsamen Aufgabenwahrnehmung Unternehmen und Einrichtungen in der Rechtsform einer Anstalt des öffentlichen Rechts in gemeinsamer Trägerschaft führen (§ 27 Absatz 1 GkG). Auf dieses sogenannte gemeinsame Kommunalunternehmen finden weitgehend die Regelungen des § 114 a GO über die Anstalt öffentlichen Rechts Anwendung.

Die durch das Gesetz über kommunale Gemeinschaftsarbeit vorgegebenen Kooperationsformen werden durch die öffentlich-rechtliche Vereinbarung abgerundet, auf deren Grundlage eine beteiligte Kommune im Außenverhältnis für die übrigen Beteiligten auftritt (§ 23 Absatz 1 GkG). Übernimmt eine der beteiligten Kommunen einzelne Aufgaben der übrigen beteiligten Kommunen vollständig in ihre Zuständigkeit, spricht man von einer delegierenden Vereinbarung. Verpflichtet sich eine Kommune, einzelne Aufgaben für die übrigen Beteiligten durchzuführen und in deren Namen sowie mit Wirkung für diese aufzutreten, handelt es sich um eine mandatierende Vereinbarung. Anders als im Fall der Gründung eines Zweckverbandes oder eines gemeinsamen Kommunalunternehmens wird durch eine (delegierende oder mandatierende) Vereinbarung kein neuer Rechtsträger geschaffen.

Zusätzlich zu den im Gesetz über kommunale Gemeinschaftsarbeit normierten Kooperationsformen hat der Gesetzgeber kreisangehörigen Gemeinden die Möglichkeit eröffnet, im Wege der interkommunalen Zusammenarbeit bestimmte überörtliche Aufgaben durch Bildung eines Zweckverbandes oder durch öffentlich-rechtliche Vereinbarung an sich zu ziehen, die ansonsten in die Zuständigkeit des jeweiligen Kreises fallen (§ 2 Absatz 1 Satz 3 KrO). Darüber hinaus hat der Gesetzgeber mit § 4 Absatz 8 GO in Abweichung von der Grundvoraussetzung des Gesetzes über kommunale Gemeinschaftsarbeit, dass die an einer öffentlich-rechtlichen Vereinbarung teilnehmenden Gemeinden zur Erfüllung der übertragenen Aufgaben berechtigt oder verpflichtet sein müssen (§ 1 Absatz 1 GkG), verzichtet und die Möglichkeit einer aufgabenträgerunabhängigen Zusammenarbeit eröffnet. Danach kann eine Gemeinde mit einer oder mehreren Gemeinden vereinbaren, bestimmte Aufgaben in der Form gemeinsam wahrzunehmen, dass eine der Gemeinden die Aufgaben übernimmt oder für die übrigen Beteiligten durchführt. Nach § 4 Absatz 8 Satz 2 GO muss in diesem Fall die gesamte Einwohnerzahl der beteiligten Gemeinden die Antragsschwellenwerte für eine Mittlere kreisangehörige Stadt (20.000 Einwohner) oder Große kreisangehörige Stadt (50.000 Einwohner) überschreiten (sogenannter additiver Schwellenwert). Die Gemeinde, die die betreffenden Aufgaben wahrnimmt, gilt insoweit als Mittlere oder Große kreisangehörige Stadt.

Soweit der Geltungsbereich des Gesetzes reicht, ist die interkommunale Zusammenarbeit auf die vorerwähnten, vom Gesetz über kommunale Gemeinschaftsarbeit vorgegebenen Organisationsformen festgelegt. Geht es dagegen nicht um Aufgaben, zu denen eine Kommune gesetzlich berechtigt oder verpflichtet ist, kann sie mit anderen Kommunen außerhalb der durch das Gesetz über kommunale Gemeinschaftsarbeit vorgegebenen Organisationsformen kooperieren, beispielsweise durch den Abschluss eines öffentlich-rechtlichen Vertrages (§§ 54 ff. VwVfG NRW). Ebenso können Kommunen in privatrechtlicher Rechtsform zusammenarbeiten (§ 1 Absatz 3 GkG), wobei ihnen grundsätzlich das gesamte Spektrum der Organisationsformen des Zivil- und Gesellschaftsrechts (Verein, GmbH, AG etc.) zur Verfügung steht.

Einen guten Überblick über unterschiedliche Ansätze und Vorhaben der interkommunalen Zusammenarbeit vermittelt das von den kommunalen Spitzenverbänden gemeinsam getragene Online-Portal INTERKOMMUNALES.NRW.

H. Welche Akteure gibt es noch im kommunalen Bereich?

Schließlich soll die Gelegenheit genutzt werden, auf weitere Akteure hinzuweisen, die gemeinsam mit oder neben den Kommunen das Kommunalrecht prägen.

Die Interessenvertretung der Kommunen übernehmen die **kommunalen Spitzenverbände**. Diese sind freiwillige Vereinigungen der Kommunen und organisieren sich in Formen des Privatrechts. In NRW sind dies drei an der Zahl: (1) Der Städtetag NRW vertritt als nicht-rechtsfähiger Verein die 23 kreisfreien sowie 16 kreisangehörige Städte, (2) der Landkreistag NRW ist der – als eingetragener Verein rechtsfähige – Spitzenverband der 30 Kreise sowie der Städteregion Aachen und (3) der Städte- und Gemeindebund NRW, ebenfalls ein eingetragener Verein, ist zuständig für 361 kreisangehörige Städte und Gemeinden. Damit gehören alle Kommunen in NRW mindestens einem kommunalen Spitzenverband an, einige kreisangehörige Kommunen sind sogar Mitglied sowohl beim Städtetag NRW als auch beim Städte- und Gemeindebund NRW; die Städteregion Aachen ist zudem gleichzeitig außerordentliches Mitglied des Städtetags NRW. Darüber hinaus sind zum Teil auch weitere kommunale Akteure Mitglieder der Spitzenverbände, wie beispielsweise die Landschaftsverbände und der Regionalverband Ruhr.

Die kommunalen Spitzenverbände nehmen die Interessen und Belange der Kommunen insbesondere gegenüber dem Landtag und der Landesregierung wahr. Dabei stehen ihnen schon nach der Landesverfassung gewisse Beteiligungsrechte zu (Artikel 78 Absatz 3 Satz 5 Halbsatz 2), die durch das KonnexAG (siehe dazu schon oben unter C.I sowie unter F.III) weiter konkretisiert wurden. Die kommunalen Spitzenverbände sind also vom Land zu beteiligen, wenn es um die Regelung eines konnexitätsrechtlichen Belastungsausgleichs geht. Darüber hinaus sieht die Gemeinsame Geschäftsordnung für die Ministerien des Landes NRW (GGO, konkret § 35) vor, dass insbesondere kommunalrelevante Gesetzentwürfe frühzeitig an die kommunalen Spitzenverbände übermittelt sowie ihnen die Gesetzentwürfe der Landesregierung nach Abschluss der Ressortabstimmung zur Anhörung zugeleitet werden müssen. Und auch der Landtag und seine Ausschüsse laden die Vertreterinnen und Vertreter der kommunalen Spitzenverbände regelmäßig als Sachverständige zu Anhörungen ein. Um dabei den kommunalen Positionen gerecht zu werden, arbeiten die kommunalen Spitzenverbände im gesamten Aufgabenspektrum der Kommunen eng mit ihren Mitgliedern und soweit möglich untereinander zusammen. Auf der Bundesebene sind sie gemeinsam mit den Spitzenverbänden der anderen Bundesländer im Deutschen Städtetag, im Deutschen Landkreistag und im Deutschen Städte- und Gemeindebund zusammengeschlossen. Damit dienen die kommunalen Spitzenverbände sowohl auf der Bundes- als auch auf der Landesebene als Schnittstelle zwischen Politik, Regierung, Verwaltung und Kommunen.

Die bereits an verschiedenen Stellen angesprochenen **Landschaftsverbände** sind öffentlich-rechtliche Körperschaften; mit dem Recht der Selbstverwaltung ausgestattet setzen sie sich aus den Kreisen und kreisfreien Städten zusammen (§§ 1, 2 LVerbO). Daraus ergeben sich in den jeweils namensgebenden Landesteilen der Landschaftsverband Rheinland (LVR) mit Sitz in Köln sowie der Landschaftsverband Westfalen-Lippe (LWL) mit Sitz in Münster. Die Landschaftsverbände nehmen insbesondere soziale und kulturelle Aufgaben wahr (§ 5 LVerbO): So sind sie beispielsweise überörtliche Träger der öffentlichen Jugendhilfe und der Sozialhilfe und gestalten als Träger von Förderschulen und (psychiatrischen) Krankenhäusern die Bildungslandschaft und Gesundheitsversorgung mit. Handlungsfähig werden die Landschaftsverbände durch ihre Organe. An der Verwaltungsspitze steht die Direktorin/der Direktor des Landschaftsverbands (§§ 17, 20 LVerbO), die grundlegenden Leitlinien werden durch die Landschaftsversammlung vorgegeben (§§ 7 ff. LVerbO) und alle weder der Landschaftsversammlung vorbehaltene noch den Geschäften der laufenden Verwaltung zuzuordnende Entscheidungen werden durch den Landschaftsausschuss, wiederum unterstützt durch seine Fachausschüsse, getroffen (§§ 11 ff. LVerbO). Finanziert werden die Landschaftsverbände dabei vor allem durch die von ihren Mitgliedern, den Kreisen und kreisfreien Städten, zu zahlende Landschaftsumlage (§ 22 LVerbO, siehe dazu schon unter F.II).

Im Ruhrgebiet agiert darüber hinaus der **Regionalverband Ruhr**, der als Körperschaft des öffentlichen Rechts einen Zusammenschluss aus elf kreisfreien Städten und vier Kreisen darstellt (§§ 1, 2 Absatz 1 des Gesetzes über den Regionalverband Ruhr (RVRG)). Vor dem Hintergrund, dem *„Gemeinwohl der Metropole Ruhr"* zu dienen (§ 2 Absatz 1 RVRG), gehört es beispielsweise zu seinen Aufgaben, Planungs- und Entwicklungskonzepte für das Verbandsgebiet zu erstellen und Verbandsgrünflächen zu sichern und weiterzuentwickeln oder den regionalen Tourismus zu fördern.

Die **Bezirksregierungen** nehmen als Landesmittelbehörden in ihrem jeweiligen Bezirk die allgemeine Vertretung der Landesregierung wahr (§ 8 Landesorganisationsgesetz NRW): Als Bündelungsbehörden nehmen sie alle Aufgaben der Landesverwaltung wahr, die nicht ausdrücklich anderen Behörden übertragen sind, beobachten die Entwicklungen im Bezirk und berichten der Ministerpräsidentin/dem Ministerpräsidenten, der Landesregierung und den zuständigen Landesministerien. Das Land NRW ist dafür in fünf Regierungsbezirke, namentlich Arnsberg, Detmold, Düsseldorf, Köln und Münster, eingeteilt. In ihrem Zuständigkeitsbereich obliegt den Bezirksregierungen beispielsweise die allgemeine Aufsicht über die kreisfreien Städte (§ 120 Absatz 2 GO).

Und nicht zuletzt prägen das Kommunalrecht und die Angelegenheiten der Kommunen die/der innerhalb der Landesregierung für Kommunales zuständige Ministerin/Minister und das ihr/ihm unterstehende Landesministerium als oberste Landesbehörde. Zurzeit obliegt dies dem **Ministerium für Heimat, Kommunales, Bau und Digitalisierung des Landes NRW**, kurz MHKBD. Dieses befasst sich sowohl mit übergeordneten als auch detaillierten kommunalen Themen, vom kommunalen Verfassungsrecht über die Kommunalaufsicht, kommunale Interessen in Rechtsetzung und Verwaltungsvollzug bishin zum kommunalen Finanzausgleich.

Abschließend ist kurz – ohne den Anspruch auf Vollständigkeit – auf einige weitere Akteure hinzuweisen, die im kommunalen Bereich angesiedelt und tätig sind.

- Dazu gehören der KAV NW, der als **Kommunaler Arbeitgeberverband NRW** die gemeinsamen Interessen seiner Mitglieder als Arbeitgeber wahrnimmt und mit denen ihrer Beschäftigten ausgleicht; dafür schließt er insbesondere Tarifverträge ab und berät in Fragen des Arbeits- und Tarifrechts (§ 2 der Satzung des KAV NW vom 07.10.2020).
- Hinzu kommen die **kommunalpolitischen Vereinigungen** der Parteien, wie die Kommunalpolitische Vereinigung der CDU des Landes NRW (KPV), die Sozialdemokratische Gemeinschaft für Kommunalpolitik in NRW (SGK), die GRÜNE/Alternative in den Räten NRW (GAR) oder die Vereinigung Liberaler Kommunalpolitiker in NRW (VLK), die als Zusammenschlüsse von vor allem kommunalen Politikerinnen und Politikern insbesondere die kommunalpolitischen Anliegen der jeweiligen politischen Parteien verfolgen und Weiterbildungsveranstaltungen anbieten.
- Als Anstalt des öffentlichen Rechts führt die **Gemeindeprüfungsanstalt** weisungsunabhängig die überörtliche Prüfung als Teil der allgemeinen Aufsicht des Landes über die Gemeinden, insbesondere hinsichtlich der Rechtmäßigkeit der Haushaltswirtschaft und der sachgerechten und wirtschaftlichen Verwaltung der Gemeinde, durch (§ 105 GO, Gemeindeprüfungsanstaltsgesetz, für die Kreise siehe § 53 Absatz 2 KrO).

Gemeindeordnung für das Land Nordrhein-Westfalen (GO NRW)

in der Fassung der Bekanntmachung vom 14. Juli 1994 (GV. NW. S. 666), zuletzt geändert durch Gesetz vom 10. Juli 2025 (GV. NRW. S. 618)

Inhaltsverzeichnis

Teil 1

Grundlagen der Gemeindeverfassung

§ 1 Wesen der Gemeinden

(1) [1]Die Gemeinden sind die Grundlage des demokratischen Staatsaufbaues. [2]Sie fördern das Wohl der Einwohner in freier Selbstverwal-

tung durch ihre von der Bürgerschaft gewählten Organe. [3]Sie handeln zugleich in Verantwortung für die zukünftigen Generationen.

(2) Die Gemeinden sind Gebietskörperschaften.

§ 2 Wirkungskreis

Die Gemeinden sind in ihrem Gebiet, soweit die Gesetze nicht ausdrücklich etwas anderes bestimmen, ausschließliche und eigenverantwortliche Träger der öffentlichen Verwaltung.

§ 3 Aufgaben der Gemeinden

(1) Den Gemeinden können nur durch Gesetz Pflichtaufgaben auferlegt werden.

(2) [1]Pflichtaufgaben können den Gemeinden zur Erfüllung nach Weisung übertragen werden; das Gesetz bestimmt den Umfang des Weisungsrechts, das in der Regel zu begrenzen ist. [2]Für die gemeinsame Wahrnehmung von Pflichtaufgaben zur Erfüllung nach Weisung ist der Anwendungsbereich des Gesetzes über kommunale Gemeinschaftsarbeit nur nach Maßgabe der Absätze 5 und 6 sowie des § 4 Abs. 8 eröffnet.

(3) [1]Eingriffe in die Rechte der Gemeinden sind nur durch Gesetz zulässig. [2]Rechtsverordnungen zur Durchführung solcher Gesetze bedürfen der Zustimmung des für die kommunale Selbstverwaltung zuständigen Ausschusses des Landtags und, sofern nicht die Landesregierung oder das für Kommunales zuständige Ministerium sie erlassen, der Zustimmung des für Kommunales zuständigen Ministeriums.

(4) [1]Werden den Gemeinden neue Pflichten auferlegt oder werden Pflichten bei der Novellierung eines Gesetzes fortgeschrieben oder erweitert, ist gleichzeitig die Aufbringung der Mittel zu regeln. [2]Führen diese neuen Pflichten zu einer Mehrbelastung der Gemeinden, ist ein entsprechender Ausgleich zu schaffen.

(5) [1]Zur Effizienzsteigerung kann eine Gemeinde mit einer anderen Gemeinde nach den §§ 23 bis 26 des Gesetzes über kommunale Gemeinschaftsarbeit in der Fassung der Bekanntmachung vom 1. Oktober 1979 (GV. NRW. S. 621) in der jeweils geltenden Fassung vereinbaren, dass ihr nach Absatz 2 übertragene Aufgaben von der anderen Gemeinde übernommen oder für sie durchgeführt werden. [2]Satz 1 gilt auch für den Abschluss einer öffentlich-rechtlichen Vereinbarung zwischen einer kreisfreien Stadt und einem Kreis.

(6) Absatz 5 gilt nicht, soweit

1. Bundesrecht oder das Recht der Europäischen Union entgegensteht,
2. der Abschluss einer öffentlich-rechtlichen Vereinbarung durch Gesetz oder Rechtsverordnung ausdrücklich eingeschränkt oder ausgeschlossen ist,
3. durch die beabsichtigte Aufgabenverlagerung schutzwürdige Belange Dritter unangemessen beeinträchtigt werden oder Gründe des öffentlichen Wohls entgegenstehen oder

4. die örtliche Entfernung der beteiligten Körperschaften der ordnungsgemäßen Erledigung der Aufgabe entgegensteht.

§ 4 Zusätzliche Aufgaben kreisangehöriger Gemeinden

(1) Mittleren kreisangehörigen Städten nach Absatz 2 und Großen kreisangehörigen Städten nach Absatz 3 können neben den Aufgaben nach den §§ 2 und 3 zusätzliche Aufgaben durch Gesetz oder Rechtsverordnung übertragen werden.

(2) [1]Eine kreisangehörige Gemeinde ist auf eigenen Antrag zur Mittleren kreisangehörigen Stadt zu bestimmen, wenn ihre maßgebliche Einwohnerzahl an drei aufeinanderfolgenden Stichtagen mehr als 20000 Einwohner beträgt. [2]Sie ist von Amts wegen zur Mittleren kreisangehörigen Stadt zu bestimmen, wenn ihre maßgebliche Einwohnerzahl an fünf aufeinanderfolgenden Stichtagen mehr als 25000 Einwohner beträgt. [3]Der maßgebliche Stichtag ergibt sich aus Absatz 7.

(3) [1]Eine kreisangehörige Gemeinde ist auf eigenen Antrag zur Großen kreisangehörigen Stadt zu bestimmen, wenn ihre maßgebliche Einwohnerzahl an drei aufeinanderfolgenden Stichtagen mehr als 50000 Einwohner beträgt. [2]Sie ist von Amts wegen zur Großen kreisangehörigen Stadt zu bestimmen, wenn ihre maßgebliche Einwohnerzahl an fünf aufeinanderfolgenden Stichtagen mehr als 60000 Einwohner beträgt. [3]Der maßgebliche Stichtag ergibt sich aus Absatz 7.

(4) [1]Eine Große kreisangehörige Stadt ist auf eigenen Antrag zur Mittleren kreisangehörigen Stadt zu bestimmen, wenn ihre maßgebliche Einwohnerzahl an fünf aufeinanderfolgenden Stichtagen weniger als 50000 Einwohner beträgt. [2]Sie ist von Amts wegen zur Mittleren kreisangehörigen Stadt zu bestimmen, wenn ihre maßgebliche Einwohnerzahl an fünf aufeinanderfolgenden Stichtagen weniger als 45000 Einwohner beträgt. [3]Der maßgebliche Stichtag ergibt sich aus Absatz 7.

(5) [1]Eine Mittlere kreisangehörige Stadt oder eine Große kreisangehörige Stadt ist auf eigenen Antrag in der Rechtsverordnung nach Absatz 6 zu streichen, wenn ihre maßgebliche Einwohnerzahl an fünf aufeinanderfolgenden Stichtagen weniger als 20000 Einwohner beträgt. [2]Sie ist von Amts wegen in der Rechtsverordnung nach Absatz 6 zu streichen, wenn ihre maßgebliche Einwohnerzahl an fünf aufeinanderfolgenden Stichtagen weniger als 15000 Einwohner beträgt. [3]Der maßgebliche Stichtag ergibt sich aus Absatz 7.

(6) [1]Über Anträge nach den Absätzen 2 bis 5 entscheidet das für Kommunales zuständige Ministerium. [2]Ihnen ist zu entsprechen, wenn zwingende übergeordnete Interessen nicht entgegenstehen. [3]Die Bestimmung kreisangehöriger Gemeinden zur Mittleren oder Großen kreisangehörigen Stadt erfolgt durch Rechtsverordnung der Landesregierung. [4]Änderungen dieser Rechtsverordnung treten zum 1. Januar des auf die Verkündung folgenden übernächsten Kalenderjahres in Kraft.

(7) Maßgeblich ist die auf den 31. Dezember eines jeden Jahres fortgeschriebene Bevölkerungszahl (Stichtag), die von dem Landesbetrieb Information und Technik Nordrhein-Westfalen veröffentlicht wird.

(8) [1]Eine Gemeinde kann nach den §§ 23 bis 26 des Gesetzes über kommunale Gemeinschaftsarbeit

1. mit einer oder mehreren Gemeinden vereinbaren, eine oder mehrere Aufgaben nach Absatz 1 in der Form gemeinsam wahrzunehmen, dass eine der Gemeinden die Aufgabe übernimmt oder für die übrigen Beteiligten durchführt, oder
2. als Mittlere oder Große kreisangehörige Stadt mit dem Kreis vereinbaren, dass eine oder mehrere ihr nach Absatz 1 übertragene Aufgaben von dem Kreis übernommen werden.

[2]In den Fällen des Satzes 1 Nummer 1 muss die Summe der Einwohnerzahl der beteiligten Gemeinden die jeweilige Einwohnerzahl des Absatzes 2 Satz 1 oder des Absatzes 3 Satz 1 überschreiten (additiver Schwellenwert). [3]Die Gemeinde gilt insoweit als Mittlere oder Große kreisangehörige Stadt. [4]Die Absätze 4 und 5 gelten entsprechend. [5]Soweit durch die Vereinbarung Aufgaben vom Kreis auf die Gemeinde übergehen, ist das Benehmen mit dem abgebenden Kreis erforderlich. [6]Der Kreis gilt insoweit als Beteiligter im Sinne von § 29 Absatz 4 des Gesetzes über kommunale Gemeinschaftsarbeit. [7]§ 3 Absatz 6 gilt entsprechend.

§ 5 Gleichstellung von Frau und Mann

(1) [1]Die Verwirklichung des Verfassungsgebots der Gleichberechtigung von Frau und Mann ist auch eine Aufgabe der Gemeinden. [2]Zur Wahrnehmung dieser Aufgabe können die Gemeinden Gleichstellungsbeauftragte bestellen.

(2) In kreisangehörigen Städten und Gemeinden mit mehr als 10000 Einwohnern sowie in kreisfreien Städten sind hauptamtlich tätige Gleichstellungsbeauftragte zu bestellen.

(3) Die Gleichstellungsbeauftragte wirkt bei allen Vorhaben und Maßnahmen der Gemeinde mit, die die Belange von Frauen berühren oder Auswirkungen auf die Gleichberechtigung von Frau und Mann und die Anerkennung ihrer gleichberechtigten Stellung in der Gesellschaft haben.

(4) [1]Die Gleichstellungsbeauftragte kann in Angelegenheiten ihres Aufgabenbereiches an den Sitzungen des Verwaltungsvorstands, des Rates und seiner Ausschüsse teilnehmen. [2]Ihr ist auf Wunsch das Wort zu erteilen. [3]Sie kann die Öffentlichkeit über Angelegenheiten ihres Aufgabenbereichs unterrichten.

(5) Die Gleichstellungsbeauftragte kann in Angelegenheiten, die ihren Aufgabenbereich berühren, den Beschlussvorlagen des Bürgermeisters widersprechen; in diesem Fall hat der Bürgermeister den Rat zu Be-

ginn der Beratung auf den Widerspruch und seine wesentlichen Gründe hinzuweisen.

(6) Das Nähere zu den Absätzen 3 bis 5 regelt die Hauptsatzung.

§ 6 Geheimhaltung

[1]Die Gemeinden sind verpflichtet, Angelegenheiten der zivilen Verteidigung, die auf Anordnung der zuständigen Behörde oder ihrem Wesen nach gegen die Kenntnis Unbefugter geschützt werden müssen, geheimzuhalten. [2]Sie haben hierbei Weisungen der Landesregierung auf dem Gebiet des Geheimschutzes zu beachten.

§ 7 Satzungen

(1) [1]Die Gemeinden können ihre Angelegenheiten durch Satzung regeln, soweit Gesetze nichts anderes bestimmen. [2]Satzungen bedürfen der Genehmigung der Aufsichtsbehörde nur, wenn dies gesetzlich ausdrücklich vorgeschrieben ist.

(2) [1]In den Satzungen können vorsätzliche und fahrlässige Zuwiderhandlungen gegen Gebote und Verbote mit Bußgeld bedroht werden. [2]Zuständige Verwaltungsbehörde im Sinne des § 36 Abs. 1 Nr. 1 des Gesetzes über Ordnungswidrigkeiten ist der Bürgermeister.

(3) [1]Jede Gemeinde hat eine Hauptsatzung zu erlassen. [2]In ihr ist mindestens zu ordnen, was nach den Vorschriften dieses Gesetzes der Hauptsatzung vorbehalten ist. [3]Die Hauptsatzung und ihre Änderung kann der Rat nur mit der Mehrheit der gesetzlichen Zahl der Mitglieder beschließen.

(4) [1]Satzungen sind öffentlich bekanntzumachen. [2]Sie treten, wenn kein anderer Zeitpunkt bestimmt ist, mit dem Tage nach der Bekanntmachung in Kraft.

(5) Das für Kommunales zuständige Ministerium bestimmt durch Rechtsverordnung, welche Verfahrens- und Formvorschriften bei der öffentlichen Bekanntmachung von Satzungen und sonstigen ortsrechtlichen Bestimmungen einzuhalten sind, soweit nicht andere Gesetze hierüber besondere Regelungen enthalten.

(6) [1]Die Verletzung von Verfahrens- oder Formvorschriften dieses Gesetzes kann gegen Satzungen, sonstige ortsrechtliche Bestimmungen und Flächennutzungspläne nach Ablauf von sechs Monaten seit ihrer Verkündung nicht mehr geltend gemacht werden, es sei denn,

a) eine vorgeschriebene Genehmigung fehlt oder ein vorgeschriebenes Anzeigeverfahren wurde nicht durchgeführt,

b) die Satzung, die sonstige ortsrechtliche Bestimmung oder der Flächennutzungsplan ist nicht ordnungsgemäß öffentlich bekanntgemacht worden,

c) der Bürgermeister hat den Ratsbeschluß vorher beanstandet oder

d) der Form- oder Verfahrensmangel ist gegenüber der Gemeinde vorher gerügt und dabei die verletzte Rechtsvorschrift und die Tatsache bezeichnet worden, die den Mangel ergibt.

[2]Bei der öffentlichen Bekanntmachung der Satzung, der sonstigen ortsrechtlichen Bestimmung und des Flächennutzungsplans ist auf die Rechtsfolgen nach Satz 1 hinzuweisen.

(7) [1]Die Gemeinden bestimmen in ihrer Hauptsatzung die Form der öffentlichen Bekanntmachung für die nach diesem Gesetz oder anderen Rechtsvorschriften vorgeschriebenen sonstigen öffentlichen Bekanntmachungen, soweit nicht andere Gesetze hierüber besondere Regelungen enthalten. [2]Für die Form und den Vollzug der Bekanntmachung gilt die Rechtsverordnung nach Absatz 5 entsprechend.

§ 8 Gemeindliche Einrichtungen und Lasten

(1) Die Gemeinden schaffen innerhalb der Grenzen ihrer Leistungsfähigkeit die für die wirtschaftliche, soziale und kulturelle Betreuung ihrer Einwohner erforderlichen öffentlichen Einrichtungen.

(2) Alle Einwohner einer Gemeinde sind im Rahmen des geltenden Rechts berechtigt, die öffentlichen Einrichtungen der Gemeinde zu benutzen und verpflichtet, die Lasten zu tragen, die sich aus ihrer Zugehörigkeit zu der Gemeinde ergeben.

(3) Grundbesitzer und Gewerbetreibende, die nicht in der Gemeinde wohnen, sind in gleicher Weise berechtigt, die öffentlichen Einrichtungen zu benutzen, die in der Gemeinde für Grundbesitzer und Gewerbetreibende bestehen, und verpflichtet, für ihren Grundbesitz oder Gewerbebetrieb im Gemeindegebiet zu den Gemeindelasten beizutragen.

(4) Diese Vorschriften gelten entsprechend für juristische Personen und für Personenvereinigungen.

§ 9 Anschluß- und Benutzungszwang

[1]Die Gemeinden können bei öffentlichem Bedürfnis durch Satzung für die Grundstücke ihres Gebiets den Anschluß an Wasserleitung, Kanalisation und ähnliche der Volksgesundheit dienende Einrichtungen sowie an Einrichtungen zur Versorgung mit Fernwärme (Anschlußzwang) und die Benutzung dieser Einrichtungen und der Schlachthöfe (Benutzungszwang) vorschreiben. [2]Die Satzung kann Ausnahmen vom Anschluß- und Benutzungszwang zulassen. [3]Sie kann den Zwang auch auf bestimmte Teile des Gemeindegebiets und auf bestimmte Gruppen von Grundstücken oder Personen beschränken. [4]Im Falle des Anschluß- und Benutzungszwangs für Fernwärme soll die Satzung zum Ausgleich von sozialen Härten angemessene Übergangsregelungen enthalten.

§ 10 Wirtschaftsführung

[1]Die Gemeinden haben ihr Vermögen und ihre Einkünfte so zu verwalten, daß die Gemeindefinanzen gesund bleiben. [2]Auf die wirtschaftliche Leistungsfähigkeit der Abgabepflichtigen ist Rücksicht zu nehmen.

§ 11 Aufsicht

Die Aufsicht des Landes schützt die Gemeinden in ihren Rechten und sichert die Erfüllung ihrer Pflichten.

§ 12 Funktionsbezeichnungen

Die Funktionsbezeichnungen dieses Gesetzes werden in weiblicher oder männlicher Form geführt.

§ 13 Name und Bezeichnung

(1) [1]Die Gemeinden führen ihren bisherigen Namen. [2]Der Rat kann mit einer Mehrheit von drei Vierteln seiner Mitglieder den Gemeindenamen ändern. [3]Die Änderung des Gemeindenamens bedarf der Genehmigung des für Kommunales zuständigen Ministeriums. [4]Sätze 2 und 3 finden auch in den Fällen Anwendung, in denen der Gemeindename durch Gesetz festgelegt wurde, wenn seit dem Inkrafttreten des Gesetzes zehn Jahre vergangen sind.

(2) [1]Die Bezeichnung „Stadt“ führen die Gemeinden, denen diese Bezeichnung nach dem bisherigen Recht zusteht. [2]Sobald eine Gemeinde als Mittlere kreisangehörige Stadt zusätzliche Aufgaben wahrzunehmen hat, führt sie unabhängig von der künftigen Einwohnerentwicklung die Bezeichnung „Stadt“. [3]Eine kreisangehörige Stadt, in der die Kreisverwaltung ihren Sitz hat, ist berechtigt, die Bezeichnung „Kreisstadt“ zu führen.

(3) [1]Die Gemeinden können auch andere Bezeichnungen, die auf der Geschichte oder der heutigen Eigenart oder Bedeutung der Gemeinden beruhen, führen. [2]Der Rat kann mit einer Mehrheit von drei Vierteln seiner Mitglieder diese Bezeichnung bestimmen und ändern. [3]Die Bestimmung und Änderung der Bezeichnung bedarf der Genehmigung des für Kommunales zuständigen Ministeriums.

§ 14 Siegel, Wappen und Flaggen

(1) Die Gemeinden führen Dienstsiegel.

(2) Die Gemeinden führen ihre bisherigen Wappen und Flaggen.

(3) Die Änderung und die Einführung von Dienstsiegeln, Wappen und Flaggen bedürfen der Genehmigung der Aufsichtsbehörde.

2. Teil

Gemeindegebiet

§ 15 Gemeindegebiet

Das Gebiet jeder Gemeinde soll so bemessen sein, daß die örtliche Verbundenheit der Einwohner gewahrt und die Leistungsfähigkeit der Gemeinde zur Erfüllung ihrer Aufgaben gesichert ist.

§ 16 Gebietsbestand

(1) [1]Das Gebiet der Gemeinde besteht aus den Grundstücken, die nach geltendem Recht zu ihr gehören. [2]Grenzstreitigkeiten entscheidet die Aufsichtsbehörde.

(2) Jedes Grundstück soll zu einer Gemeinde gehören.

§ 17 Gebietsänderungen

(1) Aus Gründen des öffentlichen Wohls können Gemeindegrenzen geändert, Gemeinden aufgelöst oder neugebildet werden.

(2) Werden durch die Änderung von Gemeindegrenzen die Grenzen von Gemeindeverbänden berührt, so bewirkt die Änderung der Gemeindegrenzen unmittelbar auch die Änderung der Gemeindeverbandsgrenzen.

§ 18 Gebietsänderungsverträge

(1) [1]Die beteiligten Gemeinden und Gemeindeverbände treffen, soweit erforderlich, Vereinbarungen über die aus Anlaß einer Gebietsänderung zu regelnden Einzelheiten (Gebietsänderungsverträge). [2]In diese Verträge sind insbesondere die für die Auseinandersetzung, die Rechtsnachfolge und die Überleitung des Ortsrechts notwendigen Bestimmungen aufzunehmen.

(2) [1]Gebietsänderungsverträge bedürfen der Genehmigung der Aufsichtsbehörde. [2]Kommt ein Gebietsänderungsvertrag nicht zustande, so bestimmt die Aufsichtsbehörde die aus Anlaß der Gebietsänderung zu regelnden Einzelheiten.

§ 19 Verfahren bei Gebietsänderungen

(1) Die Gemeinden haben vor Aufnahme von Verhandlungen über Änderungen ihres Gebiets die Aufsichtsbehörde zu unterrichten.

(2) [1]Vor jeder Gebietsänderung ist der Wille der betroffenen Bevölkerung in der Weise festzustellen, daß den Räten der beteiligten Gemeinden Gelegenheit zur Stellungnahme gegeben wird. [2]Außerdem sind die Gemeindeverbände zu hören, deren Grenzen durch die Gebietsänderung berührt werden.

(3) [1]Änderungen des Gemeindegebiets bedürfen eines Gesetzes. [2]In Fällen von geringer Bedeutung kann die Änderung von Gemeindegrenzen durch die Bezirksregierung ausgesprochen werden, wenn die Grenzen von Regierungsbezirken berührt werden, ist das für Kommunales zuständige Ministerium zuständig. [3]Geringe Bedeutung hat eine Grenzänderung, wenn sie nicht mehr als 10 vom Hundert des Gemeindegebiets der abgebenden Gemeinde und nicht mehr als insgesamt 200 Einwohner erfaßt. [4]Die Sätze 2 und 3 finden auch in dem Falle Anwendung, daß eine Gemeindegrenze durch Gesetz festgelegt wurde, wenn seit dem In-

krafttreten des Gesetzes zehn Jahre vergangen sind; gesetzliche Vorschriften, die die Änderung von Gemeindegrenzen bereits zu einem früheren Zeitpunkt zulassen, bleiben unberührt.

(4) In dem Gesetz oder in der Entscheidung nach Absatz 3 Satz 2 sind die Gebietsänderungsverträge oder die Bestimmungen der Aufsichtsbehörde über die Einzelheiten der Gebietsänderung zu bestätigen.

§ 20 Wirkungen der Gebietsänderung

(1) [1]Der Ausspruch der Änderung des Gemeindegebiets und die Entscheidung über die Auseinandersetzung begründen Rechte und Pflichten der Beteiligten. [2]Sie bewirken den Übergang, die Beschränkung oder Aufhebung von dinglichen Rechten, sofern der Gebietsänderungsvertrag oder die Entscheidung über die Auseinandersetzung derartiges vorsehen. [3]Die Aufsichtsbehörde ersucht die zuständigen Behörden um die Berichtigung des Grundbuchs, des Wasserbuchs und anderer öffentlicher Bücher. [4]Sie kann Unschädlichkeitszeugnisse ausstellen.

(2) Rechtshandlungen, die aus Anlaß der Änderung des Gemeindegebiets erforderlich sind, sind frei von öffentlichen Abgaben sowie von Gebühren und Auslagen, soweit diese auf Landesrecht beruhen.

3. Teil
Einwohner und Bürger

§ 21 Einwohner und Bürger

(1) Einwohner ist, wer in der Gemeinde wohnt.

(2) Bürger ist, wer zu den Gemeindewahlen wahlberechtigt ist.

§ 22 Pflichten der Gemeinden gegenüber ihren Einwohnern

(1) [1]Die Gemeinden sind in den Grenzen ihrer Verwaltungskraft ihren Einwohnern bei der Einleitung von Verwaltungsverfahren behilflich, auch wenn für deren Durchführung eine andere Behörde zuständig ist. [2]Zur Rechtsberatung sind die Gemeinden nicht verpflichtet.

(2) Die Gemeinden haben Vordrucke für Anträge, Anzeigen und Meldungen, die ihnen von anderen Behörden überlassen werden, bereitzuhalten.

(3) [1]Soweit Anträge beim Kreis oder bei der Bezirksregierung einzureichen sind, haben die Gemeinden die Anträge entgegenzunehmen und unverzüglich an die zuständige Behörde weiterzuleiten. [2]Die Einreichung bei der Gemeinde gilt als Antragstellung bei der zuständigen Behörde, soweit Bundesrecht nicht entgegensteht. [3]Durch Rechtsverordnung des für Kommunales zuständigen Ministeriums können Anträge, die bei anderen Behörden zu stellen sind, in diese Regelung einbezogen werden.

§ 23 Unterrichtung der Einwohner

(1) [1]Der Rat unterrichtet die Einwohner über die allgemein bedeutsamen Angelegenheiten der Gemeinde. [2]Bei wichtigen Planungen und Vorhaben der Gemeinde, die unmittelbar raum- oder entwicklungsbedeutsam sind oder das wirtschaftliche, soziale oder kulturelle Wohl ihrer Einwohner nachhaltig berühren, sollen die Einwohner möglichst frühzeitig über die Grundlagen sowie Ziele, Zwecke und Auswirkungen unterrichtet werden.

(2) [1]Die Unterrichtung ist in der Regel so vorzunehmen, daß Gelegenheit zur Äußerung und zur Erörterung besteht. [2]Zu diesem Zweck kann der Rat Versammlungen der Einwohner anberaumen, die auf Gemeindebezirke (Ortschaften) beschränkt werden können. [3]Die näheren Einzelheiten, insbesondere die Beteiligung der Bezirksvertretungen in den kreisfreien Städten, sind in der Hauptsatzung zu regeln. [4]Vorschriften über eine förmliche Beteiligung oder Anhörung bleiben unberührt.

(3) Ein Verstoß gegen die Absätze 1 und 2 berührt die Rechtmäßigkeit der Entscheidung nicht.

§ 24 Anregungen und Beschwerden

(1) [1]Jede Einwohnerin oder jeder Einwohner der Gemeinde, die oder der seit mindestens drei Monaten in der Gemeinde wohnt, hat das Recht, sich einzeln oder in Gemeinschaft mit anderen in Textform nach § 126b des Bürgerlichen Gesetzbuches mit Anregungen oder Beschwerden in Angelegenheiten der Gemeinde an den Rat oder die Bezirksvertretung zu wenden. [2]Die Zuständigkeiten der Ausschüsse, der Bezirksvertretungen und des Bürgermeisters werden hierdurch nicht berührt. [3]Die Erledigung von Anregungen und Beschwerden kann der Rat einem Ausschuß übertragen. [4]Der Antragsteller ist über die Stellungnahme zu den Anregungen und Beschwerden zu unterrichten.

(2) Die näheren Einzelheiten regelt die Hauptsatzung.

§ 25 Einwohnerantrag

(1) Einwohner, die seit mindestens drei Monaten in der Gemeinde wohnen und das 14. Lebensjahr vollendet haben, können beantragen, daß der Rat über eine bestimmte Angelegenheit, für die er gesetzlich zuständig ist, berät und entscheidet.

(2) [1]Der Antrag muß in Textform eingereicht werden. [2]Er muß ein bestimmtes Begehren und eine Begründung enthalten. [3]Er muß bis zu drei Personen benennen, die berechtigt sind, die Unterzeichnenden zu vertreten. [4]Die Verwaltung ist in den Grenzen ihrer Verwaltungskraft ihren Einwohnern bei der Einleitung eines Einwohnerantrages behilflich.

(3) [1]Der Einwohnerantrag muß unterzeichnet sein,

1. in kreisangehörigen Gemeinden von mindestens 5 vom Hundert der Einwohner, höchstens jedoch von 4000 Einwohnern,
2. in kreisfreien Städten von mindestens 4 vom Hundert der Einwohner, höchstens jedoch von 8000 Einwohnern.

[2]§ 4 Absatz 7 gilt entsprechend.

(4) [1]Jede Liste mit Unterzeichnungen muß den vollen Wortlaut des Antrags enthalten. [2]Eintragungen, welche die Person des Unterzeichners nach Namen, Vornamen, Geburtsdatum und Anschrift nicht zweifelsfrei erkennen lassen, sind ungültig. [3]Die Angaben werden von der Gemeinde geprüft.

(5) Der Antrag ist nur zulässig, wenn nicht in derselben Angelegenheit innerhalb der letzten zwölf Monate bereits ein Antrag gestellt wurde.

(6) Die Voraussetzungen der Absätze 1 bis 5 müssen im Zeitpunkt des Eingangs des Antrags bei der Gemeinde erfüllt sein.

(7) [1]Der Rat stellt unverzüglich fest, ob der Einwohnerantrag zulässig ist. [2]Er hat unverzüglich darüber zu beraten und zu entscheiden, spätestens innerhalb von vier Monaten nach seinem Eingang. [3]Den Vertretern des Einwohnerantrags soll Gelegenheit gegeben werden, den Antrag in der Ratssitzung zu erläutern.

(8) [1]In kreisfreien Städten kann ein Einwohnerantrag an eine Bezirksvertretung gerichtet werden, wenn es sich um eine Angelegenheit handelt, für welche die Bezirksvertretung zuständig ist. [2]Die Absätze 1 bis 7 gelten entsprechend mit der Maßgabe, daß

1. antrags- und unterzeichnungsberechtigt ist, wer im Stadtbezirk wohnt und
2. die Berechnung der erforderlichen Unterzeichnungen sich nach der Zahl der im Stadtbezirk wohnenden Einwohner richtet.

(9) Das für Kommunales zuständige Ministerium kann durch Rechtsverordnung das Nähere über die Durchführung des Einwohnerantrags regeln.

§ 26 Bürgerbegehren und Bürgerentscheid

(1) [1]Die Bürger können beantragen (Bürgerbegehren), daß sie an Stelle des Rates über eine Angelegenheit der Gemeinde selbst entscheiden (Bürgerentscheid). [2]Der Rat kann mit einer Mehrheit von zwei Dritteln der gesetzlichen Zahl der Mitglieder beschließen, dass über eine Angelegenheit der Gemeinde ein Bürgerentscheid stattfindet (Ratsbürgerentscheid). [3]Absatz 2 Satz 1 sowie die Absätze 5, 7, 8 und 10 gelten entsprechend.

(2) [1]Das Bürgerbegehren muss in Textform eingereicht werden und die zur Entscheidung zu bringende Frage sowie eine Begründung enthal-

ten. [2]Es muss bis zu drei Bürger benennen, die berechtigt sind, die Unterzeichnenden zu vertreten (Vertretungsberechtigte). [3]Bürger, die beabsichtigen, ein Bürgerbegehren durchzuführen, teilen dies der Verwaltung in Textform mit. [4]Die Verwaltung ist in den Grenzen ihrer Verwaltungskraft ihren Bürgern bei der Einleitung eines Bürgerbegehrens behilflich. [5]Sie teilt den Vertretungsberechtigten in Textform eine Einschätzung der mit der Durchführung der verlangten Maßnahme verbundenen Kosten (Kostenschätzung) mit. [6]Die Kostenschätzung der Verwaltung ist bei der Sammlung der Unterschriften nach Absatz 4 anzugeben. [7]Wenn die Kostenschätzung nach Satz 5 vorliegt, können die Vertretungsberechtigten nach Satz 2 beantragen zu entscheiden, ob das Bürgerbegehren mit Ausnahme der Voraussetzungen des Absatzes 4 zulässig ist. [8]Der Antrag ist in der gemäß § 25 Absatz 4 vorgeschriebenen Form einschließlich der zur Entscheidung zu bringenden Frage, der Begründung sowie der anzugebenden Kostenschätzung vorzulegen und von den Vertretungsberechtigten sowie mindestens 25 Bürgern zu unterzeichnen. [9]Über den Antrag hat der Rat innerhalb von acht Wochen zu entscheiden. [10]Der Rat kann in der Hauptsatzung die Entscheidung über den Antrag nach Satz 7 auf den Hauptausschuss übertragen, der ebenfalls innerhalb von acht Wochen zu entscheiden hat. [11]Absatz 6 Satz 3 und 6 gilt entsprechend.

(3) [1]Richtet sich ein Bürgerbegehren gegen einen Beschluß des Rates, muß es innerhalb von sechs Wochen nach der Bekanntmachung des Beschlusses eingereicht sein. [2]Gegen einen Beschluß, der nicht der Bekanntmachung bedarf, beträgt die Frist drei Monate nach dem Sitzungstag. [3]Nach der Mitteilung nach Absatz 2 Satz 3 ist der Ablauf der Fristen aus Satz 1 und Satz 2 bis zur Mitteilung der Verwaltung nach Absatz 2 Satz 5 gehemmt. [4]Nach einem Antrag nach Absatz 2 Satz 7 ist der Ablauf der Fristen aus Satz 1 und Satz 2 bis zur Entscheidung nach Absatz 2 Satz 9 gehemmt.

(4) [1]Ein Bürgerbegehren muss in Gemeinden

– bis	10000	Einwohner von	10 %
– bis	20000	Einwohner von	9%
– bis	30000	Einwohner von	8%
– bis	50000	Einwohner von	7%
– bis	100000	Einwohner von	6%
– bis	200000	Einwohner von	5%
– bis	500000	Einwohner von	4%
– über	500000	Einwohner von	3%

der Bürger unterzeichnet sein. [2]Maßgeblich ist die bei der letzten allgemeinen Kommunalwahl festgestellte Zahl der Wahlberechtigten. [3]Für die Zahl der Einwohner gilt § 4 Absatz 7 entsprechend. [4]Nach Absatz 2 Satz 8 erfolgte Unterzeichnungen sind anzurechnen. [5]Die Angaben werden von der Gemeinde geprüft. [6]Im übrigen gilt § 25 Abs. 4 entsprechend.

(5) [1]Ein Bürgerbegehren ist unzulässig über

1. die innere Organisation der Gemeindeverwaltung,
2. die Rechtsverhältnisse der Mitglieder des Rates, der Bezirksvertretungen und der Ausschüsse sowie der Bediensteten der Gemeinde,
3. die Haushaltssatzung, die Eröffnungsbilanz, den Jahresabschluss und den Gesamtabschluss der Gemeinde (einschließlich der Wirtschaftspläne und des Jahresabschlusses der Eigenbetriebe) sowie die kommunalen Abgaben und die privatrechtlichen Entgelte,
4. Angelegenheiten, die im Rahmen eines Planfeststellungsverfahrens oder eines förmlichen Verwaltungsverfahrens mit Öffentlichkeitsbeteiligung oder eines abfallrechtlichen, immissionsschutzrechtlichen, wasserrechtlichen oder vergleichbaren Zulassungsverfahrens zu entscheiden sind,
5. die Aufstellung, Änderung, Ergänzung und Aufhebung von Bauleitplänen mit Ausnahme der Entscheidung über die Einleitung des Bauleitplanverfahrens.

[2]Ein Bürgerbegehren darf nur Angelegenheiten zum Gegenstand haben, über die innerhalb der letzten vier Jahre nicht bereits ein Bürgerentscheid durchgeführt worden ist.

(6) [1]Der Rat stellt unverzüglich fest, ob das Bürgerbegehren zulässig ist. [2]Liegt bereits eine Entscheidung nach Absatz 2 Satz 9 oder Satz 10 vor, so entscheidet der Rat lediglich darüber, ob die Voraussetzungen des Absatzes 4 vorliegen. [3]Gegen die ablehnende Entscheidung des Rates können nur die Vertreter des Bürgerbegehrens nach Absatz 2 Satz 2 einen Rechtsbehelf einlegen. [4]Entspricht der Rat dem zulässigen Bürgerbegehren nicht, so ist innerhalb von drei Monaten nach der Entscheidung nach Satz 1 oder Satz 2 ein Bürgerentscheid durchzuführen. [5]Entspricht der Rat dem Bürgerbegehren, so unterbleibt der Bürgerentscheid. [6]Den Vertretern des Bürgerbegehrens soll Gelegenheit gegeben werden, den Antrag in der Sitzung des Rates zu erläutern. [7]Ist die Zulässigkeit des Bürgerbegehrens nach Satz 1 oder Satz 2 abschließend festgestellt, darf bis zur Feststellung des Ergebnisses des Bürgerentscheids eine dem Begehren entgegenstehende Entscheidung der Gemeindeorgane nicht mehr getroffen oder mit dem Vollzug einer derartigen Entscheidung nicht mehr begonnen werden, es sei denn, zu diesem Zeitpunkt haben rechtliche Verpflichtungen der Gemeinde hierzu bestanden (Sperrwirkung des zulässigen Bürgerbegehrens).

(7) [1]Bei einem Bürgerentscheid kann über die gestellte Frage nur mit Ja oder Nein abgestimmt werden. [2]Die Frage ist in dem Sinne entschieden, in dem sie von der Mehrheit der gültigen Stimmen beantwortet wurde, sofern diese Mehrheit in Gemeinden mit

bis zu 50000 Einwohnern	mindestens 20 Prozent,
über 50000 bis zu 100000 Einwohnern	mindestens 15 Prozent,
mehr als 100000 Einwohnern	mindestens 10 Prozent

der Bürger beträgt. [3]§ 4 Absatz 7 gilt entsprechend. [4]Bei Stimmengleichheit gilt die Frage als mit Nein beantwortet. [5]Sollen an einem Tag mehrere Bürgerentscheide stattfinden, hat der Rat eine Stichfrage für den Fall zu beschließen, dass die gleichzeitig zur Abstimmung gestellten Fragen in einer miteinander nicht zu vereinbarenden Weise beantwortet werden (Stichentscheid). [6]Es gilt dann diejenige Entscheidung, für die sich im Stichentscheid die Mehrheit der gültigen Stimmen ausspricht. [7]Bei Stimmengleichheit im Stichentscheid gilt der Bürgerentscheid, dessen Frage mit der höchsten Stimmenzahl mehrheitlich beantwortet worden ist.

(8) [1]Der Bürgerentscheid hat die Wirkung eines Ratsbeschlusses. [2]Vor Ablauf von zwei Jahren kann er nur auf Initiative des Rates durch einen neuen Bürgerentscheid abgeändert werden.

(9) [1]In kreisfreien Städten können Bürgerbegehren und Bürgerentscheid in einem Stadtbezirk durchgeführt werden, wenn es sich um eine Angelegenheit handelt, für welche die Bezirksvertretung zuständig ist. [2]Die Absätze 1 bis 8 gelten entsprechend mit der Maßgabe, daß

1. das Bürgerbegehren von im Stadtbezirk wohnenden Bürgern unterzeichnet sein muß,
2. bei einem Bürgerentscheid nur die im Stadtbezirk wohnenden Bürger stimmberechtigt sind,
3. die Bezirksvertretung mit Ausnahme der Entscheidung nach Absatz 6 Satz 1 an die Stelle des Rates tritt.

(10) [1]Das für Kommunales zuständige Ministerium kann durch Rechtsverordnung das Nähere über die Durchführung des Bürgerbegehrens und des Bürgerentscheids regeln. [2]Dabei sind die § 32 Abs. 6, § 34a und § 41 der Kommunalwahlordnung zu berücksichtigen.

§ 26a Transparenzpflichten bei Bürgerbegehren und Bürgerentscheid

(1) [1]Die Unterlagen zur Einreichung eines Bürgerbegehrens müssen eine Erklärung darüber enthalten, ob und in welcher Gesamthöhe die nach § 26 Absatz 2 Satz 2 genannten Vertretungsberechtigten Zuwendungen von Dritten für die Vorbereitung und Durchführung des Bürgerbegehrens erhalten oder eigene Mittel dafür eingesetzt haben. [2]Zuwendungen eines einzelnen Zuwenders für den Zweck der Vorbereitung und Durchführung des Bürgerbegehrens, deren Gesamtwert 10000 Euro übersteigt, sind unter Angabe des Namens und der Anschrift des Zuwenders sowie der Gesamthöhe der Zuwendung anzugeben.

(2) [1]Erhalten die Vertretungsberechtigten des Bürgerbegehrens nach Antragstellung eine Zuwendung, die alleine oder zusammen mit weite-

ren Zuwendungen dieses Zuwenders den Gesamtwert von 10000 Euro übersteigt, teilen die Vertretungsberechtigten dies dem Bürgermeister unverzüglich mit. [2]Wird über die Frage des Bürgerbegehrens ein Bürgerentscheid durchgeführt, besteht die Mitteilungspflicht bis zu dessen Abschluss fort.

(3) [1]Im Falle der Durchführung eines Bürgerentscheids veröffentlicht der Bürgermeister die Erklärungen und Mitteilungen der Vertretungsberechtigten 16 Tage vor dem Bürgerentscheid über eine öffentliche Bekanntmachung. [2]Sofern nach dieser Frist weitere Erklärungen und Mitteilungen eingehen, veröffentlicht sie der Bürgermeister in geeigneter Weise spätestens am Tag vor dem Bürgerentscheid. [3]In Fällen nach Satz 2 ist eine vereinfachte Bekanntmachung möglich.

(4) [1]Die Vertretungsberechtigten versichern bei der Einreichung eines Bürgerbegehrens an Eides statt, dass der Mitteilungspflicht vollständig und richtig nachgekommen worden ist. [2]Wird über die Frage des Bürgerbegehrens ein Bürgerentscheid durchgeführt, müssen die Vertretungsberechtigten 16 Tage vor dem Entscheid die Erklärung an Eides statt erneuern.

§ 27 Ausschuss für Chancengerechtigkeit und Integration

(1) [1]In einer Gemeinde, in der mindestens 5000 ausländische Einwohnerinnen und Einwohner ihre Hauptwohnung haben, ist ein Ausschuss für Chancengerechtigkeit und Integration zu bilden. [2]In einer Gemeinde, in der mindestens 2000 ausländische Einwohnerinnen und Einwohner ihre Hauptwohnung haben, ist ein Ausschuss für Chancengerechtigkeit und Integration zu bilden, wenn mindestens 200 Wahlberechtigte nach Absatz 4 Satz 1 es beantragen. [3]In anderen Gemeinden kann auf Beschluss des Rates ein Ausschuss für Chancengerechtigkeit und Integration gebildet werden. [4]Bei der Feststellung der Zahl der ausländischen Einwohnerinnen und Einwohner lässt die Gemeinde die in Absatz 5 bezeichneten Ausländerinnen und Ausländer sowie die Personen, die neben einer ausländischen auch die deutsche Staatsangehörigkeit besitzen, außer Betracht.

(2) [1]Der Ausschuss für Chancengerechtigkeit und Integration setzt sich zu zwei Dritteln aus direkt gewählten Mitgliedern nach Absatz 3 Satz 1 und zu einem Drittel aus durch den Rat bestellten Ratsmitgliedern zusammen. [2]Soweit in diesem und den nachfolgenden Absätzen nichts anderes geregelt ist, sind § 57 Absatz 4 Satz 1 sowie die §§ 58 und 58a entsprechend anzuwenden. [3]Dabei ist der Ausschuss wie ein beratender Ratsausschuss in die Beratungsfolge des Rates einzubinden.

(3) [1]In allgemeiner, unmittelbarer, freier, gleicher und geheimer Wahl werden für die Dauer der Wahlperiode des Rates die Mitglieder nach Listen oder als Einzelbewerberinnen und Einzelbewerber gewählt. [2]Für die Mitglieder nach Listen und die Einzelbewerberinnen und Einzelbe-

werber können Stellvertretungen gewählt werden. [3]Wählbar sind mit Vollendung des 18. Lebensjahres alle wahlberechtigten Personen nach Absatz 4 Satz 1 sowie alle Bürgerinnen und Bürger. [4]Darüber hinaus muss die Person am Wahltag

1. sich seit mindestens einem Jahr im Bundesgebiet rechtmäßig aufhalten, sofern sie ausschließlich eine ausländische Staatsangehörigkeit hat, und
2. seit mindestens drei Monaten in der Gemeinde ihre Hauptwohnung haben.

[5]Die Wahl der Mitglieder findet am Tag der Kommunalwahl statt; in den Fällen des Absatzes 1 Satz 2 und 3 ist auch eine spätere Wahl zulässig.

(4) [1]Wahlberechtigt ist, wer

1. nicht Deutsche oder Deutscher im Sinne des Artikels 116 Absatz 1 des Grundgesetzes ist,
2. eine ausländische Staatsangehörigkeit besitzt,
3. die deutsche Staatsangehörigkeit durch Einbürgerung erhalten hat oder
4. die deutsche Staatsangehörigkeit nach § 4 Absatz 3 des Staatsangehörigkeitsgesetzes in der im Bundesgesetzblatt Teil III, Gliederungsnummer 102-1, veröffentlichten bereinigten Fassung, das zuletzt durch Artikel 2 des Gesetzes vom 22. März 2024 (BGBl. 2024 I Nr. 104) geändert worden ist, erworben hat.

[2]Darüber hinaus muss die Person am Wahltag

1. das 16. Lebensjahr vollendet haben,
2. sich seit mindestens einem Jahr im Bundesgebiet rechtmäßig aufhalten, sofern sie ausschließlich eine ausländische Staatsangehörigkeit hat, und
3. mindestens seit dem 16. Tag vor der Wahl in der Gemeinde ihre Hauptwohnung haben.

[3]Die Gemeinde erstellt ein Wählerverzeichnis und benachrichtigt die Wahlberechtigten. [4]Wahlberechtigte, die nicht in dem Wählerverzeichnis eingetragen sind, können sich bis zum zwölften Tag vor der Wahl in das Wählerverzeichnis eintragen lassen. [5]Sie haben den Nachweis über ihre Wahlberechtigung zu führen.

(5) Nicht wahlberechtigt sind Ausländerinnen und Ausländer,

1. die unter die Regelung des § 1 Absatz 2 Nummer 2 oder 3 des Aufenthaltsgesetzes in der Fassung der Bekanntmachung vom 25. Februar 2008 (BGBl. I S. 162), das zuletzt durch Artikel 3 des Gesetzes vom 25. Oktober 2024 (BGBl. 2024 I Nr. 332) geändert worden ist, fallen, oder
2. die Asylbewerberinnen oder Asylbewerber sind.

(6) [1]Für die Wahl zum Ausschuss für Chancengerechtigkeit und Integration nach Absatz 3 Satz 1 gelten die §§ 2, 5 Absatz 1, die §§ 9 bis 13,

24 bis 27, 30, 34 bis 46, 47 Satz 1 und § 48 des Kommunalwahlgesetzes in der Fassung der Bekanntmachung vom 30. Juni 1998 (GV. NRW. S. 454, ber. S. 509 und 1999 S. 70), das zuletzt durch Artikel 1 des Gesetzes vom 10. Juni 2025 (GV. NRW. S. 514) geändert worden ist, entsprechend. 2Soweit die Gemeinden keine abweichende Regelung treffen, gelten auch die § 15 Absatz 1 Satz 1, § 18 Absatz 3 Satz 1 und § 29 des Kommunalwahlgesetzes entsprechend. 3Das für Kommunales zuständige Ministerium kann durch Rechtsverordnung das Nähere über die Wahlvorschläge, weitere Einzelheiten über die Vorbereitung und Durchführung der Wahl, über die Wahlprüfung sowie zu Übergangsvorschriften regeln.

(7) 1Der Ausschuss für Chancengerechtigkeit und Integration wählt aus seiner Mitte eine Vorsitzende oder einen Vorsitzenden und eine oder mehrere Stellvertretungen. 2Der Ausschuss regelt seine inneren Angelegenheiten durch eine Geschäftsordnung. 3Rat und Ausschuss sollen sich über die Themen und Aufgaben der Integration in der Gemeinde abstimmen. 4Der Ausschuss für Chancengerechtigkeit und Integration kann sich darüber hinaus mit allen Angelegenheiten der Gemeinde befassen. 5Der Ausschuss soll zu Fragen, die ihm von dem Rat, einem Ausschuss, einer Bezirksvertretung oder von der Bürgermeisterin oder dem Bürgermeister vorgelegt werden, Stellung nehmen. 6Die oder der Vorsitzende des Ausschusses für Chancengerechtigkeit und Integration oder ein anderes von diesem Ausschuss benanntes Mitglied ist berechtigt, bei der Beratung von Angelegenheiten, mit denen der Ausschuss befasst gewesen ist, an der Sitzung des Rates teilzunehmen; auf Verlangen ist ihr oder ihm dazu das Wort zu erteilen.

(8) 1Dem Ausschuss für Chancengerechtigkeit und Integration sind die zur Erledigung seiner Aufgaben erforderlichen Mittel zur Verfügung zu stellen. 2Der Rat kann nach Anhörung des Ausschusses für Chancengerechtigkeit und Integration den Rahmen festlegen, innerhalb dessen der Ausschuss über die ihm vom Rat zugewiesenen Haushaltsmittel entscheiden kann.

(9) 1Für die Rechtsstellung der nach Absatz 3 Satz 1 direkt gewählten Mitglieder gelten die §§ 30, 31, 32 Absatz 2, die §§ 33, 43 Absatz 1 und die §§ 44 und 45 entsprechend. 2Die Höhe der Aufwandsentschädigung nach § 45 richtet sich nach den für sachkundige Bürgerinnen und Bürger geltenden Grundsätzen. 3Die oder der Vorsitzende erhält für die Wahrnehmung der Sitzungsleitung ein doppeltes Sitzungsgeld.

(10) 1Die Personen, die im Rahmen der gleichzeitig mit den allgemeinen Kommunalwahlen im Jahr 2025 stattfindenden Wahlen nach Absatz 2 in seiner dann geltenden Fassung gewählt worden sind, werden Mitglieder des neu zu bildenden Ausschusses für Chancengerechtigkeit und Integration. 2Abweichend von Absatz 2 Satz 1 richtet sich die erstmalige Zusammensetzung des Ausschusses nach den zu diesem Zeitpunkt bestehenden Festlegungen des Rates, auch wenn sich diese noch auf einen Integrationsrat oder -ausschuss beziehen. 3Mit der Bestellung

der danach festgelegten Zahl der Ratsmitglieder ist der Ausschuss gebildet.

§ 27a Beteiligung von Kindern und Jugendlichen

(1) [1]Die Gemeinde soll Kinder und Jugendliche bei Planungen und Vorhaben, die ihre Interessen berühren, in angemessener Weise beteiligen. [2]Dafür sind von der Gemeinde geeignete Beteiligungsverfahren zu entwickeln. [3]Insbesondere kann die Gemeinde einen Jugendrat oder eine andere Beteiligungsform (Jugendvertretung) einrichten. [4]Die Mitglieder der Jugendvertretung sind ehrenamtlich tätig.

(2) [1]Jugendliche können die Einrichtung einer Jugendvertretung beantragen. [2]Der Antrag muss

1. in Gemeinden mit bis zu 10000 Einwohnerinnen und Einwohnern von 50,
2. in Gemeinden mit mehr als 10000 und bis zu 20000 Einwohnerinnen und Einwohnern von 100,
3. in Gemeinden mit mehr als 20000 und bis zu 50000 Einwohnerinnen und Einwohnern von 200,
4. in Gemeinden mit mehr als 50000 und bis zu 100000 Einwohnerinnen und Einwohnern von 400,
5. in Gemeinden mit mehr als 100000 und bis zu 250000 Einwohnerinnen und Einwohnern von 600 und
6. in Gemeinden mit mehr als 250000 Einwohnerinnen und Einwohnern von 800

in der Gemeinde wohnenden Jugendlichen unterzeichnet sein. [3]Der Rat hat innerhalb von vier Monaten nach Eingang des Antrags über die Einrichtung der Jugendvertretung zu entscheiden; er hat hierbei Vertreterinnen und Vertreter der Jugendlichen zu hören.

(3) Wenn eine Jugendvertretung gebildet wird, sind in der Geschäftsordnung des Rates die Dauer der Wahlperiode der Jugendvertretung und die Beteiligung von Mitgliedern der Jugendvertretung an den Sitzungen des Rates in Jugendangelegenheiten zu regeln; insbesondere sind ein Rederecht, ein Anhörungsrecht und ein Anregungsrecht vorzusehen.

(4) [1]Der Jugendvertretung sind angemessene finanzielle Mittel zur Verfügung zu stellen. [2]Über den Umfang entscheidet der Rat im Rahmen des Haushaltsplans. [3]Die Geschäftsordnung des Rates kann vorsehen, dass über die Verwendung der Mittel ein Nachweis in einfacher Form zu führen ist.

§ 27b Interessenvertretungen und Beauftragte

[1]Die Gemeinde kann zur Wahrnehmung der spezifischen Interessen von Senioren, von Kindern und Jugendlichen, von Menschen mit Behin-

derungen oder anderen gesellschaftlichen Gruppen besondere Vertretungen bilden oder Beauftragte bestellen. [2]Das Nähere kann durch Satzung geregelt werden.

§ 28 Ehrenamtliche Tätigkeit und Ehrenamt

(1) Der Einwohner ist zu einer nebenberuflichen vorübergehenden Tätigkeit für die Gemeinde verpflichtet (ehrenamtliche Tätigkeit).

(2) Der Bürger ist zur nebenberuflichen Übernahme eines auf Dauer berechneten Kreises von Verwaltungsgeschäften für die Gemeinde verpflichtet (Ehrenamt).

§ 29 Ablehnungsgründe

(1) Einwohner und Bürger können die Übernahme einer ehrenamtlichen Tätigkeit oder eines Ehrenamts ablehnen, ihre Ausübung verweigern oder das Ausscheiden verlangen, wenn ein wichtiger Grund vorliegt.

(2) Ob ein wichtiger Grund vorliegt, entscheidet der Rat, soweit er nicht die Entscheidung dem Bürgermeister überträgt.

(3) [1]Der Rat kann gegen einen Bürger oder Einwohner, der ohne wichtigen Grund die Übernahme einer ehrenamtlichen Tätigkeit oder eines Ehrenamts ablehnt oder ihre Ausübung verweigert, ein Ordnungsgeld bis zu 250 Euro und für jeden Fall der Wiederholung ein Ordnungsgeld bis zu 500 Euro festsetzen. [2]Die Ordnungsgelder werden im Verwaltungszwangsverfahren beigetrieben.

§ 30 Verschwiegenheitspflicht

(1) [1]Der zu ehrenamtlicher Tätigkeit oder in ein Ehrenamt Berufene hat, auch nach Beendigung seiner Tätigkeit, über die ihm dabei bekanntgewordenen Angelegenheiten, deren Geheimhaltung ihrer Natur nach erforderlich, besonders vorgeschrieben, vom Rat beschlossen oder vom Bürgermeister angeordnet ist, Verschwiegenheit zu wahren. [2]Ihrer Natur nach geheim sind insbesondere Angelegenheiten, deren Mitteilung an andere dem Gemeinwohl oder dem berechtigten Interesse einzelner Personen zuwiderlaufen würde. [3]Er darf die Kenntnis vertraulicher Angelegenheiten nicht unbefugt verwerten.

(2) Der zu ehrenamtlicher Tätigkeit oder in ein Ehrenamt Berufene darf ohne Genehmigung über Angelegenheiten, über die er Verschwiegenheit zu wahren hat, weder vor Gericht noch außergerichtlich aussagen oder Erklärungen abgeben.

(3) Die Genehmigung, als Zeuge auszusagen, darf nur versagt werden, wenn die Aussage dem Wohle des Bundes oder eines Landes Nachteile bereiten oder die Erfüllung öffentlicher Aufgaben ernstlich gefährden oder erheblich erschweren würde.

(4) [1]Ist der zu ehrenamtlicher Tätigkeit oder in ein Ehrenamt Berufene Beteiligter in einem gerichtlichen Verfahren oder soll sein Vorbringen der Wahrnehmung seiner berechtigten Interessen dienen, so darf die Genehmigung auch dann, wenn die Voraussetzungen des Absatzes 3 erfüllt sind, nur versagt werden, wenn ein zwingendes öffentliches Interesse dies erfordert. [2]Wird sie versagt, so ist der Schutz zu gewähren, den die öffentlichen Interessen zulassen.

(5) Die Genehmigung erteilt bei den vom Rat zu ehrenamtlicher Tätigkeit oder in ein Ehrenamt Berufenen der Rat, im übrigen der Bürgermeister.

(6) [1]Wer die Pflichten nach Absatz 1 oder 2 verletzt, kann zur Verantwortung gezogen werden. [2]Soweit die Tat nicht mit Strafe bedroht ist, gilt § 29 Abs. 3 entsprechend.

§ 31 Ausschließungsgründe

(1) [1]Der zu ehrenamtlicher Tätigkeit oder in ein Ehrenamt Berufene darf weder beratend noch entscheidend mitwirken, wenn die Entscheidung einer Angelegenheit

1. ihm selbst,
2. einem seiner Angehörigen,
3. einer von ihm kraft Gesetzes oder kraft Vollmacht vertretenen natürlichen oder juristischen Person

einen unmittelbaren Vorteil oder Nachteil bringen kann. [2]Unmittelbar ist der Vorteil oder Nachteil, wenn die Entscheidung eine natürliche oder juristische Person direkt berührt.

(2) Das Mitwirkungsverbot gilt auch, wenn der Betreffende

1. bei einer natürlichen Person, einer juristischen Person oder einer Vereinigung, der die Entscheidung einen unmittelbaren Vorteil oder Nachteil bringen kann, gegen Entgelt beschäftigt ist und nach den tatsächlichen Umständen, insbesondere der Art seiner Beschäftigung, ein Interessenwiderstreit anzunehmen ist,
2. Mitglied des Vorstandes, des Aufsichtsrates oder eines gleichartigen Organs einer juristischen Person oder einer Vereinigung ist, der die Entscheidung einen unmittelbaren Vorteil oder Nachteil bringen kann, es sei denn, er gehört den genannten Organen als Vertreter oder auf Vorschlag der Gemeinde an,
3. in anderer als öffentlicher Eigenschaft in der Angelegenheit ein Gutachten abgegeben hat oder sonst tätig geworden ist.

(3) Die Mitwirkungsverbote der Absätze 1 und 2 gelten nicht,

1. wenn der Vorteil oder Nachteil nur darauf beruht, daß jemand einer Berufs- oder Bevölkerungsgruppe angehört, deren gemeinsame Interessen durch die Angelegenheit berührt werden,

2. bei Wahlen zu einer ehrenamtlichen Tätigkeit oder in ein Ehrenamt und für die Abberufung aus solchen Tätigkeiten,
3. bei Wahlen, Wiederwahlen und Abberufungen nach § 71, es sei denn, der Betreffende selbst steht zur Wahl,
4. bei Beschlüssen eines Kollegialorgans, durch die jemand als Vertreter der Gemeinde in Organe der in Absatz 2 Nr. 2 genannten Art entsandt oder aus ihnen abberufen wird; das gilt auch für Beschlüsse, durch die Vorschläge zur Berufung in solche Organe gemacht werden,
5. bei gleichzeitiger Mitgliedschaft in der Vertretung einer anderen Gebietskörperschaft oder deren Ausschüssen, wenn ihr durch die Entscheidung ein Vorteil oder Nachteil erwachsen kann.

(4) [1]Wer annehmen muß, nach Absatz 1 oder 2 von der Mitwirkung ausgeschlossen zu sein, hat den Ausschließungsgrund unaufgefordert der zuständigen Stelle anzuzeigen und den Sitzungsraum zu verlassen; bei einer öffentlichen Sitzung kann er sich in dem für die Zuhörer bestimmten Teil des Sitzungsraumes aufhalten. [2]Für die Entscheidung in Fällen, in denen der Ausschluß streitig bleibt, ist bei Mitgliedern eines Kollegialorgans dieses, sonst der Bürgermeister zuständig. [3]Verstöße gegen die Offenbarungspflicht sind von dem Kollegialorgan durch Beschluß, vom Bürgermeister durch einen Bescheid festzustellen.

(5) [1]Angehörige im Sinne des Absatzes 1 Nr. 2, des § 72, des § 93 Abs. 5, § 103 Abs. 7 und des § 104 Abs. 3 sind

1. der Ehegatte oder die eingetragene Lebenspartnerin oder der eingetragene Lebenspartner,
2. Verwandte und Verschwägerte gerader Linie sowie durch Annahme als Kind verbundene Personen,
3. Geschwister,
4. Kinder der Geschwister,
5. Ehegatten der Geschwister und Geschwister der Ehegatten,
6. eingetragene Lebenspartnerinnen oder Lebenspartner der Geschwister und Geschwister der eingetragenen Lebenspartnerinnen oder Lebenspartner,
7. Geschwister der Eltern.

[2]Die unter den Nummern 1, 2, 5 und 6 genannten Personen gelten nicht als Angehörige, wenn die Ehe rechtswirksam geschieden oder aufgehoben oder die Lebenspartnerschaft aufgehoben ist.

(6) Die Mitwirkung eines wegen Befangenheit Betroffenen kann nach Beendigung der Abstimmung nur geltend gemacht werden, wenn sie für das Abstimmungsergebnis entscheidend war.

§ 32 Treupflicht

(1) [1]Inhaber eines Ehrenamts haben eine besondere Treupflicht gegenüber der Gemeinde. [2]Sie dürfen Ansprüche anderer gegen die Ge-

meinde nicht geltend machen, es sei denn, daß sie als gesetzliche Vertreter handeln.

(2) [1]Absatz 1 gilt auch für ehrenamtlich Tätige, wenn der Auftrag mit den Aufgaben ihrer ehrenamtlichen Tätigkeit in Zusammenhang steht. [2]Ob diese Voraussetzungen vorliegen, entscheidet bei den vom Rat zu ehrenamtlicher Tätigkeit Berufenen der Rat, im übrigen der Bürgermeister.

§ 33 Entschädigung

[1]Der zu ehrenamtlicher Tätigkeit oder in ein Ehrenamt Berufene hat Anspruch auf Ersatz seiner Auslagen und des Verdienstausfalls. [2]Der Verdienstausfall kann nach § 45 berechnet werden.

§ 34 Ehrenbürgerrecht und Ehrenbezeichnung

(1) [1]Die Gemeinde kann Persönlichkeiten, die sich um sie besonders verdient gemacht haben, das Ehrenbürgerrecht verleihen. [2]Sie kann langjährigen Ratsmitgliedern, Bürgermeisterinnen oder Bürgermeistern und Ehrenbeamten nach ihrem Ausscheiden eine Ehrenbezeichnung verleihen.

(2) Beschlüsse über die Verleihung oder die Entziehung des Ehrenbürgerrechts und über die Entziehung einer Ehrenbezeichnung fasst der Rat mit einer Mehrheit von zwei Dritteln der gesetzlichen Zahl der Mitglieder.

4. Teil

Bezirke und Ortschaften

§ 35 Stadtbezirke in den kreisfreien Städten

(1) Die kreisfreien Städte sind verpflichtet, das gesamte Stadtgebiet in Stadtbezirke einzuteilen.

(2) [1]Bei der Einteilung des Stadtgebiets in Stadtbezirke soll auf die Siedlungsstruktur, die Bevölkerungsverteilung und die Ziele der Stadtentwicklung Rücksicht genommen werden. [2]Die einzelnen Stadtbezirke sollen eine engere örtliche Gemeinschaft umfassen und nach der Fläche und nach der Einwohnerzahl so abgegrenzt werden, daß sie gleichermaßen bei der Erfüllung gemeindlicher Aufgaben beteiligt werden können; zu diesem Zweck können benachbarte Wohngebiete zu einem Stadtbezirk zusammengefaßt werden. [3]Der Kernbereich des Stadtgebiets soll nicht auf mehrere Stadtbezirke aufgeteilt werden.

(3) Das Stadtgebiet soll in nicht weniger als drei und nicht mehr als zehn Stadtbezirke eingeteilt werden.

(4) [1]Die näheren Einzelheiten regelt die Hauptsatzung. [2]Stadtbezirksgrenzen können nur zum Ende der Wahlperiode des Rates geändert werden.

(5) Die Aufsichtsbehörde kann im Einzelfall zulassen, daß das Stadtgebiet in mehr als zehn Stadtbezirke eingeteilt wird, wenn dies wegen der Abgrenzungsmerkmale nach Absatz 2 erforderlich sein sollte.

§ 36 Bezirksvertretungen in den kreisfreien Städten

(1) [1]Für jeden Stadtbezirk ist eine Bezirksvertretung zu wählen. [2]Die Mitglieder der Bezirksvertretungen werden in allgemeiner, unmittelbarer, freier, gleicher und geheimer Wahl auf die Dauer von fünf Jahren gewählt. [3]Die näheren Vorschriften trifft das Kommunalwahlgesetz. [4]Nach Ablauf der Wahlperiode üben die bisherigen Mitglieder der Bezirksvertretungen ihre Tätigkeit bis zum Zusammentritt der neugewählten Bezirksvertretung weiter aus.

(2) [1]Die Bezirksvertretung besteht aus mindestens elf und höchstens neunzehn Mitgliedern einschließlich des Vorsitzenden. [2]Der Vorsitzende führt die Bezeichnung Bezirksvorsteher. [3]Der Rat kann beschließen, dass der Bezirksvorsteher die Bezeichnung Bezirksbürgermeister führt. [4]Die Mitgliederzahlen können nach den Einwohnerzahlen der Stadtbezirke gestaffelt werden; die Gesamtzahl der Mitglieder muß ungerade sein. [5]Das Nähere regelt die Hauptsatzung.

(3) [1]Nach Beginn der Wahlperiode der Bezirksvertretung muss die erste Sitzung innerhalb von sechs Wochen stattfinden, spätestens jedoch drei Monate nach der Wahl; dazu beruft der bisherige Bezirksvorsteher die Bezirksvertretung ein. [2]Die Bezirksvertretung wählt aus ihrer Mitte ohne Aussprache den Bezirksvorsteher und einen oder mehrere Stellvertreter. [3]§ 67 Abs. 2 bis 5 findet entsprechende Anwendung. [4]Der Bezirksvorsteher und die Stellvertreter dürfen nicht zugleich Bürgermeister oder Stellvertreter des Bürgermeisters sein.

(4) [1]Der Bezirksvorsteher kann neben den Entschädigungen, die ihm als Mitglied der Bezirksvertretung zustehen, eine in der Hauptsatzung festzusetzende Aufwandsentschädigung erhalten. [2]Für Stellvertreter des Bezirksvorstehers sowie für Fraktionsvorsitzende können in der Hauptsatzung entsprechende Regelungen getroffen werden. [3]Das für Kommunales zuständige Ministerium bestimmt durch Rechtsverordnung die Höhe der Aufwandsentschädigung.

(5) [1]Die Bezirksvertretungen dürfen keine Ausschüsse bilden. [2]Auf die Mitglieder der Bezirksvertretungen und das Verfahren in den Bezirksvertretungen finden die für den Rat geltenden Vorschriften mit der Maßgabe entsprechende Anwendung, daß die Geschäftsordnung des Rates besondere Regelungen für die Bezirksvertretungen enthält und in Fällen äußerster Dringlichkeit der Bezirksvorsteher mit einem Mitglied der Bezirksvertretung entscheiden kann; § 60 Abs. 1 Satz 1 und Absatz 2 findet keine Anwendung. [3]Abweichend von § 48 Abs. 1 Satz 4 brauchen Zeit und Ort der Sitzungen der Bezirksvertretungen sowie die Tagesordnung nicht öffentlich bekannt gemacht zu werden; der Oberbürgermeis-

ter soll die Öffentlichkeit hierüber vorher in geeigneter Weise unterrichten. [4]Zu einzelnen Punkten der Tagesordnung können Sachverständige und Einwohner gehört werden. [5]§ 58a findet entsprechende Anwendung.

(6) [1]Die nicht der Bezirksvertretung als ordentliche Mitglieder angehörenden Ratsmitglieder, die in dem Stadtbezirk wohnen oder dort kandidiert haben, haben das Recht, an den Sitzungen der Bezirksvertretung mit beratender Stimme teilzunehmen. [2]Zu diesem Zweck sind der Oberbürgermeister und diese Ratsmitglieder wie die ordentlichen Mitglieder der Bezirksvertretung zu deren Sitzungen zu laden. [3]Die übrigen Ratsmitglieder und Ausschußmitglieder können nach Maßgabe der Geschäftsordnung an nichtöffentlichen Sitzungen als Zuhörer teilnehmen. [4]Die Teilnahme an Sitzungen als Zuhörer begründet keinen Anspruch auf Ersatz des Verdienstausfalls und auf Zahlung von Sitzungsgeld.

(7) [1]Der Oberbürgermeister ist berechtigt und auf Verlangen einer Bezirksvertretung verpflichtet, an den Sitzungen der Bezirksvertretung mit beratender Stimme teilzunehmen; ihm ist auf Verlangen jederzeit das Wort zu erteilen. [2]Er kann sich von einem Beigeordneten oder einer anderen leitenden Dienstkraft vertreten lassen. [3]Das Nähere regelt die Hauptsatzung.

§ 37 Aufgaben der Bezirksvertretungen in den kreisfreien Städten

(1) [1]Soweit nicht der Rat nach § 41 Abs. 1 ausschließlich zuständig ist, entscheiden die Bezirksvertretungen unter Beachtung der Belange der gesamten Stadt und im Rahmen der vom Rat erlassenen allgemeinen Richtlinien in allen Angelegenheiten, deren Bedeutung nicht wesentlich über den Stadtbezirk hinausgeht, insbesondere in folgenden Angelegenheiten:

a) Unterhaltung und Ausstattung der im Stadtbezirk gelegenen Schulen und öffentlichen Einrichtungen, wie Sportplätze, Altenheime, Friedhöfe, Bibliotheken und ähnliche soziale und kulturelle Einrichtungen;
b) Angelegenheiten des Denkmalschutzes, der Pflege des Ortsbildes sowie der Grünpflege;
c) die Festlegung der Reihenfolge der Arbeiten zum Um- und Ausbau sowie zur Unterhaltung und Instandsetzung von Straßen, Wegen und Plätzen von bezirklicher Bedeutung einschließlich der Straßenbeleuchtung, soweit es sich nicht um die Verkehrssicherungspflicht handelt;
d) Betreuung und Unterstützung örtlicher Vereine, Verbände und sonstiger Vereinigungen und Initiativen im Stadtbezirk;
e) kulturelle Angelegenheiten des Stadtbezirks einschließlich Kunst im öffentlichen Raum, Heimat- und Brauchtumspflege im Stadtbezirk, Pflege von vorhandenen Paten- oder Städtepartnerschaften;
f) Information, Dokumentation und Repräsentation in Angelegenheiten des Stadtbezirks.

[2]Die näheren Einzelheiten sind in der Hauptsatzung zu regeln. [3]Der Rat kann dabei die in Satz 1 aufgezählten Aufgaben im einzelnen abgrenzen. [4]Hinsichtlich der Geschäfte der laufenden Verwaltung gilt § 41 Abs. 3.

(2) Bei Streitigkeiten der Bezirksvertretungen untereinander und zwischen Bezirksvertretungen und den Ausschüssen über Zuständigkeiten im Einzelfall entscheidet der Hauptausschuß.

(3) [1]Die Bezirksvertretungen erfüllen die ihnen zugewiesenen Aufgaben im Rahmen der vom Rat bereitgestellten Haushaltsmittel; dabei sollen sie über den Verwendungszweck eines Teils dieser Haushaltsmittel allein entscheiden können. [2]Die bezirksbezogenen Haushaltsmittel sollen unter Berücksichtigung der Gesamtaufwendungen und Gesamtauszahlungen der Stadt sowie des Umfangs der entsprechenden Anlagen und Einrichtungen fortgeschrieben werden.

(4) [1]Die Bezirksvertretungen wirken an den Beratungen über die Haushaltssatzung mit. [2]Sie beraten über alle Haushaltspositionen, die sich auf ihren Bezirk und ihre Aufgaben auswirken, und können dazu Vorschläge machen und Anregungen geben. [3]Über die Haushaltspositionen nach Satz 2 und die Haushaltsmittel nach Absatz 1 ist den Bezirksvertretungen eine geeignete Übersicht als Auszug aus dem Entwurf der Haushaltssatzung nach § 80, getrennt nach Bezirken, zur Beratung vorzulegen. [4]Die Übersichten sind dem Haushaltsplan als Anlage beizufügen.

(5) [1]Die Bezirksvertretung ist zu allen wichtigen Angelegenheiten, die den Stadtbezirk berühren, zu hören. [2]Insbesondere ist ihr vor der Beschlußfassung des Rates über Planungs- und Investitionsvorhaben im Bezirk und über Bebauungspläne für den Bezirk Gelegenheit zur Stellungnahme zu geben. [3]Darüber hinaus hat die Bezirksvertretung bei diesen Vorhaben, insbesondere im Rahmen der Bauleitplanung, für ihr Gebiet dem Rat gegenüber ein Anregungsrecht. [4]Der Rat kann allgemein oder im Einzelfall bestimmen, daß bei der Aufstellung von Bebauungsplänen von räumlich auf den Stadtbezirk begrenzter Bedeutung das Beteiligungsverfahren nach § 3 Baugesetzbuch den Bezirksvertretungen übertragen wird. [5]Die Bezirksvertretung kann zu allen den Stadtbezirk betreffenden Angelegenheiten Vorschläge und Anregungen machen. [6]Insbesondere kann sie Vorschläge für vom Rat für den Stadtbezirk zu wählende oder zu bestellende ehrenamtlich tätige Personen unterbreiten. [7]Bei Beratungen des Rates oder eines Ausschusses über Angelegenheiten, die auf einen Vorschlag oder eine Anregung einer Bezirksvertretung zurückgehen, haben der Bezirksvorsteher oder sein Stellvertreter das Recht, dazu in der Sitzung gehört zu werden.

(6) [1]Der Oberbürgermeister oder der Bezirksvorsteher können einem Beschluß der Bezirksvertretung spätestens am 14. Tag nach der Beschlußfassung unter schriftlicher Begründung widersprechen, wenn sie der Auffassung sind, daß der Beschluß das Wohl der Stadt gefährdet.

[2]Der Widerspruch hat aufschiebende Wirkung. [3]Über die Angelegenheit ist in einer neuen Sitzung der Bezirksvertretung, die frühestens am dritten Tag und spätestens drei Wochen nach dem Widerspruch stattzufinden hat, erneut zu beschließen. [4]Verbleibt die Bezirksvertretung bei ihrem Beschluß, so entscheidet der Rat endgültig, wenn der Widersprechende das verlangt. [5]Im übrigen gilt § 54 Abs. 3 entsprechend.

§ 38 Bezirksverwaltungsstellen in den kreisfreien Städten

(1) [1]Für jeden Stadtbezirk ist eine Bezirksverwaltungsstelle einzurichten. [2]Die Hauptsatzung kann bestimmen, daß eine Bezirksverwaltungsstelle für mehrere Stadtbezirke zuständig ist oder daß im Stadtbezirk gelegene zentrale Verwaltungsstellen die Aufgaben einer Bezirksverwaltungsstelle miterfüllen.

(2) [1]In der Bezirksverwaltungsstelle sollen im Rahmen einer sparsamen und wirtschaftlichen Haushaltsführung Dienststellen so eingerichtet und zusammengefaßt werden, daß eine möglichst ortsnahe Erledigung der Verwaltungsaufgaben gewährleistet ist. [2]Die Befugnisse, die dem Oberbürgermeister nach § 62 und § 73 zustehen, bleiben unberührt.

(3) [1]Bei der Bestellung des Leiters einer Bezirksverwaltungsstelle ist die Bezirksvertretung anzuhören. [2]Der Leiter der Bezirksverwaltungsstelle oder sein Stellvertreter ist verpflichtet, an den Sitzungen der Bezirksvertretung teilzunehmen.

§ 39 Gemeindebezirke in den kreisangehörigen Gemeinden

(1) [1]Das Gemeindegebiet kann in Bezirke (Ortschaften) eingeteilt werden. [2]Dabei ist auf die Siedlungsstruktur, die Bevölkerungsverteilung und die Ziele der Gemeindeentwicklung Rücksicht zu nehmen.

(2) [1]Für jeden Gemeindebezirk sind vom Rat entweder Bezirksausschüsse zu bilden oder Ortsvorsteher zu wählen. [2]In Gemeindebezirken mit Bezirksausschüssen können Bezirksverwaltungsstellen eingerichtet werden. [3]Der Rat kann beschließen, dass der Ortsvorsteher die Bezeichnung Ortsbürgermeister führt.

(3) [1]Den Bezirksausschüssen sollen im Rahmen des § 41 Abs. 2 Aufgaben zur Entscheidung übertragen werden, die sich ohne Beeinträchtigung der einheitlichen Entwicklung der gesamten Gemeinde innerhalb eines Gemeindebezirks erledigen lassen. [2]Der Rat kann allgemeine Richtlinien erlassen, die bei der Wahrnehmung der den Bezirksausschüssen zugewiesenen Aufgaben zu beachten sind. [3]Er stellt die erforderlichen Haushaltsmittel bereit. [4]§ 37 Abs. 5 gilt entsprechend.

(4) Auf die Bezirksausschüsse sind die für die Ausschüsse des Rates geltenden Vorschriften mit folgenden Maßgaben anzuwenden:

1. bei der Bestellung der Mitglieder durch den Rat ist das bei der Wahl des Rates im jeweiligen Gemeindebezirk erzielte Stimmenverhältnis zugrunde zu legen,

2. ihnen dürfen mehr sachkundige Bürgerinnen oder sachkundige Bürger als Ratsmitglieder angehören,
3. für Parteien und Wählergruppen, die im Rat vertreten sind, findet § 58 Absatz 1 Satz 7 bis 10 sinngemäß Anwendung und
4. der Bezirksausschuss wählt aus den ihm angehörenden Ratsmitgliedern eine Vorsitzende oder einen Vorsitzenden und eine oder mehrere Stellvertretungen; § 67 Absatz 2 und 4 findet entsprechende Anwendung.

(5) § 36 Abs. 6 und Abs. 7 gilt entsprechend.

(6) [1]Ortsvorsteher wählt der Rat unter Berücksichtigung des bei der Wahl des Rates im jeweiligen Gemeindebezirk erzielten Stimmenverhältnisses für die Dauer seiner Wahlperiode. [2]Sie sollen in dem Bezirk, für den sie bestellt werden, wohnen und müssen dem Rat angehören oder angehören können. [3]§ 67 Abs. 4 gilt entsprechend.

(7) [1]Der Ortsvorsteher soll die Belange seines Bezirks gegenüber dem Rat wahrnehmen. [2]Falls er nicht Ratsmitglied ist, darf er an den Sitzungen des Rates und der in § 59 genannten Ausschüsse weder entscheidend noch mit beratender Stimme mitwirken; das Recht, auch dort gehört zu werden, kann zugelassen werden. [3]Der Ortsvorsteher kann für das Gebiet seiner Ortschaft mit der Erledigung bestimmter Geschäfte der laufenden Verwaltung beauftragt werden; er ist sodann zum Ehrenbeamten zu ernennen. [4]Er führt diese Geschäfte in Verantwortung gegenüber dem Bürgermeister durch. [5]Er kann eine angemessene Aufwandsentschädigung erhalten. [6]Das für Kommunales zuständige Ministerium bestimmt durch Rechtsverordnung die Höhe der Aufwandsentschädigung und in welchem Umfang daneben der Ersatz von Auslagen zulässig ist. [7]Ortsvorsteher haben einen Anspruch auf Freistellung nach Maßgabe des § 44 und erhalten Ersatz des Verdienstausfalls nach Maßgabe des § 45.

(8) Die im Rahmen der Bezirkseinteilung erforderlichen Vorschriften trifft der Rat durch die Hauptsatzung.

5. Teil

Der Rat

§ 40 Träger der Gemeindeverwaltung

(1) Die Verwaltung der Gemeinde wird ausschließlich durch den Willen der Bürgerschaft bestimmt.

(2) [1]Die Bürgerschaft wird durch den Rat und den Bürgermeister vertreten. [2]Der Rat besteht aus den gewählten Ratsmitgliedern und dem Bürgermeister (Mitglied kraft Gesetzes). [3]Die Vertretung und Repräsentation des Rates obliegt dem Bürgermeister (in kreisfreien Städten: Oberbürgermeister). [4]Den Vorsitz im Rat führt der Bürgermeister. [5]Der Bürgermeister hat im Rat Stimmrecht. [6]In den Fällen von § 47 Absatz 1,

§ 48 Absatz 1, § 50 Absatz 3, § 53 Absatz 2, § 55 Absatz 3 und 4, § 58 Absatz 1, 3 und 5, § 66 Absatz 1, § 73 Absatz 1 und 3 und § 96 Absatz 1 Satz 4 stimmt er nicht mit.

§ 41 Zuständigkeiten des Rates

(1) [1]Der Rat der Gemeinde ist für alle Angelegenheiten der Gemeindeverwaltung zuständig, soweit dieses Gesetz nichts anderes bestimmt. [2]Die Entscheidung über folgende Angelegenheiten kann der Rat nicht übertragen:

a) die allgemeinen Grundsätze, nach denen die Verwaltung geführt werden soll,
b) die Wahl der Mitglieder der Ausschüsse und ihrer Vertreter,
c) die Wahl der Beigeordneten,
d) die Verleihung und die Entziehung des Ehrenbürgerrechts und einer Ehrenbezeichnung,
e) die Änderung des Gemeindegebiets, soweit nicht in diesem Gesetz etwas anderes bestimmt ist,
f) den Erlaß, die Änderung und die Aufhebung von Satzungen und sonstigen ortsrechtlichen Bestimmungen,
g) abschließende Beschlüsse im Flächennutzungsplanverfahren und abschließende Satzungsbeschlüsse auf der Grundlage des Baugesetzbuchs und des Maßnahmengesetzes zum Baugesetzbuch,
h) den Erlass der Haushaltssatzung und des Stellenplans, die Aufstellung eines Haushaltssicherungskonzeptes, die Zustimmung zu überplanmäßigen und außerplanmäßigen Aufwendungen und Auszahlungen sowie zu überplanmäßigen und außerplanmäßigen Verpflichtungsermächtigungen, die Festlegung von Wertgrenzen für die Veranschlagung und Abrechnung einzelner Investitionsmaßnahmen,
i) die Festsetzung allgemein geltender öffentlicher Abgaben und privatrechtlicher Entgelte,
j) die Feststellung des Jahresabschlusses und die Entlastung sowie die Bestätigung des Gesamtabschlusses; sofern ein Gesamtabschluss nicht erstellt wird, die Beschlussfassung über den Beteiligungsbericht,
k) den Beschluss über die gegenüber der Gemeindeprüfungsanstalt und der Aufsichtsbehörde abzugebende Stellungnahme gemäß § 105 Absatz 7,
l) die teilweise oder vollständige Veräußerung oder Verpachtung von Eigenbetrieben, die teilweise oder vollständige Veräußerung einer unmittelbaren oder mittelbaren Beteiligung an einer Gesellschaft oder anderen Vereinigungen des privaten Rechts, die Veräußerung eines Geschäftsanteils an einer eingetragenen Kreditgenossenschaft

sowie den Abschluß von anderen Rechtsgeschäften im Sinne des § 111 Abs. 1 und 2,

m) die Errichtung, Übernahme, Erweiterung, Einschränkung und Auflösung von Anstalten des öffentlichen Rechts gemäß § 114a, öffentlichen Einrichtungen und Eigenbetrieben, die Bildung oder Auflösung eines gemeinsamen Kommunalunternehmens gemäß § 27 Abs. 1 bis 3 und 6 des Gesetzes über kommunale Gemeinschaftsarbeit, die Änderung der Unternehmenssatzung eines gemeinsamen Kommunalunternehmens sowie der Austritt aus einem gemeinsamen Kommunalunternehmen, die erstmalige unmittelbare oder mittelbare Beteiligung sowie die Erhöhung einer unmittelbaren oder mittelbaren Beteiligung an einer Gesellschaft oder anderen Vereinigungen in privater Rechtsform, den Erwerb eines Geschäftsanteils an einer eingetragenen Kreditgenossenschaft,

n) die Umwandlung der Rechtsform von Anstalten des öffentlichen Rechts gemäß § 114a, öffentlichen Einrichtungen und Eigenbetrieben sowie die Umwandlung der Rechtsform von Gesellschaften, an denen die Gemeinde beteiligt ist, soweit der Einfluß der Gemeinde (§ 63 Abs. 2 und § 113 Abs. 1) geltend gemacht werden kann,

o) die Umwandlung des Zwecks, die Zusammenlegung und die Aufhebung von Stiftungen einschließlich des Verbleibs des Stiftungsvermögens,

p) die Umwandlung von Gemeindegliedervermögen in freies Gemeindevermögen sowie die Veränderung der Nutzungsrechte am Gemeindegliedervermögen,

q) die Übernahme von Bürgschaften, den Abschluß von Gewährverträgen und die Bestellung sonstiger Sicherheiten für andere sowie solche Rechtsgeschäfte, die den vorgenannten wirtschaftlich gleichkommen,

r) die Bestellung und Abberufung der Leitung und der Prüfer der örtlichen Rechnungsprüfung sowie die Übertragung von Aufgaben auf die örtliche Rechnungsprüfung,

s) die Genehmigung von Verträgen der Gemeinde mit Mitgliedern des Rates, der Bezirksvertretungen und der Ausschüsse sowie mit dem Bürgermeister und den leitenden Dienstkräften der Gemeinde nach näherer Bestimmung der Hauptsatzung,

t) die Übernahme neuer Aufgaben, für die keine gesetzliche Verpflichtung besteht,

u) die Festlegung strategischer Ziele unter Berücksichtigung der Ressourcen.

(2) [1]Im übrigen kann der Rat die Entscheidung über bestimmte Angelegenheiten auf Ausschüsse oder den Bürgermeister übertragen. [2]Er kann ferner Ausschüsse ermächtigen, in Angelegenheiten ihres Aufgabenbereichs die Entscheidung dem Bürgermeister zu übertragen.

(3) Geschäfte der laufenden Verwaltung gelten im Namen des Rates als auf den Bürgermeister übertragen, soweit nicht der Rat sich, einer Bezirksvertretung oder einem Ausschuß für einen bestimmten Kreis von Geschäften oder für einen Einzelfall die Entscheidung vorbehält.

§ 42 Wahl der Ratsmitglieder

(1) [1]Die Ratsmitglieder werden von den Bürgern in allgemeiner, unmittelbarer, freier, gleicher und geheimer Wahl für die Dauer von fünf Jahren gewählt. [2]Die näheren Vorschriften trifft das Kommunalwahlgesetz.

(2) Nach Ablauf der Wahlperiode üben die bisherigen Ratsmitglieder ihre Tätigkeit bis zum Zusammentritt des neugewählten Rates weiter aus.

§ 43 Rechte und Pflichten der Ratsmitglieder

(1) Die Ratsmitglieder sind verpflichtet, in ihrer Tätigkeit ausschließlich nach dem Gesetz und ihrer freien, nur durch Rücksicht auf das öffentliche Wohl bestimmten Überzeugung zu handeln; sie sind an Aufträge nicht gebunden.

(2) Für die Tätigkeit als Ratsmitglied, Mitglied einer Bezirksvertretung oder Mitglied eines Ausschusses gelten die Vorschriften der §§ 30 bis 32 mit folgenden Maßgaben entsprechend:

1. Die Pflicht zur Verschwiegenheit kann ihnen gegenüber nicht vom Bürgermeister angeordnet werden;
2. die Genehmigung, als Zeuge auszusagen, erteilt bei Ratsmitgliedern der Rat, bei Mitgliedern der Bezirksvertretungen die Bezirksvertretung und bei Ausschußmitgliedern der Ausschuß;
3. die Offenbarungspflicht über Ausschließungsgründe besteht bei Ratsmitgliedern gegenüber dem Bürgermeister, bei Mitgliedern der Bezirksvertretungen gegenüber dem Bezirksvorsteher und bei Ausschußmitgliedern gegenüber dem Ausschußvorsitzenden vor Eintritt in die Verhandlung;
4. über Ausschließungsgründe entscheidet bei Ratsmitgliedern der Rat, bei Mitgliedern der Bezirksvertretungen die Bezirksvertretung, bei Ausschußmitgliedern der Ausschuß;
5. ein Verstoß gegen die Offenbarungspflicht wird vom Rat, von der Bezirksvertretung beziehungsweise vom Ausschuß durch Beschluß festgestellt;
6. Mitglieder der Bezirksvertretungen sowie sachkundige Bürger und sachkundige Einwohner als Mitglieder von Ausschüssen können Ansprüche anderer gegen die Gemeinde nur dann nicht geltend machen, wenn diese im Zusammenhang mit ihren Aufgaben stehen; ob diese Voraussetzungen vorliegen, entscheidet die Bezirksvertretung beziehungsweise der Auschuß.

(3) [1]Die Ratsmitglieder und die Mitglieder der Ausschüsse müssen gegenüber dem Bürgermeister, die Mitglieder einer Bezirksvertretung gegenüber dem Bezirksvorsteher Auskunft über ihre wirtschaftlichen und persönlichen Verhältnisse geben, soweit das für die Ausübung ihres Mandats von Bedeutung sein kann. [2]Die näheren Einzelheiten regelt der Rat. [3]Die Auskunft ist vertraulich zu behandeln. [4]Name, Anschrift, der ausgeübte Beruf sowie andere vergütete und ehrenamtliche Tätigkeiten können veröffentlicht werden. [5]Nach Ablauf der Wahlperiode sind die gespeicherten Daten der ausgeschiedenen Mitglieder zu löschen. [6]§ 7 des Korruptionsbekämpfungsgesetzes vom 16. Dezember 2004 (GV. NRW. 2005 S. 8) in der jeweils geltenden Fassung bleibt unberührt.

(4) Erleidet die Gemeinde infolge eines Beschlusses des Rates einen Schaden, so haften die Ratsmitglieder, wenn sie

a) in vorsätzlicher oder grob fahrlässiger Verletzung ihrer Pflicht gehandelt haben,
b) bei der Beschlußfassung mitgewirkt haben, obwohl sie nach dem Gesetz hiervon ausgeschlossen waren und ihnen der Ausschließungsgrund bekannt war,
c) der Bewilligung von Aufwendungen und Auszahlungen zugestimmt haben, für die das Gesetz oder die Haushaltssatzung eine Ermächtigung nicht vorsieht, wenn nicht gleichzeitig die erforderlichen Deckungsmittel bereitgestellt werden.

§ 44 Freistellung

(1) [1]Niemand darf gehindert werden, sich um ein Mandat als Ratsmitglied, Mitglied einer Bezirksvertretung oder Mitglied eines Ausschusses zu bewerben, es anzunehmen oder auszuüben. [2]Benachteiligungen am Arbeitsplatz im Zusammenhang mit der Bewerbung, der Annahme oder der Ausübung eines Mandats sind unzulässig. [3]Entgegenstehende Vereinbarungen sind nichtig. [4]Kündigungen oder Entlassungen aus Anlaß der Bewerbung, Annahme oder Ausübung eines Mandats sind unzulässig.

(2) [1]Die Ratsmitglieder, Mitglieder der Bezirksvertretungen oder Mitglieder der Ausschüsse sind für die Zeit der Ausübung des Mandats von ihrer Verpflichtung zur Arbeit freizustellen. [2]Zur Ausübung des Mandats gehören Tätigkeiten, die mit dem Mandat in unmittelbarem Zusammenhang stehen oder auf Veranlassung des Rates, der Bezirksvertretung oder des Ausschusses erfolgen. [3]Auf Veranlassung des Rates erfolgt auch eine Tätigkeit als vom Rat entsandter Vertreter der Gemeinde in Organen und Gremien von juristischen Personen und Vereinigungen des privaten oder öffentlichen Rechts sowie als Stellvertreter des Bürgermeisters. [4]Bei Mandatsträgern, die innerhalb eines vorgegebenen Arbeitszeitrahmens über Lage und Dauer der individuellen Arbeitszeit selbst entscheiden können, ist die Zeit der Ausübung des Mandats innerhalb dieses Arbeits-

zeitrahmens zur Hälfte auf ihre Arbeitszeit anzurechnen. [5]Der Anspruch auf Ersatz des Verdienstausfalls nach § 45 ist in diesem Fall auf diese Hälfte beschränkt.

(3) [1]Zur Teilnahme an kommunalpolitischen Bildungsveranstaltungen, die der Ausübung ihres Mandats förderlich sind, haben Ratsmitglieder, Mitglieder der Bezirksvertretungen oder Mitglieder der Ausschüsse einen Anspruch auf Urlaub an bis zu acht Arbeitstagen in jeder Wahlperiode, jedoch an nicht mehr als vier aufeinanderfolgenden Arbeitstagen im Jahr. [2]Für die Zeit des Urlaubs besteht nach diesem Gesetz kein Anspruch auf Lohn oder Gehalt; weitergehende Vorschriften bleiben unberührt. [3]Der Verdienstausfall und die Aufwendungen für die entgeltliche Betreuung von pflege- oder betreuungsbedürftigen Angehörigen sind nach Maßgabe der Regelungen des § 45 Absatz 1 zu ersetzen. [4]Sind Ratsmitglieder, Mitglieder der Bezirksvertretungen oder Mitglieder der Ausschüsse zugleich auch Kreistagsabgeordnete oder Mitglieder von Ausschüssen des Kreistages, so besteht der Anspruch auf Urlaub in jeder Wahlperiode nur einmal. [5]Der Arbeitgeber bzw. Dienstherr darf den Urlaub zu dem von dem Beschäftigten mitgeteilten Zeitpunkt ablehnen, wenn zwingende betriebliche Belange oder Urlaubsanträge anderer Beschäftigter entgegenstehen.

§ 45 Entschädigung der Ratsmitglieder

(1) [1]Die Ratsmitglieder sowie die Mitglieder der Ausschüsse und Bezirksvertretungen haben Anspruch auf eine angemessene Aufwandsentschädigung und auf Ersatz des Verdienstausfalles, der ihnen durch die Mandatsausübung entsteht, soweit sie während der Arbeitszeit erforderlich ist. [2]Personen, die nicht oder weniger als 20 Stunden pro Woche erwerbstätig sind, jedoch einen Haushalt von mindestens zwei Personen, wovon eine Person ein pflege- oder betreuungsbedürftiger Angehöriger ist, oder einen Haushalt von mindestens drei Personen führen, erhalten anstelle des Verdienstausfalls eine Entschädigung in Form eines Stundenpauschalsatzes. [3]Aufwendungen für die entgeltliche Betreuung von pflege- oder betreuungsbedürftigen Angehörigen während der Ausübung des Mandats werden erstattet.

(2) Der Rat kann in der Hauptsatzung beschließen, dass den Ratsmitgliedern sowie den Mitgliedern der Ausschüsse und Bezirksvertretungen zusätzlich zu den Ansprüchen nach Absatz 1 Auslagenersatz sowie sonstige Leistungen gewährt werden, soweit diese nicht durch Rechtsverordnung geregelt sind und einen unmittelbaren Bezug zur Mandatsausübung aufweisen.

(3) [1]Die Absätze 1 und 2 sind auch auf Fraktionssitzungen anzuwenden. [2]Fraktionssitzungen sind auch Sitzungen von Teilen einer Fraktion wie Fraktionsvorstand und Fraktionsarbeitskreise. [3]Die Zahl der ersatzpflichtigen Fraktionssitzungen pro Jahr ist in der Hauptsatzung zu beschränken.

(4) [1]Auf die Aufwandsentschädigung kann nicht verzichtet werden. [2]Der Anspruch auf Aufwandsentschädigung ist nicht übertragbar. [3]Wird das Mandat länger als drei Monate nicht wahrgenommen, kann eine Aufwandsentschädigung für die Zeit der andauernden Nichtausübung des Mandats nicht beansprucht werden, es sei denn, das Mitglied hat die Nichtausübung nicht zu vertreten.

§ 46 Aufwandsentschädigung

(1) [1]Neben den Entschädigungen, die den Ratsmitgliedern nach § 45 zustehen, erhalten

1. Stellvertreterinnen oder Stellvertreter der Bürgermeisterin oder des Bürgermeisters nach § 67 Absatz 1,
2. Vorsitzende von Ausschüssen des Rates mit Ausnahme des Wahlprüfungsausschusses und
3. Fraktionsvorsitzende sowie bei Fraktionen mit mindestens acht Mitgliedern auch eine stellvertretende Vorsitzende oder ein stellvertretender Vorsitzender, mit mindestens 16 Mitgliedern auch zwei und mit mindestens 24 Mitgliedern auch drei stellvertretende Vorsitzende

eine vom für Kommunales zuständigen Ministerium durch Rechtsverordnung festzusetzende angemessene Aufwandsentschädigung. [2]Eine Aufwandsentschädigung ist nicht zu gewähren, wenn das Ratsmitglied hauptberuflich tätige Mitarbeiterin oder hauptberuflich tätiger Mitarbeiter einer Fraktion ist.

(2) [1]Die Aufwandsentschädigung gemäß Absatz 1 Satz 1 Nummer 2 wird als monatliche Pauschale gezahlt. [2]Der Rat kann in der Hauptsatzung beschließen, dass

1. weitere oder sämtliche Ausschüsse von der Regelung in Absatz 1 Satz 1 Nummer 2 ausgenommen werden,
2. die Aufwandsentschädigung abweichend von Satz 1 für einzelne oder sämtliche Ausschüsse als Sitzungsgeld gezahlt wird.

[3]Ausnahmen nach Satz 2 kann der Rat nur mit einer Mehrheit von zwei Dritteln seiner Mitglieder beschließen, dies gilt nicht, soweit der Rat beschlossene Ausnahmen wieder aufhebt.

§ 47 Einberufung des Rates

(1) [1]Der Rat wird von der Bürgermeisterin oder dem Bürgermeister einberufen; im Falle ihrer oder seiner Verhinderung erfolgt die Einberufung durch die erste Stellvertretung der Bürgermeisterin oder des Bürgermeisters. [2]Nach Beginn der Wahlperiode muss die erste Sitzung innerhalb von sechs Wochen stattfinden, spätestens jedoch drei Monate nach der Wahl; im Übrigen soll der Rat zusammentreten, so oft es die Geschäftslage erfordert, mindestens jedoch alle zwei Monate. [3]Der Rat

ist unverzüglich einzuberufen, wenn ein Fünftel der Ratsmitglieder oder eine Fraktion unter Angabe der zur Beratung zu stellenden Gegenstände es verlangen.

(2) [1]Die Ladungsfrist, die Form der Einberufung und die Geschäftsführung des Rates sowie die Art der Information der Öffentlichkeit über den Zugang der Öffentlichkeit zu einer digitalen Sitzung sind durch die Geschäftsordnung zu regeln, soweit hierüber nicht in diesem Gesetz Vorschriften getroffen sind. [2]Der Rat regelt in der Geschäftsordnung Inhalt und Umfang des Fragerechts der Ratsmitglieder. [3]In der Geschäftsordnung kann geregelt werden, dass die Sitzungsdauer begrenzt werden kann.

(3) Kommt die Bürgermeisterin oder der Bürgermeister ihrer oder seiner Verpflichtung zur Einberufung des Rates nicht nach, so veranlasst die Aufsichtsbehörde die Einberufung.

§ 47a Einberufung von Sitzungen in besonderen Ausnahmefällen

(1) In besonderen Ausnahmefällen wie Katastrophen, einer epidemischen Lage oder anderen außergewöhnlichen Notsituationen kann die Durchführung von Sitzungen des Rats, der Ausschüsse und der Bezirksvertretungen in digitaler Form erfolgen, sofern die dafür erforderlichen Voraussetzungen erfüllt sind (digitale Sitzung).

(2) [1]Bei einer digitalen Sitzung nehmen alle Gremienmitglieder ohne persönliche Anwesenheit am Sitzungsort unter Einsatz technischer Hilfsmittel durch zeitgleiche Bild-Ton-Übertragung an der Sitzung teil. [2]Bei einer digitalen Sitzung gelten per Bild-Ton-Übertragung teilnehmende Gremienmitglieder als anwesend im Sinne von § 49 Absatz 1 Satz 1. [3]Einer digitalen Sitzung steht eine hybrid durchgeführte Sitzung gleich, in der Gremienmitglieder teils persönlich anwesend und teils ohne persönliche Anwesenheit an der Sitzung teilnehmen, während die Sitzungsleitung am Sitzungsort anwesend ist.

(3) [1]Dem Rat bleibt die Feststellung eines Ausnahmefalls nach Absatz 1 und die Entscheidung darüber vorbehalten, ob infolge dessen digitale oder hybride Sitzungen durchgeführt werden. [2]Der Beschluss darüber ist mit zwei Dritteln seiner Mitglieder, längstens für einen Zeitraum von zwei Monaten, zu fassen. [3]Die Stimmabgaben können in Textform erfolgen. [4]Die Beschlussfassung soll so rechtzeitig gefasst werden, dass die Frist des § 47 Absatz 2 Satz 1 gewahrt werden kann. [5]Die Verlängerung ist bei einem weiteren Andauern des besonderen Ausnahmefalles möglich. [6]Für den Beschluss über eine Verlängerung gilt Satz 2 entsprechend.

(4) [1]Die Durchführung von digitalen und hybriden Sitzungen ist nur zulässig, wenn und soweit die erforderlichen technischen Voraussetzungen für ihre Durchführung vorliegen und jedes Gremienmitglied über eine digitale Zugangsmöglichkeit zur Sitzung verfügt. [2]Für die digitalen

und hybriden Sitzungen dürfen nur die Anwendungen verwendet werden, die von der für die Zertifizierung zuständigen Stelle zugelassen sind. [3]Die Gemeinde hat in ihrem Verantwortungsbereich dafür Sorge zu tragen, dass die technischen Voraussetzungen während der Sitzung durchgehend bestehen; die Gremienmitglieder stellen ihre Sitzungsteilnahme per Bild-Ton-Übertragung in eigener Verantwortung sicher.

(5) [1]Bei digitalen Sitzungen wird der Öffentlichkeitsgrundsatz über die Bild-Ton-Übertragung der Sitzung gewahrt. [2]Die Herstellung der Öffentlichkeit nach Satz 1 erfolgt über die Bereitstellung eines geschützten Zugangs zur digitalen Sitzung. [3]§ 48 Absatz 4 gilt entsprechend.

§ 48 Tagesordnung und Öffentlichkeit der Ratssitzungen

(1) [1]Der Bürgermeister setzt die Tagesordnung fest. [2]Er hat dabei Vorschläge aufzunehmen, die ihm innerhalb einer in der Geschäftsordnung zu bestimmenden Frist von einem Fünftel der Ratsmitglieder oder einer Fraktion vorgelegt werden. [3]Fragestunden für Einwohner können in die Tagesordnung aufgenommen werden, wenn Einzelheiten hierüber in der Geschäftsordnung geregelt sind. [4]Zeit und Ort der Sitzung sowie die Tagesordnung sind von ihm öffentlich bekanntzumachen. [5]Die Tagesordnung kann in der Sitzung durch Beschluß des Rates erweitert werden, wenn es sich um Angelegenheiten handelt, die keinen Aufschub dulden oder die von äußerster Dringlichkeit sind.

(2) [1]Die Sitzungen des Rates sind öffentlich. [2]Durch die Geschäftsordnung kann die Öffentlichkeit für Angelegenheiten einer bestimmten Art ausgeschlossen werden. [3]Auf Antrag des Bürgermeisters oder eines Ratsmitglieds kann für einzelne Angelegenheiten die Öffentlichkeit ausgeschlossen werden. [4]Anträge auf Ausschluß der Öffentlichkeit dürfen nur in nichtöffentlicher Sitzung begründet und beraten werden. [5]Falls dem Antrag stattgegeben wird, ist die Öffentlichkeit in geeigneter Weise zu unterrichten, daß in nichtöffentlicher Sitzung weiter verhandelt wird.

(3) Personenbezogene Daten dürfen offenbart werden, soweit nicht schützenswerte Interessen einzelner oder Belange des öffentlichen Wohls überwiegen; erforderlichenfalls ist die Öffentlichkeit auszuschließen.

(4) [1]In öffentlichen Sitzungen sind Bildaufnahmen zulässig, wenn sie die Ordnung der Sitzung nicht gefährden. [2]Film- und Tonaufnahmen von den Ratsmitgliedern mit dem Ziel der Veröffentlichung sind in öffentlicher Sitzung nur zulässig, soweit die Hauptsatzung dies bestimmt.

(5) [1]Mitglieder der Bezirksvertretungen und der Ausschüsse können nach Maßgabe der Geschäftsordnung an den nichtöffentlichen Sitzungen des Rates als Zuhörer teilnehmen. [2]Die Teilnahme als Zuhörer begründet keinen Anspruch auf Ersatz des Verdienstausfalls und auf Zahlung von Sitzungsgeld.

(6) Betreuungsbedürftigen Kindern von Ratsmitgliedern soll der Zugang zu Sitzungen nicht verwehrt werden, solange die ordnungsgemäße

Durchführung der Sitzung sowie die Vertraulichkeit von nichtöffentlichen Beratungsgegenständen gewährleistet bleiben.

§ 49 Beschlußfähigkeit des Rates

(1) [1]Der Rat ist beschlußfähig, wenn mehr als die Hälfte der gesetzlichen Mitgliederzahl anwesend ist. [2]Er gilt als beschlußfähig, solange seine Beschlußunfähigkeit nicht festgestellt ist.

(2) [1]Ist eine Angelegenheit wegen Beschlußunfähigkeit zurückgestellt worden und wird der Rat zur Verhandlung über denselben Gegenstand einberufen, so ist er ohne Rücksicht auf die Zahl der Erschienenen beschlußfähig. [2]Bei der zweiten Ladung muß auf diese Bestimmung ausdrücklich hingewiesen werden.

§ 50 Abstimmungen

(1) [1]Beschlüsse werden mit Stimmenmehrheit gefaßt, soweit das Gesetz nichts anderes vorschreibt. [2]Bei Stimmengleichheit gilt ein Antrag als abgelehnt. [3]Bei der Beschlußfassung wird offen abgestimmt. [4]Auf Antrag einer in der Geschäftsordnung zu bestimmenden Zahl von Mitgliedern des Rates ist namentlich abzustimmen. [5]Auf Antrag mindestens eines Fünftels der Mitglieder des Rates ist geheim abzustimmen. [6]Zum selben Tagesordnungspunkt hat ein Antrag auf geheime Abstimmung Vorrang gegenüber einem Antrag auf namentliche Abstimmung. [7]Die Geschäftsordnung kann weitere Regelungen treffen.

(2) [1]Wahlen werden durch offene Abstimmung vollzogen, sofern in diesem Gesetz nichts anderes bestimmt ist. [2]Abweichend dazu ist eine geheime Wahl durchzuführen, wenn mindestens ein Fünftel der Ratsmitglieder dies beantragt. [3]Gewählt ist die vorgeschlagene Person, die mehr als die Hälfte der gültigen Stimmen erhalten hat. [4]Nein-Stimmen gelten als gültige Stimmen. [5]Erreicht niemand mehr als die Hälfte der Stimmen, so findet zwischen den Personen, welche die beiden höchsten Stimmenzahlen erreicht haben, eine engere Wahl statt. [6]Gewählt ist, wer in dieser engeren Wahl die meisten Stimmen auf sich vereinigt. [7]Bei Stimmengleichheit entscheidet das Los.

(3) [1]Haben sich die Fraktionen und Gruppen zur Besetzung der Ausschüsse auf einen einheitlichen Wahlvorschlag geeinigt, beschließt der Rat mit Mehrheit der gesetzlichen Zahl seiner Mitglieder über die Annahme dieses Wahlvorschlages. [2]Kommt ein einheitlicher Wahlvorschlag nicht zustande, so wird nach den Grundsätzen der Verhältniswahl in einem Wahlgang abgestimmt. [3]Dabei sind die Wahlstellen auf die Wahlvorschläge der Fraktionen und Gruppen des Rates entsprechend dem Verhältnis der Stimmenzahlen, die auf die einzelnen Wahlvorschläge entfallen, zur Gesamtzahl der abgegebenen gültigen Stimmen zu verteilen. [4]Jedem Wahlvorschlag werden zunächst so viele Sitze zugeteilt, wie sich für ihn ganze Zahlen ergeben. [5]Sind danach noch Sitze zu vergeben,

so sind sie in der Reihenfolge der höchsten Zahlenbruchteile zuzuteilen. [6]Bei gleichen Zahlenbruchteilen entscheidet das Los. [7]Scheidet jemand vorzeitig aus einem Ausschuss aus oder beantragt eine Fraktion oder Gruppe eine Umbesetzung, bestimmt die Fraktion oder die Gruppe, der sie oder er angehört, eine Nachfolgerin oder einen Nachfolger. [8]Ein Ausschuss muss neu besetzt werden, wenn seine Zusammensetzung dem Verhältnis der Stärke der Fraktionen und Gruppen der Vertretung nicht mehr wesentlich entspricht.

(4) [1]Hat der Rat zwei oder mehr Vertreter oder Mitglieder im Sinne der §§ 63 Abs. 2 und 113 zu bestellen oder vorzuschlagen, die nicht hauptberuflich tätig sind, ist das Verfahren nach Absatz 3 entsprechend anzuwenden. [2]Dies gilt ebenso, wenn zwei oder mehr Personen vorzeitig aus dem Gremium ausgeschieden sind, für das sie bestellt oder vorgeschlagen worden waren und für diese mehrere Nachfolger zu wählen sind. [3]Scheidet eine Person vorzeitig aus dem Gremium aus, für das sie bestellt oder vorgeschlagen worden war, wählt der Rat den Nachfolger für die restliche Zeit nach Absatz 2.

(5) Bei Beschlüssen und Wahlen zählen Stimmenthaltungen und ungültige Stimmen zur Feststellung der Beschlußfähigkeit, nicht aber zur Berechnung der Mehrheit mit.

(6) Ein Mitglied, in dessen Person ein Ausschließungsgrund nach § 31 besteht, kann an der Beratung und Abstimmung nicht teilnehmen.

§ 51 Ordnung in den Sitzungen

(1) Die Bürgermeisterin oder der Bürgermeister eröffnet, leitet und schließt die Ratssitzungen, handhabt die Ordnung und übt das Hausrecht aus.

(2) [1]Ratsmitglieder, die von dem Verhandlungsgegenstand abweichen, können von der Bürgermeisterin oder dem Bürgermeister zur Sache verwiesen werden. [2]Wenn ein Ratsmitglied die Ordnung oder die Würde des Rates verletzt, wird es ermahnt, wieder zur Ordnung zurückzufinden oder ihre oder seine Ausführungen zu berichtigen. [3]Ein Ratsmitglied kann auch ohne vorherige Ermahnung unter Nennung des Namens zur Ordnung gerufen werden. [4]Dies kann auch in der nächstfolgenden Sitzung geschehen. [5]Die Ordnungsmaßnahmen und der Anlass hierzu dürfen in dieser Sitzung nicht zum Gegenstand von Erörterungen gemacht werden. [6]Ist das Ratsmitglied in der Debatte zum selben Tagesordnungspunkt dreimal zur Sache oder zur Ordnung gerufen und beim zweiten Mal auf die Folgen eines dritten Sach- oder Ordnungsrufes hingewiesen worden, so wird ihr oder ihm das Wort entzogen.

(3) [1]Wegen einer nicht nur geringfügigen Verletzung der Ordnung oder der Würde des Rates kann die Bürgermeisterin oder der Bürgermeister gegen ein Ratsmitglied, auch ohne dass ein Ordnungsruf ergangen ist, ein Ordnungsgeld in Höhe von mindestens 250 Euro bis maximal

1000 Euro festsetzen. [2]Im Wiederholungsfall verdoppelt sich das Ordnungsgeld. [3]Absatz 2 Satz 4 und 5 gilt entsprechend.

(4) [1]Wegen gröblicher Verletzung der Ordnung kann die Bürgermeisterin oder der Bürgermeister, auch ohne dass ein Ordnungsruf ergangen ist, Ratsmitglieder von der Sitzung ausschließen. [2]Diese haben den Sitzungssaal sofort zu verlassen. [3]Wird die Aufforderung nicht befolgt, so wird die Sitzung unterbrochen. [4]Die ausgeschlossenen Ratsmitglieder ziehen sich dadurch ohne Weiteres die Ausschließung für weitere drei Ratssitzungen zu. [5]Weigert sich ein ausgeschlossenes Ratsmitglied wiederholt, den Anordnungen während der Sitzung zu folgen, so tritt der Ausschluss für fünf Ratssitzungen ein. [6]Die Bürgermeisterin oder der Bürgermeister stellt diese Folge bei Wiedereröffnung oder bei Beginn der nächsten Sitzung fest. [7]Ausgeschlossene Ratsmitglieder dürfen auch an Ausschusssitzungen nicht teilnehmen. [8]Versucht ein ausgeschlossenes Ratsmitglied widerrechtlich an den Sitzungen des Rates oder seiner Ausschüsse teilzunehmen, so finden die Sätze 3 bis 6 Anwendung.

(5) [1]Das betroffene Ratsmitglied kann gegen Maßnahmen zur Herstellung der Ordnung bis zum Beginn der nächsten Ratssitzung schriftlich Einspruch bei der Bürgermeisterin oder dem Bürgermeister einlegen. [2]Über den Einspruch entscheidet der Rat in seiner nächsten Sitzung. [3]Der Einspruch hat keine aufschiebende Wirkung.

(6) In der Geschäftsordnung des Rates können weitere Regelungen zur Handhabung der Ordnung in den Sitzungen des Rates und seiner Ausschüsse getroffen werden.

§ 52 Niederschrift der Ratsbeschlüsse

(1) [1]Über die im Rat gefaßten Beschlüsse ist eine Niederschrift aufzunehmen. [2]Diese wird vom Bürgermeister und einem vom Rat zu bestellenden Schriftführer unterzeichnet.

(2) Der wesentliche Inhalt der Beschlüsse soll in öffentlicher Sitzung oder in anderer geeigneter Weise der Öffentlichkeit zugänglich gemacht werden, soweit nicht im Einzelfall etwas anderes beschlossen wird.

(3) *weggefallen*

§ 53 Behandlung der Ratsbeschlüsse

(1) [1]Beschlüsse, die die Durchführung der Geschäftsordnung betreffen, führt der Bürgermeister aus. [2]Wenn er persönlich betroffen ist, handelt der Stellvertreter.

(2) Beschlüsse, die

a) die Geltendmachung von Ansprüchen der Gemeinde gegen den Bürgermeister,

b) die Amtsführung des Bürgermeisters,

betreffen, führt der allgemeine Vertreter des Bürgermeisters aus.

§ 54 Widerspruch und Beanstandung

(1) [1]Der Bürgermeister kann einem Beschluß des Rates spätestens am dritten Tag nach der Beschlußfassung unter schriftlicher Begründung widersprechen, wenn er der Auffassung ist, daß der Beschluß das Wohl der Gemeinde gefährdet. [2]Der Widerspruch hat aufschiebende Wirkung. [3]Über die Angelegenheit ist in einer neuen Sitzung des Rates, die frühestens am dritten Tage und spätestens zwei Wochen nach dem Widerspruch stattzufinden hat, erneut zu beschließen. [4]Ein weiterer Widerspruch ist unzulässig.

(2) [1]Verletzt ein Beschluß des Rates das geltende Recht, so hat der Bürgermeister den Beschluß zu beanstanden. [2]Die Beanstandung hat aufschiebende Wirkung. [3]Sie ist schriftlich in Form einer begründeten Darlegung dem Rat mitzuteilen. [4]Verbleibt der Rat bei seinem Beschluß, so hat der Bürgermeister unverzüglich die Entscheidung der Aufsichtsbehörde einzuholen. [5]Die aufschiebende Wirkung bleibt bestehen.

(3) [1]Verletzt der Beschluß eines Ausschusses, dem eine Angelegenheit zur Entscheidung übertragen ist, das geltende Recht, so findet Absatz 2 Satz 1 bis 3 entsprechende Anwendung. [2]Verbleibt der Ausschuß bei seinem Beschluß, so hat der Rat über die Angelegenheit zu beschließen.

(4) Die Verletzung eines Mitwirkungsverbots nach § 43 Abs. 2 Satz 1 in Verbindung mit § 31 kann gegen den Beschluß des Rates oder eines Ausschusses, dem eine Angelegenheit zur Entscheidung übertragen ist, nach Ablauf von sechs Monaten seit der Beschlußfassung oder, wenn eine öffentliche Bekanntmachung erforderlich ist, sechs Monate nach dieser nicht mehr geltend gemacht werden, es sei denn, daß der Bürgermeister den Beschluß vorher beanstandet hat oder die Verletzung des Mitwirkungsverbots vorher gegenüber der Gemeinde gerügt und dabei die Tatsache bezeichnet worden ist, die die Verletzung ergibt.

§ 55 Kontrolle der Verwaltung

(1) [1]Der Rat ist durch den Bürgermeister über alle wichtigen Angelegenheiten der Gemeindeverwaltung zu unterrichten. [2]Der Bürgermeister ist verpflichtet, einem Ratsmitglied auf Verlangen Auskunft zu erteilen oder zu einem Tagesordnungspunkt Stellung zu nehmen. [3]In Angelegenheiten einer Bezirksvertretung ist dessen Mitglied in gleicher Weise berechtigt und der Bürgermeister verpflichtet.

(2) Bezirksvorsteher und Ausschußvorsitzende können vom Bürgermeister jederzeit Auskunft und Akteneinsicht über Angelegenheiten verlangen, die zum Aufgabenbereich ihrer Bezirksvertretung bzw. ihres Ausschusses gehören.

(3) [1]Der Rat überwacht die Durchführung seiner Beschlüsse und der Beschlüsse der Bezirksvertretungen und Ausschüsse sowie den Ablauf der Verwaltungsangelegenheiten. [2]Zu diesem Zweck kann der Rat mit der Mehrheit der Ratsmitglieder vom Bürgermeister Einsicht in die Ak-

ten durch einen von ihm bestimmten Ausschuss oder einzelne von ihm beauftragte Mitglieder verlangen.

(4) [1]In Einzelfällen muss auf Beschluss des Rates mit der Mehrheit der Ratsmitglieder oder auf Verlangen eines Fünftels der Ratsmitglieder oder einer Fraktion auch einem einzelnen, von den Antragstellern jeweils zu benennenden Ratsmitglied Akteneinsicht gewährt werden. [2]Einem einzelnen, von den Antragstellern zu benennenden Mitglied einer Bezirksvertretung oder eines Ausschusses steht ein Akteneinsichtsrecht nur aufgrund eines Beschlusses der Bezirksvertretung beziehungsweise des Ausschusses zu. [3]Dritte sind von der Teilnahme an der Akteneinsicht ausgeschlossen. [4]Akteneinsicht darf einem Ratsmitglied oder einem Mitglied der Bezirksvertretung nicht gewährt werden, das wegen Interessenwiderstreits von der Beratung und Entscheidung der Angelegenheit ausgeschlossen ist.

(5) [1]Jedem Ratsmitglied oder jedem Mitglied einer Bezirksvertretung ist vom Bürgermeister auf Verlangen Akteneinsicht zu gewähren, soweit die Akten der Vorbereitung oder der Kontrolle von Beschlüssen des Rates, des Ausschusses oder der Bezirksvertretung dienen, der es angehört. [2]Dritte sind von der Teilnahme an der Akteneinsicht ausgeschlossen. [3]Die Akteneinsicht darf nur verweigert werden, soweit ihr schutzwürdige Belange Betroffener oder Dritter entgegenstehen. [4]Die ablehnende Entscheidung ist in Textform zu begründen. [5]Akteneinsicht darf einem Ratsmitglied oder einem Mitglied der Bezirksvertretung nicht gewährt werden, das wegen Interessenwiderstreits von der Beratung und Entscheidung der Angelegenheit ausgeschlossen ist.

§ 56 Fraktionen

(1) [1]Fraktionen sind freiwillige Vereinigungen von Ratsmitgliedern oder von Mitgliedern einer Bezirksvertretung, die sich auf der Grundlage grundsätzlicher politischer Übereinstimmung zu möglichst gleichgerichtetem Wirken zusammengeschlossen haben. [2]Ihre innere Ordnung muss demokratischen und rechtsstaatlichen Grundsätzen entsprechen. [3]Sie geben sich ein Statut, in dem das Abstimmungsverfahren, die Aufnahme und der Ausschluss aus der Fraktion geregelt werden. [4]Sie wählen aus ihrer Mitte eine Vorsitzende oder einen Vorsitzenden; der Fraktionsvorsitz kann auch im Wege einer Doppelspitze wahrgenommen werden. [5]Die Fraktionen wirken bei der Willensbildung und Entscheidungsfindung in der Vertretung mit; sie können insoweit ihre Auffassung öffentlich darstellen.

(2) [1]Eine Fraktion muss

1. im Rat oder in einer Bezirksvertretung aus mindestens zwei Mitgliedern,
2. in Räten mit mehr als 50 Ratsmitgliedern aus mindestens drei Mitgliedern,

3. in Räten mit mehr als 74 Ratsmitgliedern aus mindestens vier Mitgliedern und
4. in Räten mit mehr als 90 Ratsmitgliedern aus mindestens fünf Mitgliedern bestehen.

[2]Eine Gruppe in einem Rat besteht aus mindestens zwei Ratsmitgliedern; im Übrigen gilt für diese Absatz 1 Satz 1 entsprechend.

(3) [1]Die Gemeinde gewährt den Fraktionen und Gruppen aus Haushaltsmitteln Zuwendungen zu den sächlichen und personellen Aufwendungen für die Geschäftsführung. [2]Die Zuwendungen an die Fraktionen und Gruppen sind in einer besonderen Anlage zum Haushaltsplan darzustellen. [3]Über die Verwendung der Zuwendungen ist ein Nachweis in einfacher Form zu führen, der unmittelbar dem Bürgermeister zuzuleiten ist. [4]Eine Gruppe erhält mindestens 80 Prozent der Ausstattung, die eine Fraktion dieser Größe erhalten würde (proportionale Ausstattung). [5]Die Höhe der proportionalen Ausstattung ergibt sich, indem die Zuwendung, die die kleinste Ratsfraktion nach Absatz 2 Satz 1 erhält oder erhalten würde, mit dem Quotienten multipliziert wird, der sich aus der Division der Zahl der Gruppenmitglieder durch die Zahl der Mitglieder der kleinstmöglichen Fraktion ergibt. [6]Einem Ratsmitglied, das keiner Fraktion oder Gruppe angehört, stellt die Gemeinde in angemessenem Umfang Sachmittel und Kommunikationsmittel zum Zwecke seiner Vorbereitung auf die Ratssitzung zur Verfügung. [7]Der Rat kann stattdessen beschließen, dass ein Ratsmitglied aus Haushaltsmitteln finanzielle Zuwendungen erhält, die die Hälfte des Betrages nicht übersteigen dürfen, die eine Gruppe mit zwei Mitgliedern erhielte. [8]In diesem Fall ist nach den Sätzen 2 und 3 zu verfahren.

(4) [1]Ein hauptberuflich tätiger Mitarbeiter einer Fraktion kann Ratsmitglied sein. [2]Nähere Einzelheiten über die Bildung der Fraktionen, ihre Rechte und Pflichten sowie den Umgang mit personenbezogenen Daten regelt die Geschäftsordnung. [3]Die Geschäftsordnung bestimmt auch, ob eine Fraktion ein Ratsmitglied, das keiner Fraktion angehört, als Hospitant aufnehmen kann. [4]Bei der Feststellung der Mindeststärke einer Fraktion zählen Hospitanten nicht mit.

(5) Soweit personenbezogene Daten an Ratsmitglieder oder Mitglieder einer Bezirksvertretung übermittelt werden dürfen, ist ihre Übermittlung auch an Mitarbeiter einer Fraktion oder einer Gruppe oder eines einzelnen Ratsmitgliedes nach Absatz 3 Satz 4 zulässig, wenn diese zur Verschwiegenheit verpflichtet sind.

§ 57 Bildung von Ausschüssen

(1) Der Rat kann Ausschüsse bilden.

(2) [1]In jeder Gemeinde müssen ein Hauptausschuß, ein Finanzausschuß und ein Rechnungsprüfungsausschuß gebildet werden. [2]Der Rat kann beschließen, daß die Aufgaben des Finanzausschusses vom Hauptausschuß wahrgenommen werden.

(3) [1]Den Vorsitz im Hauptausschuß führt der Bürgermeister. [2]Er hat Stimmrecht im Hauptausschuß. [3]Der Hauptausschuß wählt aus seiner Mitte einen oder mehrere Vertreter des Vorsitzenden.

(4) [1]Der Rat kann für die Arbeit der Ausschüsse allgemeine Richtlinien aufstellen. [2]Beschlüsse von Ausschüssen mit Entscheidungsbefugnis können erst durchgeführt werden, wenn innerhalb einer in der Geschäftsordnung zu bestimmenden Frist weder vom Bürgermeister noch von einem Fünftel der Ausschußmitglieder Einspruch eingelegt worden ist. [3]Über den Einspruch entscheidet der Rat. [4]§ 54 Abs. 3 bleibt unberührt.

§ 58 Zusammensetzung der Ausschüsse und ihr Verfahren

(1) [1]Der Rat regelt mit der Mehrheit der Stimmen der Ratsmitglieder die Zusammensetzung der Ausschüsse und ihre Befugnisse. [2]Soweit er stellvertretende Ausschussmitglieder bestellt, ist die Reihenfolge der Vertretung zu regeln. [3]Die Bürgermeisterin oder der Bürgermeister hat das Recht, mit beratender Stimme an den Sitzungen der Ausschüsse teilzunehmen; ihr oder ihm ist auf Verlangen jederzeit das Wort zu erteilen. [4]An nichtöffentlichen Sitzungen eines Ausschusses können die stellvertretenden Ausschussmitglieder, die Mitglieder anderer Ausschüsse sowie alle Ratsmitglieder als Zuhörerinnen oder Zuhörer teilnehmen; nach Maßgabe der Geschäftsordnung gilt dies auch für Mitglieder der Bezirksvertretungen. [5]Die Teilnahme als Zuhörerin oder Zuhörer begründet keinen Anspruch auf Ersatz des Verdienstausfalls und auf Zahlung von Sitzungsgeld. [6]Wird in einer Ausschusssitzung ein Antrag beraten, den ein Ratsmitglied gestellt hat, das dem Ausschuss nicht angehört, so kann es sich an der Beratung beteiligen. [7]Fraktionen, die in einem Ausschuss nicht vertreten sind, sind berechtigt, für diesen Ausschuss ein Ratsmitglied oder eine sachkundige Bürgerin oder einen sachkundigen Bürger zu benennen. [8]Die benannte Person wird vom Rat zum Mitglied des Ausschusses bestellt. [9]Sie wirkt in dem Ausschuss mit beratender Stimme mit. [10]Bei der Zusammensetzung und der Berechnung der Beschlussfähigkeit des Ausschusses werden diese Personen nicht mitgezählt. [11]Ein Ratsmitglied hat das Recht, mindestens einem der Ausschüsse als Mitglied mit beratender Stimme anzugehören. [12]Die Sätze 8 bis 10 gelten entsprechend.

(2) [1]Auf die Ausschussmitglieder und das Verfahren in den Ausschüssen finden die für den Rat geltenden Vorschriften entsprechende Anwendung. [2]Die oder der Ausschussvorsitzende setzt die Tagesordnung im Benehmen mit der Bürgermeisterin oder dem Bürgermeister fest. [3]Sind die oder der Ausschussvorsitzende und alle Stellvertretungen verhindert, kann die Bürgermeisterin oder der Bürgermeister zu den Ausschusssitzungen laden. [4]Die Sitzungsleitung übernimmt das anwesende Ratsmitglied im Ausschuss, welches dem Rat am längsten ununterbrochen angehört. [5]Sofern dies auf mehrere Mitglieder zutrifft, entscheidet das Le-

bensalter. [6]Auf Verlangen der Bürgermeisterin oder des Bürgermeisters ist die oder der Ausschussvorsitzende verpflichtet, einen Gegenstand in die Tagesordnung aufzunehmen. [7]Die oder der Ausschussvorsitzende ist in gleicher Weise verpflichtet, wenn eine Fraktion dies beantragt. [8]Abweichend von § 48 Absatz 1 Satz 4 brauchen Zeit und Ort der Ausschusssitzungen sowie die Tagesordnung nicht öffentlich bekanntgemacht zu werden; die Bürgermeisterin oder der Bürgermeister soll die Öffentlichkeit hierüber vorher in geeigneter Weise unterrichten.

(3) [1]Zu Mitgliedern der Ausschüsse können, mit Ausnahme des Hauptausschusses und sofern gesetzliche Bestimmungen nichts anderes vorsehen, neben Ratsmitgliedern auch sachkundige Bürgerinnen und Bürger, die mindestens das 16. Lebensjahr vollendet haben und im Übrigen dem Rat angehören können, bestellt werden. [2]Zur Übernahme der Tätigkeit als sachkundige Bürgerin oder sachkundiger Bürger ist niemand verpflichtet. [3]Die Zahl der sachkundigen Bürgerinnen und Bürger darf die Zahl der Ratsmitglieder in den einzelnen Ausschüssen nicht erreichen. [4]Die Ausschüsse sind nur beschlussfähig, wenn die Zahl der anwesenden Ratsmitglieder die Zahl der anwesenden sachkundigen Bürgerinnen und Bürger übersteigt. [5]Sie gelten auch insoweit als beschlussfähig, solange ihre Beschlussunfähigkeit nicht festgestellt ist. [6]Die Ausschüsse können Vertreterinnen und Vertreter derjenigen Bevölkerungsgruppen, die von ihrer Entscheidung vorwiegend betroffen werden, und Sachverständige zu den Beratungen hinzuziehen.

(4) [1]Als Mitglieder mit beratender Stimme können den Ausschüssen sachkundige Einwohnerinnen und Einwohner angehören, die in entsprechender Anwendung des § 50 Absatz 3 zu wählen sind. [2]Im Übrigen gilt Absatz 3 Satz 1 bis 3 entsprechend.

(5) [1]Haben sich die Fraktionen über die Verteilung der Ausschussvorsitze geeinigt und wird dieser Einigung nicht von einem Fünftel der Ratsmitglieder widersprochen, so bestimmen die Fraktionen die Ausschussvorsitzenden aus der Mitte der den Ausschüssen angehörenden stimmberechtigten Ratsmitglieder. [2]Soweit eine Einigung nicht zustande kommt, werden den Fraktionen die Ausschussvorsitze in der Reihenfolge der Höchstzahlen zugeteilt, die sich durch Teilung der Mitgliederzahlen der Fraktionen durch die Zahlen 1, 2, 3 und so weiter ergeben; mehrere Fraktionen können sich zusammenschließen. [3]Bei gleichen Höchstzahlen entscheidet das Los, das die Bürgermeisterin oder der Bürgermeister zu ziehen hat. [4]Die Fraktionen benennen die Ausschüsse, deren Vorsitz sie beanspruchen, in der Reihenfolge der Höchstzahlen und bestimmen die Vorsitzenden. [5]Der Bestimmung von Ausschussvorsitzenden durch eine Fraktion kann nur mit einer Mehrheit von zwei Dritteln der gesetzlichen Zahl der Ratsmitglieder innerhalb einer Frist von zwei Wochen widersprochen werden. [6]Der Widerspruch kann schriftlich erklärt werden. [7]Im Falle des Widerspruchs verbleibt das Bestimmungsrecht bei der nach Satz 2 und 3 berechtigten Fraktion. [8]Für die Abberufung einer Aus-

schussvorsitzenden oder eines Ausschussvorsitzenden durch den Rat gilt § 67 Absatz 4 Satz 1 bis 5 entsprechend. [9]Scheidet eine Ausschussvorsitzende oder ein Ausschussvorsitzender während der Wahlperiode aus, bestimmt die Fraktion, der sie oder er angehört, ein Ratsmitglied zur Nachfolge. [10]Die Sätze 1 bis 9 gelten für stellvertretende Vorsitzende entsprechend.

(6) Werden Ausschüsse während der Wahlperiode neu gebildet, aufgelöst oder ihre Aufgaben wesentlich verändert, ist das Verfahren nach Absatz 5 zu wiederholen.

(7) [1]Über die Beschlüsse der Ausschüsse ist eine Niederschrift aufzunehmen. [2]Diese ist der Bürgermeisterin oder dem Bürgermeister und den Ausschussmitgliedern zuzuleiten.

§ 58a Hybride Sitzungen der Ausschüsse

[1]In der Hauptsatzung kann bestimmt werden, dass Ausschüsse des Rates auch außerhalb der besonderen Ausnahmefälle nach § 47a Absatz 1 hybride Sitzungen durchführen dürfen. [2]Von diesem Recht ausgenommen sind die in § 57 Absatz 2 genannten Ausschüsse. [3]Dem jeweiligen Ausschuss bleibt die Entscheidung darüber vorbehalten. [4]Der Beschluss darüber, ob eine Sitzung des Ausschusses als hybride Sitzung durchgeführt werden soll, ist mit einfacher Mehrheit zu fassen. [5]Die Beschlussfassung soll so rechtzeitig gefasst werden, dass § 47 Absatz 2 gewahrt werden kann. [6]§ 47a Absatz 2 Satz 3 und Absatz 4 gilt entsprechend.

§ 59 Hauptausschuß, Finanzausschuß und Rechnungsprüfungsausschuß

(1) Der Hauptausschuß hat die Arbeiten aller Ausschüsse aufeinander abzustimmen.

(2) Der Finanzausschuß bereitet die Haushaltssatzung der Gemeinde vor und trifft die für die Ausführung des Haushaltsplans erforderlichen Entscheidungen, soweit hierfür nicht andere Ausschüsse zuständig sind.

(3) [1]Der Rechnungsprüfungsausschuss prüft den Jahresabschluss und den Lagebericht der Gemeinde unter Einbezug des Prüfungsberichtes. [2]Er bedient sich hierbei der örtlichen Rechnungsprüfung oder eines Dritten gemäß § 102 Absatz 2. [3]Die Verantwortlichen nach Satz 2 haben an der Beratung über diese Vorlagen im Rechnungsprüfungsausschuss teilzunehmen und über die wesentlichen Ergebnisse ihrer Prüfung, insbesondere wesentliche Schwächen des internen Kontrollsystems bezogen auf den Rechnungslegungsprozess, zu berichten. [4]Der Rechnungsprüfungsausschuss hat zu dem Ergebnis der Jahresabschlussprüfung schriftlich gegenüber dem Rat Stellung zu nehmen. [5]Am Schluss dieses Berichtes hat der Rechnungsprüfungsausschuss zu erklären, ob nach dem abschließenden Ergebnis seiner Prüfung Einwendungen zu erheben

sind und ob er den vom Bürgermeister aufgestellten Jahresabschluss und Lagebericht billigt. [6]Sofern ein Gesamtabschluss und Gesamtlagebericht erstellt wird, finden die Sätze 1 bis 5 entsprechende Anwendung auf den Gesamtabschluss.

(4) [1]Werden der Jahresabschluss, der Gesamtabschluss, der Lagebericht oder der Gesamtlagebericht nach Vorlage des Prüfungsberichts geändert, so hat der Rechnungsprüfungsausschuss diese Unterlagen erneut zu prüfen, soweit es die Änderung erfordert. [2]Über das Ergebnis der Prüfung ist dem Rat gemäß Absatz 3 Satz 4 und 5 zu berichten.

§ 60 Eil- und Dringlichkeitsentscheidungen

(1) [1]Der Hauptausschuss entscheidet in Angelegenheiten, die der Beschlussfassung des Rates unterliegen, falls eine Einberufung des Rates nicht rechtzeitig möglich ist (Eilentscheidung). [2]Ist auch die Einberufung des Hauptausschusses nicht rechtzeitig möglich und kann die Entscheidung nicht aufgeschoben werden, weil sonst erhebliche Nachteile oder Gefahren entstehen können, kann die Bürgermeisterin oder der Bürgermeister und im Falle ihrer oder seiner Verhinderung die allgemeine Vertreterin oder der allgemeine Vertreter mit einem Ratsmitglied entscheiden (Dringlichkeitsentscheidung). [3]Die nach Satz 1 oder nach Satz 2 getroffenen Entscheidungen sind dem Rat in der nächsten Sitzung zur Genehmigung vorzulegen. [4]Er kann die Entscheidungen aufheben, soweit nicht schon Rechte anderer durch die Ausführung des Beschlusses entstanden sind.

(2) [1]Ist die Einberufung eines Ausschusses, dem eine Angelegenheit zur Entscheidung übertragen ist, nicht rechtzeitig möglich, kann die Bürgermeisterin oder der Bürgermeister und im Falle ihrer oder seiner Verhinderung die allgemeine Vertreterin oder der allgemeine Vertreter mit der oder dem Ausschussvorsitzenden oder einem anderen dem Ausschuss angehörenden Ratsmitglied entscheiden. [2]Die Entscheidung ist dem Ausschuss in der nächsten Sitzung zur Genehmigung vorzulegen. Absatz 1 Satz 4 gilt entsprechend.

§ 61 Planung der Verwaltungsaufgaben

[1]Im Rahmen der vom Rat festgelegten allgemeinen Richtlinien entscheidet der Hauptausschuß über die Planung der Verwaltungsaufgaben von besonderer Bedeutung. [2]Zu diesem Zweck hat der Bürgermeister den Hauptausschuß regelmäßig und frühzeitig über solche Planungsvorhaben zu unterrichten.

6. Teil

Bürgermeister

§ 62 Aufgaben und Stellung des Bürgermeisters

(1) [1]Der Bürgermeister ist kommunaler Wahlbeamter. [2]Der Bürgermeister ist verantwortlich für die Leitung und Beaufsichtigung des Ge-

schäftsgangs der gesamten Verwaltung. [3]Er leitet und verteilt die Geschäfte. [4]Dabei kann er sich bestimmte Aufgaben vorbehalten und die Bearbeitung einzelner Angelegenheiten selbst übernehmen.

(2) [1]Der Bürgermeister bereitet die Beschlüsse des Rates, der Bezirksvertretungen und der Ausschüsse vor. [2]Er führt diese Beschlüsse und Entscheidungen nach § 60 Absatz 1 Satz 2 und Absatz 2 Satz 1 sowie Weisungen, die im Rahmen des § 3 Absatz 2 und des § 132 ergehen, unter der Kontrolle des Rates und in Verantwortung ihm gegenüber durch. [3]Der Bürgermeister entscheidet ferner in Angelegenheiten, die ihm vom Rat oder von den Ausschüssen zur Entscheidung übertragen sind.

(3) Dem Bürgermeister obliegt die Erledigung aller Aufgaben, die ihm aufgrund gesetzlicher Vorschriften übertragen sind.

(4) Der Bürgermeister hat die Gemeindevertretung über alle wichtigen Gemeindeangelegenheiten zu unterrichten.

§ 63 Vertretung der Gemeinde

(1) [1]Unbeschadet der dem Rat und seinen Ausschüssen zustehenden Entscheidungsbefugnisse ist der Bürgermeister der gesetzliche Vertreter der Gemeinde in Rechts- und Verwaltungsgeschäften. [2]§ 74 Abs. 3 und § 64 bleiben unberührt.

(2) Für die Vertretung der Gemeinde in Organen von juristischen Personen oder Personenvereinigungen gilt § 113.

§ 64 Verpflichtungserklärungen

(1) [1]Erklärungen, durch die die Gemeinde verpflichtet werden soll, bedürfen der Textform nach § 126b des Bürgerlichen Gesetzbuches. [2]Sie sind durch die Bürgermeisterin oder den Bürgermeister oder durch die zur Vertretung im Amt bestellte Person zu unterzeichnen.

(2) Absatz 1 findet keine Anwendung auf Geschäfte der laufenden Verwaltung, die für die Gemeinde geldlich nicht von erheblicher Bedeutung sind, und auf Geschäfte, die aufgrund einer in der Form des Absatzes 1 ausgestellten Vollmacht abgeschlossen werden.

§ 65 Wahl der Bürgermeisterin oder des Bürgermeisters

(1) [1]Die Bürgermeisterin oder der Bürgermeister wird von den Bürgerinnen und Bürgern in allgemeiner, unmittelbarer, freier, gleicher und geheimer Wahl auf die Dauer von fünf Jahren nach den Grundsätzen der Mehrheitswahl zugleich mit dem Rat gewählt. [2]Scheidet die Bürgermeisterin oder der Bürgermeister durch Tod, Eintritt in den Ruhestand oder aus sonstigen Gründen vor Ablauf ihrer oder seiner Amtszeit aus dem Amt aus oder ist die Wahl einer Bürgermeisterin oder eines Bürgermeisters aus anderen Gründen während der Wahlperiode des Rates erforderlich, so findet die Wahl der Nachfolgerin oder des Nachfolgers spätestens

sechs Monate nach Ausscheiden der Bürgermeisterin oder des Bürgermeisters aus dem Amt statt. [3]Die näheren Vorschriften trifft das Kommunalwahlgesetz.

(2) [1]Wählbar ist, wer am Wahltag Deutsche oder Deutscher im Sinne von Artikel 116 Absatz 1 des Grundgesetzes ist oder wer die Staatsangehörigkeit eines Mitgliedstaates der Europäischen Union besitzt und eine Wohnung in der Bundesrepublik Deutschland innehat, das 23. Lebensjahr vollendet hat, nicht vom Wahlrecht ausgeschlossen ist und die Gewähr dafür bietet, dass sie oder er jederzeit für die freiheitlich demokratische Grundordnung im Sinne des Grundgesetzes eintritt. [2]Nicht wählbar ist, wer am Wahltag infolge Richterspruchs in der Bundesrepublik Deutschland die Wählbarkeit oder die Fähigkeit zur Bekleidung öffentlicher Ämter nicht besitzt.

(3) [1]Die Bürgermeisterin oder der Bürgermeister wird in einer Sitzung des Rates vereidigt und in das Amt eingeführt. [2]Wenn eine Stellvertretung noch nicht gewählt ist, erfolgt die Vereidigung und Amtseinführung durch das Mitglied, welches dem Rat am längsten ununterbrochen angehört. [3]Sofern dies auf mehrere Mitglieder zutrifft, entscheidet das Lebensalter.

(4) Für die dienstrechtliche Stellung gelten die beamtenrechtlichen Vorschriften.

(5) [1]Endet das Beamtenverhältnis der Bürgermeisterin oder des Bürgermeisters vor Ablauf ihrer oder seiner Amtszeit, wird die Nachfolgerin oder der Nachfolger bis zum Ende der nächsten Wahlperiode des Rates gewählt, es sei denn, die Amtszeit der Nachfolgerin oder des Nachfolgers beginnt innerhalb der ersten zwei Jahre der Wahlperiode des Rates. [2]In diesem Fall endet sie mit dem Ende der laufenden Wahlperiode.

(6) Eine Wahl findet nach Ablauf des 51. Monats nach der allgemeinen Kommunalwahl nicht mehr statt.

§ 66 Abwahl des Bürgermeisters

(1) [1]Der Bürgermeister kann von den Bürgern der Gemeinde vor Ablauf seiner Amtszeit abgewählt werden. [2]Zur Einleitung des Abwahlverfahrens bedarf es

1. eines von mindestens der Hälfte der gesetzlichen Zahl der Ratsmitglieder gestellten Antrags und eines mit einer Mehrheit von zwei Dritteln der gesetzlichen Zahl der Ratsmitglieder zu fassenden Beschlusses. Zwischen dem Eingang des Antrags und dem Beschluss des Rates muss eine Frist von mindestens zwei Wochen liegen. Über den Antrag auf Einleitung des Abwahlverfahrens ist ohne Aussprache namentlich abzustimmen;

oder

2. eines in Gemeinden
   a) mit bis zu 50000 Einwohnern von mindestens 20 Prozent der wahlberechtigten Bürger der Gemeinde,

b) mit über 50000 bis zu 100000 Einwohnern von mindestens 17,5 Prozent der wahlberechtigten Bürger der Gemeinde

und

c) mit mehr als 100000 Einwohnern von mindestens 15 Prozent der wahlberechtigten Bürger der Gemeinde

gestellten Antrags; § 26 Absatz 4 Sätze 2 und 3 gelten entsprechend. [3]Der Bürgermeister ist abgewählt, wenn sich für die Abwahl eine Mehrheit der abgegebenen gültigen Stimmen der wahlberechtigten Bürger ergibt, sofern diese Mehrheit mindestens 25 Prozent der Wahlberechtigten beträgt. [4]Für das weitere Verfahren gelten die Vorschriften des Kommunalwahlgesetzes entsprechend. [5]Der Bürgermeister scheidet mit dem Ablauf des Tages, an dem der Wahlausschuss die Abwahl feststellt, aus seinem Amt. [6]Die Aufsichtsbehörde kann für die Dauer des Abwahlverfahrens das Ruhen der Amtsgeschäfte des Bürgermeisters anordnen, wenn der Rat dies mit einer Mehrheit von zwei Dritteln der gesetzlichen Zahl der Ratsmitglieder beantragt.

(2) [1]Der Bürgermeister kann binnen einer Woche

1. nach dem Beschluss gemäß Absatz 1 Satz 2 Nummer 1

   oder

2. nach Feststellung der Zulässigkeit des Antrags nach Absatz 1 Satz 2 Nummer 2 durch den Rat

auf die Entscheidung der Bürger über seine Abwahl verzichten. [2]Der Verzicht ist schriftlich gegenüber dem ehrenamtlichen Stellvertreter zu erklären. [3]Mit dem Ablauf des Tages, an dem dieser Verzicht dem ehrenamtlichen Stellvertreter zugeht, gilt die Abwahl als erfolgt.

(3) [1]Der Antrag nach Absatz 1 Satz 2 Nummer 2 ist schriftlich beim Rat einzureichen und muss das Begehren zweifelsfrei erkennen lassen. [2]Er muss bis zu drei Bürger benennen, die berechtigt sind, die Unterzeichnenden zu vertreten. [3]§ 25 Absatz 4 gilt entsprechend. [4]Die Unterzeichnenden müssen an dem von ihnen anzugebenden Tag ihrer Unterschrift wahlberechtigt sein. [5]Die Unterschriften dürfen bei Eingang des Antrags nicht älter als vier Monate sein. [6]Nach Antragseingang eingereichte Unterschriftslisten werden nicht mehr berücksichtigt. [7]Der Rat stellt unverzüglich fest, ob der Antrag zulässig ist. [8]Gegen die ablehnende Entscheidung des Rates können nur die Vertreter des Antrags nach Satz 2 Klage erheben.

§ 67 Wahl der Stellvertretung der Bürgermeisterin oder des Bürgermeisters

(1) [1]Der Rat wählt für die Dauer seiner Wahlperiode aus seiner Mitte ohne Aussprache ehrenamtliche Stellvertretungen der Bürgermeisterin oder des Bürgermeisters. [2]Sie vertreten die Bürgermeisterin oder den Bürgermeister, sofern gesetzlich nicht anders bestimmt, bei der Leitung der Ratssitzungen und bei der Repräsentation.

(2) [1]Bei der Wahl der Stellvertretungen der Bürgermeisterin oder des Bürgermeisters wird nach den Grundsätzen der Verhältniswahl in einem Wahlgang geheim abgestimmt; § 50 Absatz 2 Satz 3 bis 7 gilt entsprechend. [2]Dabei ist die Reihenfolge der Stellvertretungen nach der Reihenfolge der Höchstzahlen zu verteilen, die sich durch Teilung der auf die Wahlvorschläge der Fraktionen und Gruppen entfallenden Stimmenzahlen durch die Zahlen 1, 2, 3 und so weiter ergeben. [3]Erste Stellvertreterin oder erster Stellvertreter ist, wer an erster Stelle des Wahlvorschlags steht, auf den die erste Höchstzahl entfällt, zweite Stellvertreterin oder zweiter Stellvertreter, wer an vorderster noch nicht in Anspruch genommener Stelle des Wahlvorschlags steht, auf den die zweite Höchstzahl entfällt und so weiter. [4]Zwischen Wahlvorschlägen mit gleichen Höchstzahlen findet eine Stichwahl statt; bei Stimmengleichheit entscheidet das von der Bürgermeisterin oder von dem Bürgermeister zu ziehende Los. [5]Nimmt eine gewählte Bewerberin oder ein gewählter Bewerber die Wahl nicht an, so ist gewählt, wer an nächster Stelle desselben Wahlvorschlags steht. [6]Ist ein Wahlvorschlag erschöpft, tritt an seine Stelle der Wahlvorschlag mit der nächsten Höchstzahl. [7]Scheidet eine Stellvertretung während der Wahlperiode aus, ist die Nachfolgerin oder der Nachfolger für die verbleibende Zeit der Wahlperiode ohne Aussprache zu wählen.

(3) Die stellvertretenden Bürgermeisterinnen und Bürgermeister sowie die übrigen Ratsmitglieder werden von der Bürgermeisterin oder von dem Bürgermeister eingeführt und in feierlicher Form zur gesetzmäßigen und gewissenhaften Wahrnehmung ihrer Aufgaben verpflichtet.

(4) [1]Der Rat kann die Stellvertretungen der Bürgermeisterin oder des Bürgermeisters abberufen. [2]Der Antrag kann nur mit der Mehrheit der gesetzlichen Zahl der Mitglieder gestellt werden. [3]Zwischen dem Eingang des Antrags und der Sitzung des Rates muss eine Frist von wenigstens zwei Tagen liegen. [4]Über den Antrag ist ohne Aussprache abzustimmen. [5]Der Beschluss über die Abberufung bedarf einer Zweidrittelmehrheit der gesetzlichen Zahl der Mitglieder. [6]Die Nachfolgerin oder der Nachfolger ist innerhalb einer Frist von zwei Wochen ohne Aussprache zu wählen.

(5) [1]Bei der Wahl ihrer oder seiner Stellvertretungen sowie bei Entscheidungen, die vorher getroffen werden müssen, leitet die Bürgermeisterin oder der Bürgermeister oder im Falle ihrer oder seiner Verhinderung das Mitglied, welches am längsten ununterbrochen dem Rat angehört, die Sitzung. [2]Dies gilt auch für die Abberufung von stellvertretenden Bürgermeisterinnen oder Bürgermeistern. [3]§ 65 Absatz 3 Satz 3 gilt entsprechend.

§ 68 Vertretung im Amt

(1) [1]Der Rat bestellt einen Beigeordneten zum allgemeinen Vertreter des Bürgermeisters. [2]Die übrigen Beigeordneten sind zur allgemeinen

Vertretung des Bürgermeisters nur berufen, wenn der zur allgemeinen Vertretung bestellte Beigeordnete verhindert ist. [3]Die Reihenfolge bestimmt der Rat. [4]Ist ein Beigeordneter nicht vorhanden, so bestellt der Rat den allgemeinen Vertreter.

(2) Die Beigeordneten vertreten den Bürgermeister in ihrem Arbeitsgebiet.

(3) [1]Der Bürgermeister kann andere Bedienstete mit der auftragsweisen Erledigung bestimmter Angelegenheiten betrauen. [2]Er kann die Befugnis auf Beigeordnete für deren Arbeitsgebiet übertragen.

§ 69 Teilnahme an Sitzungen

(1) [1]Der Bürgermeister und die Beigeordneten nehmen an den Sitzungen des Rates teil. [2]Der Bürgermeister ist berechtigt und auf Verlangen eines Ratsmitgliedes verpflichtet, zu einem Punkt der Tagesordnung vor dem Rat Stellung zu nehmen. [3]Auch Beigeordnete sind hierzu verpflichtet, falls es der Rat oder der Bürgermeister verlangt.

(2) [1]Der Bürgermeister und die Beigeordneten sind berechtigt und auf Verlangen eines Ausschusses in Angelegenheiten ihres Geschäftsbereichs verpflichtet, an dessen Sitzungen teilzunehmen. [2]Absatz 1 Satz 2 gilt entsprechend.

7. Teil
Verwaltungsvorstand und Gemeindebedienstete

§ 70 Verwaltungsvorstand

(1) [1]Sind Beigeordnete bestellt, bilden sie zusammen mit dem Bürgermeister und Kämmerer den Verwaltungsvorstand. [2]Der Bürgermeister führt den Vorsitz.

(2) Der Verwaltungsvorstand wirkt insbesondere mit bei

a) den Grundsätzen der Organisation und der Verwaltungsführung,
b) der Planung von Verwaltungsaufgaben mit besonderer Bedeutung,
c) der Aufstellung des Haushaltsplans, unbeschadet der Rechte des Kämmerers,
d) den Grundsätzen der Personalführung und Personalverwaltung,
e) der Konzeption der Kosten- und Leistungsrechnung.

(3) [1]Der Bürgermeister ist verpflichtet, zur Erhaltung der Einheitlichkeit der Verwaltungsführung regelmäßig den Verwaltungsvorstand zur gemeinsamen Beratung einzuberufen. [2]Die Mitglieder des Verwaltungsvorstandes sind verpflichtet, sich im Interesse der Einheitlichkeit der Verwaltungsführung gegenseitig zu unterrichten und zu beraten.

(4) [1]Bei Meinungsverschiedenheiten entscheidet der Bürgermeister. [2]Die Beigeordneten sind berechtigt, ihre abweichenden Meinungen in

Angelegenheiten ihres Geschäftsbereichs dem Hauptausschuß vorzutragen. [3]Dieses haben sie dem Bürgermeister vorab mitzuteilen.

§ 71 Wahl der Beigeordneten

(1) [1]Die Zahl der Beigeordneten wird durch die Hauptsatzung festgelegt. [2]Die Beigeordneten sind kommunale Wahlbeamte. [3]Sie werden vom Rat für die Dauer von acht Jahren gewählt.

(2) [1]Die Wahl oder Wiederwahl darf frühestens sechs Monate vor Freiwerden der Stelle erfolgen. [2]Die Stellen der Beigeordneten sind auszuschreiben, bei Wiederwahl kann hiervon abgesehen werden.

(3) [1]Die Beigeordneten müssen die für ihr Amt erforderlichen fachlichen Voraussetzungen erfüllen und eine ausreichende Erfahrung für dieses Amt nachweisen. [2]In kreisfreien Städten und Großen kreisangehörigen Städten muss mindestens einer der Beigeordneten die Befähigung zum Richteramt oder zur Laufbahn des allgemeinen Verwaltungsdienstes im Land Nordrhein-Westfalen in der Laufbahngruppe 2, zweites Einstiegsamt, besitzen. [3]In den übrigen Gemeinden muss mindestens einer der Beigeordneten mindestens die Befähigung für die Laufbahn des allgemeinen Verwaltungsdienstes im Land Nordrhein-Westfalen in der Laufbahngruppe 2, erstes Einstiegsamt, besitzen.

(4) In kreisfreien Städten muß ein Beigeordneter als Stadtkämmerer bestellt werden.

(5) [1]Die Beigeordneten sind verpflichtet, eine erste und zweite Wiederwahl anzunehmen, wenn sie spätestens drei Monate vor Ablauf der Amtszeit wiedergewählt werden. [2]Lehnt ein Beigeordneter die Weiterführung des Amtes ohne wichtigen Grund ab, so ist er mit Ablauf der Amtszeit zu entlassen. [3]Ob ein wichtiger Grund vorliegt, entscheidet der Rat. [4]Ein wichtiger Grund liegt vor, wenn die Anstellungsbedingungen gegenüber denen der davorliegenden Amtszeit verschlechtert werden.

(6) Die Beigeordneten werden vom Bürgermeister vereidigt.

(7) [1]Der Rat kann Beigeordnete abberufen. [2]Der Antrag kann nur von der Mehrheit der gesetzlichen Zahl der Mitglieder gestellt werden. [3]Zwischen dem Eingang des Antrags und der Sitzung des Rates muß eine Frist von mindestens sechs Wochen liegen. [4]Über den Antrag ist ohne Aussprache abzustimmen. [5]Der Beschluß über die Abberufung bedarf einer Mehrheit von zwei Dritteln der gesetzlichen Zahl der Mitglieder. [6]Ein Nachfolger ist innerhalb einer Frist von sechs Monaten zu wählen.

§ 72 Gründe der Ausschließung vom Amt

Die Beigeordneten dürfen untereinander nicht Angehörige sein.

§ 73 Geschäftsverteilung und Dienstaufsicht

(1) [1]Der Rat kann die Geschäftskreise der Beigeordneten im Einvernehmen mit dem Bürgermeister festlegen. [2]Kommt ein Einvernehmen

nicht zu Stande, kann der Rat den Geschäftskreis der Beigeordneten mit der Mehrheit der gesetzlichen Zahl der Ratsmitglieder festlegen. [3]Bei Entscheidungen des Rates nach Satz 1 und 2 stimmt der Bürgermeister nicht mit. [4]Erfolgt keine Entscheidung nach Satz 1 oder 2 gilt § 62 Abs. 1 Satz 3 und 4.

(2) Der Bürgermeister ist Dienstvorgesetzter der Bediensteten der Gemeinde.

(3) [1]Der Bürgermeister trifft die dienstrechtlichen und arbeitsrechtlichen Entscheidungen, soweit gesetzlich nichts anderes bestimmt ist. [2]Die Hauptsatzung kann bestimmen, dass für Bedienstete in Führungsfunktionen Entscheidungen, die das beamtenrechtliche Grundverhältnis oder das Arbeitsverhältnis eines Bediensteten zur Gemeinde verändern, durch den Rat oder den Hauptausschuss im Einvernehmen mit dem Bürgermeister zu treffen sind, soweit gesetzlich nichts anderes bestimmt ist. [3]Kommt ein Einvernehmen nicht zu Stande, kann der Rat die Entscheidung mit einer Mehrheit von zwei Dritteln der gesetzlichen Zahl der Ratsmitglieder treffen. [4]Bei Entscheidungen des Rates nach Satz 2 und 3 stimmt der Bürgermeister nicht mit. [5]Erfolgt keine Entscheidung nach Satz 2 oder 3, gilt Satz 1. [6]Bedienstete in Führungsfunktionen sind Leiter von Organisationseinheiten, die dem Hauptverwaltungsbeamten oder einem anderen Wahlbeamten oder diesem in der Führungsfunktion vergleichbaren Bediensteten unmittelbar unterstehen, mit Ausnahme von Bediensteten mit Aufgaben eines persönlichen Referenten oder Pressereferenten.

§ 74 Bedienstete der Gemeinde

(1) Die Bediensteten der Gemeinde müssen die für ihren Arbeitsbereich erforderlichen fachlichen Voraussetzungen erfüllen, insbesondere die Ablegung der vorgeschriebenen Prüfungen nachweisen.

(2) Der Stellenplan ist einzuhalten; Abweichungen sind nur zulässig, soweit sie aufgrund des Besoldungs- oder Tarifrechts zwingend erforderlich sind.

(3) [1]Die nach geltendem Recht auszustellenden Urkunden für Beamte sowie Arbeitsverträge und sonstige schriftliche Erklärungen zur Regelung der Rechtsverhältnisse von Bediensteten bedürfen der Unterzeichnung durch den Bürgermeister oder seinen allgemeinen Vertreter. [2]Der Bürgermeister kann die Unterschriftsbefugnis durch Dienstanweisung übertragen.

8. Teil

Haushaltswirtschaft

§ 75 Allgemeine Haushaltsgrundsätze

(1) [1]Die Gemeinde hat ihre Haushaltswirtschaft so zu planen und zu führen, dass die stetige Erfüllung ihrer Aufgaben gesichert ist. [2]Die Ge-

meinde hat Bücher zu führen, in denen nach Maßgabe dieses Gesetzes und nach den Grundsätzen ordnungsmäßiger Buchführung unter Berücksichtigung der besonderen gemeindehaushaltsrechtlichen Bestimmungen die Verwaltungsvorfälle und die Vermögens-, Ertrags- und Finanzlage in der Form der doppelten Buchführung ersichtlich zu machen sind. [3]Die Haushaltswirtschaft ist wirtschaftlich, effizient und sparsam zu führen. [4]Dabei ist den Erfordernissen des gesamtwirtschaftlichen Gleichgewichts Rechnung zu tragen.

(2) [1]Der Haushalt muss in jedem Jahr in Planung und Rechnung ausgeglichen sein. [2]Er ist ausgeglichen, wenn der Gesamtbetrag der Erträge die Höhe des Gesamtbetrages der Aufwendungen erreicht oder übersteigt. [3]Die Verpflichtung des Satzes 1 gilt als erfüllt, wenn der Fehlbedarf im Ergebnisplan und der Fehlbetrag in der Ergebnisrechnung durch Inanspruchnahme der Ausgleichsrücklage gedeckt werden können.

(3) [1]In der Bilanz ist eine Ausgleichsrücklage zusätzlich zur allgemeinen Rücklage als gesonderter Posten des Eigenkapitals anzusetzen. [2]Jahresüberschüsse erhöhen, soweit sie nicht für den Haushaltsausgleich verwendet werden, die Ausgleichsrücklage. [3]Im Rahmen der Feststellung des Jahresabschlusses können aus der Ausgleichsrücklage Beträge in die allgemeine Rücklage umgebucht werden.

(4) [1]Wird bei der Aufstellung der Haushaltssatzung ein Jahresfehlbetrag vorgetragen oder eine Verringerung der allgemeinen Rücklage vorgesehen, bedarf dies der Genehmigung der Aufsichtsbehörde. [2]Die Genehmigung gilt als erteilt, wenn die Aufsichtsbehörde nicht innerhalb eines Monats nach Eingang des Antrages der Gemeinde eine andere Entscheidung trifft. [3]Die Genehmigung kann unter Bedingungen und mit Auflagen erteilt werden. [4]Sie ist mit der Verpflichtung, ein Haushaltssicherungskonzept nach § 76 aufzustellen, zu verbinden, wenn die Voraussetzungen des § 76 Absatz 1 vorliegen.

(5) [1]Weist die Ergebnisrechnung bei der Bestätigung des Jahresabschlusses nach § 95 Absatz 5 trotz eines ursprünglich ausgeglichenen Ergebnisplans einen Jahresfehlbetrag oder einen höheren Jahresfehlbetrag als im Ergebnisplan ausgewiesen aus, so hat die Gemeinde dies der Aufsichtsbehörde unverzüglich anzuzeigen. [2]Die Aufsichtsbehörde kann in diesem Fall Anordnungen treffen, erforderlichenfalls diese Anordnungen selbst durchführen oder – wenn und solange diese Befugnisse nicht ausreichen – einen Beauftragten bestellen, um eine geordnete Haushaltswirtschaft wiederherzustellen. [3]§§ 123 und 124 gelten sinngemäß.

(6) Die Liquidität der Gemeinde einschließlich der Finanzierung der Investitionen ist sicherzustellen.

(7) [1]Die Gemeinde darf sich nicht überschulden. [2]Sie ist überschuldet, wenn in der Bilanz ein nicht durch Eigenkapital gedeckter Fehlbetrag ausgewiesen wird.

§ 75a Allgemeine Vergabegrundsätze

(1) [1]Die Gemeinde hat die Vergabe von öffentlichen Aufträgen vorbehaltlich anderweitiger Rechtsvorschriften wirtschaftlich, effizient und

sparsam unter Beachtung der Grundsätze von Gleichbehandlung und Transparenz zu gestalten. [2]Dies gilt auch bei der Vergabe von öffentlichen Aufträgen, deren geschätzter Auftrags- oder Vertragswert ohne Umsatzsteuer unterhalb der jeweils geltenden Schwellenwerte nach § 106 des Gesetzes gegen Wettbewerbsbeschränkungen in der Fassung der Bekanntmachung vom 26. Juni 2013 (BGBl. I S. 1750, 3245) in der jeweils geltenden Fassung liegt. [3]Die Geltung höherrangiger Vorschriften sowie der Vorschriften für die Vergabe von öffentlichen Aufträgen, deren geschätzter Auftrags- oder Vertragswert die in Satz 2 genannten Schwellenwerte erreicht, bleibt unberührt.

(2) Die Gemeinde darf Regelungen, die die Durchführung von Vergaben einschränken, nur durch den Beschluss einer Satzung erlassen.

§ 76 Haushaltssicherungskonzept

(1) [1]Die Gemeinde hat zur Sicherung ihrer dauerhaften Leistungsfähigkeit ein Haushaltssicherungskonzept aufzustellen und darin den nächstmöglichen Zeitpunkt zu bestimmen, bis zu dem der Haushaltsausgleich wiederhergestellt ist, wenn bei der Aufstellung der Haushaltssatzung

1. durch Veränderungen des Haushalts innerhalb des Planjahres der in der Schlussbilanz des Vorjahres auszuweisende Ansatz der allgemeinen Rücklage um mehr als ein Viertel verringert wird oder
2. in zwei aufeinanderfolgenden Haushaltsjahren geplant ist, den in der Schlussbilanz des Vorjahres auszuweisenden Ansatz der allgemeinen Rücklage jeweils um mehr als ein Zwanzigstel zu verringern oder
3. in der Bilanz ein nicht durch Eigenkapital gedeckter Fehlbetrag ausgewiesen wird.

[2]Dies gilt entsprechend bei der Bestätigung über den Jahresabschluss nach § 95 Absatz 5.

(2) [1]Das Haushaltsicherungskonzept dient dem Ziel, im Rahmen einer geordneten Haushaltswirtschaft die künftige, dauernde Leistungsfähigkeit der Gemeinde zu erreichen. [2]Es bedarf der Genehmigung der Aufsichtsbehörde. [3]Die Genehmigung soll nur erteilt werden, wenn aus dem Haushaltssicherungskonzept hervorgeht, dass spätestens im zehnten auf das Haushaltsjahr folgende Jahr der Haushaltsausgleich nach § 75 Absatz 2 wieder erreicht wird. [4]Im Einzelfall kann durch Genehmigung der Bezirksregierung auf der Grundlage eines individuellen Sanierungskonzeptes von diesem Konsolidierungszeitraum abgewichen werden. [5]Die Genehmigung des Haushaltssicherungskonzeptes kann unter Bedingungen und mit Auflagen erteilt werden. [6]Im Falle des Absatzes 1 Satz 1 Nummer 3 sind im Haushaltssicherungskonzept Maßnahmen zum nachhaltigen Wiederaufbau des kommunalen Eigenkapitals darzustellen.

(3) [1]Die Haushaltssicherung steht der Wahrnehmung und Finanzierung von Aufgaben, zu denen die Gemeinde rechtlich verpflichtet ist, dem Grunde nach nicht entgegen. [2]Dies gilt auch für die Aufnahme von Krediten nach § 86 und das Tätigen zwingend erforderlicher Investitionen zur Wahrnehmung von Aufgaben, zu denen die Gemeinde rechtlich verpflichtet ist.

§ 77 Grundsätze der Finanzmittelbeschaffung

(1) Die Gemeinde erhebt Abgaben nach den gesetzlichen Vorschriften.

(2) Sie hat die zur Erfüllung ihrer Aufgaben erforderlichen Finanzmittel

1. soweit vertretbar und geboten, aus selbst zu bestimmenden Entgelten für die von ihr erbrachten Leistungen, sowie
2. im Übrigen aus Steuern

zu beschaffen, soweit die sonstigen Finanzmittel nicht ausreichen.

(3) Die Gemeinde hat bei der Finanzmittelbeschaffung auf die wirtschaftlichen Kräfte ihrer Abgabepflichtigen Rücksicht zu nehmen.

(4) Die Gemeinde darf Kredite nur aufnehmen, wenn eine andere Finanzierung nicht möglich ist oder wirtschaftlich unzweckmäßig wäre.

§ 78 Haushaltssatzung

(1) Die Gemeinde hat für jedes Haushaltsjahr eine Haushaltssatzung zu erlassen.

(2) [1]Die Haushaltssatzung enthält die Festsetzung

1. des Haushaltsplans
   a) im Ergebnisplan unter Angabe des Gesamtbetrages der Erträge und der Aufwendungen des Haushaltsjahres,
   b) im Finanzplan unter Angabe des Gesamtbetrages der Einzahlungen und Auszahlungen aus laufender Verwaltungstätigkeit, des Gesamtbetrages der Einzahlungen und Auszahlungen aus der Investitionstätigkeit und aus der Finanzierungstätigkeit des Haushaltsjahres,
   c) unter Angabe der vorgesehenen Kreditaufnahmen für Investitionen (Kreditermächtigung),
   d) unter Angabe der vorgesehenen Ermächtigungen zum Eingehen von Verpflichtungen, die künftige Haushaltsjahre mit Auszahlungen für Investitionen belasten (Verpflichtungsermächtigungen),
2. der Inanspruchnahme der Ausgleichsrücklage, des Vortrages eines Jahresfehlbetrages und der Verringerung der allgemeinen Rücklage,
3. des Höchstbetrages der Kredite zur Liquiditätssicherung,

4. der Steuersätze, die für jedes Haushaltsjahr neu festzusetzen sind,
5. des Jahres, in dem der Haushaltsausgleich wieder hergestellt ist.

[2]Sie kann weitere Vorschriften enthalten, die sich auf die Erträge und die Aufwendungen, Einzahlungen und Auszahlungen, den Stellenplan des Haushaltsjahres und das Haushaltssicherungskonzept beziehen.

(3) [1]Die Haushaltssatzung tritt mit Beginn des Haushaltsjahres in Kraft und gilt für das Haushaltsjahr. [2]Sie kann Festsetzungen für zwei Haushaltsjahre, nach Jahren getrennt, enthalten.

(4) Haushaltsjahr ist das Kalenderjahr, soweit für einzelne Bereiche durch Gesetz oder Rechtsverordnung nichts anderes bestimmt ist.

§ 79 Haushaltsplan

(1) [1]Der Haushaltsplan enthält alle im Haushaltsjahr für die Erfüllung der Aufgaben der Gemeinde voraussichtlich

1. anfallenden Erträge und eingehenden Einzahlungen,
2. entstehenden Aufwendungen und zu leistenden Auszahlungen,
3. notwendigen Verpflichtungsermächtigungen.

[2]Die Vorschriften über die Sondervermögen der Gemeinde bleiben unberührt.

(2) [1]Der Haushaltsplan ist in einen Ergebnisplan und einen Finanzplan sowie in Teilpläne zu gliedern. [2]Das Haushaltssicherungskonzept gemäß § 76 ist Teil des Haushaltsplans; der Stellenplan für die Bediensteten ist Anlage des Haushaltsplans.

(3) [1]Kann der Ausgleich des Jahresergebnisses trotz Ausnutzung von Spar- und Ertragsmöglichkeiten nicht erreicht werden, kann im Ergebnisplan eine pauschale Kürzung von Aufwendungen bis zu einem Betrag von 2 Prozent der Summe der ordentlichen Aufwendungen veranschlagt werden (globaler Minderaufwand); anstelle oder zusätzlich kann die Ausgleichsrücklage verwendet werden. [2]Soweit ein Ausgleich des Jahresergebnisses nach Satz 1 nicht erreichbar ist, kann ein verbleibender Jahresfehlbetrag in der mittelfristigen Ergebnis- und Finanzplanung längstens in die drei folgenden Haushaltsjahre vorgetragen werden; § 84 ist zu beachten. [3]Bei einer geplanten Verringerung der allgemeinen Rücklage ist § 75 Absatz 4 und § 76 zu beachten. [4]Für die Deckung eines Jahresfehlbetrages im Jahresabschluss des Planjahres gilt § 95.

(4) [1]Der Haushaltsplan ist Grundlage für die Haushaltswirtschaft der Gemeinde. [2]Er ist nach Maßgabe dieses Gesetzes und der aufgrund dieses Gesetzes erlassenen Vorschriften für die Haushaltsführung verbindlich. [3]Ansprüche und Verbindlichkeiten Dritter werden durch ihn weder begründet noch aufgehoben.

§ 80 Erlass der Haushaltssatzung

(1) Der Entwurf der Haushaltssatzung mit ihren Anlagen wird vom Kämmerer aufgestellt und dem Bürgermeister zur Bestätigung vorgelegt.

(2) [1]Der Bürgermeister leitet den von ihm bestätigten Entwurf dem Rat zu. [2]Soweit er von dem ihm vorgelegten Entwurf abweicht, kann der Kämmerer dazu eine Stellungnahme abgeben. [3]Wird von diesem Recht Gebrauch gemacht, hat der Bürgermeister die Stellungnahme mit dem Entwurf dem Rat vorzulegen.

(3) [1]Nach Zuleitung des Entwurfs der Haushaltssatzung mit ihren Anlagen an den Rat ist dieser unverzüglich bekannt zu geben und während der Dauer des Beratungsverfahrens im Rat zur Einsichtnahme verfügbar zu halten. [2]In der öffentlichen Bekanntgabe ist eine Frist von mindestens vierzehn Tagen festzulegen, in der Einwohner oder Abgabepflichtige gegen den Entwurf Einwendungen erheben können und die Stelle anzugeben, bei der die Einwendungen zu erheben sind. [3]Die Frist für die Erhebung von Einwendungen ist so festzusetzen, dass der Rat vor der Beschlussfassung über die Haushaltssatzung mit ihren Anlagen in öffentlicher Sitzung darüber beschließen kann.

(4) [1]Der Entwurf der Haushaltssatzung mit ihren Anlagen ist vom Rat in öffentlicher Sitzung zu beraten und zu beschließen. [2]In der Beratung des Rates kann der Kämmerer seine abweichende Auffassung vertreten.

(5) [1]Die vom Rat beschlossene Haushaltssatzung mit ihren Anlagen ist der Aufsichtsbehörde anzuzeigen. [2]Die Anzeige soll spätestens einen Monat vor Beginn des Haushaltsjahres erfolgen. [3]Die Haushaltssatzung darf frühestens einen Monat nach der Anzeige bei der Aufsichtsbehörde öffentlich bekannt gemacht werden. [4]Die Anzeigefrist beginnt erst zu laufen, wenn die gemäß Satz 1 anzuzeigenden Unterlagen der Aufsichtsbehörde vollständig vorgelegt wurden. [5]Die Aufsichtsbehörde kann im Einzelfall aus besonderem Grund die Anzeigefrist verkürzen oder verlängern. [6]Ist ein Haushaltssicherungskonzept nach § 76 aufzustellen, so darf die Haushaltssatzung erst nach Erteilung der Genehmigung bekannt gemacht werden.

(6) Die Haushaltssatzung mit ihren Anlagen ist im Anschluss an die öffentliche Bekanntmachung bis zum Ende der in § 96 Abs. 2 benannten Frist zur Einsichtnahme verfügbar zu halten.

§ 81 Nachtragssatzung

(1) [1]Die Haushaltssatzung kann nur durch Nachtragssatzung geändert werden, die spätestens bis zum Ablauf des Haushaltsjahres zu beschließen ist. [2]Für die Nachtragssatzung gelten die Vorschriften für die Haushaltssatzung entsprechend.

(2) [1]Die Gemeinde hat unverzüglich eine Nachtragssatzung zu erlassen, wenn

1. sich zeigt, dass ein erheblicher Jahresfehlbetrag entsteht oder ein veranschlagter Jahresfehlbetrag sich erheblich vergrößert und dies sich nicht durch andere Maßnahmen vermeiden lässt,

2. bisher nicht veranschlagte oder zusätzliche Aufwendungen oder Auszahlungen bei einzelnen Haushaltspositionen in einem im Verhältnis zu den Gesamtaufwendungen oder Gesamtauszahlungen erheblichen Umfang geleistet werden müssen,
3. Auszahlungen für bisher nicht veranschlagte Investitionen oder Investitionsfördermaßnahmen geleistet werden sollen.

[2]Dies gilt nicht für überplanmäßige Auszahlungen im Sinne des § 83 Abs. 3.

(3) [1]Absatz 2 Nummer 2 und 3 findet keine Anwendung auf

1. geringfügige Investitionen, Instandsetzungen an Bauten oder Investitionsfördermaßnahmen sowie unabweisbare Aufwendungen und Auszahlungen,
2. Umschuldung von Krediten und
3. Abweichungen vom Stellenplan und die Leistung höherer Personalaufwendungen, die sich unmittelbar aus einer Änderung des Besoldungs- oder Tarifrechts ergeben.

[2]Für Verwaltungsvorfälle nach Satz 1 Nummer 1 kann der Rat eine Wesentlichkeitsschwelle festlegen.

(4) [1]Im Übrigen kann, wenn die Entwicklung der Erträge oder der Aufwendungen oder die Erhaltung der Liquidität es erfordert, der Rat die Inanspruchnahme von Ermächtigungen sperren. [2]Er kann seine Sperre und die des Kämmerers oder des Bürgermeisters aufheben.

(5) *weggefallen*

§ 82 Vorläufige Haushaltsführung

(1) Ist die Haushaltssatzung bei Beginn des Haushaltsjahres noch nicht bekannt gemacht, so darf die Gemeinde ausschließlich

1. Aufwendungen entstehen lassen und Auszahlungen leisten, zu denen sie rechtlich verpflichtet ist oder die für die Weiterführung notwendiger Aufgaben unaufschiebbar sind; sie darf insbesondere Bauten, Beschaffungen und sonstige Investitionsleistungen, für die im Haushaltsplan des Vorjahres Finanzpositionen oder Verpflichtungsermächtigungen vorgesehen waren, fortsetzen,
2. Realsteuern nach den Sätzen des Vorjahres erheben,
3. Kredite umschulden.

(2) [1]Reichen die Finanzmittel für die Fortsetzung von Bauten, Beschaffungen und sonstigen Leistungen des Finanzplans nach Absatz 1 Nummer 1 nicht aus, so darf die Gemeinde mit Genehmigung der Aufsichtsbehörde Kredite für Investitionen und Investitionsfördermaßnahmen bis zu einem Viertel des durchschnittlichen Betrags der Kreditermächtigungen für die beiden Vorjahre aufnehmen. [2]Die Gemeinde hat dem Antrag auf Genehmigung eine nach Dringlichkeit geordnete Auf-

stellung der vorgesehenen unaufschiebbaren Investitionen beizufügen. [3]Die Genehmigung soll unter dem Gesichtspunkt einer geordneten Haushaltswirtschaft erteilt oder versagt werden; sie kann unter Bedingungen und mit Auflagen erteilt werden. [4]Sie ist in der Regel zu versagen, wenn die Kreditverpflichtungen mit der dauernden Leistungsfähigkeit der Gemeinde nicht in Einklang stehen.

(3) Ist im Fall des § 76 Abs. 1 die Haushaltssatzung bei Beginn des Haushaltsjahres noch nicht bekannt gemacht, gelten ergänzend zu den Regelungen der Absätze 1 und 2 die nachfolgenden Bestimmungen vom Beginn des Haushaltsjahres – bei späterer Beschlussfassung über die Haushaltssatzung vom Zeitpunkt der Beschlussfassung – bis zur Genehmigung des Haushaltssicherungskonzeptes:

1. Die Gemeinde hat weitergehende haushaltswirtschaftliche Beschränkungen für die Besetzung von Stellen, andere personalwirtschaftliche Maßnahmen und das höchstzulässige Aufwandsvolumen des Ergebnishaushalts sowie die Regelungen zur Nachweisführung gegenüber der Aufsichtsbehörde zu beachten, die durch Rechtsverordnung des für Kommunales zuständigen Ministeriums im Einvernehmen mit dem für Finanzen zuständigen Ministerium festgelegt werden.
2. Der in Absatz 2 festgelegte Kreditrahmen kann mit Genehmigung der Aufsichtsbehörde überschritten werden, wenn das Verbot der Kreditaufnahme anderenfalls zu einem nicht auflösbaren Konflikt zwischen verschiedenen gleichrangigen Rechtspflichten der Gemeinde führen würde. Die Genehmigung kann unter Bedingungen und mit Auflagen erteilt werden.

(4) Die Bestimmungen des Absatzes 3 gelten ab dem 1. April des Haushaltsjahres bis zur Beschlussfassung über einen ausgeglichenen Haushalt oder bis zur Erteilung der Genehmigung für ein Haushaltssicherungskonzept auch dann, wenn bis zu dem Termin kein ausgeglichener Haushalt beschlossen worden ist.

§ 83 Überplanmäßige und außerplanmäßige Aufwendungen und Auszahlungen

(1) [1]Überplanmäßige und außerplanmäßige Aufwendungen und Auszahlungen sind nur zulässig, wenn sie unabweisbar sind. [2]Die Deckung soll jeweils im laufenden Haushaltsjahr gewährleistet sein. [3]Über die Leistung dieser Aufwendungen und Auszahlungen entscheidet der Kämmerer, soweit der Rat keine andere Regelung trifft. [4]Der Kämmerer kann mit Zustimmung des Bürgermeisters und des Rates die Entscheidungsbefugnis auf andere Bedienstete übertragen.

(2) [1]Sind die überplanmäßigen und außerplanmäßigen Aufwendungen und Auszahlungen erheblich, bedürfen sie der vorherigen Zustimmung des Rates; im Übrigen sind sie dem Rat zur Kenntnis zu bringen. [2]§ 81 Abs. 2 bleibt unberührt.

(3) [1]Für Investitionen, die im folgenden Jahr fortgesetzt werden, sind überplanmäßige Auszahlungen auch dann zulässig, wenn ihre Deckung erst im folgenden Jahr gewährleistet ist. [2]Absatz 1 Sätze 3 und 4 und Absatz 2 gelten sinngemäß.

(4) Die Absätze 1 bis 3 finden entsprechende Anwendung auf Maßnahmen, durch die später über- oder außerplanmäßige Aufwendungen und Auszahlungen entstehen können.

§ 84 Mittelfristige Ergebnis- und Finanzplanung

(1) [1]Die Gemeinde hat ihrer Haushaltswirtschaft eine fünfjährige Ergebnis- und Finanzplanung zu Grunde zu legen und in den Haushaltsplan einzubeziehen. [2]Das erste Planungsjahr ist das laufende Haushaltsjahr. [3]Die Ergebnis- und Finanzplanung für die dem Haushaltsjahr folgenden drei Planungsjahre soll in den einzelnen Jahren ausgeglichen sein. [4]Sie ist mit der Haushaltssatzung der Entwicklung anzupassen und fortzuführen.

(2) [1]Soll in der mittelfristigen Ergebnis- und Finanzplanung der Ausgleich eines geplanten Jahresfehlbetrages durch Vortrag erreicht werden, bedarf es dazu der Genehmigung der Aufsichtsbehörde. [2]§ 75 Absatz 4 Satz 2 und 3 gelten entsprechend. [3]Die Aufsichtsbehörde kann die Gemeinde zur Aufstellung eines Haushaltssicherungskonzeptes verpflichten, wenn die stetige Erfüllung der Aufgaben nach § 75 Absatz 1 Satz 1 nicht gesichert erscheint.

§ 85 Verpflichtungsermächtigungen

(1) [1]Verpflichtungen zur Leistung von Auszahlungen für Investitionen und Investitionsfördermaßnahmen in künftigen Jahren dürfen grundsätzlich nur eingegangen werden, wenn der Haushaltsplan hierzu ermächtigt. [2]Sie dürfen ausnahmsweise auch überplanmäßig oder außerplanmäßig eingegangen werden, wenn sie unabweisbar sind und der in der Haushaltssatzung festgesetzte Gesamtbetrag der Verpflichtungsermächtigungen nicht überschritten wird. [3]§ 83 Abs. 1 Sätze 3 und 4 gelten sinngemäß.

(2) [1]Die Verpflichtungsermächtigungen gelten bis zum Ende des auf das Haushaltsjahr folgenden Jahres und, wenn die Haushaltssatzung für das übernächste Jahr nicht rechtzeitig öffentlich bekannt gemacht wird, bis zum Erlass dieser Haushaltssatzung. [2]In einer Haushaltssatzung für zwei Haushaltsjahre kann bestimmt werden, dass nicht in Anspruch genommene Verpflichtungsermächtigungen des ersten Haushaltsjahres weiter bis zum Erlass der nächsten Haushaltssatzung gelten.

§ 86 Kredite

(1) [1]Kredite dürfen unter der Voraussetzung des § 77 Absatz 4 nur für Investitionen, Investitionsfördermaßnahmen und zur Umschuldung

aufgenommen werden. [2]Die daraus übernommenen Verpflichtungen müssen mit der dauernden Leistungsfähigkeit der Gemeinde in Einklang stehen. [3]Die Kreditaufnahme erfolgt grundsätzlich in Euro. [4]In anderen Währungen ist die Kreditaufnahme nur in Verbindung mit einem Währungssicherungsgeschäft zulässig.

(2) Die Kreditermächtigung gilt bis zum Ende des auf das Haushaltsjahr folgenden Jahres und, wenn die Haushaltssatzung für das übernächste Jahr nicht rechtzeitig öffentlich bekannt gemacht wird, bis zum Erlass dieser Haushaltssatzung.

(3) Die Aufnahme einzelner Kredite bedarf der Genehmigung der Aufsichtsbehörde (Einzelgenehmigung), wenn

1. die Kreditaufnahmen nach § 19 des Gesetzes zur Förderung der Stabilität und des Wachstums der Wirtschaft vom 8. Juni 1967 (BGBl. I S. 582), das zuletzt durch Artikel 267 der Verordnung vom 31. August 2015 (BGBl. I S. 1474) geändert worden ist, beschränkt worden sind, wobei die Einzelgenehmigung nach Maßgabe der Kreditbeschränkungen versagt werden kann, oder
2. ein Haushaltssicherungskonzept aufgestellt worden ist und die Aufsichtsbehörde sich die Genehmigung der Aufnahme einzelner Kredite nach § 76 Absatz 2 Satz 5 vorbehalten hat.

(4) [1]Entscheidungen der Gemeinde über die Begründung einer Zahlungsverpflichtung, die wirtschaftlich einer Kreditverpflichtung gleichkommt, sind der Aufsichtsbehörde unverzüglich, spätestens einen Monat vor der rechtsverbindlichen Eingehung der Verpflichtung, anzuzeigen. [2]Absatz 1 Satz 2 gilt sinngemäß. [3]Eine Anzeige ist nicht erforderlich für die Begründung von Zahlungsverpflichtungen im Rahmen der laufenden Verwaltung.

(5) [1]Die Gemeinde darf zur Sicherung des Kredits keine Sicherheiten bestellen. [2]Die Aufsichtsbehörde kann Ausnahmen zulassen, wenn die Bestellung von Sicherheiten der Verkehrsübung entspricht.

§ 87 Sicherheiten und Gewährleistung für Dritte

(1) [1]Die Gemeinde darf keine Sicherheiten zugunsten Dritter bestellen. [2]Die Aufsichtsbehörde kann Ausnahmen zulassen. [3]Für die Bestellung von Sicherheiten zur Finanzierung des Erwerbs von Grundstücken der Gemeinde durch Dritte finden die Sätze 1 und 2 keine Anwendung.

(2) [1]Die Gemeinde darf Bürgschaften und Verpflichtungen aus Gewährverträgen nur im Rahmen der Erfüllung ihrer Aufgaben übernehmen. [2]Die Entscheidung der Gemeinde zur Übernahme ist der Aufsichtsbehörde unverzüglich, spätestens einen Monat vor der rechtsverbindlichen Übernahme, anzuzeigen.

(3) Absatz 2 gilt sinngemäß für Rechtsgeschäfte, die den in Absatz 2 genannten Rechtsgeschäften wirtschaftlich gleichkommen, insbesondere

für die Zustimmung zu Rechtsgeschäften Dritter, aus denen der Gemeinde in künftigen Haushaltsjahren Verpflichtungen zu Leistungen erwachsen können.

§ 88 Rückstellungen

(1) Rückstellungen sind für ungewisse Verbindlichkeiten, für drohende Verluste aus schwebenden Geschäften und für hinsichtlich ihrer Höhe oder des Zeitpunktes ihres Eintritts unbestimmte Aufwendungen in angemessener Höhe zu bilden.

(2) Rückstellungen dürfen nur aufgelöst werden, soweit der Grund hierfür entfallen ist.

§ 89 Liquidität

(1) Die Gemeinde hat ihre Zahlungsfähigkeit durch eine angemessene Liquiditätsplanung sicherzustellen.

(2) [1]Zur rechtzeitigen Leistung ihrer Auszahlungen kann die Gemeinde Kredite zur Liquiditätssicherung bis zu dem in der Haushaltssatzung festgesetzten Höchstbetrag aufnehmen, soweit dafür keine anderen Mittel zur Verfügung stehen. [2]Im Rahmen des Jahresabschlusses ist durch Bereinigung sicherzustellen, dass Kredite zur Liquiditätssicherung nicht zur Finanzierung von Investitionen oder Investitionsfördermaßnahmen verwendet werden. [3]§ 86 Absatz 2 gilt entsprechend.

(3) Ist ein Haushaltssicherungskonzept nach § 76 aufzustellen, so bedarf der Höchstbetrag der Kredite zur Liquiditätssicherung im Rahmen der Haushaltssatzung der Genehmigung der Aufsichtsbehörde.

(4) Die von der Gemeinde nach dem 31. Dezember 2028 aufgenommenen Kredite zur Liquiditätssicherung sollen innerhalb von höchstens 36 Monaten nach Ablauf des Haushaltsjahres, für das sie aufgenommen worden sind, vollständig getilgt werden.

§ 90 Vermögensgegenstände

(1) Die Gemeinde soll Vermögensgegenstände nur erwerben, soweit dies zur Erfüllung ihrer Aufgaben erforderlich ist oder wird.

(2) [1]Die Vermögensgegenstände sind pfleglich und wirtschaftlich zu verwalten. [2]Bei Geldanlagen ist auf eine ausreichende Sicherheit zu achten; sie sollen einen angemessenen Ertrag erbringen.

(3) [1]Die Gemeinde darf Vermögensgegenstände, die sie zur Erfüllung ihrer Aufgaben in absehbarer Zeit nicht braucht, veräußern. [2]Vermögensgegenstände dürfen in der Regel nur zu ihrem vollen Wert veräußert werden. [3]Ausnahmen sind im besonderen öffentlichen Interesse zulässig. [4]Dies gilt insbesondere für Veräußerungen zur Förderung von sozialen Einrichtungen, des sozialen Wohnungsbaus, des Denkmalschutzes und der Bildung privaten Eigentums unter sozialen Gesichtspunkten. [5]Vor

dem Unterwertverkauf eines Grundstücks an Unternehmen ist die Vereinbarkeit der Vergünstigung mit dem Binnenmarkt sicherzustellen.

(4) Für die Überlassung der Nutzung eines Vermögensgegenstandes gilt Absatz 3 sinngemäß.

(5) Für die Verwaltung und Bewirtschaftung von Gemeindewaldungen gelten die Vorschriften dieses Gesetzes und des Landesforstgesetzes.

§ 91 Inventar, Inventur und allgemeine Bewertungsgrundsätze

(1) Die Gemeinde hat zum Schluss eines jeden Haushaltsjahres ihre Grundstücke und grundstücksgleichen Rechte, ihre Forderungen und Schulden, den Betrag des baren Geldes sowie ihre sonstigen Vermögensgegenstände genau zu verzeichnen und dabei den Wert der einzelnen Vermögensgegenstände und Schulden anzugeben (Inventar).

(2) Körperliche Vermögensgegenstände sind durch eine körperliche Bestandsaufnahme zu erfassen, soweit durch Gesetz oder Rechtsverordnung nichts anderes bestimmt ist.

(3) Das Inventar ist innerhalb der einem ordnungsgemäßen Geschäftsgang entsprechenden Zeit aufzustellen.

(4) [1]Die Bewertung des in der Bilanz auszuweisenden Vermögens, der Sonderposten, der Rückstellungen, der Verbindlichkeiten und der Rechnungsabgrenzungsposten richtet sich nach den Grundsätzen ordnungsmäßiger Buchführung. [2]Dabei gilt insbesondere:

1. Die Wertansätze in der Eröffnungsbilanz des Haushaltsjahres müssen mit denen der Schlussbilanz des vorhergehenden Haushaltsjahres übereinstimmen;
2. die Vermögensgegenstände, Sonderposten, Rückstellungen, Verbindlichkeiten und Rechnungsabgrenzungsposten sind zum Abschlussstichtag einzeln zu bewerten;
3. es ist wirklichkeitsgetreu zu bewerten; vorhersehbare Risiken und Verluste, die bis zum Abschlussstichtag entstanden sind, sind zu berücksichtigen, selbst wenn diese erst zwischen dem Abschlussstichtag und dem Tag der Aufstellung des Jahresabschlusses bekannt geworden sind; Gewinne sind nur zu berücksichtigen, sofern sie am Abschlussstichtag realisiert sind;
4. Aufwendungen und Erträge des Haushaltsjahres sind unabhängig von den Zeitpunkten der entsprechenden Zahlungen im Jahresabschluss zu berücksichtigen und
5. die auf den vorhergehenden Jahresabschluss angewandten Bewertungsmethoden sollen beibehalten werden.

(5) Von den Grundsätzen des Absatzes 4 darf nur in begründeten Ausnahmefällen abgewichen werden.

§ 92 Eröffnungsbilanz

(1) [1]Die Gemeinde hat zu Beginn des Haushaltsjahres, in dem sie erstmals ihre Geschäftsvorfälle nach dem System der doppelten Buch-

führung erfasst, eine Eröffnungsbilanz aufzustellen. [2]Auf die Eröffnungsbilanz sind die für den Jahresabschluss geltenden Vorschriften mit Ausnahme des § 95 Absatz 2 Satz 1 Nummern 1 bis 3 entsprechend anzuwenden. [3]Die Vorschriften der § 95 Absatz 3 und § 96 sind entsprechend anzuwenden.

(2) [1]Die Ermittlung der Wertansätze für die Eröffnungsbilanz ist auf der Grundlage von vorsichtig geschätzten Zeitwerten vorzunehmen. [2]Die in der Eröffnungsbilanz angesetzten Werte für die Vermögensgegenstände gelten für die künftigen Haushaltsjahre als Anschaffungs- oder Herstellungskosten, soweit nicht Wertberichtigungen nach Absatz 5 vorgenommen werden.

(3) Die Eröffnungsbilanz einschließlich des Anhangs mit allen Anlagen unterliegt der örtlichen Prüfung nach §§ 101 bis 104, § 59 Absatz 3 gilt entsprechend.

(4) Die Eröffnungsbilanz einschließlich des Anhangs mit allen Anlagen unterliegt der überörtlichen Prüfung nach § 105.

(5) [1]Ergibt sich bei der Aufstellung späterer Jahresabschlüsse, dass in der Eröffnungsbilanz Vermögensgegenstände oder Sonderposten oder Schulden fehlerhaft angesetzt worden sind, so ist der Wertansatz zu berichtigen oder nachzuholen. [2]Die Eröffnungsbilanz gilt dann als geändert. [3]Eine Berichtigung kann letztmals im vierten der Eröffnungsbilanz folgenden Jahresabschluss vorgenommen werden. [4]Vorherige Jahresabschlüsse sind nicht zu berichtigen.

§ 93 Finanzbuchhaltung

(1) [1]Die Finanzbuchhaltung hat die Buchführung und die Zahlungsabwicklung der Gemeinde zu erledigen. [2]Die Buchführung muss unter Beachtung der Grundsätze ordnungsmäßiger Buchführung so beschaffen sein, dass innerhalb einer angemessenen Zeit ein Überblick über die wirtschaftliche Lage der Gemeinde gegeben werden kann. [3]Die Zahlungsabwicklung ist ordnungsgemäß und sicher zu erledigen.

(2) Die Gemeinde hat, wenn sie ihre Finanzbuchhaltung nicht nach § 94 durch eine Stelle außerhalb der Gemeindeverwaltung besorgen lässt, dafür einen Verantwortlichen und einen Stellvertreter zu bestellen.

(3) [1]Soweit die ordnungsgemäße Erledigung und die Prüfung gewährleistet sind, kann die Finanzbuchhaltung für funktional begrenzte Aufgabenbereiche auch durch mehrere Stellen der Verwaltung erfolgen. [2]Absatz 2 bleibt unberührt.

(4) [1]Die mit der Prüfung und Feststellung des Zahlungsanspruches und der Zahlungsverpflichtung beauftragten Bediensteten dürfen nicht die Zahlungen der Gemeinde abwickeln. [2]Das Gleiche gilt für die mit der Rechnungsprüfung beauftragten Bediensteten.

(5) Der Verantwortliche für die Zahlungsabwicklung und sein Stellvertreter dürfen nicht Angehörige des Bürgermeisters, des Kämmerers,

der Leitung und der Prüfer der örtlichen Rechnungsprüfung sowie mit der Prüfung beauftragter Dritter sein.

(6) Die Geschäftsvorfälle der Sondervermögen und der Treuhandvermögen sind gesondert abzuwickeln, wenn für diese gesonderte Jahresabschlüsse aufgestellt werden.

§ 94 Übertragung der Finanzbuchhaltung

(1) [1]Soweit die Gemeinde die Erfüllung ihrer Verpflichtungen im Rahmen der Finanzbuchhaltung nach § 93 nicht selbst besorgt, hat sie diese auf eine andere juristische Person des öffentlichen Rechts zu übertragen. [2]Die ordnungsgemäße Erledigung und die Prüfung nach den für die Gemeinde geltenden Vorschriften ist zu gewährleisten. [3]Der Beschluss über die Besorgung ist der Aufsichtsbehörde anzuzeigen.

(2) [1]Für die automatisierte Ausführung der Geschäfte der kommunalen Haushaltswirtschaft dürfen nur Fachprogramme verwendet werden, die von der Gemeindeprüfungsanstalt Nordrhein-Westfalen zugelassen sind. [2]Gleiches gilt für die Verwendung dieser Fachprogramme nach wesentlichen Programmänderungen. [3]Die Gültigkeit der Zulassung soll befristet werden. [4]Bei Programmen, die für mehrere Gemeinden Anwendung finden sollen, genügt eine Zulassung. [5]Die technischen Standards, die erforderlich sind, um die gesetzlichen Voraussetzungen für die Programmzulassung zu erfüllen, werden von der Gemeindeprüfungsanstalt Nordrhein-Westfalen im Benehmen mit dem für Kommunales zuständigen Ministerium im Rahmen einer Verwaltungsvorschrift als Prüfhandbuch niedergelegt.

§ 95 Jahresabschluss

(1) [1]Die Gemeinde hat zum Schluss eines jeden Haushaltsjahres einen Jahresabschluss aufzustellen. [2]Der Jahresabschluss ist nach den Grundsätzen ordnungsmäßiger Buchführung unter Berücksichtigung der besonderen gemeindehaushaltsrechtlichen Bestimmungen aufzustellen und hat klar und übersichtlich zu sein. [3]Der Jahresabschluss hat sämtliche Vermögensgegenstände, Schulden, Rückstellungen, Rechnungsabgrenzungsposten, Erträge, Aufwendungen, Einzahlungen und Auszahlungen zu enthalten, soweit nichts anderes bestimmt ist. [4]Er hat ein den tatsächlichen Verhältnissen entsprechendes Bild der Vermögens-, Finanz- und Ertragslage der Gemeinde zu vermitteln.

(2) [1]Ein Jahresfehlbetrag im Jahresabschluss soll unverzüglich gedeckt werden. [2]Er soll im Jahresabschluss durch Entnahme aus der Ausgleichsrücklage ausgeglichen werden. [3]Ein danach verbleibender Jahresfehlbetrag ist spätestens nach drei Jahren mit der allgemeinen Rücklage zu verrechnen, soweit er nicht mit Jahresüberschüssen in einem vorangehenden Haushaltsjahr gedeckt werden kann. [4]Die allgemeine Rücklage darf nicht negativ sein.

(3) [1]Der Jahresabschluss besteht aus

1. der Ergebnisrechnung,
2. der Finanzrechnung,
3. den Teilrechnungen und
4. der Bilanz.

[2]Der Jahresabschluss ist um einen Anhang zu erweitern, der mit den Bestandteilen des Jahresabschlusses nach Satz 1 eine Einheit bildet. [3]Am Schluss des Anhangs sind die Bürgermeisterin oder der Bürgermeister, die Mitglieder des Rates, die Beigeordneten und die Kämmerin oder der Kämmerer, auch wenn sie im Haushaltsjahr ausgeschieden sind, mit dem Familiennamen und mindestens einem ausgeschriebenen Vornamen anzugeben. [4]Darüber hinaus hat die Gemeinde einen Lagebericht aufzustellen.

(4) Dem Anhang sind als Anlagen beizufügen

1. ein Anlagenspiegel,
2. ein Forderungsspiegel,
3. ein Eigenkapitalspiegel,
4. ein Verbindlichkeitenspiegel und
5. eine Übersicht über die in das folgende Jahr übertragenen Haushaltsermächtigungen.

(5) [1]§ 80 Absatz 1 gilt sinngemäß. [2]§ 80 Absatz 2 Satz 1 gilt mit der Maßgabe, dass die Bürgermeisterin oder der Bürgermeister den von ihr oder ihm bestätigten Entwurf innerhalb von sechs Monaten nach Ablauf des Haushaltsjahres dem Rat zur Feststellung zuleitet. [3]§ 80 Absatz 2 Satz 2 und 3 gelten entsprechend.

§ 96 Feststellung des Jahresabschlusses und Entlastung

(1) [1]Der Rat stellt bis spätestens 31. Dezember des auf das Haushaltsjahr folgenden Jahres den vom Rechnungsprüfungsausschuss geprüften Jahresabschluss durch Beschluss fest. [2]Zugleich beschließt er über die Behandlung des Jahresfehlbetrages. [3]§ 80 Absatz 4 Satz 2 gilt entsprechend. [4]Die Ratsmitglieder entscheiden über die Entlastung des Bürgermeisters. [5]Verweigern sie die Entlastung oder sprechen sie diese mit Einschränkungen aus, so haben sie dafür die Gründe anzugeben. [6]Wird die Feststellung des Jahresabschlusses vom Rat verweigert, so sind die Gründe dafür gegenüber dem Bürgermeister anzugeben.

(2) [1]Der vom Rat festgestellte Jahresabschluss ist der Aufsichtsbehörde unverzüglich anzuzeigen. [2]Der Jahresabschluss ist öffentlich bekannt zu machen und danach bis zur Feststellung des folgenden Jahresabschlusses zur Einsichtnahme verfügbar zu halten.

§ 96a Abweichungsbefugnis in besonderen Ausnahmefällen

Das für Kommunales zuständige Ministerium wird ermächtigt, in Ausnahmefällen wie Katastrophen, einer epidemischen Lage von landesweiter Tragweite oder eines außergewöhnlichen Notstandes nach Artikel 115 des Grundgesetzes durch Rechtsverordnung, die mit Zustimmung des Landtags erlassen wird, Abweichendes zum Achten Teil dieses Gesetzes zu regeln.

9. Teil
Sondervermögen, Treuhandvermögen

§ 97 Sondervermögen

(1) Sondervermögen der Gemeinde sind

1. das Gemeindegliedervermögen,
2. das Vermögen der rechtlich unselbstständigen örtlichen Stiftungen,
3. wirtschaftliche Unternehmen (§ 114) und organisatorisch verselbstständigte Einrichtungen (§ 107 Abs. 2) ohne eigene Rechtspersönlichkeit,
4. rechtlich unselbstständige Versorgungs- und Versicherungseinrichtungen.

(2) [1]Sondervermögen nach Absatz 1 Nrn. 1 und 2 unterliegen den Vorschriften über die Haushaltswirtschaft. [2]Sie sind im Haushaltsplan und im Jahresabschluss der Gemeinde gesondert nachzuweisen.

(3) Für Sondervermögen nach Absatz 1 Nummer 3 sind § 75 Absatz 1 und Absatz 2 Satz 1 und 2 sowie Absatz 6 und 7, die §§ 84 bis 90, § 92 Absatz 3 und die §§ 93, 94 und 96 sinngemäß anzuwenden.

(4) [1]Für Sondervermögen nach Absatz 1 Nr. 4 können die für die Wirtschaftsführung und das Rechnungswesen der Eigenbetriebe geltenden Vorschriften sinngemäß angewendet werden. [2]Absatz 3 gilt sinngemäß.

§ 98 Treuhandvermögen

(1) [1]Für rechtlich selbständige örtliche Stiftungen sowie Vermögen, die die Gemeinde nach besonderem Recht treuhänderisch zu verwalten hat, sind besondere Haushaltspläne aufzustellen und Sonderrechnungen zu führen. [2]Die Vorschriften des § 75 Abs. 1, Abs. 2 Sätze 1 und 2, Abs. 6 und 7, der §§ 78 bis 80, 82 bis 87, 89, 90, 93 und 94 sowie § 96 Abs. 1 sind sinngemäß anzuwenden, soweit nicht Vorschriften des Stiftungsgesetzes entgegen stehen. [3]Die §§ 78 und 80 sind mit der Maßgabe sinngemäß anzuwenden, dass an die Stelle der Haushaltssatzung der Beschluss über den Haushaltsplan tritt und von der öffentlichen Bekanntgabe und dem Verfügbarhalten zur Einsichtnahme nach § 80 Abs. 3 und 6 abgesehen werden kann.

(2) Unbedeutendes Treuhandvermögen kann im Haushalt der Gemeinde gesondert nachgewiesen werden.

(3) Mündelvermögen sind abweichend von den Absätzen 1 und 2 nur im Jahresabschluss gesondert nachzuweisen.

(4) Besondere gesetzliche Vorschriften oder Bestimmungen des Stifters bleiben unberührt.

§ 99 Gemeindegliedervermögen

(1) Für die Nutzung des Gemeindevermögens, dessen Ertrag nach bisherigem Recht nicht der Gemeinde, sondern sonstigen Berechtigten zusteht (Gemeindegliedervermögen), bleiben die bisherigen Vorschriften und Gewohnheiten unberührt.

(2) [1]Gemeindegliedervermögen darf nicht in Privatvermögen der Nutzungsberechtigten umgewandelt werden. [2]Es kann in freies Gemeindevermögen umgewandelt werden, wenn die Umwandlung aus Gründen des Gemeinwohls geboten ist. [3]Den bisher Berechtigten ist ein Einkaufsgeld zurückzuzahlen, durch welches sie das Recht zur Teilnahme an der Nutzung des Gemeindegliedervermögens erworben haben. [4]Soweit nach den bisher geltenden rechtlichen Vorschriften Nutzungsrechte am Gemeindegliedervermögen den Berechtigten gegen ihren Willen nicht entzogen oder geschmälert werden dürfen, muß von der Gemeinde bei der Umwandlung eine angemessene Entschädigung gezahlt werden. [5]Handelt es sich um Nutzungsrechte an landwirtschaftlich genutzten Grundstücken, so kann die Entschädigung auch durch Hergabe eines Teils derjenigen Grundstücke gewährt werden, an denen die Nutzungsrechte bestehen.

(3) Gemeindevermögen darf nicht in Gemeindegliedervermögen umgewandelt werden.

§ 100 Örtliche Stiftungen

(1) [1]Örtliche Stiftungen sind die Stiftungen des privaten Rechts, die nach dem Willen des Stifters von einer Gemeinde verwaltet werden und die überwiegend örtlichen Zwecken dienen. [2]Die Gemeinde hat die örtlichen Stiftungen nach den Vorschriften dieses Gesetzes zu verwalten, soweit nicht durch Gesetz oder Stifter anderes bestimmt ist. [3]Das Stiftungsvermögen ist von dem übrigen Gemeindevermögen getrennt zu halten und so anzulegen, daß es für seinen Verwendungszweck greifbar ist.

(2) Die Umwandlung des Stiftungszwecks, die Zusammenlegung und die Aufhebung von rechtlich unselbständigen Stiftungen stehen der Gemeinde zu; sie bedürfen der Genehmigung der Aufsichtsbehörde.

(3) Gemeindevermögen darf nur im Rahmen der Aufgabenerfüllung der Gemeinde und nur dann in Stiftungsvermögen eingebracht werden, wenn der mit der Stiftung verfolgte Zweck auf andere Weise nicht erreicht werden kann.

10. Teil
Rechnungsprüfung

§ 101 Örtliche Rechnungsprüfung

(1) [1]Kreisfreie Städte, Große und Mittlere kreisangehörige Städte haben eine örtliche Rechnungsprüfung einzurichten. [2]Große und Mittlere kreisangehörige Städte können sich durch eine öffentlich-rechtliche Vereinbarung zur Erfüllung dieser Pflicht einer anderen örtlichen Rechnungsprüfung bedienen. [3]Gemeinden ohne örtliche Rechnungsprüfung können einen geeigneten Bediensteten als Rechnungsprüferin oder als Rechnungsprüfer bestellen oder sich eines anderen kommunalen Rechnungsprüfers oder eines Wirtschaftsprüfers oder einer Wirtschaftsprüfungsgesellschaft bedienen. [4]Die Vorschriften des Gesetzes über kommunale Gemeinschaftsarbeit gelten entsprechend. [5]Für den Rechnungsprüfer gelten Absätze 2, 5 und 6 sowie §§ 102 bis 104, für den Wirtschaftsprüfer und die Wirtschaftsprüfungsgesellschaft Absätze 2 und 6 sowie §§ 102 bis 104 mit Ausnahme von § 104 Absatz 2 Satz 1 entsprechend.

(2) [1]Die örtliche Rechnungsprüfung ist bei der Erfüllung der ihr zugewiesenen Prüfungsaufgaben unabhängig und an Weisungen nicht gebunden. [2]Im Übrigen ist die örtliche Rechnungsprüfung dem Rat unmittelbar verantwortlich und in ihrer sachlichen Tätigkeit ihm unmittelbar unterstellt.

(3) [1]Die Leiterin oder der Leiter der örtlichen Rechnungsprüfung muss hauptamtlich bei der Gemeinde bedienstet sein. [2]Sie oder er muss die für das Amt erforderliche Vorbildung, Erfahrung und Eignung besitzen.

(4) [1]Der Rat bestellt die Leitung der örtlichen Rechnungsprüfung sowie die Prüfer und beruft sie ab. [2]Die Leitung und die Prüfer können nicht Mitglieder des Rates sein und dürfen eine andere Stellung in der Gemeinde nur innehaben, wenn dies mit ihren Prüfungsaufgaben vereinbar ist.

(5) [1]Die Leitung der örtlichen Rechnungsprüfung kann nur durch Beschluss des Gemeinderats und nur dann abberufen werden, wenn die ordnungsgemäße Erfüllung der Aufgaben nicht mehr gewährleistet ist. [2]Der Beschluss muss mit einer Mehrheit von zwei Dritteln der Stimmen aller Mitglieder des Gemeinderates gefasst werden und ist der Aufsichtsbehörde anzuzeigen.

(6) [1]Die Leitung und die Prüfer der örtlichen Rechnungsprüfung dürfen zum Bürgermeister, zu einem Beigeordneten, einem Stellvertreter des Bürgermeisters, zum Kämmerer und zu anderen Bediensteten der Finanzbuchhaltung nicht in einem die Befangenheit begründenden Verhältnis nach § 31 Absatz 1 und 2 stehen. [2]Sofern von der Möglichkeit des § 102 Absatz 2 und 10 Gebrauch gemacht wird, erstreckt sich Satz 1 auch auf die jeweiligen Leitungen sowie auf die Bediensteten der Fi-

nanzbuchhaltung der dort genannten Sondervermögen, Eigenbetriebe oder Einrichtungen. [3]Sie dürfen eine andere Stellung in der Gemeinde nur innehaben, wenn dies mit der Unabhängigkeit und den Aufgaben der Rechnungsprüfung vereinbar ist. [4]Sie dürfen Zahlungen für die Gemeinde weder anordnen noch ausführen.

§ 102 Örtliche Prüfung des Jahresabschlusses und des Gesamtabschlusses

(1) [1]Der Jahresabschluss und der Lagebericht sind, vor Feststellung durch den Rat, durch die örtliche Rechnungsprüfung zu prüfen (Jahresabschlussprüfung). [2]Hat keine Prüfung stattgefunden, so kann der Jahresabschluss nicht festgestellt werden. [3]Wird der Jahresabschluss oder der Lagebericht nach Vorlage des Prüfberichtes geändert, so sind diese Unterlagen erneut zu prüfen, soweit es die Änderung erfordert. [4]Über das Ergebnis der Prüfung ist zu berichten, der Bestätigungsvermerk ist entsprechend zu ergänzen.

(2) [1]Die Gemeinde kann mit der Durchführung der Jahresabschlussprüfung einen Wirtschaftsprüfer, eine Wirtschaftsprüfungsgesellschaft oder die Gemeindeprüfungsanstalt nach vorheriger Beschlussfassung durch den Rechnungsprüfungsausschuss beauftragen. [2]In Fällen des Satzes 1 soll ein Wechsel der Abschlussprüferin oder des Abschlussprüfers erfolgen, wenn diese oder dieser fünf aufeinanderfolgende Jahresabschlüsse oder Gesamtabschlüsse geprüft hat, sofern nicht Gründe für einen früheren Wechsel vorliegen. [3]Gemeinden ohne eigene Rechnungsprüfung können sich zudem für die Durchführung der Jahresabschlussprüfung einer anderen örtlichen Rechnungsprüfung bedienen.

(3) [1]In die Prüfung des Jahresabschlusses ist die Buchführung einzubeziehen. [2]Die Prüfung des Jahresabschlusses hat sich darauf zu erstrecken, ob die gesetzlichen Vorschriften und sie ergänzenden ortsrechtlichen Bestimmungen oder sonstigen Satzungen beachtet worden sind. [3]Die Prüfung ist so anzulegen, dass Unrichtigkeiten und Verstöße gegen die in Satz 2 aufgeführten Bestimmungen, die sich auf die Darstellung des sich nach § 95 Absatz 1 Satz 4 ergebenden Bildes der Vermögens-, Finanz- und Ertragslage der Gemeinde wesentlich auswirken, bei gewissenhafter Berufsausübung erkannt werden.

(4) In die Prüfung des Jahresabschlusses sind die Entscheidungen und Verwaltungsvorgänge aus delegierten Aufgaben auch dann einzubeziehen, wenn die Zahlungsvorgänge selbst durch den Träger der Aufgabe vorgenommen werden und insgesamt finanziell von erheblicher Bedeutung sind.

(5) [1]Der Lagebericht ist darauf zu prüfen, ob er mit dem Jahresabschluss sowie mit den bei der Prüfung gewonnenen Erkenntnissen in Einklang steht und ob er insgesamt ein zutreffendes Bild von der Lage der Gemeinde vermittelt. [2]Dabei ist auch zu prüfen, ob die Chancen und

Risiken der künftigen Entwicklung zutreffend dargestellt sind. [3]Die Prüfung des Lageberichts hat sich auch darauf zu erstrecken, ob die gesetzlichen Vorschriften zu seiner Aufstellung beachtet worden sind.

(6) [1]Die Bürgermeisterin oder der Bürgermeister haben dafür Sorge zu tragen, dass den mit der Jahresabschlussprüfung Beauftragten die Entwürfe des Jahresabschlusses und des Lageberichtes unverzüglich nach der Bestätigung vorgelegt werden. [2]Sie haben den Beauftragten zu gestatten, die Bücher und Schriften der Gemeinde sowie die Vermögensgegenstände und Schulden zu prüfen.

(7) [1]Die mit der Jahresabschlussprüfung Beauftragten können von der Bürgermeisterin oder dem Bürgermeister alle Aufklärungen und Nachweise verlangen, die für eine sorgfältige Prüfung notwendig sind. [2]Soweit es die Vorbereitung der Jahresabschlussprüfung erfordert, haben die mit der Jahresabschlussprüfung Beauftragten die Rechte auch schon vor Aufstellung des Jahresabschlusses. [3]Soweit es für eine sorgfältige Prüfung erforderlich ist, haben die mit der Jahresabschlussprüfung Beauftragten die Rechte auch gegenüber Mutter- und Tochterunternehmen.

(8) [1]Die Abschlussprüferin oder der Abschlussprüfer hat über Art und Umfang sowie über das Ergebnis der Prüfung zu berichten. [2]§ 321 und § 322 des Handelsgesetzbuches in der im Bundesgesetzblatt Teil III, Gliederungsnummer 4100-1, veröffentlichten bereinigten Fassung, das zuletzt durch Artikel 1 des Gesetzes vom 19. Juni 2023 (BGBl. 2023 I Nr. 154) geändert worden ist, gelten entsprechend.

(9) Die mit der Jahresabschlussprüfung Beauftragten dürfen an der Führung der Bücher und an der Aufstellung des Jahresabschlusses und des Lageberichtes nicht mitgewirkt haben.

(10) Für die Prüfung der Jahresabschlüsse der in § 97 Absatz 1 Nummer 1, 2 und 4 benannten Sondervermögen finden die Absätze 1 bis 9 entsprechende Anwendung, § 101 Absatz 6 ist zu beachten.

(11) Sofern ein Gesamtabschluss und ein Gesamtlagebericht aufgestellt werden, finden die Absätze 1 bis 9 entsprechende Anwendung.

§ 103 Örtliche Prüfung der Eigenbetriebe

(1) Die örtliche Prüfung der Eigenbetriebe richtet sich nach § 114.

(2) Absatz 1 gilt entsprechend für Einrichtungen, die nach § 107 Absatz 2 entsprechend den Vorschriften über das Rechnungswesen der Eigenbetriebe geführt werden.

(3) § 101 Absatz 6 ist zu beachten.

§ 104 Weitere Aufgaben der örtlichen Rechnungsprüfung

(1) Weitere Aufgaben der örtlichen Rechnungsprüfung sind:

1. die laufende Prüfung der Vorgänge in der Finanzbuchhaltung zur Vorbereitung der Prüfung des Jahresabschlusses,

2. die dauernde Überwachung der Zahlungsabwicklung der Gemeinde und ihrer Sondervermögen sowie die Vornahme der Prüfungen,
3. bei Durchführung der Finanzbuchhaltung mit Hilfe automatisierter Datenverarbeitung (DV-Buchführung) der Gemeinde und ihrer Sondervermögen die Prüfung der Programme vor ihrer Anwendung,
4. die Prüfung der Finanzvorfälle gemäß § 100 Absatz 4 der Landeshaushaltsordnung in der Fassung der Bekanntmachung vom 26. April 1999 (GV. NRW. S. 158) in der jeweils geltenden Fassung,
5. die Prüfung von Vergaben und
6. die Wirksamkeit interner Kontrollen im Rahmen des internen Kontrollsystems.

(2) Die örtliche Rechnungsprüfung kann ferner folgende Aufgaben wahrnehmen:
1. die Prüfung der Zweckmäßigkeit und der Wirtschaftlichkeit der Verwaltung,
2. die Prüfung der Wirtschaftsführung und des Rechnungswesens der Eigenbetriebe und anderer Einrichtungen der Gemeinde nach § 107 Absatz 2,
3. die Prüfung der Betätigung der Gemeinde als Gesellschafterin, Aktionärin oder Mitglied in Gesellschaften und anderen Vereinigungen des privaten Rechts oder in der Rechtsform der Anstalt des öffentlichen Rechts gemäß § 114a sowie die Buch- und Betriebsprüfung, die sich die Gemeinde bei einer Beteiligung, bei der Hingabe eines Darlehens oder sonst vorbehalten hat.

(3) Der Rat kann der örtlichen Rechnungsprüfung weitere Aufgaben übertragen.

(4) Der Bürgermeister kann innerhalb seines Amtsbereichs unter Mitteilung an den Rechnungsprüfungsausschuss der örtlichen Rechnungsprüfung Aufträge zur Prüfung erteilen.

(5) [1]Der Prüfer kann für die Durchführung seiner Prüfung nach den Absätzen 1 bis 4 Aufklärung und Nachweise verlangen, die für eine sorgfältige Prüfung notwendig sind. [2]Der Prüfer hat die Rechte nach Satz 1 auch gegenüber den Abschlussprüfern der verselbstständigten Aufgabenbereiche.

(6) Die örtliche Rechnungsprüfung kann sich mit Zustimmung des Rechnungsprüfungsausschusses Dritter als Prüfer bedienen.

(7) [1]Ein Dritter darf nicht Prüfer sein,
1. wenn er Mitglied des Rates, Angehöriger des Bürgermeisters, des Kämmerers oder des Verantwortlichen für die Zahlungsabwicklung oder seines Stellvertreters ist,
2. wenn er Beschäftigter der verselbstständigten Aufgabenbereiche der Gemeinde ist, die in öffentlich-rechtlicher oder privatrechtlicher

Form geführt werden, oder diesen in den letzten drei Jahren vor der Bestellung als Prüfer angehört hat,

3. wenn er in den letzten fünf Jahren mehr als 30 Prozent der Gesamteinnahmen aus seiner beruflichen Tätigkeit aus der Prüfung und Beratung der zu prüfenden Gemeinde und der verselbstständigten Aufgabenbereiche der Gemeinde, die in öffentlich-rechtlicher oder in privatrechtlicher Form geführt werden, bezogen hat und dies auch im laufenden Jahr zu erwarten ist; verselbstständigte Aufgabenbereiche der Gemeinde in privatrechtlicher Form müssen nur einbezogen werden, wenn die Gemeinde mehr als 20 Prozent der Anteile daran besitzt.

[2]§ 102 Absatz 9 gilt entsprechend.

§ 105 Überörtliche Prüfung

(1) Die überörtliche Prüfung als Teil der allgemeinen Aufsicht des Landes über die Gemeinden ist Aufgabe der Gemeindeprüfungsanstalt.

(2) Die Gemeindeprüfungsanstalt ist bei der Durchführung ihrer Aufgaben unabhängig und an Weisungen nicht gebunden.

(3) [1]Die überörtliche Prüfung erstreckt sich darauf, ob

1. bei der Haushaltswirtschaft der Gemeinden sowie ihrer Sondervermögen die Gesetze und die zur Erfüllung von Aufgaben ergangenen Weisungen (§ 3 Absatz 2) eingehalten worden sind und
2. die zweckgebundenen Staatszuweisungen bestimmungsgemäß verwendet worden sind.

[2]Die überörtliche Prüfung stellt zudem fest, ob die Gemeinde sachgerecht und wirtschaftlich verwaltet wird. [3]Dies kann auch auf vergleichender Grundlage geschehen. [4]Bei der Prüfung sind vorhandene Ergebnisse der Prüfung des Jahresabschlusses und des Lageberichtes, des Gesamtabschlusses und des Gesamtlageberichtes, der Jahresabschlüsse der Eigenbetriebe, Sonder- und Treuhandvermögen sowie, wenn eine Befreiung für die Erstellung eines Gesamtabschlusses und eines Gesamtlageberichtes vorliegen, der Beteiligungsbericht und Ergebnisse der örtlichen Rechnungsprüfung aus der Aufgabenwahrnehmung nach § 103 zu berücksichtigen.

(4) Die überörtliche Prüfung soll in jeder Gemeinde alle fünf Jahre unter Einbeziehung sämtlicher vorliegender Jahresabschlüsse und Lageberichte, Gesamtabschlüsse und Gesamtlageberichte, Beteiligungsberichte sowie Jahresabschlüssen der Sondervermögen, Treuhandvermögen, Unternehmen und Beteiligungen stattfinden.

(5) Die Gemeindeprüfungsanstalt teilt das Prüfungsergebnis in Form eines Prüfungsberichts

1. der geprüften Gemeinde,
2. den Aufsichtsbehörden und

3. den Fachaufsichtsbehörden, soweit ihre Zuständigkeit berührt ist,

mit.

(6) [1]Der Bürgermeister legt den Prüfungsbericht dem Rechnungsprüfungsausschuss zur Beratung vor. [2]Die Bürgermeisterin oder der Bürgermeister hat zu den Feststellungen und Empfehlungen, die im Prüfungsbericht gegenständlich sind, Stellung zu nehmen. [3]Der Rechnungsprüfungsausschuss unterrichtet den Rat über das Ergebnis seiner Beratungen.

(7) Der Rat beschließt über die gegenüber der Gemeindeprüfungsanstalt und der Aufsichtsbehörde abzugebende Stellungnahme in Bezug auf die im Prüfungsbericht enthaltenen Feststellungen und Empfehlungen in öffentlicher Sitzung innerhalb einer dafür bestimmten Frist, das Ergebnis aus der Vorberatung im Rechnungsprüfungsausschuss kann einbezogen werden.

(8) [1]Die Gemeindeprüfungsanstalt soll Gemeinden, Körperschaften, Anstalten, Stiftungen, Verbände und Einrichtungen des öffentlichen Rechts auf Antrag in Fragen

1. der Organisation und Wirtschaftlichkeit der Verwaltung,
2. der Rechnungslegung und der Rechnungsprüfung und
3. solchen, die mit der Ausschreibung, Vergabe und Abrechnung von baulichen Maßnahmen zusammenhängen,

beraten. [2]Sonstige im öffentlichen Interesse tätige juristische Personen kann sie in diesen Fragen auf Antrag beraten.

(9) [1]Werden Prüfungsaufgaben nach § 102 Absatz 1 durch die Gemeindeprüfungsanstalt bei den Gemeinden durchgeführt, dürfen die mit diesen Aufgaben befassten Prüfer nicht gleichzeitig in diesen Gemeinden die überörtliche Prüfung nach Absatz 3 oder Beratungstätigkeiten nach Absatz 8 wahrnehmen. [2]Die Gemeindeprüfungsanstalt hat insofern ein geeignetes Rotationsverfahren zur Anwendung zu bringen.

§ 106 *(weggefallen)*

11. Teil

Wirtschaftliche Betätigung und nichtwirtschaftliche Betätigung

§ 107 Zulässigkeit wirtschaftlicher Betätigung

(1) [1]Die Gemeinde darf sich zur Erfüllung ihrer Aufgaben wirtschaftlich betätigen, wenn

1. ein öffentlicher Zweck die Betätigung erfordert,
2. die Betätigung nach Art und Umfang in einem angemessenen Verhältnis zu der Leistungsfähigkeit der Gemeinde steht und
3. bei einem Tätigwerden außerhalb der Wasserversorgung, des öffentlichen Verkehrs sowie des Betriebes von Telekommunikationslei-

tungsnetzen einschließlich der Telekommunikationsdienstleistungen der öffentliche Zweck durch andere Unternehmen nicht besser und wirtschaftlicher erfüllt werden kann.

[2]Das Betreiben eines Telekommunikationsnetzes umfasst nicht den Vertrieb und/oder die Installation von Endgeräten von Telekommunikationsanlagen. [3]Als wirtschaftliche Betätigung ist der Betrieb von Unternehmen zu verstehen, die als Hersteller, Anbieter oder Verteiler von Gütern oder Dienstleistungen am Markt tätig werden, sofern die Leistung ihrer Art nach auch von einem Privaten mit der Absicht der Gewinnerzielung erbracht werden könnte.

(2) [1]Als wirtschaftliche Betätigung im Sinne dieses Abschnitts gilt nicht der Betrieb von

1. Einrichtungen, zu denen die Gemeinde gesetzlich verpflichtet ist,
2. öffentlichen Einrichtungen, die für die soziale und kulturelle Betreuung der Einwohner erforderlich sind, insbesondere Einrichtungen auf den Gebieten
   - Erziehung, Bildung oder Kultur (Schulen, Volkshochschulen, Tageseinrichtungen für Kinder und sonstige Einrichtungen der Jugendhilfe, Bibliotheken, Museen, Ausstellungen, Opern, Theater, Kinos, Bühnen, Orchester, Stadthallen, Begegnungsstätten),
   - Sport oder Erholung (Sportanlagen, zoologische und botanische Gärten, Wald-, Park- und Gartenanlagen, Herbergen, Erholungsheime, Bäder, Einrichtungen zur Veranstaltung von Volksfesten),
   - Gesundheits- oder Sozialwesen (Krankenhäuser, Bestattungseinrichtungen, Sanatorien, Kurparks, Senioren- und Behindertenheime, Frauenhäuser, soziale und medizinische Beratungsstellen),
3. Einrichtungen, die der Straßenreinigung, der Wirtschaftsförderung, der Fremdenverkehrsförderung oder der Wohnraumversorgung dienen,
4. Einrichtungen des Umweltschutzes, insbesondere der Abfallentsorgung oder Abwasserbeseitigung sowie des Messe- und Ausstellungswesens,
5. Einrichtungen, die ausschließlich der Deckung des Eigenbedarfs von Gemeinden und Gemeindeverbänden dienen.

[2]Auch diese Einrichtungen sind, soweit es mit ihrem öffentlichen Zweck vereinbar ist, nach wirtschaftlichen Gesichtspunkten zu verwalten und können entsprechend den Vorschriften über die Eigenbetriebe geführt werden. [3]Das für Kommunales zuständige Ministerium kann durch Rechtsverordnung bestimmen, dass Einrichtungen, die nach Art und Umfang eine selbständige Betriebsführung erfordern, ganz oder teilweise nach den für die Eigenbetriebe geltenden Vorschriften zu führen sind; hierbei können auch Regelungen getroffen werden, die von einzelnen der für die Eigenbetriebe geltenden Vorschriften abweichen.

(3) [1]Die wirtschaftliche Betätigung außerhalb des Gemeindegebiets ist nur zulässig, wenn die Voraussetzungen des Absatzes 1 vorliegen und die berechtigten Interessen der betroffenen kommunalen Gebietskörperschaften gewahrt sind. [2]Die Aufnahme einer wirtschaftlichen Betätigung auf ausländischen Märkten ist nur zulässig, wenn die Voraussetzungen des Absatzes 1 Satz 1 Nr. 1 und Nr. 2 vorliegen. [3]Die Aufnahme einer solchen Betätigung bedarf der Genehmigung.

(4) [1]Die nichtwirtschaftliche Betätigung außerhalb des Gemeindegebiets ist nur zulässig, wenn die Voraussetzungen des Absatzes 1 Satz 1 Nr. 1 und Nr. 2 vorliegen und die berechtigten Interessen der betroffenen kommunalen Gebietskörperschaften gewahrt sind. [2]Diese Voraussetzungen gelten bei in den Krankenhausplan des Landes aufgenommenen Krankenhäusern als erfüllt. [3]Die Aufnahme einer nichtwirtschaftlichen Betätigung auf ausländischen Märkten ist nur zulässig, wenn die Voraussetzungen des Absatzes 1 Satz 1 Nr. 1 und Nr. 2 vorliegen. [4]Die Aufnahme einer solchen Betätigung bedarf der Genehmigung.

(5) [1]Vor der Entscheidung über die Gründung von bzw. die unmittelbare oder mittelbare Beteiligung an Unternehmen im Sinne des Absatzes 1 ist der Rat auf der Grundlage einer Marktanalyse über die Chancen und Risiken des beabsichtigten wirtschaftlichen Engagements und über die Auswirkungen auf das Handwerk und die mittelständische Wirtschaft zu unterrichten. [2]Den örtlichen Selbstverwaltungsorganisationen von Handwerk, Industrie und Handel und den für die Beschäftigten der jeweiligen Branchen handelnden Gewerkschaften ist Gelegenheit zur Stellungnahme zu den Marktanalysen zu geben.

(6) Bankunternehmen darf die Gemeinde nicht errichten, übernehmen oder betreiben.

(7) Für das öffentliche Sparkassenwesen gelten die dafür erlassenen besonderen Vorschriften.

§ 107a Zulässigkeit energiewirtschaftlicher Betätigung

(1) Die wirtschaftliche Betätigung in den Bereichen der Strom-, Gas- und Wärmeversorgung dient einem öffentlichen Zweck und ist zulässig, wenn sie nach Art und Umfang in einem angemessenen Verhältnis zu der Leistungsfähigkeit der Gemeinde steht.

(2) [1]Mit den Bereichen Strom-, Gas- und Wärmeversorgung unmittelbar verbundene Dienstleistungen sind zulässig, wenn sie den Hauptzweck fördern. [2]Die Gemeinde stellt sicher, dass bei der Erbringung dieser Dienstleistungen die Belange kleinerer Unternehmen, insbesondere des Handwerks, berücksichtigt werden.

(3) [1]Die Aufnahme einer überörtlichen energiewirtschaftlichen Betätigung ist zulässig, wenn die Voraussetzung des Absatzes 1 vorliegt und die berechtigten Interessen der betroffenen kommunalen Gebietskörperschaften gewahrt sind. [2]Bei der Versorgung mit Strom und Gas gelten

nur die Interessen als berechtigt, die nach den Vorschriften des Energiewirtschaftsgesetzes eine Einschränkung des Wettbewerbs zulassen. [3]Die Aufnahme einer energiewirtschaftlichen Betätigung auf ausländischen Märkten ist zulässig, wenn die Voraussetzung des Absatzes 1 vorliegt. [4]Die Aufnahme einer solchen Betätigung bedarf der Genehmigung.

(4) [1]Vor der Entscheidung über die Gründung von bzw. die unmittelbare Beteiligung an Unternehmen im Sinne des Absatzes 1 ist der Rat über die Chancen und Risiken des beabsichtigten wirtschaftlichen Engagements zu unterrichten. [2]Den örtlichen Selbstverwaltungsorganisationen von Handwerk, Industrie und Handel und den für die Beschäftigten der jeweiligen Branchen handelnden Gewerkschaften ist Gelegenheit zur Stellungnahme zu geben, sofern die Entscheidung die Erbringung verbundener Dienstleistungen betrifft.

§ 108 Unternehmen und Einrichtungen des privaten Rechts*

(1) [1]Die Gemeinde darf Unternehmen und Einrichtungen in einer Rechtsform des privaten Rechts nur gründen oder sich daran beteiligen, wenn

1. bei Unternehmen (§ 107 Absatz 1) die Voraussetzungen des § 107 Absatz 1 Satz 1 gegeben sind und bei Unternehmen im Bereich der energiewirtschaftlichen Betätigung die Voraussetzung des § 107a Absatz 1 gegeben ist,
2. bei Einrichtungen (§ 107 Absatz 2) ein wichtiges Interesse der Gemeinde an der Gründung oder der Beteiligung vorliegt,
3. eine Rechtsform gewählt wird, welche die Haftung der Gemeinde auf einen bestimmten Betrag begrenzt,
4. die Einzahlungsverpflichtung der Gemeinde in einem angemessenen Verhältnis zu ihrer Leistungsfähigkeit steht,
5. die Gemeinde sich nicht zur Übernahme von Verlusten in unbestimmter oder unangemessener Höhe verpflichtet,
6. die Gemeinde einen angemessenen Einfluss, insbesondere in einem Überwachungsorgan, erhält und dieser durch Gesellschaftsvertrag, Satzung oder in anderer Weise gesichert wird,

---

* § 108 der Gemeindeordnung für NRW in der Fassung des Artikels 8 des 2. NKF-Weiterentwicklungsgesetzes vom 18. Dezember 2018 (GV. NRW. S. 759):

(1) Bei bestehenden Gesellschaften, die von der Option der entsprechenden Anwendung der für Eigenbetriebe geltenden Vorschriften Gebrauch gemacht haben, trifft die Gemeinden eine Hinwirkungspflicht zur Anpassung an die geänderten Vorgaben des § 108 Absatz 1 Satz 1 Nummer 8 der Gemeindeordnung für das Land Nordrhein-Westfalen.

(2) Befreiungen von der Jahresabschlussprüfung einschließlich der damit verbundenen Entscheidungen über andere geeignete Prüfungsmaßnahmen, die nach dem bis zum Inkrafttreten der Übergangsregelung geltenden Recht von der Gemeindeprüfungsanstalt ausgesprochen wurden, bleiben unberührt.

(3) Soweit nach Inkrafttreten der Änderung des § 108 Absatz 1 Satz 1 Nummer 8 der Gemeindeordnung für das Land Nordrhein-Westfalen Entscheidungen erforderlich werden, die nach dem zuvor geltenden Recht von der Gemeindeprüfungsanstalt zu treffen waren, obliegen diese Entscheidungen nunmehr der jeweils zuständigen Kommunalaufsichtsbehörde.

7. das Unternehmen oder die Einrichtung durch Gesellschaftsvertrag, Satzung oder sonstiges Organisationsstatut auf den öffentlichen Zweck ausgerichtet wird,
8. bei Unternehmen und Einrichtungen in Gesellschaftsform gewährleistet ist, dass der Jahresabschluss in entsprechender Anwendung der Vorschriften des Dritten Buches des Handelsgesetzbuches für Kapitalgesellschaften aufgestellt und geprüft wird, soweit nicht weitergehende oder andere gesetzliche Vorschriften, der Gesellschaftsvertrag oder die Satzung gelten; § 286 Absatz 4 des Handelsgesetzbuches ist nicht anzuwenden,
9. bei Unternehmen der Telekommunikation einschließlich von Telefondienstleistungen nach § 107 Absatz 1 Satz 1 Nummer 3 im Gesellschaftsvertrag die unmittelbare oder im Rahmen einer Schachtelbeteiligung die mittelbare Haftung der Gemeinde auf den Anteil der Gemeinde oder des kommunalen Unternehmens am Stammkapital beschränkt ist.

[2]In Fällen des Satzes 1 Nummer 9 darf die Gemeinde für diese Unternehmen zur Wahrnehmung gleicher Wettbewerbschancen weder Kredite nach Maßgabe kommunalwirtschaftlicher Vorzugskonditionen in Anspruch nehmen noch Bürgschaften und Sicherheiten nach § 87 leisten. [3]Die Aufsichtsbehörde kann von den Vorschriften der Nummern 3 und 5 in begründeten Fällen Ausnahmen zulassen.

(2) [1]Gehören einer Gemeinde mehr als 50 vom Hundert der Anteile an einem Unternehmen oder einer Einrichtung in Gesellschaftsform, muß sie darauf hinwirken, daß

1. in sinngemäßer Anwendung der für die Eigenbetriebe geltenden Vorschriften
   a) für jedes Wirtschaftsjahr ein Wirtschaftsplan aufgestellt wird,
   b) der Wirtschaftsführung eine fünfjährige Finanzplanung zugrunde gelegt und der Gemeinde zur Kenntnis gebracht wird,
   c) die Feststellung des Jahresabschlusses, die Verwendung des Ergebnisses sowie das Ergebnis der Prüfung des Jahresabschlusses unbeschadet der bestehenden gesetzlichen Offenlegungspflichten öffentlich bekannt gemacht werden und der Jahresabschluss bis zur Feststellung des folgenden Jahresabschlusses zur Einsichtnahme verfügbar gehalten werden; sofern ein Lagebericht nach Nummer 2 zu erstellen ist, erstreckt sich dieses auch auf den Lagebericht,
2. in dem Lagebericht, sofern dieser in entsprechender Anwendung der Vorschriften des Dritten Buches des Handelsgesetzbuches zu erstellen ist, oder in Zusammenhang damit zur Einhaltung der öffentlichen Zwecksetzung und zur Zweckerreichung Stellung genommen wird,
3. in dem Bericht über die Prüfung des Jahresabschlusses und des Lageberichtes nach Nummer 2 darauf eingegangen wird, ob das von

der Gemeinde zur Verfügung gestellte Eigenkapital angemessen verzinst wird, und

4. nach den Wirtschaftsgrundsätzen (§ 109) verfahren wird, wenn die Gesellschaft ein Unternehmen betreibt.

[2]Gehört der Gemeinde zusammen mit anderen Gemeinden oder Gemeindeverbänden die Mehrheit der Anteile an einem Unternehmen oder an einer Einrichtung, soll sie auf eine Wirtschaftsführung nach Satz 1 hinwirken.

(3) Die Gemeinde darf unbeschadet des Absatzes 1 Unternehmen und Einrichtungen in der Rechtsform einer Aktiengesellschaft nur gründen, übernehmen, wesentlich erweitern oder sich daran beteiligen, wenn der öffentliche Zweck nicht ebenso gut in einer anderen Rechtsform erfüllt wird oder erfüllt werden kann.

(4) Die Gemeinde darf unbeschadet des Absatzes 1 Unternehmen und Einrichtungen in der Rechtsform einer Gesellschaft mit beschränkter Haftung nur gründen oder sich daran beteiligen, wenn durch die Ausgestaltung des Gesellschaftsvertrags sichergestellt ist, dass

1. die Gesellschafterversammlung auch beschließt über
   a) den Abschluss und die Änderungen von Unternehmensverträgen im Sinne der §§ 291 und 292 Abs. 1 des Aktiengesetzes,
   b) den Erwerb und die Veräußerung von Unternehmen und Beteiligungen,
   c) den Wirtschaftsplan, die Feststellung des Jahresabschlusses und die Verwendung des Ergebnisses sowie
   d) die Bestellung und die Abberufung der Geschäftsführer, soweit dies nicht der Gemeinde vorbehalten ist, und
2. der Rat den von der Gemeinde bestellten oder auf Vorschlag der Gemeinde gewählten Mitgliedern des Aufsichtsrats Weisungen erteilen kann, soweit die Bestellung eines Aufsichtsrates gesetzlich nicht vorgeschrieben ist.

(5) [1]Vertreter der Gemeinde in einer Gesellschaft, an der Gemeinden, Gemeindeverbände oder Zweckverbände unmittelbar oder mittelbar mit mehr als 25 vom Hundert beteiligt sind, dürfen

a) der Gründung einer anderen Gesellschaft oder einer anderen Vereinigung in einer Rechtsform des privaten Rechts, einer Beteiligung sowie der Erhöhung einer Beteiligung der Gesellschaft an einer anderen Gesellschaft oder einer anderen Vereinigung in einer Rechtsform des privaten Rechts nur zustimmen, wenn
   - die vorherige Entscheidung des Rates vorliegt,
   - für die Gemeinde selbst die Gründungs- bzw. Beteiligungsvoraussetzungen vorliegen und
   - sowohl die Haftung der gründenden Gesellschaft als auch die Haftung der zu gründenden Gesellschaft oder Vereinigung durch ihre Rechtsform auf einen bestimmten Betrag begrenzt sind oder

– sowohl die Haftung der sich beteiligenden Gesellschaft als auch die Haftung der Gesellschaft oder Vereinigung, an der eine Beteiligung erfolgt, durch ihre Rechtsform auf einen bestimmten Betrag begrenzt sind;

b) einem Beschluss der Gesellschaft zu einer wesentlichen Änderung des Gesellschaftszwecks oder sonstiger wesentlicher Änderungen des Gesellschaftsvertrages nur nach vorheriger Entscheidung des Rates zustimmen.

²In den Fällen von Satz 1 Buchstabe a) gilt Absatz 1 Satz 2 und 3 entsprechend. ³Als Vertreter der Gemeinde im Sinne von Satz 1 gelten auch Geschäftsführer, Vorstandsmitglieder und Mitglieder von sonstigen Organen und ähnlichen Gremien der Gesellschaft, die von der Gemeinde oder auf ihre Veranlassung oder ihren Vorschlag in das Organ oder Gremium entsandt oder gewählt worden sind. ⁴Beruht die Entsendung oder Wahl auf der Veranlassung oder dem Vorschlag mehrerer Gemeinden, Gemeindeverbände oder Zweckverbände, so bedarf es der Entscheidung nur des Organs, auf das sich die beteiligten Gemeinden und Gemeindeverbände oder Zweckverbände geeinigt haben. ⁵Die Sätze 1 bis 4 gelten nicht, soweit ihnen zwingende Vorschriften des Gesellschaftsrechts entgegenstehen.

(6) Die Gemeinde kann einen einzelnen Geschäftsanteil an einer eingetragenen Kreditgenossenschaft erwerben, wenn eine Nachschußpflicht ausgeschlossen oder die Haftungssumme auf einen bestimmten Betrag beschränkt ist.

§ 108a Arbeitnehmermitbestimmung in fakultativen Aufsichtsräten

(1) ¹Soweit im Gesellschaftsvertrag eines Unternehmens (§ 107 Absatz 1, § 107a Absatz 1) oder einer Einrichtung (§ 107 Absatz 2) in Privatrechtsform, an der die Gemeinde unmittelbar oder mittelbar mit mehr als 50 Prozent der Anteile beteiligt ist, ein fakultativer Aufsichtsrat vorgesehen ist, können diesem Arbeitnehmervertreter angehören. ²Arbeitnehmervertreter können von der Gemeinde in den fakultativen Aufsichtsrat entsandt werden, wenn diese mehr als zwei Aufsichtsratsmandate besetzt. ³In diesem Fall ist ein angemessener Einfluss der Gemeinde im Sinne des § 108 Absatz 1 Satz 1 Nummer 6 gegeben, wenn bei mehr als zwei von der Gemeinde in den Aufsichtsrat zu entsendenden Vertretern nicht mehr als ein Drittel der auf die Gemeinde entfallenden Aufsichtsratsmandate durch Arbeitnehmervertreter des Unternehmens oder der Einrichtung nach Maßgabe der folgenden Absätze besetzt werden.

(2) ¹Wird ein Aufsichtsratsmandat oder werden zwei Aufsichtsratsmandate mit Arbeitnehmervertretern besetzt, so müssen diese als Arbeitnehmer im Unternehmen oder in der Einrichtung beschäftigt sein. ²Werden mehr als zwei Aufsichtsratsmandate mit Arbeitnehmervertre-

tern besetzt, so müssen mindestens zwei Aufsichtsratsmandate mit Arbeitnehmern besetzt werden, die im Unternehmen oder in der Einrichtung beschäftigt sind.

(3) [1]Der Rat der Gemeinde bestellt aus einer von den Beschäftigten des Unternehmens oder der Einrichtung gewählten Vorschlagsliste die in den fakultativen Aufsichtsrat zu entsendenden Arbeitnehmervertreter. [2]Die Bestellung bedarf eines Beschlusses der Mehrheit der gesetzlichen Zahl der Mitglieder des Rates. [3]Die Vorschlagsliste muss mindestens die doppelte Zahl der zu entsendenden Arbeitnehmervertreter enthalten. [4]Der Rat hat das Recht, mit der Mehrheit der gesetzlichen Zahl seiner Mitglieder sämtliche Vorschläge der Liste zurückzuweisen und eine Neuwahl zu verlangen. [5]In diesem Fall können die Beschäftigten eine neue Vorschlagsliste wählen; Sätze 1 bis 4 gelten entsprechend. [6]Im Falle einer erneuten Zurückweisung der Vorschläge durch den Rat bleiben die für die Arbeitnehmervertreter vorgesehenen Aufsichtsratsmandate unbesetzt.

(4) [1]§ 113 Absatz 1 Satz 2 und 3 und Absatz 6 sowie § 9 des Drittelbeteiligungsgesetzes vom 18. Mai 2004 (BGBl. I S. 974), das zuletzt durch Artikel 2 Absatz 114 des Gesetzes vom 22. Dezember 2011 (BGBl. I S. 3044) geändert worden ist, gelten für die nach Absatz 3 für den fakultativen Aufsichtsrat vom Rat bestellten Arbeitnehmervertreter entsprechend. [2]Verliert ein vom Rat bestellter Arbeitnehmervertreter, der als Arbeitnehmer im Unternehmen oder in der Einrichtung beschäftigt ist, die Beschäftigteneigenschaft in dem Unternehmen oder der Einrichtung, muss der Rat ihn entsprechend § 113 Absatz 1 Satz 3 aus seinem Amt im fakultativen Aufsichtsrat abberufen.

(5) [1]Zur Wahl der Vorschlagsliste nach Absatz 3 sind alle Beschäftigten des Unternehmens beziehungsweise der Einrichtung wahlberechtigt, die am Tage der Wahl das 18. Lebensjahr vollendet haben. [2]Nicht wahlberechtigt und nicht wählbar sind Geschäftsführer und Vorstände des Unternehmens beziehungsweise der Einrichtung. [3]In die Vorschlagsliste können nur Personen aufgenommen werden, die das 18. Lebensjahr vollendet haben. [4]Im Gesellschaftsvertrag, der Satzung oder dem Organisationsstatut des Unternehmens beziehungsweise der Einrichtung ist die Amtsdauer der Arbeitnehmervertreter zu regeln. [5]Sie soll die regelmäßige Amtsdauer der nach § 113 Absatz 2 Satz 2 neben dem Bürgermeister oder dem von ihm benannten Bediensteten der Gemeinde in den fakultativen Aufsichtsrat bestellten weiteren Vertreter nicht überschreiten.

(6) [1]Die Wahl der Vorschlagsliste erfolgt auf Grund von Wahlvorschlägen des Betriebsrats und der Beschäftigten. [2]Die Wahlvorschläge der Beschäftigten müssen von mindestens einem Zehntel der Wahlberechtigten, jedoch mindestens von drei Wahlberechtigten unterzeichnet sein. [3]Sieht der Gesellschaftsvertrag des Unternehmens oder der Einrichtung die Stellvertretung eines verhinderten Aufsichtsratsmitglieds vor, kann in jedem Wahlvorschlag zusammen mit jedem Bewerber für

diesen ein stellvertretendes Mitglied vorgeschlagen werden. [4]Ein Bewerber kann nicht zugleich als stellvertretendes Mitglied vorgeschlagen werden. [5]Wird ein Bewerber gemäß Absatz 3 als Aufsichtsratsmitglied bestimmt, so ist auch das zusammen mit ihm vorgeschlagene stellvertretende Mitglied bestimmt. [6]Das für Kommunales zuständige Ministerium bestimmt durch Rechtsverordnung das Verfahren für die Wahl der Vorschlagsliste, insbesondere die Vorbereitung der Wahl und die Aufstellung der Wählerlisten, die Frist für die Einsichtnahme in die Wählerlisten und die Erhebung von Einsprüchen gegen sie, die Wahlvorschläge und die Frist für ihre Einreichung, das Wahlausschreiben und die Frist für seine Bekanntmachung, die Stimmabgabe, die Feststellung des Wahlergebnisses und die Fristen für seine Bekanntmachung, die Anfechtung der Wahl und die Aufbewahrung der Wahlakten.

(7) [1]Der Bürgermeister teilt dem zur gesetzlichen Vertretung berufenen Organ des Unternehmens oder der Einrichtung die Namen der vom Rat für den Aufsichtsrat bestellten Arbeitnehmervertreter und ihrer im Falle des Absatzes 6 Satz 5 bestimmten stellvertretenden Mitglieder mit. [2]Gleichzeitig informiert er die für den Aufsichtsrat bestellten Arbeitnehmervertreter und die im Falle des Absatzes 6 Satz 5 bestimmten stellvertretenden Mitglieder.

(8) [1]Wird ein Arbeitnehmervertreter von seinem Amt gemäß § 113 Absatz 1 Satz 3 abberufen oder scheidet er aus anderen Gründen aus dem Aufsichtsrat aus, ist gleichzeitig auch das zusammen mit ihm nach Absatz 6 Satz 5 bestimmte stellvertretende Mitglied abberufen oder ausgeschieden. [2]Wird ein stellvertretendes Mitglied von seinem Amt gemäß § 113 Absatz 1 Satz 3 abberufen oder scheidet es aus anderen Gründen als stellvertretendes Mitglied aus dem Aufsichtsrat aus, bleibt die Position des stellvertretenden Mitglieds unbesetzt. [3]Für den abberufenen oder ausgeschiedenen Arbeitnehmervertreter bestellt der Rat mit der Mehrheit der gesetzlichen Zahl seiner Mitglieder aus dem noch nicht in Anspruch genommenen Teil der Vorschlagsliste nach Absatz 3 einen Nachfolger. [4]Kommt eine solche Mehrheit nicht zustande, können die Beschäftigten den noch nicht in Anspruch genommenen Teil der Vorschlagsliste um neue Vorschläge ergänzen. [5]Für die Ergänzung der Vorschlagsliste gelten die Absätze 5 und 6 entsprechend. [6]Kommt auch dann keine Mehrheit der gesetzlichen Zahl der Mitglieder des Rates für die Bestellung eines Nachfolgers zustande, bleibt das Aufsichtsratsmandat unbesetzt.

(9) Die Absätze 1 bis 8 gelten mit folgenden Maßgaben entsprechend in den Fällen, in denen an einem Unternehmen oder einer Einrichtung in Privatrechtsform zwei oder mehr Gemeinden unmittelbar oder mittelbar mit insgesamt mehr als 50 Prozent der Anteile beteiligt sind:

1. Die Bestellung der in den fakultativen Aufsichtsrat zu entsendenden Arbeitnehmervertreter bedarf übereinstimmender, mit der Mehrheit der gesetzlichen Zahl der Mitglieder zustande gekommener Be-

schlüsse der Räte mindestens so vieler beteiligter Gemeinden, dass hierdurch insgesamt mehr als die Hälfte der kommunalen Beteiligung an dem Unternehmen oder der Einrichtung repräsentiert wird. Kommen solche übereinstimmenden Beschlüsse nicht oder nicht im erforderlichen Umfang zustande, kann eine neue Vorschlagsliste gewählt werden. Kommen auch hierzu entsprechende übereinstimmende Beschlüsse der beteiligten Räte nicht oder nicht im erforderlichen Umfang zustande, bleiben die für die Arbeitnehmervertreter vorgesehenen Aufsichtsratsmandate unbesetzt.

2. Für die Bestellung eines Nachfolgers im Sinne des Absatzes 8 gilt Nummer 1 Satz 1 entsprechend. Kommen danach übereinstimmende Beschlüsse der beteiligten Räte nicht oder nicht im erforderlichen Umfang zustande, können die Beschäftigten den noch nicht in Anspruch genommenen Teil der Vorschlagsliste um neue Vorschläge ergänzen. Für die Ergänzung der Vorschlagsliste gelten die Absätze 5 und 6 entsprechend. Kommen auch dann übereinstimmende Beschlüsse der beteiligten Räte nicht oder nicht im erforderlichen Umfang zustande, bleibt das Aufsichtsratsmandat unbesetzt.
3. Für die nach § 113 Absatz 1 Satz 2 und 3 zu treffenden Entscheidungen bedarf es übereinstimmender Beschlüsse der Räte mindestens so vieler beteiligter Gemeinden, dass hierdurch insgesamt mehr als die Hälfte der kommunalen Beteiligung an dem Unternehmen oder der Einrichtung repräsentiert wird.

§ 108b Regelung zur Vollparität

(1) Nach Maßgabe der folgenden Regelungen kann für die fakultativen Aufsichtsräte kommunal beherrschter Gesellschaften, die von den amtierenden kommunalen Vertretungen zu bestellen sind, auf Antrag eine Ausnahme von der in § 108a geregelten Drittelparität zugelassen werden.

(2) [1]Die Ausnahme ist von der Gemeinde, die die Gesellschaft beherrscht, bei der zuständigen Aufsichtsbehörde unter Beifügung eines entsprechenden Ratsbeschlusses und des vorgesehenen Gesellschaftsvertrages zu beantragen. [2]Sind an der kommunal beherrschten Gesellschaft zwei oder mehr Gemeinden beteiligt, muss der Antrag von sämtlichen an der Gesellschaft beteiligten Gemeinden unter Beifügung der entsprechenden Ratsbeschlüsse gestellt werden.

(3) [1]Die zuständige Aufsichtsbehörde hat die Ausnahme zuzulassen, wenn die in Absatz 2 genannten Unterlagen ordnungsgemäß vorliegen und der Gesellschaftsvertrag den sonstigen Anforderungen des § 108a und der nachfolgenden Absätze entspricht. [2]Die Zulassung der Ausnahme durch die zuständige Aufsichtsbehörde bedarf vor ihrem Wirksamwerden der Genehmigung des für Kommunales zuständigen Ministeriums.

(4) [1]Sind sämtliche Aufsichtsratsmandate von der Gemeinde zu besetzen, können abweichend von § 108a Absatz 1 Satz 3 bis zur Hälfte der Aufsichtsratsmandate mit Arbeitnehmervertretern besetzt werden. [2]Wird die Hälfte der Aufsichtsratsmandate mit Arbeitnehmervertretern besetzt, muss der Gesellschaftsvertrag vorsehen, dass der Aufsichtsratsvorsitzende nicht zu dem von der Arbeitnehmerseite vorgeschlagenen Personenkreis gehört. [3]Außerdem muss der Gesellschaftsvertrag für den Fall, dass eine Abstimmung im Aufsichtsrat Stimmengleichheit ergibt, regeln, dass noch in derselben Sitzung des Aufsichtsrats eine erneute Abstimmung über denselben Gegenstand herbeigeführt wird, bei der der Aufsichtsratsvorsitzende zwei Stimmen hat.

(5) Ist ein Teil der Aufsichtsratsmandate von Gesellschaftern zu besetzen, die die Vorschriften des 11. Teils nicht unmittelbar, sinngemäß oder entsprechend anzuwenden haben, muss der Gesellschaftsvertrag vorsehen, dass die Mehrzahl der auf die Gemeinde entfallenden Aufsichtsratsmandate mit Personen besetzt wird, die nicht von der Arbeitnehmerseite vorgeschlagen werden.

(6) [1]Im Übrigen gelten die Regelungen des § 108a. [2]Das für Kommunales zuständige Ministerium bestimmt durch Rechtsverordnung das Verfahren für die Wahl der Vorschlagsliste, insbesondere die Vorbereitung der Wahl und die Aufstellung der Wählerlisten, die Frist für die Einsichtnahme in die Wählerlisten und die Erhebung von Einsprüchen gegen sie, die Wahlvorschläge und die Frist für ihre Einreichung, das Wahlausschreiben und die Frist für seine Bekanntmachung, die Stimmabgabe, die Feststellung des Wahlergebnisses und die Fristen für seine Bekanntmachung, die Anfechtung der Wahl und die Aufbewahrung der Wahlakten.

§ 109 Wirtschaftsgrundsätze

(1) [1]Die Unternehmen und Einrichtungen sind so zu führen, zu steuern und zu kontrollieren, daß der öffentliche Zweck nachhaltig erfüllt wird. [2]Unternehmen sollen einen Ertrag für den Haushalt der Gemeinde abwerfen, soweit dadurch die Erfüllung des öffentlichen Zwecks nicht beeinträchtigt wird.

(2) Der Jahresgewinn der wirtschaftlichen Unternehmen als Unterschied der Erträge und Aufwendungen soll so hoch sein, daß außer den für die technische und wirtschaftliche Entwicklung des Unternehmens notwendigen Rücklagen mindestens eine marktübliche Verzinsung des Eigenkapitals erwirtschaftet wird.

§ 110 Verbot des Mißbrauchs wirtschaftlicher Machtstellung

Bei Unternehmen, für die kein Wettbewerb gleichartiger Unternehmen besteht, dürfen der Anschluß und die Belieferung nicht davon abhängig gemacht werden, daß auch andere Leistungen oder Lieferungen abgenommen werden.

§ 111 Veräußerung von Unternehmen, Einrichtungen und Beteiligungen

(1) Die teilweise oder vollständige Veräußerung eines Unternehmens oder einer Einrichtung oder einer Beteiligung an einer Gesellschaft sowie andere Rechtsgeschäfte, durch welche die Gemeinde ihren Einfluß auf das Unternehmen, die Einrichtung oder die Gesellschaft verliert oder vermindert, sind nur zulässig, wenn die für die Betreuung der Einwohner erforderliche Erfüllung der Aufgaben der Gemeinde nicht beeinträchtigt wird.

(2) Vertreter der Gemeinde in einer Gesellschaft, an der Gemeinden, Gemeindeverbände oder Zweckverbände unmittelbar oder mittelbar mit mehr als 50 v.H. beteiligt sind, dürfen Veräußerungen oder anderen Rechtsgeschäften i.S. des Absatzes 1 nur nach vorheriger Entscheidung des Rates und nur dann zustimmen, wenn für die Gemeinde die Zulässigkeitsvoraussetzung des Absatzes 1 vorliegt.

§ 112 Informations- und Prüfungsrechte

(1) Gehören einer Gemeinde unmittelbar oder mittelbar Anteile an einem Unternehmen oder einer Einrichtung in einer Rechtsform des privaten Rechts in dem in § 53 des Haushaltsgrundsätzegesetzes bezeichneten Umfang, so soll sie

1. die Rechte nach § 53 Abs. 1 des Haushaltsgrundsätzegesetzes ausüben,
2. darauf hinwirken, daß ihr die in § 54 des Haushaltsgrundsätzegesetzes vorgesehenen Befugnisse eingeräumt werden.

(2) [1]Ist eine Beteiligung der Gemeinde an einer Gesellschaft keine Mehrheitsbeteiligung im Sinne des § 53 des Haushaltsgrundsätzegesetzes, so soll die Gemeinde, soweit ihr Interesse dies erfordert, darauf hinwirken, daß ihr im Gesellschaftsvertrag oder in der Satzung die Befugnisse nach § 53 des Haushaltsgrundsätzegesetzes eingeräumt werden. [2]Bei mittelbaren Minderheitsbeteiligungen gilt dies nur, wenn die Beteiligung den vierten Teil der Anteile übersteigt und einer Gesellschaft zusteht, an der die Gemeinde allein oder zusammen mit anderen Gebietskörperschaften mit Mehrheit im Sinne des § 53 des Haushaltsgrundsätzegesetzes beteiligt ist.

(3) *weggefallen*

§ 113 Vertretung der Gemeinde in Unternehmen oder Einrichtungen

(1) [1]Die Vertreter der Gemeinde in Beiräten, Ausschüssen, Gesellschafterversammlungen, Aufsichtsräten oder entsprechenden Organen von juristischen Personen oder Personenvereinigungen, an denen die Gemeinde unmittelbar oder mittelbar beteiligt ist, haben die Interessen der Gemeinde zu verfolgen. [2]Sie sind an die Beschlüsse des Rates und seiner

Ausschüsse gebunden. ³Die vom Rat bestellten Vertreter haben ihr Amt auf Beschluß des Rates jederzeit niederzulegen. ⁴Die Sätze 1 bis 3 gelten nur, soweit durch Gesetz nichts anderes bestimmt ist.

(2) ¹Bei unmittelbaren Beteiligungen vertritt ein vom Rat bestellter Vertreter die Gemeinde in den in Absatz 1 genannten Gremien. ²Sofern weitere Vertreter zu benennen sind, muss der Bürgermeister oder der von ihm vorgeschlagene Bedienstete der Gemeinde dazuzählen. ³Die Sätze 1 und 2 gelten für mittelbare Beteiligungen entsprechend, sofern nicht ähnlich wirksame Vorkehrungen zur Sicherung hinreichender gemeindlicher Einfluss- und Steuerungsmöglichkeiten getroffen werden.

(3) ¹Die Gemeinde ist verpflichtet, bei der Ausgestaltung des Gesellschaftsvertrages einer Kapitalgesellschaft darauf hinzuwirken, daß ihr das Recht eingeräumt wird, Mitglieder in den Aufsichtsrat zu entsenden. ²Über die Entsendung entscheidet der Rat. ³Zu den entsandten Aufsichtsratsmitgliedern muß der Bürgermeister oder der von ihm vorgeschlagene Bedienstete der Gemeinde zählen, wenn diese mit mehr als einem Mitglied im Aufsichtsrat vertreten ist. ⁴Dies gilt sowohl für unmittelbare als auch für mittelbare Beteiligungen.

(4) Ist der Gemeinde das Recht eingeräumt worden, Mitglieder des Vorstandes oder eines gleichartigen Organs zu bestellen oder vorzuschlagen, entscheidet der Rat.

(5) ¹Die Vertreter der Gemeinde haben den Rat über alle Angelegenheiten von besonderer Bedeutung frühzeitig zu unterrichten. ²Die Unterrichtungspflicht besteht nur, soweit durch Gesetz nichts anderes bestimmt ist.

(6) ¹Die Vertreterinnen und Vertreter der Gemeinde haben über die zur Wahrnehmung des Vertretungsamtes sowie die zur Beurteilung und Überwachung der Geschäfte, die das Unternehmen oder die Einrichtung betreibt, erforderliche betriebswirtschaftliche Erfahrung und Sachkunde zu verfügen. ²Die Gemeinde soll den nach Satz 1 entsandten Personen die Gelegenheit geben, regelmäßig an Fortbildungsveranstaltungen teilzunehmen, die der Wahrnehmung dieser Aufgaben dienlich sind. ³Die nach Satz 1 entsandten Personen haben sich regelmäßig zur Wahrnehmung dieser Aufgaben fortzubilden.

(7) ¹Wird ein Vertreter der Gemeinde aus seiner Tätigkeit in einem Organ haftbar gemacht, so hat ihm die Gemeinde den Schaden zu ersetzen, es sei denn, daß er ihn vorsätzlich oder grob fahrlässig herbeigeführt hat. ²Auch in diesem Falle ist die Gemeinde schadensersatzpflichtig, wenn ihr Vertreter nach Weisung des Rates oder eines Ausschusses gehandelt hat.

§ 114 Eigenbetriebe

(1) Die gemeindlichen wirtschaftlichen Unternehmen ohne Rechtspersönlichkeit (Eigenbetriebe) werden nach den Vorschriften der Eigenbetriebsverordnung und der Betriebssatzung geführt und geprüft.

(2) [1]In den Angelegenheiten des Eigenbetriebes ist der Betriebsleitung ausreichende Selbständigkeit der Entschließung einzuräumen. [2]Die Zuständigkeiten des Rates sollen soweit wie möglich dem Betriebsausschuss übertragen werden.

(3) [1]Bei Eigenbetrieben mit mehr als 50 Beschäftigten besteht der Betriebsausschuss zu einem Drittel aus Beschäftigten des Eigenbetriebes. [2]Die Gesamtzahl der Ausschußmitglieder muß in diesem Fall durch drei teilbar sein. [3]Bei Eigenbetrieben mit weniger als 51, aber mehr als zehn Beschäftigten gehören dem Betriebsausschuss zwei Beschäftigte des Eigenbetriebes an. [4]Die dem Betriebsausschuss angehörenden Beschäftigten werden aus einem Vorschlag der Versammlung der Beschäftigten des Eigenbetriebes gewählt, der mindestens die doppelte Zahl der zu wählenden Mitglieder und Stellvertreter enthält. [5]Wird für mehrere Eigenbetriebe ein gemeinsamer Betriebsausschuss gebildet, ist die Gesamtzahl aller Beschäftigten dieser Eigenbetriebe maßgebend; Satz 4 gilt entsprechend. [6]Die Zahl der sachkundigen Bürger darf zusammen mit der Zahl der Beschäftigten die der Ratsmitglieder im Betriebsausschuss nicht erreichen.

§ 114a Rechtsfähige Anstalten des öffentlichen Rechts

(1) [1]Die Gemeinde kann Unternehmen und Einrichtungen in der Rechtsform einer Anstalt des öffentlichen Rechts errichten oder bestehende Regie- und Eigenbetriebe sowie eigenbetriebsähnliche Einrichtungen im Wege der Gesamtrechtsnachfolge in rechtsfähige Anstalten des öffentlichen Rechts umwandeln. [2]§ 108 Abs. 1 Satz 1 Nr. 1 und Nr. 2 gilt entsprechend.

(2) [1]Die Gemeinde regelt die Rechtsverhältnisse der Anstalt durch eine Satzung. [2]Die Satzung muß Bestimmungen über den Namen und die Aufgaben der Anstalt, die Zahl der Mitglieder des Vorstands und des Verwaltungsrates, die Höhe des Stammkapitals, die Wirtschaftsführung, die Vermögensverwaltung und die Rechnungslegung enthalten.

(3) [1]Die Gemeinde kann der Anstalt einzelne oder alle mit einem bestimmten Zweck zusammenhängende Aufgaben ganz oder teilweise übertragen. [2]Sie kann zugunsten der Anstalt unter der Voraussetzung des § 9 durch Satzung einen Anschluß- und Benutzungszwang vorschreiben und der Anstalt das Recht einräumen, an ihrer Stelle Satzungen für das übertragene Aufgabengebiet zu erlassen; § 7 gilt entsprechend.

(4) [1]Die Anstalt kann nach Maßgabe der Satzung andere Unternehmen oder Einrichtungen gründen oder sich an solchen beteiligen oder eine bestehende Beteiligung erhöhen, wenn das dem Anstaltszweck dient. [2]Für die Gründung von und die Beteiligung an anderen Unternehmen und Einrichtungen in einer Rechtsform des privaten Rechts sowie deren Veräußerung und andere Rechtsgeschäfte im Sinne des § 111 gelten die §§ 108 bis 113 entsprechend. [3]Für die in Satz 2 genannten Grün-

dungen und Beteiligungen muss ein besonders wichtiges Interesse vorliegen.

(5) [1]Die Gemeinde haftet für die Verbindlichkeiten der Anstalt unbeschränkt, soweit nicht Befriedigung aus deren Vermögen zu erlangen ist (Gewährträgerschaft). [2]Rechtsgeschäfte im Sinne des § 87 dürfen von der Anstalt nicht getätigt werden.

(6) [1]Die Anstalt wird von einem Vorstand in eigener Verantwortung geleitet, soweit nicht gesetzlich oder durch die Satzung der Gemeinde etwas anderes bestimmt ist. [2]Der Vorstand vertritt die Anstalt gerichtlich und außergerichtlich.

(7) [1]Die Geschäftsführung des Vorstands wird von einem Verwaltungsrat überwacht. [2]Der Verwaltungsrat bestellt den Vorstand auf höchstens 5 Jahre; eine erneute Bestellung ist zulässig. [3]Er entscheidet außerdem über

1. den Erlaß von Satzungen gemäß Absatz 3 Satz 2,
2. die Beteiligung oder Erhöhung einer Beteiligung der Anstalt an anderen Unternehmen oder Einrichtungen sowie deren Gründung,
3. die Feststellung des Wirtschaftsplans und des Jahresabschlusses,
4. die Festsetzung allgemein geltender Tarife und Entgelte für die Leistungsnehmer,
5. die Bestellung des Abschlussprüfers,
6. die Ergebnisverwendung,
7. Rechtsgeschäfte der Anstalt im Sinne des § 111.

[4]Im Fall der Nummer 1 unterliegt der Verwaltungsrat den Weisungen des Rates und berät und beschließt in öffentlicher Sitzung. [5]In den Fällen der Nummern 2 und 7 bedarf es der vorherigen Entscheidung des Rates. [6]Dem Verwaltungsrat obliegt außerdem die Entscheidung in den durch die Satzung der Gemeinde bestimmten Angelegenheiten der Anstalt. [7]In der Satzung kann ferner vorgesehen werden, dass bei Entscheidungen der Organe der Anstalt von grundsätzlicher Bedeutung die Zustimmung des Rates erforderlich ist.

(8) [1]Der Verwaltungsrat besteht aus dem vorsitzenden Mitglied und den übrigen Mitgliedern. [2]Den Vorsitz führt der Bürgermeister. [3]Soweit Beigeordnete mit eigenem Geschäftsbereich bestellt sind, führt derjenige Beigeordnete den Vorsitz, zu dessen Geschäftsbereich die der Anstalt übertragenen Aufgaben gehören. [4]Sind die übertragenen Aufgaben mehreren Geschäftsbereichen zuzuordnen, so entscheidet der Bürgermeister über den Vorsitz. [5]Die übrigen Mitglieder des Verwaltungsrates werden vom Rat für die Dauer der Wahlperiode gewählt; für die Wahl gilt § 50 Absatz 4 sinngemäß. [6]Die Amtszeit von Mitgliedern des Verwaltungsrats endet mit dem Ende der Wahlperiode oder bei Mitgliedern des Verwaltungsrats, die dem Rat angehören, mit dem vorzeitigen Ausscheiden aus dem Rat. [7]Die Mitglieder des Verwaltungsrats üben ihr Amt bis zum

Amtsantritt der neuen Mitglieder weiter aus. [8]Mitglieder des Verwaltungsrats können nicht sein:

1. Bedienstete der Anstalt,
2. leitende Bedienstete von juristischen Personen oder sonstigen Organisationen des öffentlichen oder privaten Rechts, an denen die Anstalt mit mehr als 50 v.H. beteiligt ist; eine Beteiligung am Stimmrecht genügt,
3. Bedienstete der Aufsichtsbehörde, die unmittelbar mit Aufgaben der Aufsicht über die Anstalt befasst sind.

(9) [1]Die Anstalt hat das Recht, Dienstherr von Beamten zu sein, wenn sie auf Grund einer Aufgabenübertragung nach Absatz 3 hoheitliche Befugnisse ausübt. [2]Wird die Anstalt aufgelöst oder umgebildet, so gilt für die Rechtsstellung der Beamten und der Versorgungsempfänger Kapitel II Abschnitt III des Beamtenrechtsrahmengesetzes.

(10) Der Jahresabschluss ist in entsprechender Anwendung der Vorschriften des Dritten Buches des Handelsgesetzbuches für Kapitalgesellschaften aufzustellen und zu prüfen, soweit nicht weitergehende oder andere gesetzliche Vorschriften oder die Satzung gelten; § 286 Absatz 4 des Handelsgesetzbuches ist nicht anzuwenden.

(11) § 14 Abs. 1, § 31, § 74, § 75 Abs. 1, § 77, § 84 sowie die Bestimmungen des 13. Teils über die staatliche Aufsicht sind auf die Anstalt sinngemäß anzuwenden.

§ 115 Anzeige

(1) [1]Entscheidungen der Gemeinde über

a) die Gründung oder wesentliche Erweiterung einer Gesellschaft oder eine wesentliche Änderung des Gesellschaftszwecks oder sonstiger wesentlicher Änderungen des Gesellschaftsvertrages,
b) die Beteiligung an einer Gesellschaft oder die Änderung der Beteiligung an einer Gesellschaft,
c) die gänzliche oder teilweise Veräußerung einer Gesellschaft oder der Beteiligung an einer Gesellschaft,
d) die Errichtung, die Übernahme oder die wesentliche Erweiterung eines Unternehmens, die Änderung der bisherigen Rechtsform oder eine wesentliche Änderung des Zwecks,
e) den Abschluß von Rechtsgeschäften, die ihrer Art nach geeignet sind, den Einfluß der Gemeinde auf das Unternehmen oder die Einrichtung zu mindern oder zu beseitigen oder die Ausübung von Rechten aus einer Beteiligung zu beschränken,
f) die Führung von Einrichtungen entsprechend den Vorschriften über die Eigenbetriebe,
g) den Erwerb eines Geschäftsanteils an einer eingetragenen Genossenschaft,

h) die Errichtung, wesentliche Erweiterung oder Auflösung einer rechtsfähigen Anstalt des öffentlichen Rechts gemäß § 114a, die Beteiligung oder Erhöhung einer Beteiligung der Anstalt an anderen Unternehmen oder Einrichtungen oder deren Gründung sowie Rechtsgeschäfte der Anstalt im Sinne des § 111

sind der Aufsichtsbehörde unverzüglich, spätestens sechs Wochen vor Beginn des Vollzugs, anzuzeigen. [2]Aus der Anzeige muß zu ersehen sein, ob die gesetzlichen Voraussetzungen erfüllt sind. [3]Die Aufsichtsbehörde kann im Einzelfall aus besonderem Grund die Frist verkürzen, verlängern oder ergänzende Unterlagen verlangen.

(2) Für die Entscheidung über die mittelbare Beteiligung an einer Gesellschaft gilt Entsprechendes, wenn ein Beschluss des Rates nach § 108 Absatz 5 oder § 111 Absatz 2 zu fassen ist.

12. Teil
Gesamtabschluss

§ 116 Gesamtabschluss

(1) [1]Die Gemeinde hat in jedem Haushaltsjahr für den Abschlussstichtag 31. Dezember einen Gesamtabschluss aufzustellen. [2]§ 95 Absatz 1 gilt entsprechend.

(2) [1]Der Gesamtabschluss besteht aus

der Gesamtergebnisrechnung,

der Gesamtbilanz,

dem Gesamtanhang,

der Kapitalflussrechnung und

dem Eigenkapitalspiegel.

[2]Darüber hinaus hat die Gemeinde einen Gesamtlagebericht aufzustellen.

(3) [1]Zum Zwecke der Aufstellung des Gesamtabschlusses sind die Jahresabschlüsse aller verselbständigten Aufgabenbereiche in öffentlich-rechtlicher oder privatrechtlicher Form mit dem Jahresabschluss der Gemeinde zu konsolidieren, sofern im Gesetz oder durch Rechtsverordnung nicht anderes bestimmt ist. [2]Für mittelbare Beteiligungen gilt § 290 Absatz 3 des Handelsgesetzbuches entsprechend.

(4) Auf den Gesamtabschluss sind, soweit seine Eigenart keine Abweichung bedingt oder im Gesetz oder durch Rechtsverordnung nichts anderes bestimmt ist, die Vorschriften über den gemeindlichen Jahresabschluss entsprechend anzuwenden.

(5) Hat sich die Zusammensetzung der in den Gesamtabschluss einbezogenen verselbständigten Aufgabenbereiche gemäß Absatz 3 im Laufe des Haushaltsjahres wesentlich geändert, so sind in den Gesamt-

abschluss Angaben aufzunehmen, die es ermöglichen, die aufeinanderfolgenden Gesamtabschlüsse sinnvoll zu vergleichen.

(6) [1]Die in den Gesamtabschluss einzubeziehenden verselbständigten Aufgabenbereiche nach Absatz 3 haben der Gemeinde ihre Jahresabschlüsse, einschließlich etwaig erstellter Lageberichte, und, wenn eine Abschlussprüfung stattgefunden hat, die Prüfungsberichte sowie, wenn ein Zwischenabschluss aufzustellen ist, einen auf den Stichtag des Gesamtabschlusses aufgestellten Abschluss unverzüglich einzureichen. [2]Die Gemeinde kann von jedem verselbständigten Aufgabenbereich nach Absatz 3 alle Aufklärungen und Nachweise verlangen, welche die Aufstellung des Gesamtabschlusses und des Gesamtlageberichtes erfordert.

(7) Der Gesamtabschluss und der Gesamtlagebericht sind innerhalb der ersten neun Monate nach dem Abschlussstichtag aufzustellen, § 95 Absatz 5 findet für deren Aufstellung entsprechende Anwendung.

(8) [1]Für die Prüfung des Gesamtabschlusses und des Gesamtlageberichtes gilt § 59 Absatz 3 entsprechend. [2]Der Rat bestätigt den geprüften Gesamtabschluss durch Beschluss; § 96 Absatz 1 Satz 1, 3 und 6 und Absatz 2 finden entsprechende Anwendung.

§ 116a Größenabhängige Befreiungen

(1) Eine Gemeinde ist von der Pflicht, einen Gesamtabschluss und einen Gesamtlagebericht aufzustellen, befreit, wenn am Abschlussstichtag ihres Jahresabschlusses und am vorhergehenden Abschlussstichtag jeweils mindestens zwei der nachstehenden Merkmale zutreffen:

1. die Bilanzsummen in den Bilanzen der Gemeinde und der einzubeziehenden verselbständigten Aufgabenbereiche nach § 116 Absatz 3 übersteigen insgesamt nicht mehr als 1500000000 Euro,
2. die der Gemeinde zuzurechnenden Erträge aller vollkonsolidierungspflichtigen verselbständigten Aufgabenbereiche nach § 116 Absatz 3 machen weniger als 50 Prozent der ordentlichen Erträge der Ergebnisrechnung der Gemeinde aus,
3. die der Gemeinde zuzurechnenden Bilanzsummen aller vollkonsolidierungspflichtigen verselbständigten Aufgabenbereiche nach § 116 Absatz 3 machen insgesamt weniger als 50 Prozent der Bilanzsumme der Gemeinde aus.

(2) [1]Über das Vorliegen der Voraussetzungen für die Befreiung von der Pflicht zur Aufstellung eines Gesamtabschlusses entscheidet der Rat für jedes Haushaltsjahr bis zum 30. September des auf das Haushaltsjahr folgenden Jahres. [2]Das Vorliegen der Voraussetzungen nach Absatz 1 ist gegenüber dem Rat anhand geeigneter Unterlagen nachzuweisen. [3]Die Entscheidung des Rates ist der Aufsichtsbehörde jährlich mit der Anzeige des durch den Rat festgestellten Jahresabschlusses der Gemeinde vorzulegen.

(3) Sofern eine Gemeinde von der größenabhängigen Befreiung im Zusammenhang mit der Erstellung eines Gesamtabschlusses Gebrauch macht, ist ein Beteiligungsbericht gemäß § 117 zu erstellen.

§ 116b Verzicht auf die Einbeziehung

[1]In den Gesamtabschluss und den Gesamtlagebericht müssen verselbstständigte Aufgabenbereiche nach § 116 Absatz 3 nicht einbezogen werden, wenn sie für die Verpflichtung, ein den tatsächlichen Verhältnissen entsprechendes Bild der Vermögens-, Finanz- und Ertragslage der Gemeinde zu vermitteln, von untergeordneter Bedeutung sind. [2]Die Anwendung des Satzes 1 ist im Gesamtanhang anzugeben und zu begründen. [3]Aufgabenträger mit dem Zweck der unmittelbaren oder mittelbaren Trägerschaft an Sparkassen sind nicht im Gesamtabschluss zu konsolidieren.

§ 117 Beteiligungsbericht

(1) [1]In den Fällen, in denen eine Gemeinde von der Aufstellung eines Gesamtabschlusses unter den Voraussetzungen des § 116a befreit ist, ist in dem Jahr ein Beteiligungsbericht zu erstellen. [2]Für die Erstellung des Beteiligungsberichtes gilt § 116 Absatz 6 Satz 2 entsprechend. [3]Über den Beteiligungsbericht ist ein gesonderter Beschluss des Rates in öffentlicher Sitzung herbeizuführen.

(2) Der Beteiligungsbericht hat folgende Informationen zu sämtlichen verselbständigten Aufgabenbereichen in öffentlich-rechtlicher und privatrechtlicher Form zu enthalten, sofern in diesem Gesetz oder in einer Rechtsverordnung nichts anderes bestimmt wird:

1. die Beteiligungsverhältnisse,
2. die Jahresergebnisse der verselbständigten Aufgabenbereiche,
3. eine Übersicht über den Stand der Verbindlichkeiten und die Entwicklung des Eigenkapitals jedes verselbständigten Aufgabenbereiches sowie
4. eine Darstellung der wesentlichen Finanz- und Leistungsbeziehungen der Beteiligungen untereinander und mit der Gemeinde.

§ 118 *(weggefallen)*

13. Teil
Aufsicht

§ 119 Allgemeine Aufsicht und Sonderaufsicht

(1) Die Aufsicht des Landes (§ 11) erstreckt sich darauf, daß die Gemeinden im Einklang mit den Gesetzen verwaltet werden (allgemeine Aufsicht).

(2) Soweit die Gemeinden ihre Aufgaben nach Weisung erfüllen (§ 3 Abs. 2), richtet sich die Aufsicht nach den hierüber erlassenen Gesetzen (Sonderaufsicht).

§ 120 Aufsichtsbehörden

(1) Die allgemeine Aufsicht über die kreisangehörigen Gemeinden führt der Landrat als untere staatliche Verwaltungsbehörde; § 59 Kreisordnung bleibt unberührt.

(2) Die allgemeine Aufsicht über kreisfreie Städte führt die Bezirksregierung.

(3) Obere Aufsichtsbehörde ist für kreisangehörige Gemeinden die Bezirksregierung, für kreisfreie Städte das für Kommunales zuständige Ministerium.

(4) Oberste Aufsichtsbehörde ist das für Kommunales zuständige Ministerium.

(5) Sind an Angelegenheiten, die nach diesem Gesetz der Genehmigung oder der Entscheidung der Aufsichtsbehörde bedürfen, Gemeinden verschiedener Kreise oder Regierungsbezirke beteiligt, ist die gemeinsame nächsthöhere Aufsichtsbehörde oder die von dieser bestimmte Aufsichtsbehörde zuständig.

§ 121 Unterrichtungsrecht

Die Aufsichtsbehörde kann sich jederzeit über die Angelegenheiten der Gemeinde unterrichten.

§ 122 Beanstandungs- und Aufhebungsrecht

(1) [1]Die Aufsichtsbehörde kann den Bürgermeister anweisen, Beschlüsse des Rates und der Ausschüsse, die das geltende Recht verletzen, zu beanstanden (§ 54 Abs. 2 und 3). [2]Sie kann solche Beschlüsse nach vorheriger Beanstandung durch den Bürgermeister und nochmaliger Beratung im Rat oder Ausschuß aufheben.

(2) [1]Die Aufsichtsbehörde kann Anordnungen des Bürgermeisters, die das geltende Recht verletzen, beim Rat beanstanden. [2]Die Beanstandung ist schriftlich in Form einer begründeten Darlegung dem Rat mitzuteilen. [3]Sie hat aufschiebende Wirkung. [4]Billigt der Rat die Anordnungen des Bürgermeisters, so kann die Aufsichtsbehörde die Anordnung aufheben.

§ 123 Anordnungsrecht und Ersatzvornahme

(1) Erfüllt die Gemeinde die ihr kraft Gesetzes obliegenden Pflichten oder Aufgaben nicht, so kann die Aufsichtsbehörde anordnen, daß sie innerhalb einer bestimmten Frist das Erforderliche veranlaßt.

(2) Kommt die Gemeinde der Anordnung der Aufsichtsbehörde nicht innerhalb der bestimmten Frist nach, so kann die Aufsichtsbehörde die

Anordnung an Stelle und auf Kosten der Gemeinde selbst durchführen oder die Durchführung einem anderen übertragen.

§ 124 Bestellung eines Beauftragten

[1]Wenn und solange die Befugnisse der Aufsichtsbehörde nach den §§ 121 bis 123 nicht ausreichen, kann das für Kommunales zuständige Ministerium einen Beauftragten bestellen, der alle oder einzelne Aufgaben der Gemeinde auf ihre Kosten wahrnimmt. [2]Der Beauftragte hat die Stellung eines Organs der Gemeinde.

§ 125 Auflösung des Rates

[1]Das für Kommunales zuständige Ministerium kann durch Beschluß der Landesregierung ermächtigt werden, einen Rat aufzulösen, wenn er dauernd beschlußunfähig ist oder wenn eine ordnungsgemäße Erledigung der Gemeindeaufgaben aus anderen Gründen nicht gesichert ist. [2]Innerhalb von drei Monaten nach Bekanntgabe der Auflösung ist eine Neuwahl durchzuführen.

§ 126 Anfechtung von Aufsichtsmaßnahmen

Maßnahmen der Aufsichtsbehörde können unmittelbar mit der Klage im Verwaltungsstreitverfahren angefochten werden.

§ 127 Verbot von Eingriffen anderer Stellen

Andere Behörden und Stellen als die allgemeinen Aufsichtsbehörden sind zu Eingriffen in die Gemeindeverwaltung nach den §§ 121 ff. nicht befugt.

§ 128 Zwangsvollstreckung

(1) [1]Zur Einleitung der Zwangsvollstreckung gegen die Gemeinde wegen einer Geldforderung bedarf der Gläubiger einer Zulassungsverfügung der Aufsichtsbehörde, es sei denn, daß es sich um die Verfolgung dinglicher Rechte handelt. [2]In der Verfügung hat die Aufsichtsbehörde die Vermögensgegenstände zu bestimmen, in welche die Zwangsvollstreckung zugelassen wird, und über den Zeitpunkt zu befinden, in dem sie stattfinden soll. [3]Die Zwangsvollstreckung wird nach den Vorschriften der Zivilprozeßordnung durchgeführt.

(2) Ein Insolvenzverfahren über das Vermögen der Gemeinde ist nicht zulässig.

(3) Die Bestimmung des § 123 bleibt unberührt.

14. Teil
Übergangs- und Schlussvorschriften, Sondervorschriften

§ 129 Weiterentwicklung der kommunalen Selbstverwaltung (Experimentierklausel)

[1]Zur Erprobung neuer Steuerungsmodelle und zur Weiterentwicklung der kommunalen Selbstverwaltung auch in der grenzüberschreitenden

kommunalen Zusammenarbeit kann das für Kommunales zuständige Ministerium im Einzelfall zeitlich begrenzte Ausnahmen von organisations- und haushaltsrechtlichen Vorschriften des Gesetzes oder der zur Durchführung ergangenen Rechtsverordnungen zulassen. [2]Darüber hinaus kann es durch Rechtsverordnung Ausnahmen von anderen Vorschriften des Gesetzes oder der zur Durchführung ergangenen Rechtsverordnungen zulassen. [3]Die Rechtsverordnung kann Gemeinden auf Antrag und zeitlich befristet eine alternative Aufgabenerledigung ermöglichen, soweit die grundsätzliche Erfüllung des Gesetzauftrages sichergestellt ist. [4]§ 5 bleibt hiervon unberührt.

§ 130 Unwirksame Rechtsgeschäfte

(1) Rechtsgeschäfte, die ohne die aufgrund dieses Gesetzes erforderliche Genehmigung der Aufsichtsbehörde abgeschlossen werden, sind unwirksam.

(2) Rechtsgeschäfte, die gegen das Verbot des § 86 Abs. 5, des § 87 Abs. 1 oder des § 110 verstoßen, sind nichtig.

§ 131 Befreiung von der Genehmigungspflicht

Das für Kommunales zuständige Ministerium wird ermächtigt, durch Rechtsverordnung Rechtsgeschäfte, die nach den Vorschriften der Teile 8 bis 11 der Genehmigung der Aufsichtsbehörde bedürfen, von der Genehmigung allgemein freizustellen und statt dessen die vorherige Anzeige an die Aufsichtsbehörde vorzuschreiben.

§ 132 Auftragsangelegenheiten

Bis zum Erlaß neuer Vorschriften sind die den Gemeinden zur Erfüllung nach Weisung übertragenen staatlichen Angelegenheiten (Auftragsangelegenheiten) nach den bisherigen Vorschriften durchzuführen.

§ 133 Ausführung des Gesetzes

(1) Das für Kommunales zuständige Ministerium wird ermächtigt, im Einvernehmen mit dem für Finanzen zuständigen Ministerium zur Durchführung dieses Gesetzes durch Rechtsverordnung zu regeln:

1. Inhalt und Gestaltung des Haushaltsplans, der mittelfristigen Ergebnis- und Finanzplanung sowie die Haushaltsführung und die Haushaltsüberwachung; dabei kann es bestimmen, dass Einzahlungen und Auszahlungen, für die ein Dritter Kostenträger ist oder die von einer zentralen Stelle ausgezahlt werden, nicht im Haushalt der Gemeinde abgewickelt werden,
2. die Veranschlagung von Erträgen, Aufwendungen sowie Einzahlungen und Auszahlungen und Verpflichtungsermächtigungen, die Bildung von Budgets sowie den Ausweis von Zielen und Kennzahlen,

3. Inhalt und Umfang von Abschreibungen, die Bildung von Rückstellungen und von Rücklagen sowie deren Mindesthöhe und Verwendung,
4. die Erfassung, den Nachweis, die Bewertung und die Fortschreibung der Vermögensgegenstände und der Schulden,
5. die Geldanlagen und ihre Sicherung,
6. die Ausschreibung von Lieferungen und Leistungen sowie die Vergabe von Aufträgen einschließlich des Abschlusses von Verträgen,
7. die Stundung, die Niederschlagung und den Erlass von Ansprüchen sowie die Behandlung von Kleinbeträgen,
8. Inhalt, Gestaltung, Prüfung und Aufbewahrung des Jahresabschlusses und des Gesamtabschlusses,
9. die Aufgaben und die Organisation der Finanzbuchhaltung, deren Beaufsichtigung und Prüfung sowie die ordnungsgemäße Abwicklung der Buchführung und des Zahlungsverkehrs, einschließlich ihrer Grundsätze und Verfahren,
10. die erstmalige Bewertung von Vermögen und Schulden und die Aufstellung, Prüfung und Aufbewahrung der Eröffnungsbilanz sowie die Vereinfachungsverfahren und Wertberichtigungen,
11. die zeitliche Aufbewahrung von Büchern, Belegen und sonstigen Unterlagen,
12. Aufbau und Verwaltung, Wirtschaftsführung, Rechnungswesen und Prüfung der Eigenbetriebe, deren Freistellung von diesen Vorschriften sowie das Wahlverfahren zur Aufstellung des Vorschlages der Versammlung der Beschäftigten für die Wahl von Beschäftigten als Mitglieder des Betriebsausschusses und ihrer Stellvertreter, ferner das Verfahren zur Bestimmung der Nachfolger im Falle des Ausscheidens dieser Mitglieder oder Stellvertreter vor Ablauf der Wahlperiode des Rates,
13. das Verfahren bei der Errichtung der rechtsfähigen Anstalt des öffentlichen Rechts und deren Aufbau, die Verwaltung, die Wirtschaftsführung sowie das Rechnungs- und Prüfungswesen.

(2) Das für Kommunales zuständige Ministerium erlässt die erforderlichen Verwaltungsvorschriften, insbesondere für

1. die Gliederung des Haushaltsplans in Produktbereiche,
2. die Kontierung von Erträgen und Aufwendungen im Ergebnisplan und in der Ergebnisrechnung,
3. die Kontierung von Einzahlungen und Auszahlungen im Finanzplan und in der Finanzrechnung,
4. Verfahren zur Ermittlung von Wertansätzen und deren Kontierung in der Bilanz,
5. die Einrichtung und Zuordnung von Konten für die Finanzbuchhaltung,

6. die Ausgestaltung von Sicherheitsstandards für die Finanzbuchhaltung,
7. die Festlegung von Nutzungsdauern für Vermögensgegenstände,
8. Verfahren zur Ermittlung von Wertansätzen für Vermögen und Schulden in der Eröffnungsbilanz,
9. Inhalt und Gestaltung von Prüfungsberichten.

(3) [1]Das für Kommunales zuständige Ministerium gibt, soweit es für die Vergleichbarkeit der Haushalte erforderlich ist, durch Verwaltungsvorschrift Muster insbesondere für

1. die Haushaltssatzung und ihre Bekanntmachung,
2. die Beschreibung und Gliederung der Produktbereiche und Produktgruppen sowie die Gestaltung des Haushaltsplanes und des Finanzplanes,
3. die Form des Haushaltsplanes und seiner Anlagen und des Finanzplanes,
4. die Form der Anlagenübersicht, der Forderungsübersicht, der Eigenkapitalübersicht und der Verbindlichkeitenübersicht,
5. die Zahlungsanordnungen, Buchführung, den Kontenrahmen, den Jahresabschluss und den Gesamtabschluss und ihren jeweiligen Anlagen und
6. den Beteiligungsbericht

im Ministerialblatt für das Land Nordrhein-Westfalen bekannt. [2]Die Gemeinden sind verpflichtet, diese Muster zu verwenden. [3]Die Bekanntgabe von Mustern nach Satz 1 Nummer 2 und 3 erfolgt im Benehmen mit dem für Finanzen zuständigen Ministerium.

(4) [1]Das für Kommunales zuständige Ministerium wird ermächtigt, durch Rechtsverordnung im Benehmen mit dem für Kommunales zuständigen Ausschuss des Landtags und mit der oder dem Beauftragten der Landesregierung Nordrhein-Westfalen für Informationstechnik Vorschriften zur Verwirklichung der in § 47a Absatz 2 bis 5 bezeichneten Anforderungen zu erlassen. [2]Dies betrifft insbesondere Vorgaben hinsichtlich der technischen und organisatorischen Umsetzung von Sitzungen in digitaler und in hybrider Form im Einzelnen, insbesondere bei Verfahren nach § 48 Absatz 2 Satz 2 bis 5 sowie § 50 Absatz 1 und 2, einschließlich datenschutzrechtlicher und informationssicherheitsrechtlicher Standards. [3]Die Rechtsverordnung kann ferner eine juristische Person des öffentlichen Rechts als zuständige Stelle für die Zertifizierung nach § 47a Absatz 4 Satz 2 bestimmen und die für sie maßgeblichen Verfahren und Anforderungen näher festlegen.

(5) Das für Kommunales zuständige Ministerium wird ermächtigt, durch Rechtsverordnung, nähere Vorschriften über die Voraussetzungen der Ansprüche nach § 45 Absatz 1 zu treffen und insbesondere die Höhe

der zu gewährenden Aufwandsentschädigung durch Festlegung unter anderem von Regelstundensätzen, Höchstbeträgen, Monatspauschalen und Sitzungsgeldern festzusetzen.

§ 134 Übergangsregelungen

(1) [1]Die in § 7 Absatz 6 Satz 1 genannte Frist gilt für alle ab dem 15. Dezember 2021 verkündeten Satzungen und ortsrechtlichen Bestimmungen. [2]Für alle vorher verkündeten Satzungen und ortsrechtlichen Bestimmungen gelten die zum Zeitpunkt der Bekanntmachung geltenden Fristen.

(2) [1]Die in § 54 Absatz 4 genannten Fristen gelten für alle ab dem 15. Dezember 2021 gefassten beziehungsweise öffentlich bekannt gemachten Beschlüsse. [2]Für alle vorher gefassten beziehungsweise öffentlich bekannt gemachten Beschlüsse gelten die zum Zeitpunkt des Beschlusses beziehungsweise der Bekanntmachung geltenden Fristen.

§ 135 Inkrafttreten

Das Gesetz tritt am 17. Oktober 1994 in Kraft.

Kreisordnung für das Land Nordrhein-Westfalen (KrO NRW)

in der Fassung der Bekanntmachung vom 14. Juli 1994 (GV. NW. S. 646), zuletzt geändert durch Gesetz vom 10. Juli 2025 (GV. NRW. S. 618)

Inhaltsverzeichnis

1. Teil
Grundlagen der Kreisverfassung

§ 1 Wesen der Kreise

(1) Die Kreise verwalten ihr Gebiet zum Besten der kreisangehörigen Gemeinden und ihrer Einwohner nach den Grundsätzen der gemeindlichen Selbstverwaltung.

(2) Die Kreise sind Gemeindeverbände und Gebietskörperschaften.

(3) Das Gebiet des Kreises bildet zugleich den Bezirk der unteren staatlichen Verwaltungsbehörde.

§ 2 Wirkungsbereich

(1) [1]Die Kreise sind, soweit die Gesetze nicht ausdrücklich etwas anderes bestimmen, ausschließliche und eigenverantwortliche Träger der öffentlichen Verwaltung zur Wahrnehmung der auf ihr Gebiet begrenzten überörtlichen Angelegenheiten. [2]Die Wahrnehmung örtlicher Aufgaben durch die Gemeinden bleibt unberührt. [3]Mehrere Gemeinden können überörtliche, auf ihre Gebiete begrenzte Aufgaben durch Zweckverbände oder im Wege öffentlich-rechtlicher Vereinbarungen durchführen.

(2) [1]Die Kreise nehmen ferner die Aufgaben wahr, die ihnen aufgrund gesetzlicher Vorschriften übertragen sind. [2]Den Kreisen können nur

durch Gesetz Pflichtaufgaben auferlegt werden. [3]Pflichtaufgaben können den Kreisen zur Erfüllung nach Weisung übertragen werden; das Gesetz bestimmt den Umfang des Weisungsrechts, das in der Regel zu begrenzen ist. [4]Für die gemeinsame Wahrnehmung von Pflichtaufgaben zur Erfüllung nach Weisung ist der Anwendungsbereich des Gesetzes über kommunale Gemeinschaftsarbeit nur nach Maßgabe der Absätze 5 und 6 eröffnet.

(3) [1]Eingriffe in die Rechte der Kreise sind nur durch Gesetz zulässig. [2]Rechtsverordnungen zur Durchführung solcher Gesetze bedürfen der Zustimmung des für die kommunale Selbstverwaltung zuständigen Ausschusses des Landtags und, sofern nicht die Landesregierung oder das für Kommunales zuständige Ministerium sie erlassen, der Zustimmung des für Kommunales zuständigen Ministeriums.

(4) [1]Werden den Kreisen neue Pflichten auferlegt oder werden Pflichten bei der Novellierung eines Gesetzes fortgeschrieben oder erweitert, ist gleichzeitig die Aufbringung der Mittel zu regeln. [2]Führen diese neuen Pflichten zu einer Mehrbelastung der Kreise, ist ein entsprechender Ausgleich zu schaffen.

(5) [1]Zur Effizienzsteigerung kann ein Kreis mit einem anderen Kreis nach den §§ 23 bis 26 des Gesetzes über kommunale Gemeinschaftsarbeit in der Fassung der Bekanntmachung vom 1. Oktober 1979 (GV. NRW. S. 621) in der jeweils geltenden Fassung vereinbaren, dass ihm nach Absatz 2 Satz 3 übertragene Aufgaben von dem anderen Kreis übernommen oder für ihn durchgeführt werden. [2]Satz 1 gilt auch für den Abschluss einer öffentlich-rechtlichen Vereinbarung zwischen einem Kreis und einer kreisfreien Stadt.

(6) Absatz 5 gilt nicht, soweit

1. Bundesrecht oder das Recht der Europäischen Union entgegensteht,
2. der Abschluss einer öffentlich-rechtlichen Vereinbarung durch Gesetz oder Rechtsverordnung ausdrücklich eingeschränkt oder ausgeschlossen ist,
3. durch die beabsichtigte Aufgabenverlagerung schutzwürdige Belange Dritter unangemessen beeinträchtigt werden oder Gründe des öffentlichen Wohls entgegenstehen oder
4. die örtliche Entfernung der beteiligten Körperschaften der ordnungsgemäßen Erledigung der Aufgabe entgegensteht.

§ 3 Gleichstellung von Frau und Mann

(1) Die Verwirklichung des Verfassungsgebots der Gleichberechtigung von Frau und Mann ist auch eine Aufgabe der Kreise, die zur Wahrnehmung dieser Aufgabe hauptamtlich tätige Gleichstellungsbeauftragte bestellen.

(2) Die Gleichstellungsbeauftragte wirkt bei allen Vorhaben und Maßnahmen des Kreises mit, die die Belange von Frauen berühren oder

Auswirkungen auf die Gleichberechtigung von Frau und Mann und die Anerkennung ihrer gleichberechtigten Stellung in der Gesellschaft haben.

(3) [1]Die Gleichstellungsbeauftragte kann in Angelegenheiten ihres Aufgabenbereiches an den Sitzungen des Kreisausschusses, des Kreistages und seiner Ausschüsse teilnehmen. [2]Ihr ist auf Wunsch das Wort zu erteilen. [3]Sie kann die Öffentlichkeit über Angelegenheiten ihres Aufgabenbereichs unterrichten.

(4) Die Gleichstellungsbeauftragte kann in Angelegenheiten, die ihren Aufgabenbereich berühren, den Beschlussvorlagen des Landrates widersprechen; in diesem Fall hat der Landrat den Kreistag zu Beginn der Beratung auf den Widerspruch und seine wesentlichen Gründe hinzuweisen.

(5) Das Nähere zu den Absätzen 2 bis 4 regelt die Hauptsatzung.

§ 4 Geheimhaltung

[1]Die Kreise sind verpflichtet, Angelegenheiten der zivilen Verteidigung, die auf Anordnung der zuständigen Behörde oder ihrem Wesen nach gegen die Kenntnis Unbefugter geschützt werden müssen, geheimzuhalten. [2]Sie haben hierbei Weisungen der Landesregierung auf dem Gebiet des Geheimschutzes zu beachten.

§ 5 Satzungen

(1) [1]Die Kreise können ihre Angelegenheiten durch Satzung regeln, soweit Gesetze nichts anderes bestimmen. [2]Satzungen bedürfen der Genehmigung der Aufsichtsbehörde nur, wenn dies gesetzlich ausdrücklich vorgeschrieben ist.

(2) [1]In den Satzungen können vorsätzliche und fahrlässige Zuwiderhandlungen gegen Gebote und Verbote mit Bußgeld bedroht werden. [2]Zuständige Verwaltungsbehörde im Sinne des § 36 Abs. 1 Nr. 1 des Gesetzes über Ordnungswidrigkeiten ist der Landrat.

(3) [1]Jeder Kreis hat eine Hauptsatzung zu erlassen. [2]In ihr ist mindestens zu ordnen, was nach den Vorschriften dieses Gesetzes der Hauptsatzung vorbehalten ist. [3]Die Hauptsatzung und ihre Änderung kann der Kreistag nur mit der Mehrheit der gesetzlichen Zahl der Mitglieder beschließen.

(4) [1]Satzungen sind öffentlich bekanntzumachen. [2]Sie treten, wenn kein anderer Zeitpunkt bestimmt ist, mit dem Tage nach der Bekanntmachung in Kraft.

(5) Das für Kommunales zuständige Ministerium bestimmt durch Rechtsverordnung, welche Verfahrens- und Formvorschriften bei der öffentlichen Bekanntmachung von Satzungen und sonstigen ortsrechtlichen Bestimmungen einzuhalten sind, soweit nicht andere Gesetze hierüber besondere Regelungen enthalten.

(6) [1]Die Verletzung von Verfahrens- oder Formvorschriften dieses Gesetzes kann gegen Satzungen und sonstige ortsrechtliche Bestimmungen nach Ablauf von sechs Monaten seit ihrer Verkündung nicht mehr geltend gemacht werden, es sei denn

a) eine vorgeschriebene Genehmigung fehlt oder ein vorgeschriebenes Anzeigeverfahren wurde nicht durchgeführt,
b) die Satzung oder die sonstige ortsrechtliche Bestimmung ist nicht ordnungsgemäß öffentlich bekanntgemacht worden,
c) der Landrat hat den Kreistagsbeschluß vorher beanstandet oder
d) der Form- oder Verfahrensmangel ist gegenüber dem Kreis vorher gerügt und dabei die verletzte Rechtsvorschrift und die Tatsache bezeichnet worden, die den Mangel ergibt.

[2]Bei der öffentlichen Bekanntmachung der Satzung oder der sonstigen ortsrechtlichen Bestimmung ist auf die Rechtsfolgen nach Satz 1 hinzuweisen.

(7) [1]Die Kreise bestimmen in ihrer Hauptsatzung die Form der öffentlichen Bekanntmachung für die nach diesem Gesetz oder anderen Rechtsvorschriften vorgeschriebenen sonstigen öffentlichen Bekanntmachungen, soweit nicht andere Gesetze hierüber besondere Regelungen enthalten. [2]Für die Form und den Vollzug der Bekanntmachung gilt die Rechtsverordnung nach Absatz 5 entsprechend.

§ 6 Einrichtungen und Lasten

(1) Die Kreise schaffen innerhalb der Grenzen ihrer Leistungsfähigkeit die für die wirtschaftliche, soziale und kulturelle Betreuung ihrer Einwohner erforderlichen öffentlichen Einrichtungen.

(2) Alle Einwohner eines Kreises sind im Rahmen des geltenden Rechts berechtigt, die öffentlichen Einrichtungen des Kreises zu benutzen, und verpflichtet, die Lasten zu tragen, die sich aus ihrer Zugehörigkeit zum Kreis ergeben.

(3) Grundbesitzer und Gewerbetreibende, die nicht im Kreis wohnen, sind in gleicher Weise berechtigt, die öffentlichen Einrichtungen zu benutzen, die im Kreis für Grundbesitzer und Gewerbetreibende bestehen und verpflichtet, für ihren Grundbesitz oder Gewerbebetrieb im Gebiet des Kreises zu den Lasten des Kreises beizutragen.

(4) Diese Vorschriften gelten entsprechend für juristische Personen und Personenvereinigungen.

§ 7 Anschluß- und Benutzungszwang

[1]Die Kreise können bei öffentlichem Bedürfnis durch Satzung für die Grundstücke des Kreisgebiets den Anschluß an überörtliche, der Volksgesundheit dienende Einrichtungen sowie an Einrichtungen zur Versorgung mit Fernwärme (Anschlußzwang) und die Benutzung dieser Ein-

richtungen (Benutzungszwang) vorschreiben. [2]Die Satzung kann Ausnahmen vom Anschluß- und Benutzungszwang zulassen. [3]Sie kann den Zwang auch auf bestimmte Teile des Kreisgebiets und auf bestimmte Gruppen von Grundstücken oder Personen beschränken. [4]Im Falle des Anschluß- und Benutzungszwangs für Fernwärme soll die Satzung zum Ausgleich von sozialen Härten angemessene Übergangsregelungen enthalten.

§ 8 Verwaltung

Die Verwaltung des Kreises liegt bei dem Kreistag, dem Kreisausschuß und dem Landrat.

§ 9 Wirtschaftsführung

[1]Die Kreise haben ihr Vermögen und ihre Einkünfte so zu verwalten, daß die Kreisfinanzen gesund bleiben. [2]Auf die wirtschaftlichen Kräfte der kreisangehörigen Gemeinden und der Abgabepflichtigen ist Rücksicht zu nehmen.

§ 10 Aufsicht

Die Aufsicht des Landes schützt die Kreise in ihren Rechten und sichert die Erfüllung ihrer Pflichten.

§ 11 Funktionsbezeichnungen

Die Funktionsbezeichnungen dieses Gesetzes werden in weiblicher oder männlicher Form geführt.

§ 12 Name, Bezeichnung und Sitz

(1) [1]Die Kreise führen ihre bisherigen Namen. [2]Der Kreistag kann mit einer Mehrheit von drei Vierteln seiner Mitglieder den Kreisnamen ändern. [3]Die Änderung des Kreisnamens bedarf der Genehmigung des für Kommunales zuständigen Ministeriums. [4]Sätze 2 und 3 finden auch in den Fällen Anwendung, in denen der Kreisname durch Gesetz festgelegt wurde, wenn seit dem Inkrafttreten des Gesetzes zehn Jahre vergangen sind.

(2) [1]Die Kreise können Bezeichnungen, die auf der Geschichte oder der heutigen Eigenart oder Bedeutung des Kreises beruhen, führen. [2]Der Kreistag kann mit einer Mehrheit von drei Vierteln seiner Mitglieder diese Bezeichnung bestimmen und ändern. [3]Die Bestimmung und Änderung der Bezeichnung bedarf der Genehmigung des für Kommunales zuständigen Ministeriums.

(3) Der Kreistag bestimmt den Sitz der Kreisverwaltung; der Beschluß bedarf der Genehmigung der Landesregierung.

§ 13 Siegel, Wappen und Flaggen

(1) Die Kreise führen Dienstsiegel.

(2) Die Kreise führen ihre bisherigen Wappen und Flaggen.

(3) Die Änderung und die Einführung von Dienstsiegeln, Wappen und Flaggen bedürfen der Genehmigung der Bezirksregierung.

2. Teil
Kreisgebiet

§ 14 Kreisgebiet

Das Gebiet jedes Kreises soll so bemessen sein, daß die Leistungsfähigkeit des Kreises zur Erfüllung seiner Aufgaben gesichert ist.

§ 15 Gebietsbestand

Das Gebiet des Kreises besteht aus der Gesamtheit der nach geltendem Recht zum Kreis gehörenden Gemeinden.

§ 16 Gebietsänderung

(1) Aus Gründen des öffentlichen Wohles können Grenzen eines Kreises durch Eingliederung oder Ausgliederung von Gemeinden geändert, Kreise aufgelöst oder neugebildet werden.

(2) [1]Das Verfahren zur Änderung des Gebiets eines Kreises wird durch Antrag einer unmittelbar beteiligten Gebietskörperschaft an die Aufsichtsbehörde des Kreises eingeleitet. [2]Werden durch die beantragte Gebietsänderung die Grenzen von Kreisen verschiedener Regierungsbezirke berührt, so ist der Antrag an die obere Aufsichtsbehörde zu richten. [3]Das Verfahren kann auch durch die Aufsichtsbehörde oder die obere Aufsichtsbehörde eingeleitet werden.

(3) Vor einer Änderung des Gebiets eines Kreises ist der Wille der unmittelbar beteiligten Gebietskörperschaften in der Weise festzustellen, daß ihren Vertretungen Gelegenheit zur Stellungnahme gegeben wird.

(4) Die Änderung der Grenzen von Kreisen bewirkt ohne weiteres die Änderung der Grenzen der Landschaftsverbände.

§ 17 Gebietsänderungsverträge

[1]Die Kreise treffen, soweit erforderlich, über die Änderung ihres Gebiets Vereinbarungen (Gebietsänderungsverträge). [2]Derartige Verträge bedürfen der Genehmigung der Aufsichtsbehörde. [3]Kommt ein Gebietsänderungsvertrag nicht zustande, so bestimmt die Aufsichtsbehörde die Einzelheiten der Gebietsänderung.

§ 18 Durchführung der Gebietsänderung

[1]Die Änderung des Gebiets eines Kreises erfolgt durch Gesetz. [2]In diesem sind die Bestimmungen über die Gebietsänderung zu bestätigen und der Tag der Rechtswirksamkeit der Gebietsänderung festzulegen.

§ 19 Wirkungen der Gebietsänderung

(1) [1]Der Ausspruch der Änderung des Gebiets eines Kreises und die Bestätigung des Gebietsänderungsvertrags begründen Rechte und Pflichten der Beteiligten. [2]Sie bewirken den Übergang, die Beschränkung oder Aufhebung von dinglichen Rechten, sofern der Gebietsänderungsvertrag derartiges vorsieht. [3]Die Aufsichtsbehörde ersucht die zuständigen Behörden um die Berichtigung des Grundbuchs, des Wasserbuchs und anderer öffentlicher Bücher. [4]Sie kann Unschädlichkeitszeugnisse ausstellen.

(2) Rechtshandlungen, die aus Anlaß der Änderung des Gebiets eines Kreises erforderlich sind, sind frei von öffentlichen Abgaben sowie von Gebühren und Auslagen, soweit diese auf Landesrecht beruhen.

3. Teil

Einwohner und Bürger

§ 20 Einwohner

Einwohner des Kreises sind die Einwohner der kreisangehörigen Gemeinden.

§ 21 Anregungen und Beschwerden

(1) [1]Jede Einwohnerin oder jeder Einwohner des Kreises, die oder der seit mindestens drei Monaten in dem Kreis wohnt, hat das Recht, sich einzeln oder in Gemeinschaft mit anderen in Textform nach § 126b des Bürgerlichen Gesetzbuches mit Anregungen oder Beschwerden in Angelegenheiten des Kreises an den Kreistag zu wenden. [2]Die Zuständigkeiten des Kreisausschusses, der Ausschüsse und des Landrats werden hierdurch nicht berührt. [3]Die Erledigung von Anregungen und Beschwerden kann der Kreistag einem Ausschuß übertragen. [4]Der Antragsteller ist über die Stellungnahme zu den Anregungen und Beschwerden zu unterrichten.

(2) Die näheren Einzelheiten regelt die Hauptsatzung.

§ 22 Einwohnerantrag

(1) Einwohner, die seit mindestens drei Monaten im Kreis wohnen und das 14. Lebensjahr vollendet haben, können beantragen, daß der Kreistag über eine bestimmte Angelegenheit, für die er gesetzlich zuständig ist, berät und entscheidet.

(2) [1]Der Antrag muß in Textform eingereicht werden. [2]Er muß ein bestimmtes Begehren und eine Begründung enthalten. [3]Er muß bis zu drei Personen benennen, die berechtigt sind, die Unterzeichnenden zu vertreten. [4]Die Verwaltung ist in den Grenzen ihrer Verwaltungskraft ihren Einwohnern bei der Einleitung eines Einwohnerantrages behilflich.

(3) [1]Ein Einwohnerantrag muss von mindestens 4 Prozent der Einwohner unterzeichnet sein, höchstens jedoch von 8000 Einwohnern. [2]§ 4 Absatz 7 der Gemeindeordnung für das Land Nordrhein-Westfalen in der Fassung der Bekanntmachung vom 14. Juli 1994 (GV. NRW. S. 666) in der jeweils geltenden Fassung gilt entsprechend.

(4) [1]Jede Liste mit Unterzeichnungen muß den vollen Wortlaut des Antrags enthalten. [2]Eintragungen, welche die Person des Unterzeichners nach Namen, Vornamen, Geburtsdatum und Anschrift nicht zweifelsfrei erkennen lassen, sind ungültig. [3]Die Angaben werden vom Kreis geprüft.

(5) Der Antrag ist nur zulässig, wenn nicht in derselben Angelegenheit innerhalb der letzten zwölf Monate bereits ein Antrag gestellt wurde.

(6) Die Voraussetzungen der Absätze 1 bis 5 müssen im Zeitpunkt des Eingangs des Antrags beim Kreis erfüllt sein.

(7) [1]Der Kreistag stellt unverzüglich fest, ob der Einwohnerantrag zulässig ist. [2]Er hat unverzüglich darüber zu beraten und zu entscheiden, spätestens innerhalb von vier Monaten nach seinem Eingang. [3]Den Vertretern des Einwohnerantrags soll Gelegenheit gegeben werden, den Antrag in der Kreistagssitzung zu erläutern.

(8) Das für Kommunales zuständige Ministerium kann durch Rechtsverordnung das Nähere über die Durchführung des Einwohnerantrags regeln.

§ 23 Bürgerbegehren und Bürgerentscheid

(1) [1]Die Bürger der kreisangehörigen Gemeinden können beantragen (Bürgerbegehren), daß sie anstelle des Kreistags über eine Angelegenheit des Kreises selbst entscheiden (Bürgerentscheid). [2]Der Kreistag kann mit einer Mehrheit von zwei Dritteln der gesetzlichen Zahl der Mitglieder beschließen, dass über eine Angelegenheit des Kreises ein Bürgerentscheid stattfindet (Kreistagsbürgerentscheid). [3]Absatz 2 Satz 1 sowie die Absätze 5, 7, 8 und 9 gelten entsprechend.

(2) [1]Das Bürgerbegehren muss in Textform eingereicht werden und die zur Entscheidung zu bringende Frage sowie eine Begründung enthalten. [2]Es muss bis zu drei Bürger der zum Kreis gehörenden Gemeinden benennen, die berechtigt sind, die Unterzeichnenden zu vertreten (Vertretungsberechtigte). [3]Bürger, die beabsichtigen, ein Bürgerbegehren durchzuführen, teilen dies der Verwaltung in Textform mit. [4]Die Verwaltung ist in den Grenzen ihrer Verwaltungskraft ihren Bürgern bei der Einleitung eines Bürgerbegehrens behilflich. [5]Sie teilt den Vertretungsberechtigten in Textform eine Einschätzung der mit der Durchführung der verlangten Maßnahme verbundenen Kosten (Kostenschätzung) mit. [6]Die Kostenschätzung der Verwaltung ist bei der Sammlung der Unterschriften nach Absatz 4 anzugeben. [7]Wenn die Kostenschätzung nach Satz 5 vorliegt, können die Vertretungsberechtigten nach Satz 2 beantra-

gen zu entscheiden, ob das Bürgerbegehren mit Ausnahme der Voraussetzungen des Absatzes 4 zulässig ist. [8]Der Antrag ist in der gemäß § 22 Absatz 4 vorgeschriebenen Form einschließlich der zur Entscheidung zu bringenden Frage, der Begründung sowie der anzugebenden Kostenschätzung vorzulegen und von den Vertretungsberechtigten sowie mindestens 25 Bürgern zu unterzeichnen. [9]Über den Antrag hat der Kreistag innerhalb von acht Wochen zu entscheiden. [10]Der Kreistag kann in der Hauptsatzung die Entscheidung über den Antrag nach Satz 7 auf den Kreisausschuss übertragen, der ebenfalls innerhalb von acht Wochen zu entscheiden hat. [11]Absatz 6 Satz 3 und 6 gilt entsprechend.

(3) [1]Richtet sich ein Bürgerbegehren gegen einen Beschluß des Kreistags, muß es innerhalb von sechs Wochen nach der Bekanntmachung des Beschlusses eingereicht sein. [2]Gegen den Beschluß, der nicht der Bekanntmachung bedarf, beträgt die Frist drei Monate nach dem Sitzungstag. [3]Nach der Mitteilung nach Absatz 2 Satz 3 ist der Ablauf der Fristen aus Satz 1 und Satz 2 bis zur Mitteilung der Verwaltung nach Absatz 2 Satz 5 gehemmt. [4]Nach einem Antrag nach Absatz 2 Satz 7 ist der Ablauf der Fristen aus Satz 1 und Satz 2 bis zur Entscheidung nach Absatz 2 Satz 9 gehemmt.

(4) [1]Ein Bürgerbegehren muss in einem Kreis

bis 200000 Einwohnern	von 5 %,
mit mehr als 200000 Einwohnern aber nicht mehr als 500000 Einwohnern	von 4 %,
mit mehr als 500000 Einwohnern	von 3 %

der Bürger der kreisangehörigen Gemeinden unterzeichnet sein. [2]Maßgeblich ist die bei der letzten allgemeinen Kommunalwahl festgestellte Zahl der Wahlberechtigten. [3]Für die Zahl der Einwohner gilt § 4 Absatz 7 der Gemeindeordnung für das Land Nordrhein-Westfalen in der jeweils geltenden Fassung entsprechend. [4]Nach Absatz 2 Satz 8 erfolgte Unterzeichnungen sind anzurechnen. [5]Die Angaben werden vom Kreis geprüft. [6]Im übrigen gilt § 22 Abs. 4 entsprechend.

(5) [1]Ein Bürgerbegehren ist unzulässig über

1. die innere Organisation der Kreisverwaltung,
2. die Rechtsverhältnisse der Mitglieder des Kreistages, der Mitglieder des Kreisausschusses und der Mitglieder der Ausschüsse sowie der Bediensteten des Kreises,
3. die Haushaltssatzung, die Eröffnungsbilanz, den Jahresabschluss und den Gesamtabschluss des Kreises (einschließlich der Wirtschaftspläne und des Jahresabschlusses der Eigenbetriebe) sowie die kommunalen Abgaben und die privatrechtlichen Entgelte,
4. Angelegenheiten, die im Rahmen eines Planfeststellungsverfahrens oder eines förmlichen Verwaltungsverfahrens mit Öffentlichkeitsbe-

teiligung oder eines abfallrechtlichen, immissionsschutzrechtlichen, wasserrechtlichen oder vergleichbaren Zulassungsverfahrens zu entscheiden sind.

[2]Ein Bürgerbegehren darf nur Angelegenheiten zum Gegenstand haben, über die innerhalb der letzten vier Jahre nicht bereits ein Bürgerentscheid durchgeführt worden ist.

(6) [1]Der Kreistag stellt unverzüglich fest, ob das Bürgerbegehren zulässig ist. [2]Liegt bereits eine Entscheidung nach Absatz 2 Satz 9 oder Satz 10 vor, so entscheidet der Kreistag lediglich darüber, ob die Voraussetzungen des Absatzes 4 vorliegen. [3]Gegen die ablehnende Entscheidung des Kreistages können nur die Vertreter des Bürgerbegehrens nach Absatz 2 Satz 2 einen Rechtsbehelf einlegen. [4]Entspricht der Kreistag dem zulässigen Bürgerbegehren nicht, so ist innerhalb von drei Monaten nach der Entscheidung nach Satz 1 oder Satz 2 ein Bürgerentscheid durchzuführen. [5]Entspricht der Kreistag dem Bürgerbegehren, so unterbleibt der Bürgerentscheid. [6]Den Vertretern des Bürgerbegehrens soll Gelegenheit gegeben werden, den Antrag in der Sitzung des Kreistages zu erläutern. [7]Ist die Zulässigkeit des Bürgerbegehrens nach Satz 1 oder Satz 2 abschließend festgestellt, darf bis zur Feststellung des Ergebnisses des Bürgerentscheids eine dem Begehren entgegenstehende Entscheidung der Kreisorgane nicht mehr getroffen oder mit dem Vollzug einer derartigen Entscheidung nicht mehr begonnen werden, es sei denn, zu diesem Zeitpunkt haben rechtliche Verpflichtungen des Kreises hierzu bestanden (Sperrwirkung des zulässigen Bürgerbegehrens).

(7) [1]Bei einem Bürgerentscheid kann über die gestellte Frage nur mit Ja oder Nein abgestimmt werden. [2]Die Frage ist in dem Sinne entschieden, in dem sie von der Mehrheit der gültigen Stimmen beantwortet wurde, sofern diese Mehrheit in Kreisen mit

bis zu 200000 Einwohnern	mindestens 20 Prozent,
über 200000 bis zu 500000 Einwohnern	mindestens 15 Prozent,
mehr als 500000 Einwohnern	mindestens 10 Prozent

der Bürger beträgt. [3]§ 4 Absatz 7 der Gemeindeordnung für das Land Nordrhein-Westfalen gilt entsprechend. [4]Bei Stimmengleichheit gilt die Frage als mit Nein beantwortet. [5]Sollen an einem Tag mehrere Bürgerentscheide stattfinden, hat der Kreistag eine Stichfrage für den Fall zu beschließen, dass die gleichzeitig zur Abstimmung gestellten Fragen in einer miteinander nicht zu vereinbarenden Weise beantwortet werden (Stichentscheid). [6]Es gilt dann diejenige Entscheidung, für die sich im Stichentscheid die Mehrheit der gültigen Stimmen ausspricht. [7]Bei

Stimmengleichheit im Stichentscheid gilt der Bürgerentscheid, dessen Frage mit der höchsten Stimmenzahl mehrheitlich beantwortet worden ist.

(8) [1]Der Bürgerentscheid hat die Wirkung eines Kreistagsbeschlusses. [2]Vor Ablauf von zwei Jahren kann er nur auf Initiative des Kreistags durch einen neuen Bürgerentscheid abgeändert werden.

(9) Das für Kommunales zuständige Ministerium kann durch Rechtsverordnung das Nähere über die Durchführung des Bürgerbegehrens und des Bürgerentscheids regeln.

§ 23a Transparenzpflichten bei Bürgerbegehren und Bürgerentscheid

(1) [1]Die Unterlagen zur Einreichung eines Bürgerbegehrens müssen eine Erklärung darüber enthalten, ob und in welcher Gesamthöhe die nach § 23 Absatz 2 Satz 2 genannten Vertretungsberechtigten Zuwendungen von Dritten für die Vorbereitung und Durchführung des Bürgerbegehrens erhalten oder eigene Mittel dafür eingesetzt haben. [2]Zuwendungen eines einzelnen Zuwenders für den Zweck der Vorbereitung und Durchführung des Bürgerbegehrens, deren Gesamtwert 10000 Euro übersteigt, sind unter Angabe des Namens und der Anschrift des Zuwenders sowie der Gesamthöhe der Zuwendung anzugeben.

(2) [1]Erhalten die Vertretungsberechtigten des Bürgerbegehrens nach Antragstellung eine Zuwendung, die alleine oder zusammen mit weiteren Zuwendungen dieses Zuwenders den Gesamtwert von 10000 Euro übersteigt, teilen die Vertretungsberechtigten dies dem Landrat unverzüglich mit. [2]Wird über die Frage des Bürgerbegehrens ein Bürgerentscheid durchgeführt, besteht die Mitteilungspflicht bis zu dessen Abschluss fort.

(3) [1]Im Falle der Durchführung eines Bürgerentscheids veröffentlicht der Landrat die Erklärungen und Mitteilungen der Vertretungsberechtigten 16 Tage vor dem Bürgerentscheid über eine öffentliche Bekanntmachung. [2]Sofern nach dieser Frist weitere Erklärungen und Mitteilungen eingehen, veröffentlicht sie der Landrat in geeigneter Weise spätestens am Tag vor dem Bürgerentscheid. [3]In Fällen nach Satz 2 ist eine vereinfachte Bekanntmachung möglich.

(4) [1]Die Vertretungsberechtigten versichern bei der Einreichung eines Bürgerbegehrens an Eides statt, dass der Mitteilungspflicht vollständig und richtig nachgekommen worden ist. [2]Wird über die Frage des Bürgerbegehrens ein Bürgerentscheid durchgeführt, müssen die Vertretungsberechtigten 16 Tage vor dem Entscheid die Erklärung an Eides statt erneuern.

§ 24 Ehrenamtliche Tätigkeit und Ehrenamt

[1]Einwohner und Bürger der kreisangehörigen Gemeinden sind zur ehrenamtlichen Tätigkeit und zur Übernahme und Ausübung von Eh-

renämtern für den Kreis unter den gleichen Voraussetzungen und mit den gleichen Folgen verpflichtet wie in der Gemeinde, in der sie Einwohner oder Bürger sind. [2]§ 34 der Gemeindeordnung findet keine Anwendung.

4. Teil
Kreistag

§ 25 Allgemeines

(1) Der Kreistag besteht aus den Kreistagsmitgliedern, die von den Bürgern der kreisangehörigen Gemeinden gewählt werden (Kreistagsmitglieder) und dem Landrat (Mitglied kraft Gesetzes).

(2) [1]Vorsitzender des Kreistags ist der Landrat. [2]Ihm obliegt die repräsentative Vertretung des Kreises. [3]Der Landrat hat im Kreistag Stimmrecht. [4]In den Fällen der §§ 26 Abs. 1 Buchstabe i), 26 Abs. 2, 32 Abs. 1 Satz 3, 33 Abs. 1 Satz 2, 35 Abs. 3, 38 Abs. 2, 41 Abs. 3, 5 und 7, 45 Abs. 1, 48 Abs. 1 Satz 2 und 49 Abs. 1 Satz 3 und 4 stimmt er nicht mit.

§ 26 Zuständigkeiten des Kreistags

(1) [1]Der Kreistag beschließt über die Angelegenheiten des Kreises, die ihrer Bedeutung nach einer solchen Entscheidung bedürfen oder die er sich vorbehält, soweit nicht in diesem Gesetz etwas anderes bestimmt ist. [2]Er ist ausschließlich zuständig für

a) die Aufstellung allgemeiner Grundsätze, nach denen die Verwaltung geführt werden soll,
b) die Wahl der Mitglieder des Kreisausschusses und ihrer Stellvertreter,
c) die Wahl der Mitglieder der anderen Ausschüsse,
d) die Wahl von Beigeordneten sowie die Bestellung der allgemeinen Vertretung der Landrätin oder des Landrats und der Kämmerin oder des Kämmerers,
e) die Änderung des Gebiets des Kreises, die Bestimmung des Namens und der Bezeichnung des Kreises und des Sitzes der Kreisverwaltung sowie die Änderung und Einführung von Dienstsiegeln, Wappen und Flaggen, soweit nicht in diesem Gesetz etwas anderes bestimmt ist,
f) den Erlaß, die Änderung, die Aufhebung von Satzungen und sonstigen ortsrechtlichen Bestimmungen,
g) den Erlass der Haushaltssatzung und des Stellenplans, die Aufstellung eines Haushaltssicherungskonzeptes, die Zustimmung zu überplanmäßigen und außerplanmäßigen Aufwendungen und Auszahlungen und überplanmäßigen und außerplanmäßigen Verpflichtungsermächtigungen, die Festlegung von Wertgrenzen für die Veranschlagung und Abrechnung einzelner Investitionsmaßnahmen,

h) die Festsetzung allgemein geltender öffentlicher Abgaben und privatrechtlicher Entgelte sowie der Kreisumlage,
i) die Feststellung des Jahresabschlusses und die Entlastung sowie die Bestätigung des Gesamtabschlusses, sofern ein Gesamtabschluss nicht erstellt wird, die Beschlussfassung über den Beteiligungsbericht,
j) den Beschluss über die gegenüber der Gemeindeprüfungsanstalt und der Aufsichtsbehörde abzugebende Stellungnahme gemäß § 105 Absatz 7 der Gemeindeordnung für das Land Nordrhein-Westfalen,
k) den Erwerb von Vermögensgegenständen, soweit es sich nicht um Geschäfte der laufenden Verwaltung handelt,
l) die teilweise oder vollständige Veräußerung oder Verpachtung von Eigenbetrieben, die teilweise oder vollständige Veräußerung einer unmittelbaren oder mittelbaren Beteiligung an einer Gesellschaft oder anderen Vereinigungen des privaten Rechts, die Veräußerung eines Geschäftsanteils an einer eingetragenen Kreditgenossenschaft sowie den Abschluß von anderen Rechtsgeschäften im Sinne des § 111 Abs. 1 und 2 Gemeindeordnung,
m) die Errichtung, Übernahme, Erweiterung, Einschränkung und Auflösung von Anstalten des öffentlichen Rechts gemäß § 114a der Gemeindeordnung, öffentlichen Einrichtungen und Eigenbetrieben, die Bildung oder Auflösung eines gemeinsamen Kommunalunternehmens gemäß § 27 Abs. 1 bis 3 und 6 des Gesetzes über kommunale Gemeinschaftsarbeit, die Änderung der Unternehmenssatzung eines gemeinsamen Kommunalunternehmens sowie der Austritt aus einem gemeinsamen Kommunalunternehmen, die erstmalige unmittelbare oder mittelbare Beteiligung sowie die Erhöhung einer unmittelbaren oder mittelbaren Beteiligung an einer Gesellschaft oder anderen Vereinigungen in privater Rechtsform, den Erwerb eines Geschäftsanteils an einer eingetragenen Kreditgenossenschaft,
n) die Umwandlung der Rechtsform von Anstalten des öffentlichen Rechts gem. § 114a der Gemeindeordnung, öffentlichen Einrichtungen und Eigenbetrieben sowie die Umwandlung der Rechtsform von Gesellschaften, an denen der Kreis beteiligt ist, soweit der Einfluß des Kreises geltend gemacht werden kann,
o) die Umwandlung des Zwecks, die Zusammenlegung und die Aufhebung von Stiftungen einschließlich des Verbleibs des Stiftungsvermögens,
p) die Übernahme von Bürgschaften, den Abschluß von Gewährverträgen und die Bestellung sonstiger Sicherheiten für andere sowie solche Rechtsgeschäfte, die den vorgenannten wirtschaftlich gleichkommen,
q) die Bestellung und Abberufung der Leitung und der Prüfer der örtlichen Rechnungsprüfung sowie die Übertragung von Aufgaben auf die örtliche Rechnungsprüfung,

r) die Genehmigung von Verträgen des Kreises mit Kreistags- und Ausschußmitgliedern, mit dem Landrat und den leitenden Dienstkräften des Kreises nach näherer Bestimmung der Hauptsatzung,

s) die Übernahme neuer Aufgaben, für die keine gesetzliche Verpflichtung besteht,

t) alle Angelegenheiten, in denen das Gesetz die Zuständigkeit des Kreistags ausdrücklich vorschreibt,

u) die Festlegung strategischer Ziele unter Berücksichtigung der Ressourcen.

[3]Der Kreistag kann durch die Hauptsatzung die Erledigung bestimmter Geschäfte, für die er nach Satz 2 Buchstaben j bis l zuständig ist, auf den Kreisausschuß übertragen.

(2) [1]Der Kreistag ist durch den Landrat über alle wichtigen Angelegenheiten der Kreisverwaltung zu unterrichten; er überwacht die Durchführung seiner Beschlüsse sowie den Ablauf der Verwaltungsangelegenheiten. [2]Auch kann der Kreistag vom Landrat Einsicht in die Akten durch einen von ihm bestimmten Ausschuß oder einzelne von ihm beauftragte Mitglieder fordern. [3]In Einzelfällen muß auf Verlangen von mindestens einem Fünftel der Kreistagsmitglieder oder einer Fraktion auch einem einzelnen, von den Antragstellern zu benennenden Kreistagsmitglied Akteneinsicht gewährt werden. [4]Ausschussvorsitzende können vom Landrat jederzeit Auskunft und Akteneinsicht über die Angelegenheiten verlangen, die zum Aufgabenbereich ihres Ausschusses gehören. [5]Dritte sind von der Teilnahme an der Akteneinsicht ausgeschlossen. [6]Akteneinsicht darf einem Kreistagsmitglied nicht gewährt werden, das wegen Interessenwiderstreits von der Beratung und Entscheidung der Angelegenheit ausgeschlossen ist.

(3) Über wichtige Anordnungen der Aufsichtsbehörde und Anordnungen, bei denen die Aufsichtsbehörden dies bestimmen, ist der Kreistag vom Landrat zu unterrichten.

(4) [1]Der Landrat ist verpflichtet, einem Kreistagsmitglied auf Verlangen Auskunft zu erteilen oder zu einem Tagesordnungspunkt Stellung zu nehmen. [2]Jedem Kreistagsmitglied ist vom Landrat auf Verlangen Akteneinsicht zu gewähren, soweit die Akten im Zusammenhang mit der Vorbereitung oder der Kontrolle von Beschlüssen des Kreistages oder des Ausschusses stehen, dem es angehört. [3]Dritte sind von der Teilnahme an der Akteneinsicht ausgeschlossen. [4]Die Akteneinsicht darf nur verweigert werden, soweit ihr schutzwürdige Belange Betroffener oder Dritter entgegenstehen. [5]Die ablehnende Entscheidung ist in Textform zu begründen. [6]Akteneinsicht darf einem Kreistagsmitglied nicht gewährt werden, das wegen Interessenwiderstreits von der Beratung und Entscheidung der Angelegenheit ausgeschlossen ist.

(5) [1]Für die Vertretung der Kreise in Organen von juristischen Personen oder Personenvereinigungen gilt § 113 der Gemeindeordnung ent-

sprechend. [2]Vertreter des Kreises, die Mitgliedschaftsrechte in Organen, Beiräten oder Ausschüssen von juristischen Personen oder Personenvereinigungen wahrnehmen, werden vom Kreistag bestellt oder vorgeschlagen. [3]Ist mehr als ein Vertreter des Kreises zu benennen, muß der Landrat oder der von ihm vorgeschlagene Bedienstete des Kreises dazuzählen. [4]Die Vertreter des Kreises sind an die Beschlüsse des Kreistags und des Kreisausschusses gebunden. [5]Sie haben ihr Amt auf Beschluß des Kreistags jederzeit niederzulegen. [6]Die Sätze 1 bis 5 gelten nur, soweit durch Gesetz nichts anderes bestimmt ist.

(6) Absatz 5 gilt entsprechend, wenn dem Kreis das Recht eingeräumt wird, Mitglieder des Vorstandes, des Aufsichtsrates oder eines gleichartigen Organs zu bestellen oder vorzuschlagen.

(7) [1]Werden die vom Kreis bestellten oder vorgeschlagenen Personen aus dieser Tätigkeit haftbar gemacht, so hat ihnen der Kreis den Schaden zu ersetzen, es sei denn, daß sie ihn vorsätzlich oder grob fahrlässig herbeigeführt haben. [2]Auch in diesem Fall ist der Kreis schadensersatzpflichtig, wenn die vom Kreis bestellten Personen nach Weisung des Kreistags oder des Kreisausschusses gehandelt haben.

§ 27 Wahl der Kreistagsmitglieder

(1) [1]Die Kreistagsmitglieder werden in allgemeiner, unmittelbarer, freier, gleicher und geheimer Wahl auf die Dauer von fünf Jahren gewählt. [2]Die näheren Vorschriften trifft das Kommunalwahlgesetz.

(2) Nach Ablauf der Wahlperiode üben die bisherigen Kreistagsmitglieder ihre Tätigkeit bis zur ersten Sitzung des neugewählten Kreistags weiter aus.

§ 28 Rechte und Pflichten der Kreistagsmitglieder

(1) Die Kreistagsmitglieder sind verpflichtet, in ihrer Tätigkeit ausschließlich nach dem Gesetz und ihrer freien, nur durch Rücksicht auf das öffentliche Wohl bestimmten Überzeugung zu handeln; sie sind an Aufträge nicht gebunden.

(2) [1]Für die Tätigkeit als Kreistagsmitglied oder als Mitglied eines Ausschusses gelten die Vorschriften der §§ 30 bis 32 Gemeindeordnung mit folgenden Maßgaben entsprechend:

1. Die Pflicht zur Verschwiegenheit kann ihnen gegenüber nicht vom Landrat angeordnet werden;
2. die Genehmigung, als Zeuge auszusagen, erteilt bei Kreistagsmitgliedern der Kreistag, bei Kreisausschußmitgliedern der Kreisausschuß und bei Ausschußmitgliedern der Ausschuß;
3. die Offenbarungspflicht über Ausschließungsgründe besteht bei Kreistags- und Kreisausschußmitgliedern gegenüber dem Landrat, bei Ausschußmitgliedern gegenüber dem Ausschußvorsitzenden vor Eintritt in die Verhandlung;

4. über Ausschließungsgründe entscheidet bei Kreistagsmitgliedern der Kreistag, bei Kreisausschußmitgliedern der Kreisausschuß und bei Ausschußmitgliedern der Ausschuß;
5. ein Verstoß gegen die Offenbarungspflicht wird vom Kreistag, vom Kreisausschuß bzw. vom Ausschuß durch Beschluß festgestellt;
6. sachkundige Bürger und sachkundige Einwohner als Mitglieder von Ausschüssen können Ansprüche anderer gegen den Kreis nur dann nicht geltend machen, wenn diese in Zusammenhang mit ihren Aufgaben stehen; ob diese Voraussetzungen vorliegen, entscheidet der Ausschuß.

[2]Die Kreistagsmitglieder, Mitglieder des Kreisausschusses und Mitglieder der Ausschüsse müssen gegenüber dem Landrat Auskunft über ihre wirtschaftlichen und persönlichen Verhältnisse geben, soweit das für die Ausübung ihrer Tätigkeit von Bedeutung sein kann. [3]Die näheren Einzelheiten regelt der Kreistag. [4]Name, Anschrift, der ausgeübte Beruf sowie andere vergütete und ehrenamtliche Tätigkeiten können veröffentlicht werden. [5]Die Auskünfte sind vertraulich zu behandeln. [6]Nach Ablauf der Wahlperiode sind die gespeicherten Daten der ausgeschiedenen Kreistagsmitglieder zu löschen. [7]§ 7 des Korruptionsbekämpfungsgesetzes vom 16. Dezember 2004 (GV. NRW. 2005 S. 8) in der jeweils geltenden Fassung bleibt unberührt.

(3) Erleidet der Kreis infolge eines Beschlusses des Kreistags einen Schaden, so haften die Kreistagsmitglieder, wenn sie

a) in vorsätzlicher und grob fahrlässiger Verletzung ihrer Pflicht gehandelt haben,
b) bei der Beschlußfassung mitgewirkt haben, obwohl sie nach dem Gesetz hiervon ausgeschlossen waren, und ihnen der Ausschließungsgrund bekannt war,
c) der Bewilligung von Ausgaben zugestimmt haben, für die das Gesetz oder die Haushaltssatzung eine Ermächtigung nicht vorsieht, wenn nicht gleichzeitig die erforderlichen Deckungsmittel bereitgestellt werden.

§ 29 Freistellung

(1) [1]Niemand darf gehindert werden, sich um ein Mandat als Mitglied des Kreistags oder eines Ausschusses zu bewerben, es anzunehmen oder auszuüben. [2]Benachteiligungen am Arbeitsplatz in Zusammenhang mit der Bewerbung, der Annahme oder der Ausübung eines Mandats sind unzulässig. [3]Entgegenstehende Vereinbarungen sind nichtig. [4]Kündigungen oder Entlassungen aus Anlaß der Bewerbung, Annahme oder Ausübung eines Mandats sind unzulässig.

(2) [1]Die Kreistagsmitglieder und Mitglieder der Ausschüsse sind für die Zeit der Ausübung des Mandats von ihrer Verpflichtung zur Arbeit

freizustellen. [2]Zur Ausübung des Mandats gehören Tätigkeiten, die mit dem Mandat in unmittelbarem Zusammenhang stehen oder auf Veranlassung des Kreistages oder des Ausschusses erfolgen. [3]Auf Veranlassung des Kreistages erfolgt auch eine Tätigkeit als vom Kreistag entsandter Vertreter des Kreises in Organen und Gremien von juristischen Personen oder Vereinigungen des privaten und öffentlichen Rechts sowie als Stellvertreter des Landrats. [4]Bei Mandatsträgern, die innerhalb eines vorgegebenen Arbeitszeitrahmens über Lage und Dauer der individuellen Arbeitszeit selbst entscheiden können, ist die Zeit der Ausübung des Mandats innerhalb dieses Arbeitszeitrahmens zur Hälfte auf ihre Arbeitszeit anzurechnen. [5]Der Anspruch auf Ersatz des Verdienstausfalls nach § 30 ist in diesem Fall auf diese Hälfte beschränkt.

(3) [1]Zur Teilnahme an kommunalpolitischen Bildungsveranstaltungen, die der Ausübung ihres Mandats förderlich sind, haben Kreistagsmitglieder oder Mitglieder von Ausschüssen des Kreistages einen Anspruch auf Urlaub an bis zu acht Arbeitstagen in jeder Wahlperiode, jedoch an nicht mehr als vier aufeinanderfolgenden Arbeitstagen im Jahr. [2]Für die Zeit des Urlaubs besteht nach diesem Gesetz kein Anspruch auf Lohn oder Gehalt; weitergehende Vorschriften bleiben unberührt. [3]Der Verdienstausfall und die Aufwendungen für die entgeltliche Betreuung von pflege- oder betreuungsbedürftigen Angehörigen sind nach Maßgabe der Regelungen des § 30 zu ersetzen. [4]Sind Kreistagsmitglieder oder Mitglieder von Ausschüssen des Kreistages zugleich auch Ratsmitglieder, Mitglieder von Bezirksvertretungen oder Mitglieder von Ausschüssen einer Gemeinde, so besteht der Anspruch auf Urlaub in jeder Wahlperiode nur einmal. [5]Der Arbeitgeber bzw. Dienstherr darf den Urlaub zu dem von dem Beschäftigten mitgeteilten Zeitpunkt ablehnen, wenn zwingende betriebliche Belange oder Urlaubsanträge anderer Beschäftigter entgegenstehen.

§ 30 Entschädigung der Kreistagsmitglieder

Für die Entschädigung der Mitglieder des Kreistags, des Kreisausschusses und der Ausschüsse gelten die §§ 45 und 133 Absatz 5 der Gemeindeordnung für das Land Nordrhein-Westfalen entsprechend.

§ 31 Aufwandsentschädigung

(1) [1]Neben den Entschädigungen, die den Kreistagsmitgliedern nach § 30 zustehen, erhalten

1. Stellvertreterinnen oder Stellvertreter der Landrätin oder des Landrats nach § 46 Absatz 1,
2. Vorsitzende von Ausschüssen des Kreistags mit Ausnahme des Wahlprüfungsausschusses und
3. Fraktionsvorsitzende sowie bei Fraktionen mit mindestens acht Mitgliedern auch eine stellvertretende Vorsitzende oder ein stellvertre-

tender Vorsitzender, mit mindestens 16 Mitgliedern auch zwei und mit mindestens 24 Mitgliedern auch drei stellvertretende Vorsitzende

eine vom für Kommunales zuständigen Ministerium durch Rechtsverordnung festzusetzende angemessene Aufwandsentschädigung. [2]Eine Aufwandsentschädigung ist nicht zu gewähren, wenn das Kreistagsmitglied hauptberuflich tätige Mitarbeiterin oder hauptberuflich tätiger Mitarbeiter einer Fraktion ist.

(2) [1]Die Aufwandsentschädigung gemäß Absatz 1 Satz 1 Nummer 2 wird als monatliche Pauschale gezahlt. [2]Der Kreistag kann in der Hauptsatzung beschließen, dass

1. weitere oder sämtliche Ausschüsse von der Regelung in Absatz 1 Satz 1 Nummer 2 ausgenommen werden,
2. die Aufwandsentschädigung abweichend von Satz 1 für einzelne oder sämtliche Ausschüsse als Sitzungsgeld gezahlt wird.

[3]Ausnahmen nach Satz 2 kann der Kreistag nur mit einer Mehrheit von zwei Dritteln seiner Mitglieder beschließen, dies gilt nicht, soweit der Kreistag beschlossene Ausnahmen wieder aufhebt.

§ 32 Einberufung des Kreistags

(1) [1]Der Kreistag wird von der Landrätin oder dem Landrat einberufen; im Falle ihrer oder seiner Verhinderung erfolgt die Einberufung durch die erste Stellvertretung der Landrätin oder des Landrates. [2]Nach Beginn der Wahlperiode muss die erste Sitzung innerhalb von sechs Wochen stattfinden, spätestens jedoch drei Monate nach der Wahl; im Übrigen soll der Kreistag zusammentreten, so oft es die Geschäftslage erfordert, mindestens jedoch alle drei Monate. [3]Der Kreistag ist unverzüglich einzuberufen, wenn ein Fünftel der Kreistagsmitglieder oder eine Fraktion unter Angabe der zur Beratung zu stellenden Gegenstände es verlangen.

(2) [1]Die Ladungsfrist, die Form der Einberufung und die Geschäftsführung des Kreistags sowie die Art der Information der Öffentlichkeit über den Zugang der Öffentlichkeit zu einer digitalen Sitzung sind durch die Geschäftsordnung zu regeln, soweit hierüber nicht in diesem Gesetz Vorschriften getroffen sind. [2]Der Kreistag regelt in der Geschäftsordnung Inhalt und Umfang des Fragerechts der Kreistagsmitglieder. [3]In der Geschäftsordnung kann geregelt werden, dass die Sitzungsdauer begrenzt werden kann.

(3) Kommt die Landrätin oder der Landrat ihrer oder seiner Verpflichtung zur Einberufung des Rates nicht nach, so veranlasst die Aufsichtsbehörde die Einberufung.

§ 32a Einberufung von Sitzungen in besonderen Ausnahmefällen

§ 47a der Gemeindeordnung für das Land Nordrhein-Westfalen gilt für die Einberufung des Kreistags, des Kreisausschusses und der Ausschüsse nach § 41 in besonderen Ausnahmefällen entsprechend.

§ 33 Tagesordnung und Öffentlichkeit der Kreistagssitzungen

(1) [1]Der Landrat setzt die Tagesordnung fest. [2]Er hat dabei Vorschläge aufzunehmen, die ihm innerhalb einer in der Geschäftsordnung zu bestimmenden Frist von einem Fünftel der Kreistagsmitglieder oder einer Fraktion vorgelegt werden. [3]Fragestunden für Einwohner kann er in die Tagesordnung aufnehmen, wenn Einzelheiten hierüber in der Geschäftsordnung geregelt sind. [4]Zeit und Ort der Sitzung sowie die Tagesordnung sind von ihm öffentlich bekanntzumachen. [5]Die Tagesordnung kann in der Sitzung durch Beschluß des Kreistags erweitert werden, wenn es sich um Angelegenheiten handelt, die keinen Aufschub dulden oder die von äußerster Dringlichkeit sind.

(2) [1]Die Sitzungen des Kreistags sind öffentlich. [2]Durch die Geschäftsordnung kann die Öffentlichkeit für Angelegenheiten einer bestimmten Art ausgeschlossen werden. [3]Auf Antrag eines Kreistagsmitglieds oder auf Vorschlag des Landrats kann für einzelne Angelegenheiten die Öffentlichkeit ausgeschlossen werden. [4]Anträge und Vorschläge auf Ausschluß der Öffentlichkeit dürfen nur in nichtöffentlicher Sitzung begründet und beraten werden. [5]Falls dem Antrag oder dem Vorschlag stattgegeben wird, ist die Öffentlichkeit in geeigneter Weise zu unterrichten, daß in nichtöffentlicher Sitzung weiter verhandelt wird.

(3) Personenbezogene Daten dürfen offenbart werden, soweit nicht schützenswerte Interessen Einzelner oder Belange des öffentlichen Wohls überwiegen; erforderlichenfalls ist die Öffentlichkeit auszuschließen.

(4) § 48 Absatz 4 der Gemeindeordnung für das Land Nordrhein-Westfalen gilt entsprechend.

(5) [1]Mitglieder der Ausschüsse können nach Maßgabe der Geschäftsordnung an den nichtöffentlichen Sitzungen des Kreistags als Zuhörer teilnehmen. [2]Die Teilnahme als Zuhörer begründet keinen Anspruch auf Ersatz des Verdienstausfalls und auf Zahlung von Sitzungsgeld.

(6) Betreuungsbedürftigen Kindern von Kreistagsmitgliedern soll der Zugang zu Sitzungen nicht verwehrt werden, solange die ordnungsgemäße Durchführung der Sitzung sowie die Vertraulichkeit von nichtöffentlichen Beratungsgegenständen gewährleistet bleiben.

§ 34 Beschlußfähigkeit des Kreistags

(1) [1]Der Kreistag ist beschlußfähig, wenn mehr als die Hälfte der gesetzlichen Mitgliederzahl anwesend ist. [2]Er gilt als beschlußfähig, solange seine Beschlußunfähigkeit nicht festgestellt ist.

(2) [1]Ist eine Angelegenheit wegen Beschlußunfähigkeit des Kreistags zurückgestellt worden und wird der Kreistag zur Beratung über denselben Gegenstand einberufen, so ist er ohne Rücksicht auf die Zahl der Erschienenen beschlußfähig. [2]Bei der zweiten Ladung muß auf diese Bestimmung ausdrücklich hingewiesen werden.

§ 35 Abstimmungen

(1) [1]Beschlüsse werden mit Stimmenmehrheit gefaßt, soweit das Gesetz nichts anderes vorschreibt. [2]Bei Stimmengleichheit gilt ein Antrag als abgelehnt. [3]Bei der Beschlußfassung wird offen abgestimmt. [4]Auf Antrag einer in der Geschäftsordnung zu bestimmenden Zahl von Mitgliedern des Kreistages ist namentlich abzustimmen. [5]Auf Antrag mindestens eines Fünftels der Mitglieder des Kreistages ist geheim abzustimmen. [6]Zum selben Tagesordnungspunkt hat ein Antrag auf geheime Abstimmung Vorrang gegenüber einem Antrag auf namentliche Abstimmung. [7]Die Geschäftsordnung kann weitere Regelungen treffen.

(2) [1]Wahlen werden durch offene Abstimmung vollzogen, sofern in diesem Gesetz nichts anderes bestimmt ist. [2]Abweichend dazu ist eine geheime Wahl durchzuführen, wenn mindestens ein Fünftel der Kreistagsmitglieder dies beantragt. [3]Gewählt ist die vorgeschlagene Person, die mehr als die Hälfte der gültigen Stimmen erreicht hat. [4]Nein-Stimmen gelten als gültige Stimmen. [5]Erreicht niemand mehr als die Hälfte der Stimmen, so findet zwischen den Personen, welche die beiden höchsten Stimmenzahlen erreicht haben, eine engere Wahl statt. [6]Gewählt ist, wer in dieser engeren Wahl die meisten Stimmen auf sich vereinigt. [7]Bei Stimmengleichheit entscheidet das Los.

(3) [1]Haben sich die Fraktionen und Gruppen zur Besetzung der Ausschüsse auf einen einheitlichen Wahlvorschlag geeinigt, beschließt der Kreistag mit Mehrheit der gesetzlichen Zahl seiner Mitglieder über die Annahme dieses Wahlvorschlages. [2]Kommt ein einheitlicher Wahlvorschlag nicht zustande, so wird nach den Grundsätzen der Verhältniswahl in einem Wahlgang abgestimmt. [3]Dabei sind die Wahlstellen auf die Wahlvorschläge der Fraktionen und Gruppen des Kreistages entsprechend dem Verhältnis der Stimmenzahlen, die auf die einzelnen Wahlvorschläge entfallen, zur Gesamtzahl der abgegebenen gültigen Stimmen zu verteilen. [4]Jedem Wahlvorschlag werden zunächst so viele Sitze zugeteilt, wie sich für ihn ganze Zahlen ergeben. [5]Sind danach noch Sitze zu vergeben, so sind sie in der Reihenfolge der höchsten Zahlenbruchteile zuzuteilen. [6]Bei gleichen Zahlenbruchteilen entscheidet das Los. [7]Scheidet jemand vorzeitig aus einem Ausschuss aus oder beantragt eine Fraktion oder Gruppe eine Umbesetzung, bestimmt die Fraktion oder die Gruppe, der sie oder er angehört, eine Nachfolgerin oder einen Nachfolger. [8]Ein Ausschuss muss neu besetzt werden, wenn seine Zusammensetzung dem Verhältnis der Stärke der Fraktionen und Gruppen der Vertretung nicht mehr wesentlich entspricht und die Neubesetzung aus der Mitte des Kreistages verlangt wird.

(4) [1]Hat der Kreistag zwei oder mehr Vertreter oder Mitglieder im Sinne des § 26 Abs. 5 und 6 zu bestellen oder vorzuschlagen, die nicht hauptberuflich tätig sind, ist das Verfahren nach Absatz 3 entsprechend anzuwenden. [2]Dies gilt ebenso, wenn zwei oder mehr Personen vorzeitig

aus dem Gremium ausgeschieden sind, für das sie bestellt oder vorgeschlagen worden waren und für diese mehrere Nachfolger zu wählen sind. [3]Scheidet eine Person vorzeitig aus dem Gremium aus, für das sie bestellt oder vorgeschlagen war, wählt der Kreistag den Nachfolger für die restliche Zeit nach Absatz 2.

(5) Bei Beschlüssen und Wahlen zählen Stimmenthaltungen und ungültige Stimmen zur Feststellung der Beschlußfähigkeit, nicht aber zur Berechnung der Mehrheit mit.

(6) Ein Mitglied, in dessen Person ein Ausschließungsgrund nach § 31 Gemeindeordnung besteht, kann an der Beratung und Abstimmung nicht teilnehmen.

§ 36 Ordnung in den Sitzungen

(1) Die Landrätin oder der Landrat eröffnet, leitet und schließt die Kreistagssitzungen, handhabt die Ordnung und übt das Hausrecht aus.

(2) [1]Kreistagsmitglieder, die von dem Verhandlungsgegenstand abweichen, können von der Landrätin oder dem Landrat zur Sache verwiesen werden. [2]Wenn ein Kreistagsmitglied die Ordnung oder die Würde des Kreistages verletzt, wird es ermahnt, wieder zur Ordnung zurückzufinden oder ihre oder seine Ausführungen zu berichtigen. [3]Ein Kreistagsmitglied kann auch ohne vorherige Ermahnung unter Nennung des Namens zur Ordnung gerufen werden. [4]Dies kann auch in der nächstfolgenden Sitzung geschehen. [5]Die Ordnungsmaßnahmen und der Anlass hierzu dürfen in dieser Sitzung nicht zum Gegenstand von Erörterungen gemacht werden. [6]Ist das Kreistagsmitglied in der Debatte zum selben Tagesordnungspunkt dreimal zur Sache oder zur Ordnung gerufen und beim zweiten Mal auf die Folgen eines dritten Sach- oder Ordnungsrufes hingewiesen worden, so wird ihr oder ihm das Wort entzogen.

(3) [1]Wegen einer nicht nur geringfügigen Verletzung der Ordnung oder der Würde des Kreistages kann die Landrätin oder der Landrat gegen ein Kreistagsmitglied, auch ohne dass ein Ordnungsruf ergangen ist, ein Ordnungsgeld in Höhe von mindestens 400 Euro bis maximal 1000 Euro festsetzen. [2]Im Wiederholungsfall verdoppelt sich das Ordnungsgeld. [3]Absatz 2 Satz 4 und 5 gilt entsprechend.

(4) [1]Wegen gröblicher Verletzung der Ordnung kann die Landrätin oder der Landrat, auch ohne dass ein Ordnungsruf ergangen ist, Kreistagsmitglieder von der Sitzung ausschließen. [2]Diese haben den Sitzungssaal sofort zu verlassen. [3]Wird die Aufforderung nicht befolgt, so wird die Sitzung unterbrochen. [4]Die ausgeschlossenen Kreistagsmitglieder ziehen sich dadurch ohne Weiteres die Ausschließung für weitere drei Kreistagssitzungen zu. [5]Weigert sich ein ausgeschlossenes Kreistagsmitglied wiederholt, den Anordnungen während der Sitzung zu folgen, so tritt der Ausschluss für fünf Kreistagssitzungen ein. [6]Die Landrätin oder der Landrat stellt diese Folge bei Wiedereröffnung oder bei Beginn der

nächsten Sitzung fest. [7]Ausgeschlossene Kreistagsmitglieder dürfen auch an Ausschusssitzungen nicht teilnehmen. [8]Versucht ein ausgeschlossenes Kreistagsmitglied widerrechtlich an den Sitzungen des Kreistages oder seiner Ausschüsse teilzunehmen, so finden die Sätze 3 bis 6 Anwendung.

(5) [1]Das betroffene Kreistagsmitglied kann gegen Maßnahmen zur Herstellung der Ordnung bis zum Beginn der nächsten Kreistagssitzung schriftlich Einspruch bei der Landrätin oder dem Landrat einlegen. [2]Über den Einspruch entscheidet der Kreistag in seiner nächsten Sitzung. [3]Der Einspruch hat keine aufschiebende Wirkung.

(6) In der Geschäftsordnung des Kreistages können weitere Regelungen zur Handhabung der Ordnung in den Sitzungen des Kreistages und seiner Ausschüsse getroffen werden.

§ 37 Niederschrift der Kreistagsbeschlüsse

(1) [1]Über die im Kreistag gefaßten Beschlüsse ist eine Niederschrift aufzunehmen. [2]Diese wird vom Landrat und einem vom Kreistag zu bestellenden Schriftführer unterzeichnet.

(2) Der wesentliche Inhalt der Beschlüsse soll in öffentlicher Sitzung oder in anderer geeigneter Weise der Öffentlichkeit zugänglich gemacht werden, soweit nicht im Einzelfall etwas anderes beschlossen wird.

(3) *weggefallen*

§ 38 Behandlung der Kreistagsbeschlüsse

(1) [1]Beschlüsse, die die Durchführung der Geschäftsordnung betreffen, führt der Landrat aus. [2]Wenn er persönlich beteiligt ist, handelt der Stellvertreter.

(2) Beschlüsse, die die Geltendmachung von Ansprüchen des Kreises gegen den Landrat oder die Amtsführung des Landrates betreffen, führt der allgemeine Vertreter aus.

§ 39 Widerspruch und Beanstandung

(1) [1]Der Landrat kann einem Beschluß des Kreistags spätestens am dritten Tage nach der Beschlußfassung unter schriftlicher Begründung widersprechen, wenn er der Auffassung ist, daß der Beschluß das Wohl des Kreises gefährdet. [2]Der Widerspruch hat aufschiebende Wirkung. [3]Über die Angelegenheit ist in einer neuen Sitzung des Kreistags, die frühestens am dritten Tage und spätestens vier Wochen nach dem Widerspruch stattzufinden hat, erneut zu beschließen. [4]Ein weiterer Widerspruch ist unzulässig.

(2) [1]Verletzt ein Beschluß des Kreistags das geltende Recht, so hat der Landrat den Beschluß zu beanstanden. [2]Die Beanstandung ist dem Kreistag mit Begründung schriftlich mitzuteilen. [3]Sie hat aufschiebende

Wirkung. [4]Verbleibt der Kreistag bei seinem Beschluß, so hat der Landrat unverzüglich die Entscheidung der Aufsichtsbehörde einzuholen. [5]Die aufschiebende Wirkung bleibt bestehen.

(3) Die Verletzung eines Mitwirkungsverbots nach § 28 Abs. 2 Satz 1 in Verbindung mit § 31 der Gemeindeordnung kann gegen einen Beschluß des Kreistags nach Ablauf von sechs Monaten seit der Beschlußfassung oder, wenn eine öffentliche Bekanntmachung erforderlich ist, sechs Monate nach dieser nicht mehr geltend gemacht werden, es sei denn, daß der Landrat den Beschluß vorher beanstandet hat oder die Verletzung des Mitwirkungsverbots vorher gegenüber dem Kreis gerügt und dabei die Tatsache bezeichnet worden ist, die die Verletzung ergibt.

(4) Die Absätze 1 bis 3 finden in den Fällen des § 50 Absatz 1 bis 3 entsprechende Anwendung.

§ 40 Fraktionen

(1) [1]Fraktionen sind freiwillige Vereinigungen von Kreistagsmitgliedern, die sich auf der Grundlage grundsätzlicher politischer Übereinstimmung zu möglichst gleichgerichtetem Wirken zusammengeschlossen haben. [2]Ihre innere Ordnung muss demokratischen und rechtsstaatlichen Grundsätzen entsprechen. [3]Sie geben sich ein Statut, in dem das Abstimmungsverfahren, die Aufnahme und der Ausschluss aus der Fraktion geregelt werden. [4]Sie wählen aus ihrer Mitte eine Vorsitzende oder einen Vorsitzenden; der Fraktionsvorsitz kann auch im Wege einer Doppelspitze wahrgenommen werden. [5]Die Fraktionen wirken bei der Willensbildung und Entscheidungsfindung in der Vertretung mit; sie können insoweit ihre Auffassung öffentlich darstellen.

(2) [1]Eine Fraktion muss

1. aus mindestens zwei Mitgliedern,
2. in Kreistagen mit mehr als 50 Kreistagsmitgliedern aus mindestens drei Mitgliedern und
3. in Kreistagen mit mehr als 74 Kreistagsmitgliedern aus mindestens vier Mitgliedern

bestehen. [2]Eine Gruppe besteht in Kreistagen mit mehr als 50 Mitgliedern aus mindestens zwei Kreistagsmitgliedern; im Übrigen gilt für diese Absatz 1 Satz 1 entsprechend.

(3) [1]Der Kreis gewährt den Fraktionen und Gruppen aus Haushaltsmitteln Zuwendungen zu den sächlichen und personellen Aufwendungen für die Geschäftsführung. [2]Die Zuwendungen an die Fraktionen und Gruppen sind in einer besonderen Anlage zum Haushaltsplan darzustellen. [3]Über die Verwendung der Zuwendungen ist ein Nachweis in einfacher Form zu führen, der unmittelbar dem Landrat zuzuleiten ist. [4]Eine Gruppe erhält mindestens 80 Prozent der Ausstattung, die eine Fraktion dieser Größe erhalten würde (proportionale Ausstattung). [5]Die Höhe der

proportionalen Ausstattung ergibt sich, indem die Zuwendung, die die kleinste Kreistagsfraktion nach Absatz 2 Satz 1 und 2 erhält oder erhalten würde, mit dem Quotienten multipliziert wird, der sich aus der Division der Zahl der Gruppenmitglieder durch die Zahl der Mitglieder der kleinstmöglichen Fraktion ergibt. [6]Einem Kreistagsmitglied, das keiner Fraktion oder Gruppe angehört, stellt der Kreis in angemessenem Umfang Sachmittel und Kommunikationsmittel zum Zwecke seiner Vorbereitung auf die Kreistagssitzung zur Verfügung. [7]Der Kreistag kann stattdessen beschließen, dass ein Kreistagsmitglied aus Haushaltsmitteln finanzielle Zuwendungen erhält, die die Hälfte des Betrages nicht übersteigen dürfen, die eine Gruppe mit zwei Mitgliedern im Kreistag erhielte. [8]In diesem Fall ist nach den Sätzen 2 und 3 zu verfahren.

(4) [1]Ein hauptberuflich tätiger Mitarbeiter der Fraktion kann Kreistagsmitglied sein. [2]Nähere Einzelheiten über die Bildung der Fraktionen, ihre Rechte und Pflichten sowie den Umgang mit personenbezogenen Daten regelt die Geschäftsordnung. [3]Die Geschäftsordnung bestimmt auch, ob eine Fraktion ein Kreistagsmitglied, das keiner Fraktion angehört, als Hospitant aufnehmen kann. [4]Bei der Festsetzung der Mindeststärke einer Fraktion zählen Hospitanten nicht mit.

(5) Soweit personenbezogene Daten an Kreistagsmitglieder übermittelt werden dürfen, ist ihre Übermittlung auch an Mitarbeiter einer Fraktion oder Gruppe oder eines einzelnen Kreistagsmitgliedes nach Absatz 3 Satz 4 zulässig, wenn diese zur Verschwiegenheit verpflichtet sind.

§ 41 Bildung und Zusammensetzung von Ausschüssen sowie ihr Verfahren

(1) Zur Vorbereitung seiner Beschlüsse und zur Überwachung bestimmter Verwaltungsangelegenheiten kann der Kreistag Ausschüsse bilden.

(2) Der Kreistag kann für die Arbeit der Ausschüsse allgemeine Richtlinien aufstellen.

(3) [1]Der Kreistag regelt mit der Mehrheit der Stimmen der Kreistagsmitglieder die Zusammensetzung der Ausschüsse und ihre Befugnisse. [2]Soweit er stellvertretende Ausschussmitglieder bestellt, ist die Reihenfolge der Vertretung zu regeln. [3]Die Landrätin oder der Landrat hat das Recht, mit beratender Stimme an den Sitzungen der Ausschüsse teilzunehmen; ihr oder ihm ist auf Verlangen jederzeit das Wort zu erteilen. [4]An nichtöffentlichen Sitzungen eines Ausschusses können die stellvertretenden Ausschussmitglieder, die Mitglieder anderer Ausschüsse sowie alle Kreistagsmitglieder als Zuhörerinnen oder Zuhörer teilnehmen. [5]Die Teilnahme als Zuhörerin oder Zuhörer begründet keinen Anspruch auf Ersatz des Verdienstausfalls und auf Zahlung von Sitzungsgeld. [6]Wird in einer Ausschusssitzung ein Antrag beraten, den ein Kreistagsmitglied gestellt hat, das dem Ausschuss nicht angehört, so kann es sich

an der Beratung beteiligen. [7]Fraktionen, die in einem Ausschuss nicht vertreten sind, sind berechtigt, für diesen Ausschuss ein Kreistagsmitglied oder eine sachkundige Bürgerin oder einen sachkundigen Bürger zu benennen. [8]Die benannte Person wird vom Kreistag zum Mitglied des Ausschusses bestellt. [9]Sie wirkt in dem Ausschuss mit beratender Stimme mit. [10]Bei der Zusammensetzung und der Berechnung der Beschlussfähigkeit des Ausschusses werden diese Personen nicht mitgezählt. [11]Ein Kreistagsmitglied hat das Recht, mindestens einem der Ausschüsse als Mitglied mit beratender Stimme anzugehören. [12]Die Sätze 8 und 10 gelten entsprechend.

(4) [1]Auf die Ausschussmitglieder und das Verfahren in den Ausschüssen finden die für den Kreistag geltenden Vorschriften entsprechende Anwendung. [2]Die oder der Ausschussvorsitzende setzt die Tagesordnung im Benehmen mit der Landrätin oder dem Landrat fest. [3]Sind die oder der Ausschussvorsitzende und alle Stellvertretungen verhindert, kann die Landrätin oder der Landrat zu den Ausschusssitzungen laden. [4]Die Sitzungsleitung übernimmt das anwesende Kreistagsmitglied im Ausschuss, welches dem Kreistag am längsten ununterbrochen angehört. [5]Sofern dies auf mehrere Mitglieder zutrifft, entscheidet das Lebensalter. [6]Auf Verlangen der Landrätin oder des Landrates ist die oder der Ausschussvorsitzende verpflichtet, einen Gegenstand in die Tagesordnung aufzunehmen. [7]Die oder der Ausschussvorsitzende ist in gleicher Weise verpflichtet, wenn eine Fraktion dies beantragt. [8]Abweichend von § 33 Absatz 1 Satz 4 brauchen Zeit und Ort der Ausschusssitzung sowie die Tagesordnung nicht öffentlich bekanntgemacht zu werden; die Landrätin oder der Landrat soll die Öffentlichkeit hierüber vorher in geeigneter Weise unterrichten.

(5) [1]Zu Mitgliedern der Ausschüsse können, sofern gesetzliche Bestimmungen nichts anderes vorsehen, neben Kreistagsmitgliedern auch sachkundige Bürgerinnen und Bürger, die mindestens das 16. Lebensjahr vollendet haben und im Übrigen dem Kreistag angehören können, bestellt werden. [2]Zur Übernahme der Tätigkeit als sachkundige Bürgerin oder sachkundiger Bürger ist niemand verpflichtet. [3]Die Zahl der sachkundigen Bürgerinnen und Bürger darf die der Kreistagsmitglieder in den einzelnen Ausschüssen nicht erreichen. [4]Die Ausschüsse sind nur beschlussfähig, wenn die Zahl der anwesenden Kreistagsmitglieder die Zahl der anwesenden sachkundigen Bürgerinnen und Bürger übersteigt. [5]Sie gelten auch insoweit als beschlussfähig, solange ihre Beschlussunfähigkeit nicht festgestellt ist. [6]Die Ausschüsse können Vertreterinnen und Vertreter derjenigen Bevölkerungsgruppen, die von ihrer Entscheidung vorwiegend betroffen werden, und Sachverständige zu den Beratungen hinzuziehen.

(6) [1]Als Mitglieder mit beratender Stimme können den Ausschüssen sachkundige Einwohnerinnen oder Einwohner angehören, die in entsprechender Anwendung des § 35 Absatz 3 zu wählen sind. [2]Im Übrigen gilt Absatz 5 Satz 1 bis 3 entsprechend.

(7) [1]Haben sich die Fraktionen über die Verteilung der Ausschussvorsitze geeinigt und wird dieser Einigung nicht von einem Fünftel der Kreistagsmitglieder widersprochen, so bestimmen die Fraktionen die Ausschussvorsitzenden aus der Mitte der den Ausschüssen angehörenden stimmberechtigten Kreistagsmitglieder. [2]Soweit eine Einigung nicht zustande kommt, werden den Fraktionen die Ausschussvorsitze in der Reihenfolge der Höchstzahlen zugeteilt, die sich durch Teilung der Mitgliederzahlen der Fraktionen durch 1, 2, 3 usw. ergeben; mehrere Fraktionen können sich zusammenschließen. [3]Bei gleichen Höchstzahlen entscheidet das Los, das die Landrätin oder der Landrat zu ziehen hat. [4]Die Fraktionen benennen die Ausschüsse, deren Vorsitz sie beanspruchen, in der Reihenfolge der Höchstzahlen und bestimmen die Vorsitzenden. [5]Der Bestimmung von Ausschussvorsitzenden durch eine Fraktion kann nur mit einer Mehrheit von zwei Dritteln der gesetzlichen Zahl der Kreistagsmitglieder innerhalb einer Frist von zwei Wochen widersprochen werden. [6]Der Widerspruch kann schriftlich erklärt werden. [7]Im Falle des Widerspruchs verbleibt das Bestimmungsrecht bei der nach Satz 2 und 3 berechtigten Fraktion. [8]Für die Abberufung einer oder eines Ausschussvorsitzenden durch den Kreistag gilt § 46 Absatz 4 Satz 1 bis 5 entsprechend. [9]Scheidet eine Ausschussvorsitzende oder ein Ausschussvorsitzender während der Wahlperiode aus, bestimmt die Fraktion, der sie oder er angehört, ein Kreistagsmitglied zur Nachfolge. [10]Die Sätze 1 bis 9 gelten für stellvertretende Vorsitzende entsprechend.

(8) Werden Ausschüsse während der Wahlperiode neu gebildet, aufgelöst oder ihre Aufgabe wesentlich verändert, ist das Verfahren nach Absatz 7 zu wiederholen.

(9) [1]Über die Beschlüsse der Ausschüsse ist eine Niederschrift aufzunehmen. [2]Diese ist der Landrätin oder dem Landrat und den Ausschussmitgliedern zuzuleiten.

§ 41a Hybride Sitzungen der Ausschüsse

§ 58a der Gemeindeordnung für das Land Nordrhein-Westfalen gilt für die Ausschüsse des Kreistages entsprechend mit der Maßgabe, dass der Kreisausschuss von der Anwendung der Vorschrift ausgeschlossen ist.

5. Teil

Die Landrätin oder der Landrat, der Verwaltungsvorstand und Bedienstete des Kreises

§ 42 Zuständigkeiten des Landrats

In Angelegenheiten der Kreisverwaltung obliegt dem Landrat

a) die Führung der Geschäfte der laufenden Verwaltung,

b) die Erledigung der ihm vom Kreisausschuß übertragenen Angelegenheiten,

c) die Vorbereitung und Durchführung der Beschlüsse des Kreistags und des Kreisausschusses sowie der Entscheidungen nach § 50 Abs. 3 Satz 2,
d) die Ausführung von Weisungen (§ 2 Abs. 2 Satz 3 und § 64),
e) die gesetzliche Vertretung des Kreises in Rechts- und Verwaltungsgeschäften unbeschadet des § 26 Abs. 4 und 5, § 43 und § 49 Abs. 4,
f) die Erledigung aller Aufgaben, die ihm aufgrund gesetzlicher Vorschriften übertragen sind,
g) die Leitung und Verteilung der Geschäfte.

§ 43 Verpflichtungserklärungen

(1) [1]Erklärungen, durch die der Kreis verpflichtet werden soll, bedürfen der Textform nach § 126b des Bürgerlichen Gesetzbuches. [2]Sie sind durch die Landrätin oder den Landrat oder durch die zur Vertretung im Amt bestellte Person zu unterzeichnen.

(2) Absatz 1 findet keine Anwendung auf Geschäfte der laufenden Verwaltung, die für den Kreis geldlich nicht von erheblicher Bedeutung sind, und auf Geschäfte, die aufgrund einer in der Form des Absatzes 1 ausgestellten Vollmacht abgeschlossen werden.

§ 44 Wahl der Landrätin oder des Landrates

(1) [1]Die Landrätin oder der Landrat wird von den Bürgerinnen und Bürgern der kreisangehörigen Gemeinden in allgemeiner, unmittelbarer, freier, gleicher und geheimer Wahl auf die Dauer von fünf Jahren nach den Grundsätzen der Mehrheitswahl zugleich mit dem Kreistag gewählt. [2]Scheidet die Landrätin oder der Landrat durch Tod, Eintritt in den Ruhestand oder aus sonstigen Gründen vor Ablauf ihrer oder seiner Amtszeit aus dem Amt aus oder ist die Wahl einer Landrätin oder eines Landrates aus anderen Gründen während der Wahlperiode des Kreistages erforderlich, so findet die Wahl der Nachfolgerin oder des Nachfolgers spätestens sechs Monate nach Ausscheiden der Landrätin oder des Landrats aus dem Amt statt. [3]Die näheren Vorschriften trifft das Kommunalwahlgesetz.

(2) [1]Wählbar ist, wer am Wahltag Deutsche oder Deutscher im Sinne von Artikel 116 Absatz 1 des Grundgesetzes ist oder wer die Staatsangehörigkeit eines Mitgliedstaates der Europäischen Union besitzt und eine Wohnung in der Bundesrepublik Deutschland innehat, das 23. Lebensjahr vollendet hat und nicht vom Wahlrecht ausgeschlossen ist und die Gewähr dafür bietet, dass sie oder er jederzeit für die freiheitlich demokratische Grundordnung im Sinne des Grundgesetzes eintritt. [2]Nicht wählbar ist, wer am Wahltag infolge Richterspruchs in der Bundesrepublik Deutschland die Wählbarkeit oder die Fähigkeit zur Bekleidung öffentlicher Ämter nicht besitzt.

(3) [1]Die Landrätin oder der Landrat wird in einer Sitzung des Kreistages vereidigt und in das Amt eingeführt. [2]Wenn eine Stellvertretung noch nicht gewählt ist, erfolgt die Vereidigung und Amtseinführung durch das Mitglied, welches dem Kreistag am längsten ununterbrochen angehört. [3]Sofern dies auf mehrere Mitglieder zutrifft, entscheidet das Lebensalter.

(4) Für die dienstrechtliche Stellung gelten die beamtenrechtlichen Vorschriften.

(5) [1]Endet das Beamtenverhältnis der Landrätin oder des Landrates vor Ablauf ihrer oder seiner Amtszeit, wird die Nachfolgerin oder der Nachfolger bis zum Ende der nächsten Wahlperiode des Kreistages gewählt, es sei denn, die Amtszeit der Nachfolgerin oder des Nachfolgers beginnt innerhalb der ersten zwei Jahre der Wahlperiode des Kreistages. [2]In diesem Fall endet sie mit dem Ende der laufenden Wahlperiode.

(6) Eine Wahl findet nach Ablauf des 51. Monats nach der allgemeinen Kommunalwahl nicht mehr statt.

§ 45 Abwahl des Landrats

(1) [1]Der Landrat kann von den Bürgern der kreisangehörigen Gemeinden vor Ablauf seiner Amtszeit abgewählt werden. [2]Zur Einleitung des Abwahlverfahrens bedarf es

1. eines von mindestens der Hälfte der gesetzlichen Zahl der Kreistagsmitglieder gestellten Antrags und eines mit einer Mehrheit von zwei Dritteln der gesetzlichen Zahl der Kreistagsmitglieder zu fassenden Beschlusses. Zwischen dem Eingang des Antrags und dem Beschluss des Kreistags muss eine Frist von mindestens zwei Wochen liegen. Über den Antrag auf Einleitung des Abwahlverfahrens ist ohne Aussprache namentlich abzustimmen;

oder

2. eines von mindestens 15 Prozent der wahlberechtigten Bürger der kreisangehörigen Gemeinden gestellten Antrags; § 23 Absatz 4 Satz 2 gilt entsprechend.

[3]Der Landrat ist abgewählt, wenn sich für die Abwahl eine Mehrheit der abgegebenen gültigen Stimmen der wahlberechtigten Bürger ergibt, sofern diese Mehrheit mindestens 25 Prozent der Wahlberechtigten beträgt. [4]Für das weitere Verfahren gelten die Vorschriften des Kommunalwahlgesetzes entsprechend. [5]Der Landrat scheidet mit dem Ablauf des Tages, an dem der Wahlausschuss die Abwahl feststellt, aus seinem Amt. [6]Die Aufsichtsbehörde kann für die Dauer des Abwahlverfahrens das Ruhen der Amtsgeschäfte des Landrats anordnen, wenn zwei Drittel der gesetzlichen Zahl der Kreistagsmitglieder dies beantragen.

(2) [1]Der Landrat kann binnen einer Woche

1. nach dem Beschluss gemäß Absatz 1 Satz 2 Nummer 1

   oder

2. nach Feststellung der Zulässigkeit des Antrags nach Absatz 1 Satz 2 Nummer 2 durch den Kreistag

auf die Entscheidung der Bürger über seine Abwahl verzichten. [2]Der Verzicht ist schriftlich gegenüber dem Stellvertreter zu erklären. [3]Mit dem Ablauf des Tages, an dem dieser Verzicht dem Stellvertreter zugeht, gilt die Abwahl als erfolgt.

(3) [1]Der Antrag nach Absatz 1 Satz 2 Nummer 2 ist schriftlich beim Kreistag einzureichen und muss das Begehren zweifelsfrei erkennen lassen. [2]Er muss bis zu drei Bürger benennen, die berechtigt sind, die Unterzeichnenden zu vertreten. [3]§ 22 Absatz 4 gilt entsprechend. [4]Die Unterzeichnenden müssen an dem von ihnen anzugebenden Tag ihrer Unterschrift wahlberechtigt sein. [5]Die Unterschriften dürfen bei Eingang des Antrags nicht älter als vier Monate sein. [6]Nach Antragseingang eingereichte Unterschriftslisten werden nicht mehr berücksichtigt. [7]Der Kreistag stellt unverzüglich fest, ob der Antrag zulässig ist. [8]Gegen die ablehnende Entscheidung des Kreistages können nur die Vertreter des Antrags nach Satz 2 Klage erheben.

§ 46 Wahl der Stellvertretungen der Landrätin oder des Landrates

(1) [1]Der Kreistag wählt für die Dauer seiner Wahlperiode aus seiner Mitte ohne Aussprache mindestens zwei Stellvertretungen der Landrätin oder des Landrates. [2]Sie vertreten die Landrätin oder den Landrat, sofern gesetzlich nicht anders bestimmt, bei der Leitung der Kreistagssitzungen und bei der Repräsentation.

(2) [1]Bei der Wahl der Stellvertretungen der Landrätin oder des Landrats wird nach den Grundsätzen der Verhältniswahl in einem Wahlgang geheim abgestimmt; § 35 Absatz 2 Satz 3 bis 7 gilt entsprechend. [2]Dabei ist die Reihenfolge der Stellvertretungen nach der Reihenfolge der Höchstzahlen zu verteilen, die sich durch Teilung der auf die Wahlvorschläge der Fraktionen und Gruppen entfallenden Stimmenzahlen durch die Zahlen 1, 2, 3 und so weiter ergeben. [3]Erste Stellvertreterin oder erster Stellvertreter ist, wer an erster Stelle des Wahlvorschlags steht, auf den die erste Höchstzahl entfällt, zweite Stellvertreterin oder zweiter Stellvertreter, wer an vorderster noch nicht in Anspruch genommener Stelle des Wahlvorschlags steht, auf den die zweite Höchstzahl entfällt und so weiter. [4]Zwischen Wahlvorschlägen mit gleichen Höchstzahlen findet eine Stichwahl statt; bei Stimmengleichheit entscheidet das von der Landrätin oder von dem Landrat zu ziehende Los. [5]Nimmt eine gewählte Bewerberin oder ein gewählter Bewerber die Wahl nicht an, so ist gewählt, wer an nächster Stelle desselben Wahlvorschlags steht. [6]Ist ein Wahlvorschlag erschöpft, tritt an seine Stelle der Wahlvorschlag mit der nächsten Höchstzahl. [7]Scheidet eine Stellvertretung während der Wahlperiode aus, ist die Nachfolgerin oder der Nachfolger für die verbleibende Zeit der Wahlperiode ohne Aussprache zu wählen.

(3) Die stellvertretenden Landrätinnen und Landräte sowie die übrigen Kreistagsmitglieder werden von der Landrätin oder dem Landrat eingeführt und in feierlicher Form zur gesetzmäßigen und gewissenhaften Wahrnehmung ihrer Aufgaben verpflichtet.

(4) [1]Der Kreistag kann die Stellvertretungen der Landrätin oder des Landrats abberufen. [2]Der Antrag kann nur mit der Mehrheit der gesetzlichen Zahl der Mitglieder gestellt werden. [3]Zwischen dem Eingang des Antrags und der Sitzung des Kreistages muss eine Frist von wenigstens zwei Tagen liegen. [4]Über den Antrag ist ohne Aussprache abzustimmen. [5]Der Beschluss über die Abberufung bedarf einer Zweidrittelmehrheit der gesetzlichen Zahl der Mitglieder. [6]Die Nachfolgerin oder der Nachfolger ist innerhalb einer Frist von zwei Wochen ohne Aussprache zu wählen.

(5) [1]Bei der Wahl ihrer oder seiner Stellvertretungen sowie bei Entscheidungen, die vorher getroffen werden müssen, leitet die Landrätin oder der Landrat oder im Falle ihrer oder seiner Verhinderung das Mitglied, welches am längsten ununterbrochen dem Kreistag angehört, die Sitzung. [2]Dies gilt auch für die Abberufung von stellvertretenden Landrätinnen oder Landräten. [3]§ 44 Absatz 3 Satz 3 gilt entsprechend.

§ 47 Verwaltungsvorstand, Wahl von Beigeordneten und Dienstaufsicht

(1) Auf den Verwaltungsvorstand findet § 70 der Gemeindeordnung für das Land Nordrhein-Westfalen entsprechende Anwendung.

(2) [1]Die Zahl der Beigeordneten wird durch die Hauptsatzung festgelegt. [2]Eine Regelung in der Hauptsatzung, durch die mehr als eine Beigeordnete oder ein Beigeordneter vorgesehen werden soll, bedarf, ebenso wie ihre Änderung, einer Änderung der Hauptsatzung mit einer Zweidrittelmehrheit der gesetzlichen Mitglieder des Kreistags. [3]Für die Wahl oder Abwahl von Beigeordneten gelten § 71 Absatz 1 Satz 2 und 3, Absatz 2 und 3 Satz 1, Absatz 5 bis 7 sowie § 72 der Gemeindeordnung für das Land Nordrhein-Westfalen entsprechend.

(3) [1]Die Landrätin oder der Landrat ist Dienstvorgesetzte oder Dienstvorgesetzter der Bediensteten des Kreises. [2]§ 73 Absatz 3 der Gemeindeordnung für das Land Nordrhein-Westfalen findet entsprechende Anwendung.

§ 48 Bestellung der allgemeinen Vertreterin oder des allgemeinen Vertreters

(1) [1]Der Kreistag bestellt eine allgemeine Vertreterin oder einen allgemeinen Vertreter der Landrätin oder des Landrates. [2]Die Bestellung bedarf der Bestätigung der Bezirksregierung.

(2) [1]Sieht die Hauptsatzung die Wahl von Beigeordneten vor, bestellt der Kreistag die allgemeine Vertreterin oder den allgemeinen Vertreter aus dem Kreis der Beigeordneten. [2]Sie oder er führt die Amtsbezeich-

nung Kreisdirektorin oder Kreisdirektor. [3]Die übrigen Beigeordneten sind zur allgemeinen Vertretung der Landrätin oder des Landrates nur berufen, wenn die Kreisdirektorin oder der Kreisdirektor verhindert ist. [4]Die Reihenfolge bestimmt der Kreistag. [5]Die Kreisdirektorin oder der Kreisdirektor muss über die Befähigung zum Richteramt oder zur Laufbahn des allgemeinen Verwaltungsdienstes im Land Nordrhein-Westfalen in der Laufbahngruppe 2, zweites Einstiegsamt, sowie über eine mehrjährige praktische Erfahrung in einer dem Amt angemessenen hauptamtlichen Verwaltungstätigkeit verfügen.

(3) Soweit keine Beigeordneten vorhanden sind, bestellt der Kreistag widerruflich aus dem Kreis der leitenden hauptamtlichen Beamtinnen und Beamten die allgemeine Vertretung der Landrätin oder des Landrates.

(4) [1]Der Kreistag kann die Kreisdirektorin oder den Kreisdirektor abberufen. [2]Der Antrag kann nur von der Mehrheit der gesetzlichen Zahl der Mitglieder gestellt werden. [3]Zwischen dem Eingang des Antrages und der Sitzung des Kreistags muss eine Frist von mindestens sechs Wochen liegen. [4]Über den Antrag ist ohne Aussprache abzustimmen. [5]Der Beschluss über die Abberufung bedarf einer Zweidrittelmehrheit der gesetzlichen Zahl der Mitglieder. [6]Die Nachfolgerin oder der Nachfolger ist innerhalb einer Frist von sechs Monaten zu bestellen.

(5) [1]Der Kreistag bestellt eine Kämmerin oder einen Kämmerer. [2]Die Kämmerin oder der Kämmerer soll aus dem Kreis der Beigeordneten oder aus dem Kreis der übrigen Beamtinnen und Beamten bestellt werden.

§ 49 Teilnahme an Sitzungen

(1) [1]Die Landrätin oder der Landrat und die Beigeordneten nehmen an den Sitzungen des Kreistages teil. [2]Die Landrätin oder der Landrat ist berechtigt und auf Verlangen eines Fünftels der Kreistagsmitglieder oder einer Fraktion verpflichtet, zu einem Punkt der Tagesordnung vor dem Kreistag Stellung zu nehmen. [3]Dies gilt auch für Beigeordnete, falls es der Kreistag, die Landrätin oder der Landrat verlangt.

(2) [1]Die Landrätin oder der Landrat und die Beigeordneten sind berechtigt und auf Verlangen des Kreisausschusses oder eines Ausschusses in Angelegenheiten ihres Geschäftsbereiches verpflichtet, an dessen Sitzungen teilzunehmen. [2]Absatz 1 Satz 2 gilt entsprechend.

§ 49a Bedienstete des Kreises

(1) Die Bediensteten des Kreises müssen die für ihren Arbeitsbereich erforderlichen fachlichen Voraussetzungen erfüllen, insbesondere die Ablegung der vorgeschriebenen Prüfungen nachweisen.

(2) [1]Der Stellenplan ist einzuhalten. [2]Abweichungen sind nur zulässig, soweit sie aufgrund des Besoldungs- oder Tarifrechts zwingend erforderlich sind.

(3) [1]Die nach geltendem Recht auszustellenden Urkunden für Beamte sowie Arbeitsverträge und sonstige schriftliche Erklärungen zur Regelung der Rechtsverhältnisse von Bediensteten bedürfen der Unterzeichnung durch die Landrätin oder den Landrat oder durch ihre oder seine allgemeine Vertretung. [2]Die Landrätin oder der Landrat kann die Unterschriftsbefugnis durch Dienstanweisung übertragen.

6. Teil
Kreisausschuß

§ 50 Zuständigkeiten des Kreisausschusses

(1) [1]Der Kreisausschuß beschließt über alle Angelegenheiten, soweit sie nicht dem Kreistag vorbehalten sind oder soweit es sich nicht um Geschäfte der laufenden Verwaltung handelt. [2]Er hat insbesondere die Beschlüsse des Kreistags vorzubereiten und die Geschäftsführung des Landrats zu überwachen.

(2) [1]Der Kreisausschuß entscheidet im Rahmen der vom Kreistag festgelegten allgemeinen Richtlinien über die Planung der Verwaltungsaufgaben von besonderer Bedeutung. [2]Zu diesem Zweck hat der Landrat den Kreisausschuß jeweils über solche Planungsvorhaben zu unterrichten.

(3) [1]Der Kreisausschuss entscheidet in allen Angelegenheiten, die der Beschlussfassung des Kreistags unterliegen, falls eine Einberufung des Kreistags nicht rechtzeitig möglich ist (Eilentscheidung). [2]Ist die Einberufung des Kreisausschusses nicht rechtzeitig möglich und kann die Entscheidung nicht aufgeschoben werden, weil sonst erhebliche Nachteile oder Gefahren entstehen können, kann die Landrätin oder der Landrat und im Falle ihrer oder seiner Verhinderung die allgemeine Vertreterin oder der allgemeine Vertreter mit einem Kreisausschussmitglied entscheiden (Dringlichkeitsentscheidung). [3]Die nach Satz 1 oder nach Satz 2 getroffenen Entscheidungen sind dem Kreistag in der nächsten Sitzung zur Genehmigung vorzulegen. [4]Er kann die Entscheidungen aufheben, soweit nicht schon Rechte anderer durch die Ausführung des Beschlusses entstanden sind.

(4) Der Kreisausschuss kann die Erledigung einzelner Verwaltungsaufgaben dem Landrat übertragen.

§ 51 Zusammensetzung des Kreisausschusses

(1) Der Kreisausschuss besteht aus dem Landrat und mindestens 8 und höchstens 16 Kreistagsmitgliedern.

(2) [1]Die Kreistagsmitglieder und für jedes Kreistagsmitglied ein Stellvertreter sind vom Kreistag aus seiner Mitte für die Dauer der Wahlperiode des Kreistags zu wählen. [2]Die Stellvertreter können sich untereinander vertreten, wenn der Kreistag die Reihenfolge festgelegt

hat. [3]Scheidet ein Kreistagsmitglied oder ein Stellvertreter aus dem Kreisausschuss aus, so wählt der Kreistag auf Vorschlag derjenigen Gruppe, die den Ausgeschiedenen vorgeschlagen hatte, einen Nachfolger. [4]Ist die Gruppe zu einem Vorschlag nicht in der Lage oder gehörte das Kreistagsmitglied oder der Stellvertreter keiner Gruppe an, so bleibt der Sitz unbesetzt.

(3) [1]Der Landrat wird mit seiner Wahl Vorsitzender des Kreisausschusses. [2]Er hat Stimmrecht im Kreisausschuss. [3]Der Kreisausschuss wählt aus seiner Mitte einen oder mehrere Vertreter des Vorsitzenden.

(4) Nach Ablauf der Wahlperiode des Kreistags üben die bisherigen Kreistagsmitglieder im Kreisausschuss und ihre Stellvertreter ihre Tätigkeit bis zur ersten Sitzung des neuen Kreisausschusses weiter aus.

§ 52 Verfahren des Kreisausschusses

(1) Der Landrat beruft den Kreisausschuß ein und setzt die Tagesordnung fest.

(2) Der Kreisausschuß ist beschlußfähig, wenn mehr als die Hälfte der Mitglieder anwesend ist.

(3) [1]Im übrigen finden § 28 Abs. 1, Abs. 2 und 3, § 32 Abs. 1 Satz 3 und Abs. 2, § 34 Abs. 2, § 35, § 36, § 37 Abs. 1 und § 41 Abs. 3 Satz 4 bis 10 und Abs. 4 entsprechende Anwendung. [2]Soweit der Kreisausschuß Aufgaben nach § 59 Abs. 1 wahrnimmt, tagt er in nichtöffentlicher Sitzung.

7. Teil

Haushaltswirtschaft, wirtschaftliche und nichtwirtschaftliche Betätigung

§ 53 Haushaltswirtschaft und Prüfung

(1) Für die Haushalts- und Wirtschaftsführung gelten, soweit nicht nachstehend eine andere Regelung getroffen ist, die Vorschriften des 8. bis 12. Teils der Gemeindeordnung und die dazu erlassenen Rechtsverordnungen entsprechend.

(2) Die überörtliche Prüfung des Kreises und seiner Sondervermögen ist Aufgabe der Gemeindeprüfungsanstalt.

(3) Jeder Kreis muss eine örtliche Rechnungsprüfung einrichten.

§ 54 Haushaltssatzung

[1]Nach Zuleitung des Entwurfs der Haushaltssatzung mit ihren Anlagen an den Kreistag ist diese unverzüglich bekannt und während der Dauer des Beratungsverfahrens im Kreistag zur Einsichtnahme verfügbar zu machen. [2]In der öffentlichen Bekanntgabe ist eine Frist von min-

destens vierzehn Tagen festzulegen, in der Einwohner oder Abgabepflichtige der kreisangehörigen Gemeinden gegen den Entwurf Einwendungen erheben können, und die Stelle anzugeben, bei der die Einwendungen zu erheben sind. [3]Die Frist für die Erhebung von Einwendungen ist so festzusetzen, dass der Kreistag vor der Beschlussfassung über die Haushaltssatzung mit ihren Anlagen in öffentlicher Sitzung darüber beschließen kann.

§ 55 Beteiligungsrechte der kreisangehörigen Gemeinden

(1) [1]Die Festsetzung der Kreisumlage erfolgt im Benehmen mit den kreisangehörigen Gemeinden. [2]Das Benehmen ist sechs Wochen vor Aufstellung des Entwurfes der Haushaltssatzung einzuleiten.

(2) [1]Stellungnahmen der kreisangehörigen Gemeinden im Rahmen der Benehmensherstellung werden dem Kreistag mit der Zuleitung des Entwurfes der Haushaltssatzung mit ihren Anlagen zur Kenntnis gegeben. [2]Den Gemeinden ist vor Beschlussfassung über die Haushaltssatzung mit ihren Anlagen in öffentlicher Sitzung Gelegenheit zur Anhörung zu geben. [3]Über Einwendungen der Gemeinden beschließt der Kreistag in öffentlicher Sitzung. [4]Der Kreis teilt ihnen das Beratungsergebnis und dessen Begründung mit.

§ 56 Kreisumlage

(1) [1]Soweit die sonstigen Erträge eines Kreises die entstehenden Aufwendungen nicht decken, ist eine Umlage nach den hierfür geltenden Vorschriften von den kreisangehörigen Gemeinden zu erheben (Kreisumlage). [2]Aus vorangegangenen Jahresabschlüssen vorgetragene Jahresfehlbeträge können bei der Berechnung der Kreisumlage nach Satz 1 vollständig oder teilweise berücksichtigt werden, soweit sie in dem Jahr zu verrechnen sind oder verrechnet werden sollen. [3]Ist die Haushaltssatzung des Kreises bei Beginn des Haushaltsjahres noch nicht bekannt gemacht, so darf die Kreisumlage ausschließlich nach dem Umlagesatz des Vorjahres auf Grundlage der dafür festgesetzten Umlagegrundlagen erhoben werden.

(2) [1]Die Kreisumlage ist für jedes Haushaltsjahr neu festzusetzen. [2]Die Festsetzung der Umlagesätze bedarf der Genehmigung der Aufsichtsbehörde. [3]Die Genehmigung kann unter Bedingungen und mit Auflagen erteilt werden.

(3) [1]Der Umlagesatz kann einmal im Laufe des Haushaltsjahres geändert werden. [2]Die Änderung des Umlagesatzes wirkt auf den Beginn des Haushaltsjahres zurück. [3]Eine Erhöhung des Umlagesatzes der Kreisumlage ist nur zulässig, wenn unter Berücksichtigung des Rücksichtnahmegebotes nach § 9 Satz 2 alle anderen Möglichkeiten, den Kreishaushalt auszugleichen, ausgeschöpft sind. [4]Im Falle einer Erhöhung des für das Haushaltsjahr bereits festgesetzten Umlagesatzes muss der Beschluss vor dem 30. Juni des Haushaltsjahres gefasst sein.

(4) [1]Handelt es sich um Einrichtungen des Kreises, die ausschließlich, in besonders großem oder in besonders geringem Maße einzelnen Teilen des Kreises zustatten kommen, so muß der Kreistag eine ausschließliche Belastung oder eine nach dem Umfang näher zu bestimmende Mehr- oder Minderbelastung dieser Kreisteile beschließen. [2]Absätze 2 und 3 gelten entsprechend. [3]Soweit es sich um Einrichtungen des Kreises handelt, die dem öffentlichen Personennahverkehr oder dem öffentlichen Schienenverkehr dienen, kann der Kreistag von einem Beschluß nach Satz 1 absehen; Absatz 1 bleibt unberührt. [4]Differenzen zwischen Plan und Ergebnis können im übernächsten Jahr ausgeglichen werden.

(5) [1]Nimmt der Kreis die Aufgaben der Jugendhilfe wahr, so hat er bei der Kreisumlage für kreisangehörige Gemeinden ohne eigenes Jugendamt eine einheitliche ausschließliche Belastung in Höhe der ihm durch die Aufgabe des Jugendamtes verursachten Aufwendungen festzusetzen; dies gilt auch für die Aufwendungen, die dem Kreis durch Einrichtungen der Jugendhilfe für diese Gemeinden entstehen. [2]Differenzen zwischen Plan und Ergebnis können im übernächsten Jahr ausgeglichen werden.

(6) Der Kreis kann den infolge der Mitgliedschaft in einem Zweckverband auf Grund des Regionalisierungsgesetzes NW, in einem Verkehrsverbund oder in einer Verkehrsgemeinschaft von ihm aufzubringenden Umlagebetrag in entsprechender Anwendung des Absatzes 4 auf die kreisangehörigen Gemeinden umlegen.

§ 56a Ausgleichsrücklage

§ 75 Absatz 3 der Gemeindeordnung für das Land Nordrhein-Westfalen gilt entsprechend.

§ 56b Haushaltssicherungskonzept

(1) [1]Der Kreis hat zur Sicherung seiner dauerhaften Leistungsfähigkeit ein Haushaltssicherungskonzept aufzustellen und darin den nächstmöglichen Zeitpunkt zu bestimmen, bis zu dem der Haushaltsausgleich wieder hergestellt ist. [2]§ 76 der Gemeindeordnung gilt entsprechend.

(2) Ist der Kreis überschuldet, so kann das Haushaltssicherungskonzept nur genehmigt werden, wenn sowohl der Haushaltsausgleich als auch die Beseitigung der Überschuldung innerhalb der Frist des § 76 Absatz 2 Satz 3 der Gemeindeordnung dargestellt wird.

§ 56c Sonderumlage

[1]Der Kreis kann eine Sonderumlage erheben, sofern im Jahresabschluss eine Inanspruchnahme der allgemeinen Rücklage erfolgt ist. [2]Eine Sonderumlage ist zu erheben, sofern eine Überschuldung nach § 75 Absatz 7 der Gemeindeordnung für das Land Nordrhein-Westfalen eingetreten ist. [3]Die Sonderumlage ist nach der Inanspruchnahme der

allgemeinen Rücklage und unter Beachtung des Rücksichtnahmegebotes nach § 9 Satz 2 zu bestimmen. [4]Sie kann in Teilbeträgen festgesetzt und erhoben werden. [5]§ 55 sowie § 56 Absatz 2 und 3 finden entsprechende Anwendung

8. Teil
Aufsicht und staatliche Verwaltung im Kreis

§ 57 Aufsicht

(1) [1]Aufsichtsbehörde des Kreises ist die Bezirksregierung, obere Aufsichtsbehörde das für Kommunales zuständige Ministerium (allgemeine Aufsicht). [2]Das für Kommunales zuständige Ministerium kann seine Befugnisse als obere Aufsichtsbehörde allgemein auf die Bezirksregierung übertragen. [3]Die der obersten Aufsichtsbehörde gesetzlich übertragenen Befugnisse nimmt das für Kommunales zuständige Ministerium wahr.

(2) Soweit die Kreise ihre Aufgaben nach Weisung erfüllen (§ 2 Abs. 2 Satz 3) richtet sich die Aufsicht nach den hierzu erlassenen Gesetzen (Sonderaufsicht).

(3) Im übrigen gelten für die Aufsicht über die Kreise die Bestimmungen des 13. Teils der Gemeindeordnung entsprechend.

§ 58 Träger der staatlichen Verwaltung

(1) Die Aufgaben der unteren staatlichen Verwaltungsbehörde werden vom Landrat und vom Kreisausschuß wahrgenommen.

(2) Aufgaben der unteren staatlichen Verwaltungsbehörde können durch Rechtsverordnung der Landesregierung den Bürgermeistern von kreisangehörigen Gemeinden zugewiesen werden.

§ 59 Der Landrat als untere staatliche Verwaltungsbehörde

(1) [1]Der Landrat führt die allgemeine Aufsicht und die Sonderaufsicht über die kreisangehörigen Gemeinden sowie die Aufsicht über Körperschaften, Anstalten und Stiftungen, soweit Gesetze nichts anderes bestimmen. [2]Der Landrat bedarf der Zustimmung des Kreisausschusses bei Entscheidungen über

a) die Genehmigung von Gebietsänderungsverträgen oder die Bestimmungen der Einzelheiten der Gebietsänderung, sofern ein Gebietsänderungsvertrag nicht zustande kommt (§ 18 GO),
b) die Genehmigung zur Umwandlung eines Stiftungszwecks und zur Zusammenlegung und Aufhebung von unselbständigen örtlichen Stiftungen (§ 100 Abs. 2 GO),
c) die Erteilung einer Zulassungsverfügung zur Einleitung der Zwangsvollstreckung gegen Gemeinden wegen einer Geldforderung (§ 128 GO)

und nach Maßgabe der §§ 10 Abs. 1, 20 Abs. 4 und 24 Abs. 2 des Gesetzes über kommunale Gemeinschaftsarbeit. [3]Wird die Zustimmung versagt, so entscheidet die Aufsichtsbehörde, falls die Angelegenheit nicht auf sich beruhen kann. [4]Die Mitwirkung des Kreisausschusses bei der Aufsicht über sonstige Körperschaften, Anstalten und Stiftungen ist besonders zu regeln.

(2) [1]Ist an einer nach Absatz 1 zu treffenden Entscheidung der Kreis beteiligt, so entscheidet die Aufsichtsbehörde. [2]Diese entscheidet auch darüber, ob ein solcher Fall vorliegt.

(3) Der Landrat nimmt die durch gesetzliche Vorschriften der unteren staatlichen Verwaltungsbehörde übertragenen Aufgaben wahr, soweit diese nicht anderen Stellen zugewiesen sind oder nach Gesetz oder Rechtsverordnung einer kollegialen Entscheidung bedürfen.

(4) Der Landrat hat darauf hinzuwirken, daß die im Kreis tätigen Landesbehörden in einer dem Gemeinwohl dienlichen Weise zusammenarbeiten.

§ 60 Verantwortung des Landrats

(1) [1]Der Landrat hat bei der Wahrnehmung der Aufgaben der unteren staatlichen Verwaltungsbehörde die Richtlinien der Landesregierung zu beachten. [2]Er hat über alle Vorgänge zu berichten, die für die Landesregierung von Bedeutung sind. [3]Zu diesem Zweck kann er sich bei den staatlichen Verwaltungsbehörden in geeigneter Weise unterrichten; diese sind, soweit nicht gesetzliche Vorschriften entgegenstehen, zur Auskunft verpflichtet.

(2) [1]Der Landrat untersteht der Dienstaufsicht der Bezirksregierung. [2]Er ist in allen Angelegenheiten der unteren staatlichen Verwaltungsbehörde ausschließlich den ihm übergeordneten staatlichen Behörden verantwortlich.

§ 61 Dienstkräfte, Bereitstellung von Einrichtungen

(1) [1]Die für die Erfüllung der Aufgaben der unteren staatlichen Verwaltungsbehörde erforderlichen Dienstkräfte und Einrichtungen sind von den Kreisen zur Verfügung zu stellen. [2]Zur Unterstützung bei der Durchführung dieser Aufgaben können dem Landrat Landesbeamte zugeteilt werden. [3]Diese können mit Zustimmung des Kreisausschusses auch in der Selbstverwaltung des Kreises beschäftigt werden.

(2) Die vom Landrat als untere staatliche Verwaltungsbehörde festgesetzten Gebühren (einschließlich Auslagenersätze) fließen in die Kasse des Kreises.

§ 62 Ehrenbeamte

Die nach § 51 Abs. 2 gewählten Mitglieder oder stellvertretenden Mitglieder des Kreisausschusses sind, soweit sie Aufgaben nach § 59 Abs. 1 wahrnehmen, zu Ehrenbeamten zu ernennen.

9. Teil
Übergangs- und Schlußvorschriften, Sondervorschriften

§ 63 Weiterentwicklung der kommunalen Selbstverwaltung (Experimentierklausel)

Für die Kreise findet § 129 der Gemeindeordnung entsprechende Anwendung.

§ 64 Auftragsangelegenheiten

Bis zum Erlaß neuer Vorschriften sind die den Kreisen zur Erfüllung nach Weisung übertragenen staatlichen Angelegenheiten (Auftragsangelegenheiten), unbeschadet des § 42 Buchstaben d und f, nach den bisherigen Vorschriften durchzuführen.

§ 65 Durchführung des Gesetzes

[1]Das für Kommunales zuständige Ministerium erläßt die zur Durchführung dieses Gesetzes erforderlichen Rechtsverordnungen. [2]Es erläßt die erforderlichen Verwaltungsvorschriften.

§ 66 Übergangsregelungen

(1) [1]Die in § 5 Absatz 6 Satz 1 genannte Frist gilt für alle ab dem 15. Dezember 2021 verkündeten Satzungen und ortsrechtlichen Bestimmungen. [2]Für alle vorher verkündeten Satzungen und ortsrechtlichen Bestimmungen gelten die zum Zeitpunkt der Bekanntmachung geltenden Fristen.

(2) [1]Die in § 39 Absatz 3 genannten Fristen gelten für alle ab dem 15. Dezember 2021 gefassten beziehungsweise öffentlich bekannt gemachten Beschlüsse. [2]Für alle vorher gefassten beziehungsweise öffentlich bekannt gemachten Beschlüsse gelten die zum Zeitpunkt des Beschlusses beziehungsweise der Bekanntmachung geltenden Fristen.

(3) [1]Die Rechtsstellung der Kreisdirektorinnen und Kreisdirektoren, die zu Beginn der Wahlperiode der im Jahr 2025 anlässlich der allgemeinen Kommunalwahlen gewählten kommunalen Vertretungen im Amt sind, bleibt für die Dauer ihrer laufenden Amtszeit unberührt. [2]Dies gilt auch für ihre Wiederwahl.

§ 67 Inkrafttreten

Das Gesetz tritt am 17. Oktober 1994 in Kraft.

Gesetz über die Kommunalwahlen im Lande Nordrhein-Westfalen (Kommunalwahlgesetz)

in der Fassung der Bekanntmachung vom 30. Juni 1998 (GV. NRW. S. 454, ber. S. 509), zuletzt geändert durch Gesetz vom 10. Juni 2025 (GV. NRW. S. 514)

– Auszug –

Inhaltsübersicht*

---

* Nicht amtlich.

I. Wahlgebiet

1. Geltungsbereich

§ 1 (Geltungsbereich)

(1) [1]Dieses Gesetz gilt für die Wahl der folgenden Vertretungen:

des Rates in den Gemeinden,

des Kreistages in den Kreisen.

[2]Es gilt darüber hinaus für die Wahl

der Bezirksvertretungen nach Maßgabe des § 46a,

der Bürgermeister und Landräte nach Maßgabe der §§ 46b bis 46e,

der Verbandsversammlung des Regionalverbandes Ruhr nach Maßgabe der §§ 46f bis 46k.

(2) [1]Das Gebiet der Körperschaft, deren Vertretung gewählt wird, bildet das Wahlgebiet. [2]Das Wahlgebiet des Regionalverbands Ruhr erstreckt sich auf das Gebiet der dem Verband gemäß § 1 des Gesetzes über den Regionalverband Ruhr in der Fassung der Bekanntmachung vom 3. Februar 2004 (GV. NRW. S. 96) in der jeweils geltenden Fassung angehörenden Mitgliedskörperschaften.

2. Wahlorgane

§ 2 (Wahlorgane)

(1) [1]Wahlorgane sind für das Wahlgebiet der Wahlleiter und der Wahlausschuss sowie für die Gemeinde der Briefwahlvorsteher und der Briefwahlvorstand, für den Stimmbezirk der Wahlvorsteher und der Wahlvorstand. [2]Für die Briefwahl können mehrere Wahlvorsteher und Wahlvorstände eingesetzt werden.

(2) [1]Wahlleiter für das Wahlgebiet der Gemeinde ist der Bürgermeister, für das Wahlgebiet des Kreises der Landrat, stellvertretender Wahlleiter jeweils sein Vertreter im Amt. [2]Bürgermeister, Landräte und ihre Vertreter können im Falle ihrer Bewerbung für das Amt des Bürgermeisters oder des Landrates ab ihrer Aufstellung nicht Wahlleiter oder stellvertretender Wahlleiter in dem Wahlgebiet sein, in dem sie sich bewerben; an ihre Stelle tritt der jeweilige Vertreter im Amt. [3]Bei gleichzeitigen Wahlen des Bürgermeisters einer kreisangehörigen Gemeinde und des Landrates desselben Kreises kann ein Bürgermeister, der sich für das Amt des Landrates bewirbt, nicht Wahlleiter für das Wahlgebiet der Gemeinde und der Landrat, der sich für das Amt des Bürgermeisters in einer kreisangehörigen Gemeinde bewirbt, nicht Wahlleiter für das Wahlgebiet des Kreises sein; an die Stelle des Bürgermeisters oder Landrates tritt der jeweilige Vertreter im Amt. [4]Wahlleiter und ihre Vertreter können auf ihr Amt als Wahlleiter oder stellvertretender Wahlleiter verzichten; an ihre Stelle tritt der jeweilige Vertreter im Amt. [5]Der Wahlleiter ist für die ordnungsmäßige Vorbereitung und Durchführung der Wahl verantwortlich, soweit nicht dieses Gesetz und die Wahlordnung bestimmte Zuständigkeiten anderen Wahlorganen übertragen.

(3) [1]Der Wahlausschuss besteht aus dem Wahlleiter als Vorsitzendem und vier, sechs, acht oder zehn Beisitzern, die die Vertretung des Wahlgebiets wählt; eine Benennung oder Bestellung weiterer Mitglieder ist nicht zulässig. [2]Der Wahlausschuss entscheidet in öffentlicher Sitzung. [3]Er ist ohne Rücksicht auf die Zahl der erschienenen Beisitzer beschlussfähig. [4]Bei Stimmengleichheit gibt die Stimme des Vorsitzenden den Ausschlag. [5]Im Übrigen finden auf den Wahlausschuss die allgemeinen Vorschriften des kommunalen Verfassungsrechts entsprechende Anwendung.

(4) [1]Der Wahlvorstand besteht aus dem Wahlvorsteher, dem stellvertretenden Wahlvorsteher und drei bis sieben Beisitzern. [2]Der Bürgermeister beruft die Mitglieder des Wahlvorstandes und berücksichtigt hierbei nach Möglichkeit die in der Gemeinde vertretenen Parteien und Wählergruppen. [3]Die Beisitzer des Wahlvorstandes können im Auftrage des Bürgermeisters auch vom Wahlvorsteher berufen werden. [4]Der Wahlvorstand entscheidet mit Stimmenmehrheit. [5]Bei Stimmengleichheit gibt die Stimme des Wahlvorstehers den Ausschlag.

(5) [1]Die Behörden des Landes sowie die der Aufsicht des Landes unterstehenden Körperschaften und sonstigen juristischen Personen des öffentlichen Rechts sind verpflichtet, auf Anforderung des Bürgermeisters Bedienstete aus der Gemeinde zum Zweck der Berufung als Mitglieder des Wahlvorstandes unter Angabe von Name, Vorname, Geburtsdatum und Anschrift zu benennen. [2]Die ersuchte Stelle hat den Betroffenen über die übermittelten Daten und den Empfänger zu benachrichtigen.

(6) [1]Der Bürgermeister ist befugt, folgende Daten geeignet erscheinender Wahlberechtigter zum Zweck ihrer erstmaligen Berufung zu Mitgliedern von Wahlvorständen oder einer erneuten Berufung bei künftigen Wahlen zu verarbeiten:

1. Name,
2. Vorname,
3. Geburtsdatum,
4. Anschrift,
5. Telefonnummern und E-Mail-Adressen,
6. Bankverbindung und
7. bisherige Mitwirkung in Wahlvorständen und ausgeübte Funktion.

[2]Die Verarbeitung der Daten hat für künftige Wahlen zu unterbleiben, sofern die betroffene Person der Verarbeitung insoweit widersprochen hat. [3]Die betroffene Person ist über das Widerspruchsrecht zu unterrichten.

(7) [1]Niemand darf in mehr als einem Wahlorgan Mitglied sein. [2]Bewerber für das Amt des Bürgermeisters oder des Landrates können nicht Mitglied des Wahlausschusses der Gemeinde oder des Kreises oder eines Wahlvorstandes sein. [3]Andere Wahlbewerber dürfen nicht Mitglied eines Wahlvorstandes in dem Wahlbezirk sein, in dem sie aufgestellt sind (Wahlbezirksbewerber) oder ihre Wohnung haben (auf Reservelisten aufgestellte Bewerber).

(8) Die Mitglieder der Wahlorgane und ihre Stellvertreter dürfen in Ausübung ihres Amtes ihr Gesicht nicht verhüllen.

(9) [1]Die Beisitzer in den Wahlausschüssen und Wahlvorständen sowie die Wahlvorsteher und ihre Stellvertreter üben eine ehrenamtliche Tätigkeit aus, auf die sinngemäß die allgemeinen Vorschriften des kommunalen Verfassungsrechts mit Ausnahme der Vorschriften über Ausschließungsgründe Anwendung finden. [2]Ihnen kann von der Gemeinde, im Falle der Beisitzer von Wahlausschüssen der Kreise auch vom zuständigen Kreis, Ersatz für Sachschäden, die sie bei Ausübung ihrer ehrenamtlichen Tätigkeit erlitten haben, gewährt werden.

3. Zahl der Vertreter

§ 3 (Zahl der Vertreter)

(1) Die Vertreter werden in den Wahlbezirken und aus den Reservelisten gewählt.

(2) [1]Die Zahl der zu wählenden Vertreter beträgt

a) für Gemeinden mit einer Bevölkerungszahl von

5000 und weniger	20 Vertreter, davon 10 in Wahlbezirken;
über 5000, aber nicht über 8000	26 Vertreter, davon 13 in Wahlbezirken;
über 8000, aber nicht über 15000	32 Vertreter, davon 16 in Wahlbezirken;
über 15000, aber nicht über 30000	38 Vertreter, davon 19 in Wahlbezirken;
über 30000, aber nicht über 50000	44 Vertreter, davon 22 in Wahlbezirken;
über 50000, aber nicht über 100000	50 Vertreter, davon 25 in Wahlbezirken;
über 100000, aber nicht über 250000	58 Vertreter, davon 29 in Wahlbezirken;
über 250000, aber nicht über 400000	66 Vertreter, davon 33 in Wahlbezirken;
über 400000, aber nicht über 550000	74 Vertreter, davon 37 in Wahlbezirken;
über 550000, aber nicht über 700000	82 Vertreter, davon 41 in Wahlbezirken;
über 700000	90 Vertreter, davon 45 in Wahlbezirken;

b) für Kreise mit einer Bevölkerungszahl von

200000 und weniger	48 Vertreter, davon 24 in Wahlbezirken;
über 200000, aber nicht über 300000	54 Vertreter, davon 27 in Wahlbezirken;
über 300000, aber nicht über 400000	60 Vertreter, davon 30 in Wahlbezirken;
über 400000, aber nicht über 500000	66 Vertreter, davon 33 in Wahlbezirken;
über 500000	72 Vertreter, davon 36 in Wahlbezirken.

[2]Die Gemeinden und Kreise können bis spätestens 45 Monate nach Be-

ginn der Wahlperiode durch Satzung die Zahl der zu wählenden Vertreter um zwei, vier, sechs, acht, zehn oder zwölf, davon je zur Hälfte in Wahlbezirken, verringern; die Zahl von 20 Vertretern darf nicht unterschritten werden. [3]Die nach Satz 2 durch Satzung verringerte Zahl der zu wählenden Vertreter bleibt bestehen, bis sie spätestens 45 Monate nach Beginn einer späteren Wahlperiode nach Satz 2 durch Satzung verändert wird.

(3) Weitere Vertreter werden aus den Reservelisten gewählt, soweit dies zur Durchführung des Verhältnisausgleichs gemäß § 33 erforderlich ist, mit der Maßgabe, dass die Gesamtzahl der Vertreter gerade ist.

(4) [1]Gesetzliche Mitgliederzahl ist die Zahl der nach Absatz 2 und 3 in jedem Wahlgebiet zu wählenden Gesamtzahl von Vertretern. [2]Sie erhöht sich um die nach § 33 Absatz 3 zuzuteilenden weiteren Sitze. [3]Sie vermindert sich um die nach § 33 Absatz 6 unbesetzt bleibenden Sitze.

4. Wahlbezirke

§ 4 (Wahlbezirke)

(1) Der Wahlausschuss der Gemeinde teilt spätestens 51 Monate, der Wahlausschuss des Kreises spätestens 53 Monate nach Beginn der Wahlperiode das Wahlgebiet in so viele Wahlbezirke ein, wie Vertreter gemäß § 3 Abs. 2 in Wahlbezirken zu wählen sind.

(2) [1]Bei der Abgrenzung der Wahlbezirke ist darauf Rücksicht zu nehmen, dass räumliche Zusammenhänge möglichst gewahrt werden. [2]Sind Bezirke nach der Gemeindeordnung für das Land Nordrhein-Westfalen in der Fassung der Bekanntmachung vom 14. Juli 1994 (GV. NRW. S. 666) in der jeweils geltenden Fassung vorhanden, so soll die Bezirkseinteilung nach Möglichkeit eingehalten werden. [3]Die Abweichung von der durchschnittlichen Anzahl der Wahlberechtigten der Wahlbezirke im Wahlgebiet darf nicht mehr als 15 vom Hundert nach oben oder unten betragen. [4]In begründeten Ausnahmefällen, etwa zur Wahrung räumlicher Zusammenhänge oder zur Rücksichtnahme auf gewachsene Ortsstrukturen, ist eine Abweichung bis zu 25 vom Hundert zulässig.

(3) Finden Gemeinde- und Kreiswahlen gleichzeitig statt, so dürfen die Grenzen der Wahlbezirke der Gemeinde durch die Grenzen der Wahlbezirke des Kreises nicht durchschnitten werden.

5. Stimmbezirke

§ 5 (Stimmbezirke)

(1) Der Bürgermeister teilt, soweit erforderlich, die Wahlbezirke in Stimmbezirke ein.

(2) [1]Die Stimmbezirke sollen nach den örtlichen Verhältnissen so abgegrenzt sein, dass allen Wahlberechtigten die Teilnahme an der Wahl

möglichst erleichtert wird. [2]Die Verwaltungsbezirksgrenzen sollen eingehalten werden. [3]Kein Stimmbezirk soll mehr als 2500 Einwohner umfassen. [4]Die Einwohnerzahl eines Stimmbezirks darf nicht so gering sein, dass sich die Wahlentscheidung der einzelnen Wahlberechtigten ermitteln ließe.

(3) [1]Finden Gemeinde- und Kreiswahlen gleichzeitig statt (verbundene Wahlen), so müssen die Stimmbezirke für beide Wahlen dieselben sein. [2]Der Bürgermeister hat dem Landrat die Abgrenzung der Wahlbezirke und der Stimmbezirke in seiner Gemeinde mitzuteilen.

§ 6 (Einteilung des Waldgebiets, Bekanntmachung)

Die Einteilung des Wahlgebietes in Wahlbezirke ist vom Wahlleiter des Wahlgebietes unverzüglich, spätestens vier Wochen nach dem Beschluß des Wahlausschusses über die Einteilung der Wahlbezirke, öffentlich bekanntzugeben; vereinfachte Bekanntmachung genügt.

II. Wahlberechtigung, Wählbarkeit, Unvereinbarkeit

1. Wahlberechtigung

§ 7 (Wahlberechtigung)

Wahlberechtigt für die Wahl in einem Wahlgebiet ist, wer am Wahltag Deutscher im Sinne von Artikel 116 Abs. 1 des Grundgesetzes ist oder die Staatsangehörigkeit eines Mitgliedstaates der Europäischen Union besitzt, das sechzehnte Lebensjahr vollendet hat und mindestens seit dem 16. Tag vor der Wahl in dem Wahlgebiet seine Wohnung, bei mehreren Wohnungen seine Hauptwohnung hat oder sich sonst gewöhnlich aufhält und keine Wohnung außerhalb des Wahlgebiets hat.

§ 8 (Ausschluss vom Wahlrecht)

Ausgeschlossen vom Wahlrecht ist, wer infolge Richterspruchs in der Bundesrepublik Deutschland das Wahlrecht nicht besitzt.

2. Wählerverzeichnisse und Wahlscheine

§ 9 (Ausübung des Wahlrechts)

(1) Wählen kann nur, wer in ein Wählerverzeichnis eingetragen ist oder einen Wahlschein hat.

(2) [1]Ein Wahlberechtigter, der in das Wählerverzeichnis eingetragen ist, erhält auf Antrag einen Wahlschein. [2]Ein Wahlberechtigter, der nicht in das Wählerverzeichnis eingetragen ist, erhält auf Antrag einen Wahlschein, wenn

1. er nachweist, dass er aus einem von ihm nicht zu vertretenden Grund die Einspruchsfrist versäumt hat;

2. er aus einem von ihm nicht zu vertretenden Grund nicht in das Wählerverzeichnis aufgenommen worden ist;
3. seine Berechtigung zur Teilnahme an der Wahl erst nach der Einspruchsfrist entstanden ist oder sich herausstellt.

(3) [1]Wird der Wahlschein versagt, so kann dagegen Einspruch eingelegt werden. [2]§ 11 Abs. 3 bis 5 ist sinngemäß anzuwenden.

§ 10 (Wählerverzeichnis, Wahlschein)

(1) [1]In jedem Stimmbezirk wird ein Wählerverzeichnis geführt. [2]In das Wählerverzeichnis werden alle Personen eingetragen, bei denen am zweiundvierzigsten Tage vor der Wahl (Stichtag) feststeht, dass sie wahlberechtigt und nicht vom Wahlrecht ausgeschlossen sind. [3]Von Amts wegen in das Wählerverzeichnis einzutragen sind auch die nach dem Stichtag bis zum 16. Tag vor der Wahl zugezogenen und bei der Meldebehörde gemeldeten Wahlberechtigten. [4]Wahlberechtigte zur Kreiswahl, die bisher eine Wohnung in einer anderen kreisangehörigen Gemeinde desselben Kreises gehabt haben, nach dem 16. Tag vor der Wahl zuziehen und vor der Wahl bei der Meldebehörde gemeldet sind, werden von Amts wegen für die Kreiswahl in das Wählerverzeichnis eingetragen.

(2) Der Wähler kann nur in dem Stimmbezirk wählen, in dessen Wählerverzeichnis er eingetragen ist.

(3) Inhaber eines Wahlscheins können in jedem Stimmbezirk des Wahlbezirks oder durch Briefwahl wählen.

(4) [1]Jeder Wahlberechtigte hat das Recht, an den Werktagen vom 20. bis zum 16. Tag vor der Wahl während der allgemeinen Öffnungszeiten der Gemeindebehörde die Richtigkeit oder Vollständigkeit der zu seiner Person im Wählerverzeichnis eingetragenen Daten zu prüfen. [2]Zur Überprüfung der Richtigkeit oder Vollständigkeit der Daten von anderen im Wählerverzeichnis eingetragenen Personen haben Wahlberechtigte während des in Satz 1 genannten Zeitraumes nur dann ein Recht auf Einsicht in das Wählerverzeichnis, wenn sie Tatsachen glaubhaft machen, aus denen sich die Unrichtigkeit oder Unvollständigkeit des Wählerverzeichnisses ergeben kann. [3]Das Recht zur Überprüfung gemäß Satz 2 besteht nicht hinsichtlich der Daten von Wahlberechtigten, für die im Melderegister eine Auskunftssperre gemäß § 51 des Bundesmeldegesetzes vom 3. Mai 2013 (BGBl. I S. 1084) in der jeweils geltenden Fassung eingetragen ist.

(5) [1]Ab Beginn der in Absatz 4 Satz 1 genannten Frist können Personen nur auf rechtzeitigen Einspruch in das Wählerverzeichnis aufgenommen oder darin gestrichen werden, es sei denn, dass es sich um offenbare Unrichtigkeiten handelt, die vom Bürgermeister bis zum Tag vor der Wahl zu berichtigen sind. [2]Absatz 1 Satz 3 und 4 bleibt unberührt.

§ 11 (Einspruch)

(1) Wer das Wählerverzeichnis für unrichtig oder unvollständig hält, kann innerhalb der Einsichtsfrist bei der Gemeindeverwaltung Einspruch einlegen.

(2) Richtet sich der Einspruch gegen die Eintragung eines anderen, so ist dieser vor der Entscheidung zu hören.

(3) Der Bürgermeister hat die Entscheidung unverzüglich zu fällen und dem Antragsteller und dem Betroffenen zuzustellen.

(4) Gegen die Entscheidung des Bürgermeisters kann binnen drei Tagen nach Zustellung Beschwerde eingelegt werden, über die die Aufsichtsbehörde entscheidet.

(5) [1]Die Einspruchs- oder Beschwerdeentscheidung ist für die Berechtigung zur Teilnahme an der Wahl endgültig. [2]Sie schließt die Erhebung eines Einspruchs im Wahlprüfungsverfahren nicht aus (§ 39 Abs. 2).

3. Wählbarkeit

§ 12 (Passives Wahlrecht)

(1) Wählbar ist jede wahlberechtigte Person, die am Wahltag das achtzehnte Lebensjahr vollendet hat und seit mindestens drei Monaten in dem Wahlgebiet ihre Wohnung, bei mehreren Wohnungen ihre Hauptwohnung hat oder sich sonst gewöhnlich aufhält und keine Wohnung außerhalb des Wahlgebiets hat.

(2) Nicht wählbar ist, wer am Wahltag infolge Richterspruchs in der Bundesrepublik Deutschland die Wählbarkeit oder die Fähigkeit zur Bekleidung öffentlicher Ämter nicht besitzt.

4. Unvereinbarkeit

§ 13 (Unvereinbarkeit)

(1) [1]Beamte und Arbeitnehmer (soweit sie nicht überwiegend körperliche Arbeit verrichten oder sonst die Verwaltungsführung ihres Dienstherrn oder Arbeitgebers inhaltlich nicht beeinflussen können), die im Dienst einer der in den Buchstaben a) bis e) genannten Körperschaften stehen, können in den folgenden Fällen nicht gleichzeitig einer Vertretung angehören:

a) Sie können nicht der Vertretung ihrer Anstellungskörperschaft angehören.

b) Stehen sie im Dienst des Landes und sind sie in einer staatlichen Behörde unmittelbar mit der Ausübung der allgemeinen Aufsicht oder der Sonderaufsicht über Gemeinden und Gemeindeverbände befasst, können sie nicht der Vertretung einer beaufsichtigten Gemeinde oder eines beaufsichtigten Gemeindeverbandes angehören.

c) Stehen sie im Dienste des Landes und werden sie in einer Kreispolizeibehörde beschäftigt, so können sie nicht der Vertretung des Kreises angehören, bei dem die Kreispolizeibehörde gebildet ist.

d) Stehen sie im Dienst eines Kreises und sind sie bei dem Landrat als untere staatliche Verwaltungsbehörde unmittelbar mit der Ausübung der allgemeinen Aufsicht oder der Sonderaufsicht über kreisangehörige Gemeinden befasst, können sie nicht der Vertretung einer kreisangehörigen Gemeinde angehören.

e) Stehen sie im Dienste einer Gemeinde, so können sie nicht Mitglied der Vertretung des Kreises sein, dem die Gemeinde angehört, es sei denn, dass sie bei einer öffentlichen Einrichtung (§ 107 Abs. 2 der Gemeindeordnung) oder einem Eigenbetrieb der Gemeinde beschäftigt sind.

[2]Die vorstehenden Vorschriften finden auf abgeordnete Beamte sinngemäß Anwendung, wenn die Abordnung an eine der in Buchstaben a) bis e) genannten Körperschaften die Dauer von insgesamt drei Monaten überschreitet.

(2) Bewerben sich Beamte oder Arbeitnehmer des öffentlichen Dienstes um einen Sitz im Wahlgebiet, so ist ihnen der zur Vorbereitung der Wahl erforderliche Urlaub auch dann zu erteilen, wenn im Falle der Wahl ein Hindernis für die gleichzeitige Zugehörigkeit zur Vertretung gemäß Absatz 1 vorliegen würde.

(3) [1]Werden Beamte oder Arbeitnehmer des öffentlichen Dienstes gewählt, die gemäß Absatz 1 an der gleichzeitigen Zugehörigkeit zur Vertretung gehindert sind, so können sie das Mandat nur ausüben, wenn sie die Beendigung ihres Dienstverhältnisses nachweisen. [2]Stellt der Wahlleiter nachträglich fest, dass ein Bewerber das Mandat ausübt, obwohl er nach Absatz 1 an der gleichzeitigen Zugehörigkeit zur Vertretung gehindert war, und weist der Vertreter nicht innerhalb einer Frist von einer Woche nach Zustellung der nachträglichen Feststellung die Beendigung seines Dienstverhältnisses nach, so scheidet er mit Ablauf der Frist aus der Vertretung aus. [3]Den Verlust der Mitgliedschaft stellt der Wahlleiter fest.

(4) Werden Mitglieder einer Vertretung Beamte oder Arbeitnehmer des öffentlichen Dienstes, die gemäß Absatz 1 an der gleichzeitigen Zugehörigkeit zur Vertretung gehindert sind, so gilt Absatz 3 Satz 2 und 3 entsprechend.

(5) Absätze 1 bis 4 finden auf Ehrenbeamte keine Anwendung.

(6) [1]Arbeitnehmer einer rechtsfähigen Gesellschaft oder Stiftung sowie Beamte und Arbeitnehmer einer rechtsfähigen Anstalt, an der eine Gemeinde, ein Kreis oder ein Zweckverband maßgeblich beteiligt ist, können, soweit sie allein oder mit anderen ständig, auch vertretungsweise, berechtigt sind, das Unternehmen in seiner Gesamtheit zu vertreten, wie Vorstandsmitglieder, stellvertretende Vorstandsmitglieder, Geschäftsführer, stellvertretende Geschäftsführer und Prokuristen, nicht zugleich der Vertretung dieser Gemeinde, dieses Kreises oder der Vertretung einer Mitgliedskörperschaft dieses Zweckverbandes angehören. [2]Die maßgebliche Beteiligung erfasst die Gewährträgerschaft und neben den Fällen einer Kapitalbeteiligung mit einem Anteil von mehr als

50 vom Hundert auch die Fälle, in denen die Gebietskörperschaft aufgrund ihrer Stimmenmehrheit in Aufsichts- und Kontrollorganen oder in sonstiger Weise entscheidenden Einfluss auf die Unternehmensführung besitzt. [3]Die Bestimmungen der Absätze 2 bis 5 finden entsprechende Anwendung.

III. Wahlvorbereitung

1. Wahltag

§ 14 (Wahltag)

(1) [1]Wahltag ist ein Sonntag. [2]Der Wahltag für die allgemeinen Kommunalwahlen wird von dem für Inneres zuständigen Ministerium festgelegt und bekannt gemacht (Wahlausschreibung). [3]Im Übrigen wird der Wahltag von der Aufsichtsbehörde festgelegt und bekannt gemacht, soweit dieses Gesetz und die Wahlordnung nichts anderes bestimmen.

(2) [1]Die Wahlperiode endet bei allgemeinen Kommunalwahlen nach fünf Jahren. [2]Die neue Wahlperiode beginnt am ersten Tag des folgenden Monats. [3]Die allgemeinen Kommunalwahlen finden im vorletzten oder letzten Monat der laufenden Wahlperiode statt.

(3) [1]Die Wahlzeit dauert von 8 bis 18 Uhr. [2]Der Wahlausschuss der Gemeinde kann die Wahlzeit schon mit einem früheren Beginn festsetzen, wenn besondere Gründe es erfordern.

2. Wahlvorschläge

§ 15 (Wahlvorschläge)

(1) [1]Beim Wahlleiter können bis zum neunundsechzigsten Tage vor der Wahl, 18 Uhr, Wahlvorschläge für die Wahl in den einzelnen Wahlbezirken des Wahlgebiets eingereicht werden. [2]Wahlvorschläge können von politischen Parteien im Sinne des Artikels 21 des Grundgesetzes (Parteien), von mitgliedschaftlich organisierten Gruppen von Wahlberechtigten (Wählergruppen) und von einzelnen Wahlberechtigten (Einzelbewerbern) eingereicht werden.

(2) [1]Die Wahlvorschläge von Parteien und Wählergruppen müssen von der für das Wahlgebiet zum Zeitpunkt der Einreichung zuständigen Leitung unterzeichnet sein. [2]Ist die Partei oder Wählergruppe in der im Zeitpunkt der Wahlausschreibung laufenden Wahlperiode nicht ununterbrochen in der zu wählenden Vertretung, in der Vertretung des zuständigen Kreises, im Landtag oder auf Grund eines Wahlvorschlages aus dem Land im Bundestag vertreten, so kann sie einen Wahlvorschlag nur einreichen, wenn sie nachweist, dass sie einen nach demokratischen Grundsätzen gewählten Vorstand, eine schriftliche Satzung sowie ein Programm hat und dass die Namen der Vorstandsmitglieder, die Satzung und das Programm auf geeignete Weise veröffentlicht sind; dies

gilt nicht für Parteien, die die Unterlagen gemäß § 6 Absatz 3 Satz 1 Nummer 1 und 2, Absatz 4 des Parteiengesetzes in der Fassung der Bekanntmachung vom 31. Januar 1994 (BGBl. I S. 149), das zuletzt durch Artikel 4 des Gesetzes vom 10. August 2021 (BGBl. I S. 3436) geändert worden ist, bis zum Zeitpunkt der Wahlausschreibung ordnungsgemäß beim Bundeswahlleiter eingereicht haben. [3]Die Wahlvorschläge von Parteien und Wählergruppen nach Satz 2 erster Halbsatz müssen ferner in Wahlbezirken bis zu 5000 Einwohnern von 5, in Wahlbezirken von 5000 bis 10000 Einwohnern von 10, in Wahlbezirken von mehr als 10000 Einwohnern von 20 Wahlberechtigten des Wahlbezirks persönlich und handschriftlich unterzeichnet sein und sollen die Angabe einer E-Mail-Adresse und einer Telefonnummer der Unterzeichner enthalten; dies gilt auch für Wahlvorschläge von Einzelbewerbern, es sei denn, dass sie in der zu wählenden Vertretung einen Sitz auf Grund eines Wahlvorschlages haben, in dem sie als Einzelbewerber benannt waren, und der Wahlvorschlag von ihnen selbst unterzeichnet ist. [4]Die Wahlberechtigung ist nachzuweisen. [5]Die ordnungsgemäße Unterzeichnung mit dem Nachweis der Wahlberechtigung der Unterzeichner bis zum Ablauf der Einreichungsfrist ist Voraussetzung für das Vorliegen eines gültigen Wahlvorschlages, es sei denn, der Nachweis kann infolge von Umständen, die der Wahlvorschlagsberechtigte nicht zu vertreten hat, nicht rechtzeitig erbracht werden.

(3) [1]Jeder Wahlvorschlag muss Familienname, Vornamen, Beruf, Geburtsdatum, Geburtsort, Anschrift, E-Mail-Adresse, Telefonnummer, Staatsangehörigkeit sowie bei Parteien oder Wählergruppen deren Namen oder Bezeichnung und, sofern sie eine Kurzbezeichnung verwenden, auch diese, angeben. [2]Jeder Wahlvorschlag darf nur einen Bewerber enthalten. [3]Ein Bewerber darf, unbeschadet seiner Bewerbung in einer Reserveliste, nur in einem Wahlvorschlag benannt werden. [4]In einen Wahlvorschlag darf nur aufgenommen werden, wer seine Zustimmung schriftlich erteilt hat; die Zustimmung ist unwiderruflich. [5]Die ordnungsgemäße Abgabe der Zustimmungserklärung bis zum Ablauf der Einreichungsfrist ist Voraussetzung für die Abgabe eines gültigen Wahlvorschlags.

(4) [1]In jedem Wahlvorschlag sollen eine Vertrauensperson und eine stellvertretende Vertrauensperson bezeichnet werden. [2]Fehlt diese Bezeichnung, so gilt die Person, die als erste unterzeichnet hat, als Vertrauensperson, und diejenige, die als zweite unterzeichnet hat, als stellvertretende Vertrauensperson.

(5) [1]Frauen und Männer sollen gleichmäßig in Vertretungskörperschaften repräsentiert sein (Geschlechterparität). [2]Bei der Aufstellung der Wahlvorschläge sind die Parteien und Wählergruppen aufgefordert, Geschlechterparität anzustreben.

§ 15a (Wählergruppen)

(1) *weggefallen*

(2) [1]Eine Wählergruppe, die keiner Pflicht zur Rechenschaftslegung nach § 2 Absatz 1 Wählergruppentransparenzgesetz unterliegt, kann ei-

nen Wahlvorschlag nur einreichen, wenn sie zusammen mit dem Wahlvorschlag eine Erklärung darüber abgibt, ob und in welcher Gesamthöhe sie in den vorangehenden zwölf Monaten Zuwendungen erhalten hat. [2]Zuwendungen eines einzelnen Zuwenders gemäß § 2 Absatz 2 Satz 4 Wählergruppentransparenzgesetz sind anzugeben.

(3) Erhält eine Wählergruppe nach Einreichung eines Wahlvorschlags bis zum Zeitpunkt der Wahl eine Zuwendung, die die Bedingungen gemäß § 2 Absatz 2 Satz 4 Wählergruppentransparenzgesetz erfüllt, teilt sie dies dem Wahlleiter unter Angabe des Namens und der Anschrift des Zuwenders sowie der Gesamthöhe der Zuwendung unverzüglich mit.

(4) [1]Der Wahlleiter macht die Erklärungen und Mitteilungen nach den Absätzen 2 und 3 in geeigneter Weise 16 Tage vor der Wahl sowie, falls sich Nachmeldungen ergeben haben, am Tag vor dem Wahltermin bekannt. [2]Eine vereinfachte Bekanntmachung ist möglich.

(5) [1]Sind Erklärungen und Mitteilungen unrichtig oder ist eine Mitteilung entgegen Absatz 3 nicht erfolgt, entsteht gegen die Wählergruppe ein Anspruch in Höhe des den unrichtigen Angaben entsprechenden Betrages, bei Unrichtigkeiten in Bezug auf das Haus- und Grundvermögen oder Beteiligungen an Unternehmen in Höhe von fünf vom Hundert der nicht aufgeführten oder der unrichtig angegebenen Vermögenswerte. [2]Beruht die Unrichtigkeit auf grober Fahrlässigkeit oder auf Vorsatz, beträgt der Anspruch das Zweifache des den unrichtigen Angaben entsprechenden Betrags, bei Unrichtigkeiten in Bezug auf das Haus- und Grundvermögen oder Beteiligungen an Unternehmen in Höhe von zehn vom Hundert der nicht aufgeführten oder der unrichtig angegebenen Vermögenswerte. [3]Dies gilt nicht, wenn die Wählergruppe die unrichtigen Angaben gegenüber dem Wahlleiter korrigiert, bevor sie öffentlich oder dem Wahlleiter bekannt waren oder in einem amtlichen Verfahren entdeckt waren, und die Wählergruppe den Sachverhalt umfassend offenlegt.

(6) [1]Die Gemeinde oder der Kreis, für die der Wahlvorschlag eingereicht wurde, stellt die Verpflichtung zur Zahlung des Betrages durch Verwaltungsakt fest. [2]Der Verwaltungsakt darf nur innerhalb von drei Jahren nach Übermittlung der Erklärung oder Mitteilung, im Fall des Unterlassens einer Mitteilung nur innerhalb von drei Jahren ab dem Zeitpunkt der Zuwendung erlassen werden. [3]Die Zahlung fließt der jeweiligen kommunalen Körperschaft zu, für die der Wahlvorschlag eingereicht wurde. [4]Der Wahlleiter stellt der Gemeinde oder dem Kreis die eingereichten Erklärungen und Mitteilungen sowie weitere notwendige Unterlagen auf Anforderung zur Verfügung.

(7) Absätze 2 bis 6 gelten für Einzelbewerber mit der Maßgabe entsprechend, dass sich die Mitteilungspflichten auf Angaben über Zuwendungen beschränken, die der Einzelbewerber zum Zwecke seiner Bewerbung und Wahlkampfführung von Dritten erhalten hat.

§ 16 (Reserveliste)

(1) [1]Für die Reserveliste können nur Bewerber benannt werden, die für eine Partei oder für eine Wählergruppe auftreten. [2]Die Reserveliste muss von der für das Wahlgebiet zum Zeitpunkt der Einreichung zuständigen Leitung unterzeichnet sein. [3]Ist die Partei oder Wählergruppe in der im Zeitpunkt der Wahlausschreibung (§ 14 Abs. 1) laufenden Wahlperiode nicht ununterbrochen in der zu wählenden Vertretung, in der Vertretung des zuständigen Kreises, im Landtag oder auf Grund eines Wahlvorschlags aus dem Land im Bundestag vertreten, so muß die Reserveliste von 1 vom Tausend der Wahlberechtigten des Wahlgebiets, und zwar mindestens von 5 und höchstens von 100 Wahlberechtigten, persönlich und handschriftlich unterzeichnet sein.

(2) Auf der Reserveliste kann vorgesehen werden, daß ein Bewerber, unbeschadet der Reihenfolge im übrigen, Ersatzbewerber für einen im Wahlbezirk oder für einen auf einer Reserveliste aufgestellten Bewerber sein soll.

(3) § 15 Absatz 1 Satz 1, Absatz 2 Satz 2, 4 und 5, Absatz 3 Satz 1 und 3 bis 5, Absatz 4 und 5 gilt sinngemäß.

§ 17 (Bewerber, Vertreter)

(1) Als Bewerber einer Partei oder einer Wählergruppe kann in einem Wahlvorschlag nur benannt werden, wer in einer Mitglieder- oder Vertreterversammlung im Wahlgebiet hierzu gewählt worden ist.

(2) [1]Die Bewerber und die Vertreter für die Vertreterversammlungen sind in geheimer Wahl zu wählen. [2]Entsprechendes gilt für die Festlegung der Reihenfolge der Bewerber auf der Reserveliste und für die Bestimmung der Ersatzbewerber. [3]Stimmberechtigt ist nur, wer am Tage des Zusammentritts der Versammlung im Wahlgebiet wahlberechtigt ist. [4]Jeder stimmberechtigte Teilnehmer der Versammlung ist vorschlagsberechtigt. [5]Den Bewerbern und Ersatzbewerbern ist Gelegenheit zu geben, sich und ihr Programm der Versammlung in angemessener Zeit vorzustellen.

(3) Als Vertreter für eine Vertreterversammlung kann nur gewählt werden, wer am Tage des Zusammentritts der zur Wahl der Vertreter einberufenen Versammlung im Wahlgebiet wahlberechtigt ist.

(4) Die Vertreter für die Vertreterversammlung und die Bewerber sind ab dem 46. Monat nach Beginn der Wahlperiode, die Bewerber für die Wahlbezirke frühestens nach der öffentlichen Bekanntgabe der Einteilung des Wahlgebietes in Wahlbezirke zu wählen.

(5) [1]Kommt eine Versammlung nach Absatz 1 nicht zustande, so kann die Partei oder Wählergruppe ihre Bewerber in einer Versammlung von Wahlberechtigten aufstellen lassen. [2]Absatz 2 gilt entsprechend.

(6) [1]Die in der Satzung der Partei oder Wählergruppe hierfür vorgesehene Stelle kann gegen den Beschluss einer Mitglieder- oder Vertreter-

versammlung Einspruch erheben. [2]Auf einen solchen Einspruch ist die Abstimmung zu wiederholen. [3]Ihr Ergebnis ist endgültig.

(7) Das Nähere über die Wahl der Vertreter für die Vertreterversammlung, über die Einberufung und Beschlussfähigkeit der Mitglieder- oder Vertreterversammlung sowie über das Verfahren für die Wahl des Bewerbers regeln die Parteien und Wählergruppen durch ihre Satzungen.

(8) [1]Eine Ausfertigung der Niederschrift über die Wahl des Bewerbers mit Angaben über Ort und Zeit der Versammlung, Form der Einladung, Zahl der erschienenen Mitglieder, Vertreter oder Wahlberechtigten und Ergebnis der Abstimmung ist mit dem Wahlvorschlag einzureichen. [2]Hierbei haben der Leiter der Versammlung und zwei von dieser bestimmte Teilnehmer gegenüber dem Wahlleiter an Eides statt zu versichern, dass die Wahl der Bewerber in geheimer Abstimmung erfolgt ist. [3]Hinsichtlich der Reservelisten hat sich die Versicherung an Eides statt auch darauf zu erstrecken, dass die Festlegung der Reihenfolge der Bewerber und die Bestimmung der Ersatzbewerber in geheimer Abstimmung erfolgt sind. [4]Der Wahlleiter ist zur Abnahme einer solchen Versicherung an Eides statt zuständig; er ist Behörde im Sinne des § 156 des Strafgesetzbuches. [5]Die Beibringung einer Ausfertigung der Niederschrift und der Versicherung an Eides statt bis zum Ablauf der Einreichungsfrist ist Voraussetzung für das Vorliegen eines gültigen Wahlvorschlages.

§ 18 (Prüfung der Wahlvorschläge, Zulassung)

(1) [1]Der Wahlleiter hat die Wahlvorschläge sofort zu prüfen. [2]Stellt er Mängel fest, so fordert er unverzüglich die Vertrauensperson auf, sie rechtzeitig zu beseitigen. [3]Die Vertrauensperson kann gegen Verfügungen des Wahlleiters den Wahlausschuß anrufen.

(2) [1]Mängel des Wahlvorschlages können nur so lange behoben werden, als nicht über seine Zulassung entschieden ist. [2]Sind in einer Reserveliste die Anforderungen nur hinsichtlich einzelner Bewerber nicht erfüllt, so werden ihre Namen aus der Reserveliste gestrichen.

(3) [1]Der Wahlausschuß entscheidet spätestens am achtundfünfzigsten Tage vor der Wahl über die Zulassung der Wahlvorschläge. [2]Er hat Wahlvorschläge zurückzuweisen, wenn sie verspätet eingereicht sind, den durch dieses Gesetz oder durch die Wahlordnung aufgestellten Anforderungen nicht entsprechen oder auf Grund einer Entscheidung nach Artikel 9 Abs. 2, Artikel 21 Abs. 2 des Grundgesetzes oder Artikel 32 Abs. 2 der Landesverfassung unzulässig sind.

(4) [1]Weist der Wahlausschuß einen Wahlvorschlag zurück, so kann binnen drei Tagen nach Verkündung in der Sitzung des Wahlausschusses von der Vertrauensperson des Wahlvorschlags oder vom Wahlleiter oder von der Aufsichtsbehörde Beschwerde eingelegt werden. [2]Der Wahllei-

ter, die Aufsichtsbehörde oder die oberste Aufsichtsbehörde kann auch gegen eine Entscheidung, durch die ein Wahlvorschlag zugelassen wird, Beschwerde erheben. [3]Die Beschwerde ist bei Entscheidungen der Wahlausschüsse der kreisangehörigen Gemeinden an den Wahlausschuß des Kreises und bei Entscheidungen der Wahlausschüsse der kreisfreien Städte und Kreise an den Landeswahlausschuß (§ 9 Abs. 2 des Landeswahlgesetzes) zu richten. [4]Legt die oberste Aufsichtsbehörde Beschwerde ein, so ist die Beschwerde an den Landeswahlausschuß zu richten, der für die Entscheidung auch dann ausschließlich zuständig ist, wenn gegen die Zulassung oder Nichtzulassung desselben Wahlvorschlages Beschwerde zum Wahlausschuß des Kreises erhoben ist. [5]Die Beschwerde kann nur auf die in Absatz 3 Satz 2 genannten Gründe gestützt werden. [6]In der Beschwerdeverhandlung sind die erschienenen Beteiligten zu hören. [7]Die Entscheidung über die Beschwerde muß vom Landeswahlausschuß spätestens am achtundvierzigsten Tage, von den Wahlausschüssen der Kreise spätestens am siebenundvierzigsten Tage vor der Wahl getroffen werden. [8]Die Beschwerdeentscheidung ist für die Aufstellung der Bewerber zur Wahl endgültig. [9]Sie schließt die Erhebung eines Einspruchs im Wahlprüfungsverfahren nicht aus (§ 39 Abs. 2).

§ 19 (Bekanntmachung der Wahlvorschläge)

(1) Der Wahlleiter macht die zugelassenen Wahlvorschläge spätestens am siebenunddreißigsten Tage vor der Wahl öffentlich bekannt.

(2) Für die Reihenfolge der Bekanntmachung gilt § 23 Abs. 1 Satz 3.

§ 20 (Rücknahme der Wahlvorschläge)

(1) [1]Ein Wahlvorschlag kann durch gemeinsame schriftliche Erklärung der Vertrauensperson und der stellvertretenden Vertrauensperson zurückgenommen werden, solange nicht über seine Zulassung entschieden ist. [2]Wahlvorschläge, die von Wahlberechtigten unterzeichnet sind, können auch von der Mehrheit der Unterzeichner durch eine von ihnen persönlich und handschriftlich unterzeichnete Erklärung zurückgenommen werden.

(2) [1]Ein Wahlvorschlag kann nach Ablauf der Einreichungsfrist nur durch gemeinsame schriftliche Erklärung der Vertrauensperson und der stellvertretenden Vertrauensperson und nur dann geändert werden, wenn ein Bewerber stirbt oder die Wählbarkeit verliert. [2]Das Verfahren nach § 17 braucht nicht eingehalten zu werden; der Unterschriften nach § 15 Abs. 2 Satz 3 und § 16 Abs. 1 Satz 3 bedarf es nicht. [3]Nach der Entscheidung über die Zulassung eines Wahlvorschlags ist jede Änderung ausgeschlossen.

3. Nachwahlen und einzelne Neuwahlen

§ 21 (Nachwahl)

(1) Eine Nachwahl findet statt, wenn

1. in einem Wahlgebiet, einem Wahlbezirk oder einem Stimmbezirk die Wahl nicht durchgeführt worden ist,

2. ein im Wahlbezirk vorgeschlagener Bewerber nach der Zulassung des Wahlvorschlags, aber noch vor dem Wahltage stirbt und ein Ersatzbewerber auf der Reserveliste (§ 16 Abs. 2) nicht vorhanden ist,
3. in einem Wahlbezirk kein Bewerber oder im Wahlgebiet weniger Bewerber zugelassen wird oder werden, als Vertreter zu wählen sind.

(2) [1]Die Nachwahl muss spätestens fünf Wochen nach dem Tag der ausgefallenen Wahl und kann im Fall des Absatzes 1 Nr. 2 schon an diesem Tag stattfinden. [2]Im Fall des Absatzes 1 Nr. 3 kann sie auch auf einen späteren Zeitpunkt als fünf Wochen nach dem Tag der ausgefallenen Wahl festgelegt werden. [3]Den Tag der Nachwahl und die für ihre Vorbereitung maßgeblichen Fristen und Termine bestimmt die Aufsichtsbehörde.

(3) Die Nachwahl findet auf denselben Grundlagen und nach denselben Vorschriften wie die ausgefallene Wahl statt, soweit nicht eine Ergänzung der Wahlvorschläge erforderlich ist.

§ 22 (Gebietsänderung, Neuwahl)

(1) [1]Ist nach einer Gebietsänderung oder für eine neugebildete Gebietskörperschaft eine Vertretung zu wählen, so beruft die Aufsichtsbehörde die Beisitzer des Wahlausschusses. [2]Sie berücksichtigt hierbei nach Möglichkeit die im Wahlgebiet vertretenen Parteien und Wählergruppen. [3]Entsprechendes gilt, wenn im Falle der Auflösung der Vertretung gemäß § 125 der Gemeindeordnung oder aus anderen Gründen eine Neuwahl durchzuführen ist.

(2) Der Tag der Wahl ist so festzusetzen, dass sie baldmöglich innerhalb von sechs Monaten – im Falle der Auflösung gemäß § 125 der Gemeindeordnung von drei Monaten – nach Auflösung der alten Vertretung stattfindet.

(3) [1]Der nach Absatz 2 bestimmte Wahltag ist für die Wahlberechtigung und die Wählbarkeit maßgebend. [2]Findet die Wahl während der allgemeinen Wahlperiode statt, so endet die Wahlzeit – abweichend von § 42 Abs. 1 Satz 1 der Gemeindeordnung und § 27 Abs. 1 Satz 1 der Kreisordnung für das Land Nordrhein-Westfalen in der Fassung der Bekanntmachung vom 14. Juli 1994 (GV. NRW. S. 646) in der jeweils geltenden Fassung – mit dem Ablauf der allgemeinen Wahlperiode.

4. Stimmzettel

§ 23 (Stimmzettel)

(1) [1]Die Stimmzettel und erforderlichen Stimmzettelschablonen für blinde und sehbeeinträchtigte Menschen sowie Informationen zur Wahl in Leichter Sprache werden amtlich hergestellt. [2]Sie enthalten die für den Wahlbezirk zugelassenen Wahlvorschläge sowie die zugelassenen Reservelisten der Parteien und Wählergruppen, deren Wahlvorschlag für

den Wahlbezirk zugelassen ist, mit den Namen der ersten drei Bewerber. [3]Die Reihenfolge auf dem Stimmzettel richtet sich nach der Stimmenzahl, die die Parteien, Wählergruppen und Einzelbewerber bei der letzten Wahl zur Vertretung des Wahlgebiets erreicht haben. [4]Die übrigen Wahlvorschläge schließen sich in alphabetischer Reihenfolge der Namen der Parteien, Wählergruppen und Einzelbewerber an.

(2) In Stimmbezirken, in denen eine repräsentative Wahlstatistik (§ 50 Abs. 2) oder eine wahlstatistische Auszählung (§ 50 Abs. 4) stattfindet, werden Stimmzettel mit Unterscheidungsbezeichnungen nach Geschlecht und Geburtsjahresgruppen verwendet.

V. Wahlsystem und Verteilung der Sitze

1. Wahlsystem

§ 31 (Wahlsystem)

[1]Jeder Wähler hat eine Stimme. [2]Mit ihr wählt er den Vertreter im Wahlbezirk (§ 32) und, falls der Bewerber von einer Partei oder Wählergruppe aufgestellt ist, die von ihr für das Wahlgebiet aufgestellte Reserveliste. [3]Die Sitze werden nach Maßgabe des § 33 auf die an der Listenwahl teilnehmenden Parteien und Wählergruppen entsprechend ihrem jeweiligen Anteil an der Gesamtzahl der abgegebenen gültigen Stimmen unter Anrechnung der in den Wahlbezirken errungenen Sitze verteilt.

2. Wahl im Wahlbezirk

§ 32 (Ergebnis Wahlbezirk)

[1]Im Wahlbezirk ist derjenige Bewerber gewählt, der die meisten Stimmen auf sich vereinigt. [2]Ein Bewerber, der seine Wählbarkeit nach der Zulassung, aber noch vor dem Wahltag verloren hat, wird nicht berücksichtigt; an seine Stelle tritt gegebenenfalls der Ersatzbewerber. [3]Bei Stimmengleichheit entscheidet das vom Wahlleiter zu ziehende Los.

3. Wahl aus der Reserveliste

§ 33 (Gesamtstimmenzahl, Zusatzmandat)

(1) [1]Der Wahlausschuss zählt zunächst die für alle Bewerber abgegebenen gültigen Stimmen, nach Parteien, Wählergruppen und Einzelbewerbern getrennt, zusammen (Gesamtstimmenzahl). [2]Durch Abzug der Stimmen der Parteien und Wählergruppen, für die keine Reserveliste zugelassen worden ist, und der Stimmen der Einzelbewerber von der Gesamtstimmenzahl wird die bereinigte Gesamtstimmenzahl gebildet.

(2) [1]Von der gemäß § 3 in jedem Wahlgebiet zu wählenden Gesamtzahl von Vertretern wird die Zahl der erfolgreichen Wahlbezirksbewerber abgezogen, die als Einzelbewerber angetreten oder von einer nach

Absatz 1 Satz 2 nicht zu berücksichtigenden Partei oder Wählergruppe vorgeschlagen sind. [2]Von der so gebildeten Ausgangszahl werden den am Verhältnisausgleich teilnehmenden Parteien und Wählergruppen nach dem Divisorverfahren mit Standardrundung so viele Sitze zugeteilt, wie ihnen im Verhältnis der auf ihre Reserveliste entfallenen Stimmenzahlen zur bereinigten Gesamtstimmenzahl nach Absatz 1 zustehen (erste Zuteilungszahl). [3]Jede Partei oder Wählergruppe erhält so viele Sitze, wie sich nach Teilung ihrer Stimmen durch den Zuteilungsdivisor und anschließender Rundung ergeben. [4]Der Zuteilungsdivisor ist so zu bestimmen, dass insgesamt so viele Sitze wie nach der Ausgangszahl auf die Reservelisten entfallen. [5]Bei der Rundung sind Zahlenbruchteile unter 0,5 auf die darunter liegende Zahl abzurunden und Zahlenbruchteile ab 0,5 auf die darüber liegende Zahl aufzurunden. [6]Kommt es bei Berücksichtigung von bis zu vier Stellen nach dem Komma zu Rundungsmöglichkeiten mit gleichen Zahlenbruchteilen, entscheidet das vom Wahlleiter zu ziehende Los. [7]Zur Ermittlung des Zuteilungsdivisors ist die Gesamtstimmenzahl durch die Ausgangszahl zu teilen. [8]Falls nach dem sich so ergebenden Divisor bei Rundung insgesamt weniger Sitze als nach der Ausgangszahl vergeben würden, ist der Divisor auf den nächstfolgenden Divisor, der bei Rundung die Ausgangszahl ergibt, herunterzusetzen; würden insgesamt mehr Sitze als nach der Ausgangszahl vergeben, ist der Divisor auf den nächstfolgenden Divisor, der bei Rundung die Ausgangszahl ergibt, heraufzusetzen.

(3) [1]Hat mindestens eine Partei oder Wählergruppe mehr Sitze in den Wahlbezirken errungen, als ihr nach Absatz 2 zusteht, wird die Ausgangszahl um so viele Sitze erhöht, wie notwendig sind, um bei erneuter Berechnung nach Absatz 2 mit den Stimmenzahlen der Parteien und Wählergruppen, denen nach Absatz 2 mindestens ein Sitz zusteht, unter Berücksichtigung der erzielten Mehrsitze eine Sitzverteilung nach dem Verhältnis dieser Stimmenzahlen zu erreichen. [2]Dazu wird die Zahl der in den Wahlbezirken errungenen Sitze der Partei oder Wählergruppe, die das günstigste Verhältnis dieser Sitzzahl zur ersten Zuteilungszahl erreicht hat, mit der Gesamtstimmenzahl der nach Satz 1 am Verhältnisausgleich noch teilnehmenden Parteien und Wählergruppen multipliziert und durch die Stimmenzahl dieser Partei oder Wählergruppe dividiert. [3]Die zweite Ausgangszahl für die Sitzzuteilung ist mit einer Stelle nach dem Komma zu berechnen und auf eine ganze Zahl nach Absatz 2 Satz 5 auf- oder abzurunden. [4]Ist durch die erhöhte Ausgangszahl die Gesamtzahl der Sitze eine ungerade Zahl, wird diese Ausgangszahl um eins erhöht. [5]Erhält mindestens eine Partei oder Wählergruppe bei der Berechnung der erhöhten Ausgangszahl nicht eine Sitzzahl, die der Zahl ihrer erfolgreichen Wahlbezirksbewerber entspricht, wird die erhöhte Ausgangszahl um zwei erhöht, bis die Zahl der Listenmandate nach erneuter Berechnung gemäß Absatz 2 erstmals der Zahl ihrer erfolgreichen Wahlbezirksbewerber entspricht oder diese übersteigt.

(4) [1]Erhält bei der Verteilung der Sitze nach Absatz 2 eine Partei oder Wählergruppe, die mehr als die Hälfte der gültigen Stimmen erhalten hat, nicht mehr als die Hälfte der insgesamt zu vergebenden Sitze, wird ihr vorab ein weiterer Sitz zugeteilt (Zusatzmandat). [2]Von den anderen Parteien oder Wählergruppen erhält diejenige mit dem niedrigsten Zahlenbruchteil ab 0,5 einen Sitz weniger als nach Absatz 2. [3]Betragen die Zahlenbruchteile sämtlich weniger als 0,5, erhält die Partei oder Wählergruppe einen Sitz weniger, die bei einer erneuten Berechnung nach Absatz 2 mit der Gesamtstimmenzahl und der Gesamtsitzzahl der verbleibenden Parteien und Wählergruppen den niedrigsten Zahlenbruchteil erreicht. [4]Bei gleichen zu berücksichtigenden Zahlenbruchteilen bis zu vier Stellen nach dem Komma entscheidet das vom Wahlleiter zu ziehende Los.

(5) Parteien und Wählergruppen, die weniger Sitze in den Wahlbezirken errungen haben, als ihre Sitzzahl beträgt, erhalten die fehlenden Sitze aus der Reserveliste.

(6) [1]Die Sitze werden aus den Reservelisten in der dort festgelegten Reihenfolge besetzt. [2]§ 32 Satz 2 gilt entsprechend. [3]Bewerber, die in einem Wahlbezirk gewählt sind, bleiben hierbei unberücksichtigt. [4]Entfallen auf eine Partei oder Wählergruppe mehr Sitze, als Bewerber auf der Reserveliste benannt sind, so bleiben diese Sitze unbesetzt.

4. Feststellung des Wahlergebnisses

§ 34 (Feststellung des Wahlergebnisses)

(1) Der Wahlausschuß stellt fest, wieviel Stimmen für die Bewerber in den Wahlbezirken und für die Parteien und Wählergruppen abgegeben worden sind und welche Bewerber in den Wahlbezirken und aus den Reservelisten gewählt sind.

(2) Der Wahlausschuß ist an die vom Wahlvorstand getroffenen Entscheidungen gebunden, jedoch berechtigt, Rechenfehler zu berichtigen.

§ 35 (Bekanntgabe des Wahlergebnisses)

(1) Der Wahlleiter benachrichtigt durch Zustellung die in den Wahlbezirken und aus den Reservelisten gewählten Bewerber über die Feststellung nach § 34 Absatz 1.

(2) Der Wahlleiter gibt die Namen der in den Wahlbezirken und aus den Reservelisten gewählten Bewerber öffentlich bekannt.

§ 36 (Mitgliedschaft in der Vertretung, Annahme der Wahl)

[1]Ein gewählter Bewerber erwirbt die Mitgliedschaft in der Vertretung mit der Feststellung seiner Wahl nach § 34 Absatz 1, nicht jedoch vor Ablauf der Wahlperiode der alten Vertretung. [2]Wer die Annahme der Wahl im Wahlbezirk ablehnt, scheidet auch als Bewerber der Reserveliste aus.

VI.a Wahl der Bezirksvertretungen

§ 46a (Wahl der Bezirksvertretung)

(1) Auf die Wahl der Bezirksvertretungen in den kreisfreien Städten finden die Vorschriften dieses Gesetzes entsprechende Anwendung, soweit sich nicht aus den Absätzen 2 bis 6 etwas anderes ergibt.

(2) Die für die Wahl des Rates zuständigen Wahlorgane führen die Wahl der Bezirksvertretungen durch.

(3) [1]Die Wahl der Bezirksvertretungen erfolgt nach den Grundsätzen der Verhältniswahl nach Listenwahlvorschlägen. [2]Der Wähler hat eine Stimme, die er für eine Liste abgeben kann.

(4) [1]Wahlberechtigt für die Wahl der Bezirksvertretung eines Stadtbezirks ist, wer in diesem Stadtbezirk für die Wahl des Rates wahlberechtigt ist. [2]Wählbar für die Bezirksvertretung sind alle nach Satz 1 Wahlberechtigten, die das 18. Lebensjahr vollendet haben und die übrigen Voraussetzungen des § 12 erfüllen, sowie – bei Fehlen eines entsprechenden Wohnsitzes im Stadtbezirk – die Wahlberechtigten, die in einem Gemeindewahlbezirk des Stadtbezirks als Bewerber für die Wahl des Rates aufgestellt sind.

(5) [1]Listenwahlvorschläge können von Parteien und Wählergruppen eingereicht werden. [2]§ 16 findet entsprechende Anwendung mit der Maßgabe, dass der Listenwahlvorschlag von der für das Gebiet der kreisfreien Stadt zum Zeitpunkt der Einreichung zuständigen Leitung der Partei oder Wählergruppe unterzeichnet sein muss, dass die Zahl der nach § 16 Absatz 1 Satz 3 erforderlichen Unterschriften von Wahlberechtigten höchstens 50 beträgt und dass ein Bewerber, unbeschadet seiner Bewerbung für die Wahl des Rates, nur in einem Listenwahlvorschlag benannt werden darf. [3]Als Bewerber in einem Listenwahlvorschlag kann nur benannt werden, wer in einer Mitglieder-, Vertreter- oder Wahlberechtigtenversammlung im Gebiet der kreisfreien Stadt oder des Stadtbezirks hierzu gewählt worden ist.

(6) [1]Für die Sitzverteilung zählt der Wahlausschuss zunächst die für alle Listenwahlvorschläge abgegebenen gültigen Stimmen, nach Parteien und Wählergruppen getrennt, zusammen (Gesamtstimmenzahl). [2]Er stellt dann fest, welche Parteien und Wählergruppen weniger als 2,5 Prozent der Gesamtstimmenzahl erhalten haben. [3]Listenwahlvorschläge, die weniger als 2,5 Prozent der Gesamtstimmenzahl erhalten haben, bleiben bei der Sitzverteilung für die Bezirksvertretung unberücksichtigt. [4]Durch Abzug der für diese Listenwahlvorschläge abgegebenen Stimmen von der Gesamtstimmenzahl wird die bereinigte Gesamtstimmenzahl gebildet, die für die anschließende Sitzverteilung maßgeblich ist.

(7) [1]Die Sitze in der Bezirksvertretung werden entsprechend § 33 Absatz 2 Satz 2 bis 8 auf die Parteien und Wählergruppen verteilt. [2]Entfällt

bei dieser Sitzverteilung auf den Listenwahlvorschlag einer Partei oder Wählergruppe, die im Stadtbezirk 5 vom Hundert oder mehr der Gesamtstimmenzahl erhalten hat, kein Sitz, so ist die Sitzverteilung mit einer jeweils um 2 erhöhten Gesamtsitzzahl so oft zu wiederholen, bis auf den Listenwahlvorschlag einer solchen Partei oder Wählergruppe mindestens ein Sitz entfallen ist. [3]Die so geänderte Gesamtsitzzahl tritt an die Stelle der satzungsmäßigen Sitzzahl der Bezirksvertretung.

VI.b Wahl der Bürgermeister und Landräte

§ 46b (Wahl der Bürgermeister und Landräte)

Auf die Wahl sowie die Abwahl der Bürgermeister gemäß den §§ 65 und 66 der Gemeindeordnung und der Landräte gemäß den §§ 44 und 45 der Kreisordnung finden die Vorschriften dieses Gesetzes entsprechende Anwendung, soweit sich nicht aus den §§ 46c bis 46e oder aus der Gemeindeordnung, der Kreisordnung und dem Landesbeamtengesetz etwas anderes ergibt.

§ 46c (Wahlergebnis, Stichwahl)

(1) [1]Jeder Wähler hat für jede Wahl eine Stimme. [2]Als Bürgermeister oder Landrat ist gewählt, wer mehr als die Hälfte der gültigen Stimmen erhalten hat. [3]Gibt es nur einen zugelassenen Wahlvorschlag, ist der Bewerber gewählt, wenn sich die Mehrheit der Wähler für ihn entschieden hat.

(2) [1]Erhält von mehreren Bewerbern keiner mehr als die Hälfte der gültigen Stimmen, findet am zweiten Sonntag nach der Wahl eine Stichwahl unter den beiden Bewerbern statt, die bei der ersten Wahl die höchsten Stimmenzahlen erhalten haben. [2]Die Aufsichtsbehörde kann einen anderen Termin der Stichwahl festsetzen, wenn besondere Umstände es erfordern. [3]Es wird auf Grund desselben Wählerverzeichnisses gewählt wie bei der ersten Wahl. [4]Bei Stimmengleichheit entscheidet das vom Wahlleiter zu ziehende Los darüber, wer an der Stichwahl teilnimmt. [5]Bei der Stichwahl ist der Bewerber gewählt, der von den gültigen Stimmen die höchste Stimmenzahl erhält. [6]Bei gleicher Stimmenzahl entscheidet das vom Wahlleiter zu ziehende Los.

(3) [1]Scheidet einer der beiden Bewerber vor der Stichwahl durch Tod oder Verlust der Wählbarkeit aus, ist die Wahl insgesamt zu wiederholen. [2]Die Partei oder Wählergruppe, die den betreffenden Bewerber vorgeschlagen hatte, kann einen neuen Wahlvorschlag einreichen. [3]§ 20 Absatz 2 Satz 2 gilt entsprechend. [4]Im Übrigen findet die Wahl auf denselben Grundlagen und nach denselben Vorschriften wie die erste Wahl statt.

(4) [1]§ 4 ist nicht entsprechend anzuwenden. [2]Abweichend von § 10 Abs. 3 können Inhaber eines Wahlscheins in jedem Stimmbezirk des Wahlgebiets wählen.

§ 46d (Wahlvorschlag, Abwahl)

(1) [1]Jeder Wahlvorschlag darf nur einen Bewerber enthalten. [2]Wer gemäß der Gemeindeordnung oder gemäß der Kreisordnung wählbar ist, kann sich selbst vorschlagen; für einen solchen Vorschlag gelten die Regelungen für Einzelbewerber entsprechend. [3]§ 15 Absatz 2 Satz 3 findet mit der Maßgabe Anwendung, dass die dort genannten Wahlvorschläge von mindestens fünfmal, für die Wahl in Gemeinden bis zu 10000 Einwohnern von mindestens dreimal soviel Wahlberechtigten, wie die Vertretung Mitglieder hat, persönlich und handschriftlich unterzeichnet sein müssen; dies gilt nicht, wenn der bisherige Bürgermeister oder Landrat als Bewerber vorgeschlagen wird.

(2) Bewerber können nicht gleichzeitig für die Wahl zum Bürgermeister oder Landrat in mehreren Gemeinden und Kreisen kandidieren.

(3) [1]Gemeinsame Wahlvorschläge sind zulässig. [2]Wird eine Person von mehreren Parteien oder Wählergruppen als gemeinsamer Bewerber benannt, ist sie hierzu in geheimer Abstimmung entweder in einer gemeinsamen Versammlung oder in getrennten Versammlungen der Wahlvorschlagsträger zu wählen. [3]Die Wahlvorschlagsträger des gemeinsamen Wahlvorschlags dürfen keinen anderen als den gemeinsamen Bewerber wählen und zur Wahl vorschlagen.

(4) [1]Ein gemeinsamer Wahlvorschlag mehrerer Parteien oder Wählergruppen muss von den für das Wahlgebiet zum Zeitpunkt der Einreichung zuständigen Leitungen aller beteiligten Parteien oder Wählergruppen unterzeichnet sein und soll anschließend von allen Trägern des Wahlvorschlags gemeinsam eingereicht werden. [2]Jeder Träger eines gemeinsamen Wahlvorschlags soll eine Vertrauensperson und eine stellvertretende Vertrauensperson benennen. [3]Die Zurücknahme oder Änderung eines gemeinsamen Wahlvorschlags nach § 20 setzt eine gemeinsame schriftliche Erklärung der Vertrauensperson und der stellvertretenden Vertrauensperson aller Wahlvorschlagsträger voraus. [4]Erklären die Vertrauensperson und die stellvertretende Vertrauensperson nur eines der beteiligten Träger vor der Entscheidung über die Zulassung die Rücknahme des Wahlvorschlags, bleibt dieser als Wahlvorschlag der übrigen Träger oder des anderen Trägers erhalten.

(5) [1]Sind an einem gemeinsamen Wahlvorschlag Parteien oder Wählergruppen beteiligt, die bei der letzten Wahl zur Vertretung des Wahlgebiets Stimmen erhalten haben, wird der gemeinsame Wahlvorschlag auf dem Stimmzettel aufgrund des Ergebnisses der Partei oder Wählergruppe eingereiht, die die höchste Stimmenzahl erreicht hatte. [2]Innerhalb dieses gemeinsamen Wahlvorschlags werden die Parteien oder Wählergruppen auf dem Stimmzettel in der Reihenfolge der Stimmenzahl bei der letzten Wahl zur Vertretung des Wahlgebiets aufgeführt. [3]Beteiligte Parteien oder Wählergruppen ohne Stimmen bei der letzten Vertretungswahl folgen in alphabetischer Reihenfolge der Namen der

Parteien oder Wählergruppen. [4]Andere gemeinsame Wahlvorschläge werden auf dem Stimmzettel in alphabetischer Reihenfolge nach den Wahlvorschlägen von Trägern mit Stimmen bei der letzten Wahl zur Vertretung des Wahlgebiets berücksichtigt. [5]Maßgeblich für ihre Einreihung ist der Anfangsbuchstabe des Namens der Partei oder Wählergruppe, die in dem gemeinsamen Wahlvorschlag alphabetisch an erster Stelle steht. [6]Innerhalb dieses gemeinsamen Wahlvorschlags werden die Parteien oder Wählergruppen auf dem Stimmzettel in alphabetischer Reihenfolge der Namen der Parteien oder Wählergruppen aufgeführt.

(6) [1]Die Abstimmung über die Abwahl eines Bürgermeisters oder eines Landrates muss baldmöglichst, spätestens innerhalb von drei Monaten nach dem Beschluss des Rates gemäß der Gemeindeordnung oder des Kreistages gemäß der Kreisordnung zur Einleitung des Abwahlverfahrens stattfinden. [2]Den Tag der Abstimmung sowie die für ihre Vorbereitung maßgeblichen Fristen und Termine bestimmt die Vertretung.

(7) [1]Wird die Bürgermeister- oder Landratswahl für ungültig erklärt, findet abweichend von § 42 eine Neuwahl statt. [2]§ 65 der Gemeindeordnung beziehungsweise § 44 der Kreisordnung finden entsprechende Anwendung.

§ 46e (Entscheidung über Gültigkeit, Teilnahme des Bürgermeisters/ Landrats)

(1) Der Bürgermeister oder der Landrat darf an der Beratung und Entscheidung der Vertretung über die Gültigkeit seiner Wahl oder Abwahl (§ 40) nicht mitwirken.

(2) Nach der Gemeindeordnung oder Kreisordnung wählbare Bewerber für das Amt des Bürgermeisters oder des Landrats können auch dann gegen die Gültigkeit der Wahl binnen eines Monats nach Bekanntgabe des Wahlergebnisses Einspruch erheben, wenn sie nicht wahlberechtigt gemäß § 7 sind.

Gesetz über kommunale Gemeinschaftsarbeit (GkG NRW)

in der Fassung der Bekanntmachung vom 1. Oktober 1979 (GV. NW S. 621), zuletzt geändert durch Gesetz vom 10. Juli 2025 (GV. NRW. S. 618)

Inhaltsübersicht*

---

* Nicht amtlich.

ERSTER TEIL
Formen kommunaler Gemeinschaftsarbeit

§ 1 (Gemeinsame Aufgabenwahrnehmung)

(1) [1]Gemeinden und Gemeindeverbände können Aufgaben, zu deren Wahrnehmung sie berechtigt oder verpflichtet sind, nach den Vorschriften dieses Gesetzes gemeinsam wahrnehmen. [2]Die gemeinsame Aufgabenwahrnehmung kann sich auf sachlich und örtlich begrenzte Teile der Aufgabe beschränken. [3]Die Sätze 1 und 2 gelten nicht, wenn durch Gesetz eine besondere Rechtsform für die Zusammenarbeit vorgeschrieben oder die gemeinsame Wahrnehmung einer Aufgabe ausgeschlossen ist.

(2) Zur gemeinsamen Wahrnehmung von Aufgaben können Arbeitsgemeinschaften begründet, Zweckverbände und gemeinsame Kommunalunternehmen gebildet sowie öffentlich-rechtliche Vereinbarungen geschlossen werden.

(3) Die Befugnis, zur gemeinsamen Wahrnehmung von Aufgaben die Gestaltungsmöglichkeiten des Privatrechts zu benutzen, bleibt unberührt.

ZWEITER TEIL
Die kommunale Arbeitsgemeinschaft

§ 2 Zweck

(1) [1]Gemeinden und Gemeindeverbände können sich zu kommunalen Arbeitsgemeinschaften zusammenschließen. [2]In diese Arbeitsgemeinschaften können auch sonstige Körperschaften, Anstalten und Stiftungen des öffentlichen Rechts sowie natürliche Personen und juristische Personen des Privatrechts aufgenommen werden.

(2) Nach der getroffenen Vereinbarung beraten die Arbeitsgemeinschaften Angelegenheiten, die ihre Mitglieder gemeinsam berühren; sie stimmen Planungen der einzelnen Mitglieder für diese Angelegenheiten und die Tätigkeit von Einrichtungen ihrer Mitglieder aufeinander ab; sie leiten Gemeinschaftslösungen ein, um eine möglichst wirtschaftliche und zweckmäßige Wahrnehmung der Aufgaben in einem größeren nachbarlichen Gebiet sicherzustellen.

§ 3 Geschäftsführung

(1) [1]Die Arbeitsgemeinschaften geben den Mitgliedern Anregungen; sie fassen keine die Mitglieder bindenden Beschlüsse. [2]Die Zuständigkeit der Organe der einzelnen Mitglieder bleibt unberührt.

(2) [1]Die Geschäftsführung der Arbeitsgemeinschaften ist durch die Beteiligten zu regeln. [2]In der Regelung sind die Aufgabengebiete näher zu bestimmen, auf denen eine Arbeitsgemeinschaft sich betätigen will; ferner sind in ihr die näheren Bestimmungen über die Durchführung der Arbeitsgemeinschaft zu treffen.

DRITTER TEIL
Der Zweckverland

Abschnitt I
Grundlagen

§ 4 Wesen, Arten, Mitglieder

(1) Gemeinden und Gemeindeverbände können sich zu Zweckverbänden zusammenschließen, um Aufgaben, zu deren Wahrnehmung sie berechtigt oder verpflichtet sind, gemeinsam zu erfüllen oder durchzuführen (Freiverband); für Pflichtaufgaben können sie auch zusammengeschlossen werden (Pflichtverband).

(2) [1]Neben einer der in Absatz 1 genannten Körperschaften können auch der Bund, die Länder der Bundesrepublik und andere Körperschaften, Anstalten und Stiftungen des öffentlichen Rechts Mitglieder eines Zweckverbandes sein, soweit nicht die für sie geltenden besonderen Vorschriften die Beteiligung ausschließen oder beschränken. [2]Ebenso können natürliche Personen und juristische Personen des Privatrechts Mitglieder eines Zweckverbandes sein, wenn die Wahrnehmung der Verbandsaufgaben dadurch gefördert wird und Gründe des öffentlichen Wohles nicht entgegenstehen.

(3) [1]Die Mitgliedschaft einer Gemeinde oder eines Gemeindeverbandes außerhalb des Landes Nordrhein-Westfalen oder einer sonstigen nicht der Aufsicht des Landes unterstehenden Körperschaft, Anstalt oder Stiftung des öffentlichen Rechts in einem Zweckverband, der im Lande Nordrhein-Westfalen seinen Sitz hat, bedarf der Genehmigung der Bezirksregierung. [2]Das gleiche gilt für die Mitgliedschaft einer Gemeinde, eines Gemeindeverbandes oder einer sonstigen der Aufsicht des Landes Nordrhein-Westfalen unterstehenden Körperschaft, Anstalt oder Stiftung des öffentlichen Rechts in einem Zweckverband außerhalb des Landes.

§ 5 Rechtsform

(1) [1]Der Zweckverband ist eine Körperschaft des öffentlichen Rechts. [2]Er verwaltet seine Angelegenheiten im Rahmen der Gesetze unter eigener Verantwortung.

(2) Der Zweckverband ist ein Gemeindeverband; Vorschriften, die bestimmen, daß sie für die Gemeindeverbände gelten, finden auf den Zweckverband Anwendung, soweit sich aus ihnen oder aus diesem Gesetz nichts anderes ergibt.

§ 6 Übergang der Aufgaben

(1) [1]Der Zweckverband kann bestimmte Aufgaben der Beteiligten für diese erfüllen oder für diese durchführen. [2]Er kann daneben auch Aufgaben für einzelne Verbandsmitglieder erfüllen oder durchführen. [3]Soweit Aufgaben zur Erfüllung wahrgenommen werden, gehen das Recht und die Pflicht zur Erfüllung dieser Aufgaben auf den Zweckverband über.

(2) [1]Bestehende Beteiligungen der Gemeinden und Gemeindeverbände an Unternehmen und Verbände, die der gleichen oder einer ähnlichen Aufgabe dienen wie der Zweckverband, bleiben unberührt. [2]Hat der Zweckverband nach der Verbandssatzung anzustreben, solche Beteiligungen an Stelle seiner Verbandsmitglieder zu übernehmen, so sind die einzelnen Verbandsmitglieder zu den entsprechenden Rechtsgeschäften und Verwaltungsmaßnahmen verpflichtet.

§ 7 Verbandssatzung

Die Rechtsverhältnisse des Zweckverbandes werden im Rahmen dieses Gesetzes durch eine Verbandssatzung geregelt.

§ 8 Anwendung der für Gemeinden, Kreise oder Landschaftsverbände geltenden Bestimmungen

(1) Soweit nicht das Gesetz oder die Verbandssatzung besondere Vorschriften treffen, finden auf den Zweckverband die Vorschriften der Gemeindeordnung für das Land Nordrhein-Westfalen in der Fassung der Bekanntmachung vom 14. Juli 1994 (GV. NRW. S. 666) in der jeweils geltenden Fassung sinngemäß Anwendung.

(2) Gehören dem Zweckverband als kommunale Körperschaften neben Gemeinden auch Kreise an, so kann die Verbandssatzung bestimmen, daß anstelle der Gemeindeordnung für das Land Nordrhein-Westfalen die Kreisordnung für das Land Nordrhein-Westfalen in der Fassung der Bekanntmachung vom 14. Juli 1994 (GV. NRW. S. 646) in der jeweils geltenden Fassung Anwendung finden soll.

(3) Gehören einem Zweckverband als kommunale Körperschaften nur Kreise oder nur Kreise und Landschaftsverbände an, so finden die Vorschriften der Kreisordnung für das Land Nordrhein-Westfalen, gehören ihm als kommunale Körperschaften nur Landschaftsverbände an, so finden die Vorschriften der Landschaftsverbandsordnung für das Land Nordrhein-Westfalen in der Fassung der Bekanntmachung vom 14. Juli 1994 (GV. NRW. S. 657) in der jeweils geltenden Fassung sinngemäß Anwendung.

(4) Das Recht, Satzungen zu erlassen, steht dem Zweckverband nach Maßgabe der für Gemeinden geltenden Vorschriften, im Falle der Absätze 2 und 3 nach Maßgabe der dort genannten Vorschriften für sein Aufgabengebiet zu.

Abschnitt II
Bildung des Zweckverbandes

§ 9 Inhalt der Verbandssatzung

(1) [1]Zur Bildung des Zweckverbandes (Freiverband) vereinbaren die Beteiligten die Verbandssatzung. [2]Führen kreisangehörige Gemeinden Verhandlungen mit Körperschaften des öffentlichen Rechts außerhalb des Kreises, um mit ihnen einen Zweckverband zu bilden, so haben sie den Kreis rechtzeitig zu unterrichten.

(2) [1]Die Verbandssatzung muß die Verbandsmitglieder, die Aufgaben, den Namen und Sitz des Verbandes, die Form der öffentlichen Bekanntmachungen sowie den Maßstab bestimmen, nach dem die Verbandsmitglieder zur Deckung der entstehenden Aufwendungen beizutragen haben; sie muß ferner die Angelegenheiten regeln, deren Regelung durch die Verbandssatzung das Gesetz ausdrücklich vorschreibt. [2]Darüber hinaus kann die Verbandssatzung Bestimmungen enthalten über

1. die Verfassung und Verwaltung,
2. die Abwicklung im Falle der Auflösung des Zweckverbandes,
3. das Recht zur einseitigen Kündigung der Verbandsmitgliedschaft, wenn zugleich das Verfahren zur Auseinandersetzung geregelt wird,
4. sonstige Rechtsverhältnisse des Zweckverbandes,

soweit das Gesetz keine Vorschriften enthält oder die Regelung in der Verbandssatzung ausdrücklich zuläßt.

§ 10 Genehmigung

(1) [1]Die Verbandssatzung bedarf der Genehmigung der Aufsichtsbehörde. [2]Die Genehmigung gilt als erteilt, wenn die Aufsichtsbehörde den Beteiligten nicht innerhalb von vier Wochen nach Eingang des Genehmigungsantrages mitteilt, daß sie die Genehmigung versagen oder nur nach Änderung der Vereinbarung erteilen will und nicht innerhalb weiterer vier Wochen einen Termin mit den Beteiligten anberaumt, um dies zu erörtern. [3]Ist die Landrätin oder der Landrat für die Entscheidung zuständig, so ist die Zustimmung des Kreisausschusses erforderlich, wenn die Genehmigung versagt oder nur nach Änderung der Verbandssatzung erteilt werden soll; § 59 Absatz 1 Satz 3 und Absatz 2 der Kreisordnung für das Land Nordrhein-Westfalen gilt entsprechend.

(2) Ist für die Übernahme der Aufgaben, für die der Zweckverband gebildet werden soll, eine besondere Genehmigung erforderlich, so kann

die Verbandssatzung nicht genehmigt werden, wenn zu erwarten ist, daß die besondere Genehmigung versagt wird.

§ 11 Entstehung des Zweckverbandes

(1) [1]Die Aufsichtsbehörde hat die Verbandssatzung und ihre Genehmigung in ihrem amtlichen Veröffentlichungsblatt bekanntzumachen. [2]Die Gemeinden und Kreise haben in der für ihre Bekanntmachungen vorgeschriebenen Form auf die Veröffentlichung hinzuweisen.

(2) Der Zweckverband entsteht am Tage nach der öffentlichen Bekanntmachung der Verbandssatzung und der Genehmigung im Veröffentlichungsblatt der Aufsichtsbehörde, soweit nicht hierfür in der Verbandssatzung ein späterer Zeitpunkt bestimmt ist.

§ 12 Ausgleich

[1]Neben der Verbandssatzung können die Beteiligten schriftliche Vereinbarungen über den Ausgleich von Vorteilen und Nachteilen abschließen, die sich für sie aus der Bildung des Zweckverbandes ergeben. [2]Auf Antrag sämtlicher Beteiligten kann die Aufsichtsbehörde diesen Ausgleich regeln.

§ 13 Pflichtverband

(1) Ist die Bildung eines Zweckverbandes zur Wahrnehmung von Pflichtaufgaben, die den Gemeinden oder Gemeindeverbänden durch gesetzliche Vorschrift auferlegt sind, aus Gründen des öffentlichen Wohles dringend geboten, so kann die Aufsichtsbehörde den Beteiligten eine angemessene Frist zur Bildung des Zweckverbandes als Freiverband setzen.

(2) [1]Kommt innerhalb der Frist ein Freiverband nicht zustande, so kann die Aufsichtsbehörde die Verbandssatzung erlassen und die Bildung des Zweckverbandes als Pflichtverband verfügen. [2]Sollen kreisangehörige Gemeinden oder Gemeindeverbände mit Gemeinden oder Gemeindeverbänden außerhalb des Kreises zu einem Zweckverband zusammengeschlossen werden, um gemeinsame Bauleitpläne aufzustellen oder durchzuführen, so gilt § 205 des Baugesetzbuches in der Fassung der Bekanntmachung vom 23. September 2004 (BGBl. I S. 2414) in der jeweils geltenden Fassung. [3]Vor der Entscheidung muß den Beteiligten Gelegenheit gegeben werden, ihre Auffassung in mündlicher Verhandlung darzulegen.

(3) [1]Ist die Bezirksregierung zuständig, so ist in den Fällen, in denen eine kreisangehörige Gemeinde beteiligt ist, der Kreisausschuss vor der Entscheidung zu hören. [2]Im übrigen gilt § 11 entsprechend.

(4) Hält die Aufsichtsbehörde einen Ausgleich aus Billigkeitsgründen für erforderlich, so kann sie diesen selbst treffen, falls die Beteiligten

dies beantragen oder sich nicht innerhalb einer von der Aufsichtsbehörde gesetzten angemessenen Frist einigen.

Abschnitt III
Verfassung und Verwaltung des Zweckverbandes

§ 14 Organe

Organe des Zweckverbandes sind die Verbandsversammlung und die Verbandsvorsteherin oder der Verbandsvorsteher.

§ 15 Verbandsversammlung

(1) [1]Die Verbandsversammlung besteht aus den Vertreterinnen und Vertretern der Verbandsmitglieder. [2]Jedes Verbandsmitglied entsendet wenigstens eine vertretungsberechtigte Person in die Verbandsversammlung. [3]Von den Gemeinden oder Gemeindeverbänden entsandte vertretungsberechtigte Personen haben die Interessen ihrer Gemeinde oder ihres Gemeindeverbandes zu verfolgen. [4]Sie sind an die Beschlüsse der jeweiligen kommunalen Vertretungen und ihrer Ausschüsse gebunden. [5]Sind natürliche Personen oder juristische Personen (§ 4 Absatz 2) Verbandsmitglieder, so dürfen ihre Stimmen insgesamt die Hälfte der in der Verbandssatzung festgelegten Stimmenzahl nicht erreichen. [6]Die Aufsichtsbehörde kann Ausnahmen zulassen.

(2) [1]Soweit Gemeinden oder Gemeindeverbände Verbandsmitglieder sind, werden die vertretungsberechtigten Personen durch die Vertretungskörperschaft für deren Wahlperiode aus ihrer Mitte oder aus den Dienstkräften des Verbandsmitgliedes bestellt; sofern weitere vertretungsberechtige Personen zu benennen sind, müssen die Hauptverwaltungsbeamtin oder der Hauptverwaltungsbeamte oder eine von ihr beziehungsweise ihm vorgeschlagene Person aus dem Kreis der Bediensteten dazu zählen. [2]Die vertretungsberechtigten Personen anderer Verbandsmitglieder werden für dieselbe Zeit in die Verbandsversammlung entsandt. [3]Die vertretungsberechtigten Personen üben ihr Amt nach Ablauf der Zeit, für die sie bestellt sind, bis zum Amtsantritt der neubestellten vertretungsberechtigten Personen weiter aus. [4]Die Mitgliedschaft in der Verbandsversammlung erlischt, wenn die Voraussetzungen der Wahl oder Entsendung des Mitgliedes wegfallen.

(3) Für jedes Mitglied der Verbandsversammlung ist eine stellvertretungsberechtigte Person für den Fall der Verhinderung zu bestellen.

(4) Die Verbandsversammlung wählt aus ihrer Mitte eine vertretungsberechtigte Person einer Gemeinde oder eines Gemeindeverbandes zur Vorsitzenden oder zum Vorsitzenden; in gleicher Weise wählt sie eine Stellvertreterin oder einen Stellvertreter.

(5) [1]Die Verbandsversammlung tritt wenigstens einmal im Jahr, und zwar zur Beschlußfassung über die Haushaltssatzung sowie über den

Jahresabschluss und die Entlastung der Verbandsvorsteherin oder des Verbandsvorstehers, im übrigen nach Bedarf zusammen. [2]Zu ihrer ersten Sitzung nach der Bildung des Zweckverbandes wird sie durch die Aufsichtsbehörde einberufen, soweit nicht die Verbandssatzung etwas anderes vorschreibt. [3]Die Verbandsversammlung ist nur beschlußfähig, wenn die anwesenden vertretungsberechtigten Personen von Gemeinden und Gemeindeverbänden wenigstens die Hälfte der Stimmenzahl erreichen; im Falle des Absatzes 1 letzter Satz kann die Aufsichtsbehörde Ausnahmen zulassen. [4]Die Verbandssatzung kann weitere Voraussetzungen der Beschlußfähigkeit bestimmen.

(6) Die Zuständigkeiten der Verbandsversammlung regelt die Verbandssatzung, soweit sie sich nicht aus dem Gesetz ergeben.

§ 15a Bildung der Verbandsversammlung in besonderen Fällen

(1) [1]Besteht ein Zweckverband ausschließlich aus Gemeinden, die nicht zugleich einem Mitgliedskreis angehören, und Kreisen (Mitgliedskörperschaften), kann in der Verbandssatzung bestimmt werden, die Verteilung der Sitze in der Verbandsversammlung an den von den Parteien und Wählergruppen bei den letzten allgemeinen Wahlen zu den Vertretungen der Mitgliedskörperschaften erzielten gültigen Stimmen auszurichten. [2]Die Aufnahme oder Aufhebung einer solchen Regelung in der Verbandssatzung ist nur mit Zustimmung aller Mitgliedskörperschaften und nur für den Beginn einer neuen Wahlperiode für deren gesamte Dauer zulässig. [3]Für einen solchen Zweckverband gelten abweichend von § 15 die Absätze 2 bis 14.

(2) [1]Die Vertretungen der Mitgliedskörperschaften wählen für die Dauer ihrer Wahlperiode innerhalb von zehn Wochen nach Beginn ihrer Wahlperiode die Mitglieder der Verbandsversammlung. [2]Jedes Mitglied der Vertretung einer Mitgliedskörperschaft hat zwei Stimmen, eine Erststimme für die Wahl der auf die Mitgliedskörperschaft entfallenden Mitglieder und Ersatzmitglieder sowie eine Zweitstimme für die Wahl der für das Gebiet des Zweckverbandes aufgestellten Reserveliste einer Partei oder Wählergruppe. [3]Wählbar sind die Mitglieder der Vertretungen und die Bediensteten der Mitgliedskörperschaften. [4]Über die Reservelisten sind auch auf Reservelisten für die allgemeinen Wahlen zu den Vertretungen der Mitgliedskörperschaften benannte Bewerberinnen und Bewerber wählbar. [5]Bedienstete des Zweckverbandes dürfen nicht Mitglieder der Verbandsversammlung oder eines Fachausschusses sein; diese Einschränkung gilt nicht für Inhaberinnen oder Inhaber eines Ehrenamtes.

(3) [1]Die Anzahl der von jeder Vertretung einer Mitgliedskörperschaft mit Erststimme zu wählenden Mitglieder und Ersatzmitglieder der Verbandsversammlung ist in der Satzung des Zweckverbands zu bestimmen. [2]Ist nur ein Mitglied zu wählen, so darf nur ein Mitglied der Vertre-

tung gewählt werden. [3]Gewählt ist, wer die meisten Stimmen erhält. [4]Bei Stimmengleichheit entscheidet das von der Vorsitzenden oder von dem Vorsitzenden der Vertretung zu ziehende Los. [5]Sind mehrere Mitglieder zu wählen, so dürfen nicht mehr Bedienstete als Mitglieder der Vertretung gewählt werden. [6]Es findet eine Listenwahl nach dem Verfahren der mathematischen Proportion statt. [7]Danach entfallen auf jede Liste zunächst so viele Sitze, wie ganze Zahlen auf sie entfallen. [8]Danach zu vergebende Sitze sind in der Reihenfolge der höchsten Zahlenbruchteile zuzuteilen; bei gleichen Zahlenbruchteilen entscheidet das von der Vorsitzenden oder dem Vorsitzenden zu ziehende Los. [9]Für jedes zu wählende Mitglied wird zugleich ein Ersatzmitglied gewählt.

(4) [1]Bei der Wahl der Reservelisten kann die Zweitstimme für eine Liste oder nur für eine einzelne Bewerberin oder einen einzelnen Bewerber einer Liste abgegeben werden. [2]Die Zahl der auf die einzelnen Bewerberinnen und Bewerber in der Reserveliste entfallenen Zweitstimmen bestimmt die Reihenfolge der Wahl aus der Reserveliste. [3]Die übrigen Bewerberinnen und Bewerber folgen in der Reihenfolge der Liste.

(5) [1]Entspricht die Sitzverteilung in der Verbandsversammlung auf Grund des Erststimmenergebnisses (Absatz 3) nicht dem Ergebnis, das sich bei einer Sitzverteilung nach dem Verfahren der mathematischen Proportion auf der Grundlage der von den Parteien und Wählergruppen bei den letzten allgemeinen Wahlen zu den Vertretungen der Mitgliedskörperschaften erzielten gültigen Stimmen ergeben würde, so ist eine neue Ausgangszahl für die Verteilung weiterer Sitze (Verhältnisausgleich) zu bilden. [2]Dazu wird die Zahl der nach Absatz 3 errungenen Sitze derjenigen Partei oder Wählergruppe, die das günstigste Verhältnis der Sitze zu der auf sie entfallenen Stimmenzahl erreicht hat, mit der Gesamtzahl der gültigen Stimmen vervielfältigt und durch die Stimmenzahl dieser Partei oder Wählergruppe geteilt. [3]Auf Grund der neuen Ausgangszahl werden für die Parteien und Wählergruppen nach dem Verfahren der mathematischen Proportion neue Zuteilungszahlen errechnet und ihnen die an diesen Zahlen noch fehlenden Sitze aus den Reservelisten in der sich nach Absatz 4 ergebenden Reihenfolge zugewiesen. [4]Dabei werden Bewerberinnen und Bewerber, die bereits nach Absatz 3 gewählt worden sind, nicht berücksichtigt. [5]Bei den Berechnungen nach den Sätzen 1 bis 3 bleiben die Stimmenzahlen solcher Parteien oder Wählergruppen außer Betracht, für die keine Reserveliste eingereicht worden ist. [6]Sie nehmen am Verhältnisausgleich nicht teil. [7]In der Verbandssatzung ist die Anzahl der aus den Reservelisten höchstens zuzuweisenden Mitglieder zu bestimmen. [8]Wird nach Bildung der neuen Ausgangszahl nach Satz 1 die Anzahl der nach Satz 7 in der Verbandssatzung zu bestimmenden Anzahl der aus den Reservelisten höchstens zuzuweisenden Mitglieder überschritten, bleibt die Partei oder Wählergruppe mit dem günstigsten Verhältnis der Sitze zu der auf sie entfallenen Stimmenzahl unberücksichtigt und nimmt an dem erneut durchzu-

führenden Verhältnisausgleich nicht teil. [9]Die Ausgangszahl ist solange neu zu bilden, bis die in Satz 7 bestimmte Anzahl der aus den Reservelisten höchstens zuzuweisenden Mitglieder nicht überschritten wird.

(6) [1]Die Reservelisten sind von den für das Gebiet der Mitgliedskörperschaften zuständigen Leitungen der Parteien und Wählergruppen, die in mindestens einer der Vertretungen der Mitgliedskörperschaften vertreten sind, bis zum 22. Tag nach dem Wahltag der allgemeinen Kommunalwahlen der Verbandsvorsteherin oder dem Verbandsvorsteher einzureichen. [2]Die Verbandsvorsteherin oder der Verbandsvorsteher leitet nach Zulassung je eine Ausfertigung der Reservelisten den Vertretungen der Mitgliedskörperschaften unverzüglich zu. [3]Als Bewerberin oder Bewerber kann in einer Reserveliste nur benannt werden, wer in einer Mitglieder- oder Vertreterversammlung der Partei oder Wählergruppe des Wahlgebietes hierzu gewählt worden ist.

(7) [1]Scheidet ein mit Erststimmen gewähltes Mitglied aus der Verbandsversammlung aus, so rückt das für diesen Fall gewählte Ersatzmitglied nach. [2]Scheidet auch das nachgerückte Mitglied aus, so ist, falls es für eine Partei oder Wählergruppe aufgestellt war, sein Nachfolger aus der Reserveliste dieser Partei oder Wählergruppe in der sich nach Absatz 4 ergebenden Reihenfolge zu berufen. [3]Das Gleiche gilt, wenn ein aus der Reserveliste gewähltes Mitglied aus der Verbandsversammlung ausscheidet. [4]Die Verbandsvorsteherin oder der Verbandsvorsteher stellt die Nachfolgerin oder den Nachfolger fest und macht dies öffentlich bekannt.

(8) [1]Werden Mitgliedskörperschaften oder ihre Vertretungen aufgelöst oder wird eine kreisfreie Stadt in einen Kreis eingegliedert, so gelten die Mitglieder der Vertretungen und die Bediensteten bis zum Zusammentritt der im jeweils betroffenen Gebiet neu zu wählenden Vertretung als wählbar gemäß Absatz 2. [2]Entsprechendes gilt im Falle einer Wiederholungswahl.

(9) Finden in einer Mitgliedskörperschaft Wiederholungswahlen im ganzen Wahlgebiet statt oder wird im Laufe der allgemeinen Wahlperiode die Vertretung einer Mitgliedskörperschaft neu gewählt, so sind

1. die mit Erststimmen in dieser Mitgliedskörperschaft gewählten Mitglieder und Ersatzmitglieder neu zu wählen und
2. die Sitze nach Absatz 5 unter Berücksichtigung der bei der Wiederholungswahl oder bei der Neuwahl erzielten gültigen Stimmen neu zu errechnen und zuzuweisen.

Soweit Mitglieder neu zu wählen oder Sitze neu zu errechnen und zuzuweisen sind, verlieren die bisherigen Mitglieder ihren Sitz spätestens im Zeitpunkt der Neuwahl oder im Zeitpunkt der Neuzuweisung.

(10) [1]Wird ein Zweckverband neu gebildet und wird in der Verbandssatzung eine Regelung gemäß Absatz 1 Satz 1 getroffen, bestimmen die Mitgliedskörperschaften in der Verbandssatzung zugleich eine Person

aus dem in § 16 Absatz 1 Satz 1 genannten Personenkreis, der die auf die Verbandsvorsteherin beziehungsweise den Verbandsvorsteher entfallenden Aufgaben bei der Bildung der Verbandsversammlung wahrnimmt, bis die Verbandsversammlung eine Verbandsvorsteherin oder einen Verbandsvorsteher gewählt hat. [2]Zugleich sind in der Satzung Bestimmungen darüber zu treffen, innerhalb welcher Fristen die Parteien und Wählergruppen ihre Reservelisten gemäß Absatz 6 einzureichen und die Mitgliedskörperschaften die Mitglieder der Verbandsversammlung zu wählen haben.

(11) Tritt im Laufe der allgemeinen Wahlperiode eine Gemeinde oder ein Kreis dem Zweckverband bei und bestehen die Voraussetzungen des Absatz 1 unverändert fort, so sind

1. von der Vertretung der beitretenden Mitgliedskörperschaft die auf sie gemäß Absatz 3 Satz 1 entfallenden Mitglieder und Ersatzmitglieder mit der Erststimme zu wählen und
2. von den Vertretungen aller Mitgliedskörperschaften mit der Zweitstimme die für das Gebiet des Zweckverbandes neu aufzustellenden und einzureichenden Reservelisten zu wählen.

[1]Sodann sind die Sitze nach Absatz 5 neu zu errechnen und zuzuweisen. [2]Absatz 9 Satz 2 und Absatz 10 Satz 2 gelten entsprechend.

(12) [1]Scheidet im Laufe der allgemeinen Wahlperiode eine Gemeinde oder ein Kreis aus einem Zweckverband gemäß Absatz 1 aus, verlieren die von der Vertretung der ausscheidenden Mitgliedskörperschaft mit der Erststimme gewählten Mitglieder und Ersatzmitglieder ihren Sitz in der Verbandsversammlung. [2]Das gleiche gilt für Mitglieder, die über die Reservelisten gewählt worden sind, soweit sie durch das Ausscheiden der Mitgliedskörperschaft ihre Wählbarkeit gemäß Absatz 2 verloren haben. [3]Sodann sind die Sitze nach Absatz 5 neu zu errechnen und zuzuweisen. [4]Dabei bleiben Bewerberinnen und Bewerber, die ihre Wählbarkeit gemäß Absatz 2 durch das Ausscheiden der Mitgliedskörperschaft verloren haben, unberücksichtigt. [5]Absatz 9 Satz 2 gilt entsprechend.

(13) Nach Ablauf der allgemeinen Wahlperiode der Vertretungen der Mitgliedskörperschaften üben die bisherigen Mitglieder ihre Tätigkeit bis zum Zusammentritt der neu gebildeten Verbandsversammlung weiter aus.

(14) [1]§ 15 Absatz 1 Satz 2 bis 4, Absatz 4, Absatz 5 Satz 1 und 2 sowie Absatz 6 bleibt unberührt. [2]Weitere Regelungen können in der Satzung des Zweckverbands getroffen werden.

§ 15b *(weggefallen)*

§ 16 Verbandsvorsteherin oder Verbandsvorsteher

(1) [1]Die Verbandsvorsteherin oder der Verbandsvorsteher wird von der Verbandsversammlung aus dem Kreis der Hauptverwaltungsbeam-

tinnen und Hauptverwaltungsbeamten oder mit Zustimmung ihrer Dienstvorgesetzten aus dem Kreis der allgemeinen Vertreterinnen und Vertreter oder der leitenden Bediensteten der zum Zweckverband gehörenden Gemeinden und Gemeindeverbände gewählt. [2]Sie beziehungsweise er wird von ihrer beziehungsweise seiner Vertretung im Hauptamt vertreten; die Verbandssatzung kann die Vertretung durch eine andere Beamtin oder einen anderen Beamten eines Verbandsmitgliedes vorsehen. [3]Hat die Aufsichtsbehörde eine Ausnahme nach § 15 Absatz 1 letzter Satz zugelassen, so kann die Verbandssatzung bestimmen, dass auch natürliche Personen, die Verbandsmitglieder sind, oder vertretungsberechtigte Personen von verbandsangehörigen juristischen Personen (§ 4 Absatz 2) als Verbandsvorsteherin oder Verbandsvorsteher oder deren Stellvertretung gewählt werden können.

(2) [1]Die Verbandsvorsteherin oder der Verbandsvorsteher führt die laufenden Geschäfte sowie nach Maßgabe der Gesetze, der Verbandssatzung und der Beschlüsse der Verbandsversammlung die übrige Verwaltung des Zweckverbandes, unterzeichnet die Bekanntmachungsanordnungen der von der Verbandsversammlung beschlossenen Satzungen und vertritt den Zweckverband gerichtlich und außergerichtlich. [2]Sie beziehungsweise er ist Dienstvorgesetzte beziehungsweise Dienstvorgesetzter der Dienstkräfte des Zweckverbandes. [3]Die Verbandsversammlung ist Dienstvorgesetzte der Verbandsvorsteherin beziehungswiese des Verbandsvorstehers.

(3) [1]In der Verbandssatzung kann geregelt werden, dass die Verbandsversammlung auf Vorschlag der Verbandsvorsteherin beziehungsweise des Verbandsvorstehers zu deren beziehungsweise dessen Entlastung die Einstellung einer Geschäftsleitung beschließt. [2]Die Verbandsversammlung kann der Geschäftsleitung mit Zustimmung der Verbandsvorsteherin oder des Verbandsvorstehers Aufgaben zur selbstständigen Erledigung übertragen.

(4) [1]Erklärungen, durch die der Zweckverband verpflichtet werden soll, bedürfen der Textform nach § 126b des Bürgerlichen Gesetzbuches. [2]Sie sind durch die Verbandsvorsteherin oder den Verbandsvorsteher oder durch die zur Vertretung im Amt vorgesehene Person zu unterzeichnen. [3]§ 64 Absatz 2 der Gemeindeordnung für das Land Nordrhein-Westfalen gilt entsprechend.

§ 17 Ehrenamtliche und hauptberufliche Tätigkeit

(1) [1]Die Mitglieder der Verbandsversammlung und die Verbandsvorsteherin oder der Verbandsvorsteher sind ehrenamtlich tätig. [2]Sie haben Anspruch auf Verdienstausfall in entsprechender Anwendung von § 45 Absatz 1 der Gemeindeordnung für das Land Nordrhein-Westfalen sowie auf Auslagenersatz. [3]Die Verbandssatzung kann bestimmen, dass anstelle oder in Ergänzung des Verdienstausfall- und Auslagenersatzes

nach Satz 2 eine angemessene Entschädigung gezahlt sowie sonstige Leistungen gewährt werden, soweit diese einen unmittelbaren Bezug zur Mandatsausübung aufweisen.

(2) [1]Wenn es nach Art und Umfang der wahrzunehmenden Aufgaben zweckmäßig ist, kann die Verbandssatzung die Bestellung einer hauptamtlichen Verbandsvorsteherin oder eines hauptamtlichen Verbandsvorstehers vorsehen. [2]Hierzu kann bestellt werden, wer die für dieses Amt erforderliche Eignung, Befähigung und Sachkunde besitzt. [3]Die Stelle ist öffentlich auszuschreiben.

(3) [1]Der Zweckverband hat das Recht, Beamtinnen und Beamte zu ernennen. [2]Bedienstete dürfen hauptamtlich nur eingestellt werden, wenn das in der Verbandssatzung vorgesehen ist. [3]Die Verbandssatzung muss in diesem Falle auch Vorschriften über die Übernahme der Bediensteten durch Verbandsmitglieder oder über die sonstige Abwicklung der Dienst- und Versorgungsverhältnisse im Falle der Auflösung des Zweckverbandes oder der Änderung seiner Aufgaben treffen.

§ 18 Haushaltswirtschaft und Prüfung

(1) Für die Haushaltswirtschaft des Zweckverbandes finden die Vorschriften für die Gemeinden sinngemäß Anwendung mit Ausnahme der Vorschriften über die Auslegung der Haushaltssatzung und des Jahresabschlusses sowie über die örtliche Rechnungsprüfung und den Gesamtabschluss.

(2) Die überörtliche Prüfung ist Aufgabe der Gemeindeprüfungsanstalt.

(3) [1]Ist der Hauptzweck eines Zweckverbandes der Betrieb eines wirtschaftlichen Unternehmens oder einer Einrichtung, die entsprechend den Vorschriften über die Eigenbetriebe geführt werden kann, so kann die Verbandssatzung bestimmen, daß auch auf die Wirtschaftsführung und das Rechnungswesen des Zweckverbandes selbst die Vorschriften über Wirtschaftsführung und Rechnungswesen der Eigenbetriebe sinngemäß Anwendung finden. [2]An die Stelle der Haushaltssatzung tritt in diesem Falle der Beschluss über den Wirtschaftsplan. [3]Sofern dem Betriebsausschuss nicht nach § 114 Abs. 3 der Gemeindeordnung für das Land Nordrhein-Westfalen Beschäftigte des Eigenbetriebes angehören müssen, kann die Verbandssatzung bestimmen, daß die Aufgaben des Betriebsausschusses von der Verbandsversammlung wahrgenommen werden.

§ 19 Verbandsumlage

(1) [1]Der Zweckverband erhebt von den Verbandsmitgliedern eine Umlage, soweit seine sonstigen Erträge die entstehenden Aufwendungen nicht decken. [2]Aus vorangegangenen Jahresabschlüssen vorgetragene Jahresfehlbeträge können bei der Berechnung der Verbandsumlage nach

Satz 1 vollständig oder teilweise berücksichtigt werden, soweit sie in dem Jahr zu verrechnen sind oder verrechnet werden sollen. [3]Die Umlagepflicht einzelner Verbandsmitglieder kann durch die Verbandssatzung auf einen Höchstbetrag beschränkt oder ausgeschlossen werden; dies gilt nicht bei Sparkassenzweckverbänden. [4]Die Umlage soll in der Regel nach dem Verhältnis des Nutzens bemessen werden, den die einzelnen Verbandsmitglieder aus der Wahrnehmung der Aufgaben des Zweckverbandes haben. [5]Ein anderer Maßstab kann zugrunde gelegt werden, wenn dies angemessen ist. [6]Soweit die Umlage nach der Steuerkraft bemessen wird, gelten die Vorschriften über die Kreisumlage, bei Zweckverbänden, denen als kommunale Körperschaften nur Landschaftsverbände angehören, die Vorschriften über die Landschaftsverbandsumlage entsprechend.

(2) [1]Die Umlage ist für jedes Haushaltsjahr in der Haushaltssatzung neu festzusetzen. [2]Die Festsetzung der Umlage bedarf der Genehmigung der Aufsichtsbehörde.

(3) [1]Der Zweckverband kann Gebühren und Beiträge in entsprechender Anwendung der Vorschriften des Kommunalabgabenrechts erheben. [2]Das Recht zur Erhebung von Steuern steht ihm nicht zu.

§ 19a Ausgleichsrücklage

§ 75 Absatz 3 der Gemeindeordnung für das Land Nordrhein-Westfalen gilt entsprechend.

Abschnitt IV
Änderung der Verbandssatzung und Auflösung des Zweckverbandes

§ 20 Verfahren

(1) [1]Änderungen der Verbandssatzung, insbesondere der Beitritt und das Ausscheiden von Verbandsmitgliedern und das Recht zur einseitigen Kündigung, sowie die Auflösung des Zweckverbandes bedürfen, falls die Verbandssatzung nichts anderes bestimmt, einer Mehrheit von zwei Dritteln der satzungsmäßigen Stimmenzahl der Verbandsversammlung; die Verbandssatzung kann bestimmen, daß außerdem die Zustimmung einzelner oder aller Verbandsmitglieder erforderlich ist. [2]Beschlüsse zur Änderung der Aufgaben des Zweckverbandes müssen einstimmig gefaßt werden. [3]Ist eine Auseinandersetzung notwendig, so entscheidet darüber, falls sich die Beteiligten nicht einigen, die Aufsichtsbehörde.

(2) [1]Bei Freiverbänden sind die Änderung der Verbandsaufgabe, die Aufnahme von Bestimmungen über die hauptberufliche Einstellung von Bediensteten sowie Änderungen der Verbandssatzung der Aufsichtsbehörde anzuzeigen; die Auflösung des Zweckverbandes bedarf der Geneh-

migung der Aufsichtsbehörde. [2]Bei Pflichtverbänden bedarf jede Änderung der Verbandssatzung der Genehmigung der Aufsichtsbehörde.

(3) [1]Die Aufsichtsbehörde kann einem Pflichtverband gegenüber erklären, daß die Gründe für seine zwangsweise Bildung weggefallen sind. [2]Der Zweckverband besteht in diesem Falle als Freiverband weiter. [3]Innerhalb von sechs Monaten kann jedes Verbandsmitglied seinen Austritt aus dem Zweckverband erklären.

(4) [1]Für die Änderung der Verbandssatzung und die Auflösung des Zweckverbandes sind § 10 Abs. 1 Satz 2 und 3, Abs. 2 und § 11 entsprechend anzuwenden. [2]Beim Beitritt oder Ausscheiden eines Verbandsmitgliedes wird die Änderung der Verbandssatzung mit dem Zeitpunkt wirksam, zu dem der Beitritt oder das Ausscheiden erfolgt.

(5) Der Zweckverband gilt nach seiner Auflösung als fortbestehend, soweit der Zweck der Abwicklung es erfordert.

§ 21 Wegfall von Verbandsmitgliedern

(1) [1]Fallen Gemeinden oder Gemeindeverbände, die Verbandsmitglieder sind, durch Eingliederung in eine andere Körperschaft, durch Zusammenschluß mit einer anderen Körperschaft oder aus einem sonstigen Grunde weg, so tritt die Körperschaft des öffentlichen Rechts, in die das Verbandsmitglied eingegliedert oder zu der es zusammengeschlossen wird, an die Stelle des weggefallenen Verbandsmitgliedes. [2]Entsprechendes gilt, wenn eine Gemeinde oder ein Gemeindeverband auf mehrere andere Körperschaften aufgeteilt wird oder wenn bei der Auflösung eines Gemeindeverbandes seine Aufgaben auf mehrere andere Körperschaften übergehen.

(2) [1]Wenn Gründe des öffentlichen Wohles nicht entgegenstehen, kann der Zweckverband binnen drei Monaten vom Wirksamwerden der Änderung ab das neue Mitglied ausschließen; in gleicher Weise kann dieses sein Ausscheiden aus dem Zweckverband verlangen. [2]Falls das neue Mitglied dem Ausschluß widerspricht oder der Zweckverband seinem Verlangen auf Ausscheiden nicht entspricht, entscheidet auf Antrag eines der Beteiligten die Aufsichtsbehörde. [3]Diese hat auch die aus der Veränderung sich ergebenden Verhältnisse zwischen dem Zweckverband und dem ausscheidenden Mitglied zu regeln.

(3) Die Absätze 1 und 2 gelten sinngemäß für andere Verbandsmitglieder.

(4) Die durch den Mitgliederwechsel sich ergebende Änderung der Verbandssatzung ist nach den Vorschriften des § 11 Abs. 1 öffentlich bekanntzumachen.

Abschnitt V

Zusammenschluss und Eingliederung von Zweckverbänden

§ 22 Zusammenschluss

(1) Zweckverbände können in der Weise einen neuen Zweckverband bilden, dass ihr Aufgaben- und Mitgliederbestand unmittelbar auf den neuen Zweckverband übergeht (Zusammenschluss).

(2) [1]Für den Zusammenschluss bedarf es übereinstimmender Beschlüsse der Verbandsversammlungen. [2]Hierin ist die Verbandssatzung des neuen Zweckverbandes festzulegen. [3]Zugleich ist festzulegen, wer die Rechte der Verbandsvorsteherin oder des Verbandsvorstehers und der Vorsitzenden oder des Vorsitzenden der Verbandsversammlung des neuen Zweckverbandes bis zu ihrer erstmaligen, unverzüglich durchzuführenden Wahl wahrnimmt. [4]Die §§ 9 bis 11 und § 20 Absatz 1 gelten entsprechend.

(3) [1]Die bisherigen Zweckverbände gelten mit dem Zeitpunkt des Entstehens des neuen Zweckverbandes als aufgelöst. [2]Der neue Zweckverband ist Rechtsnachfolger der aufgelösten Zweckverbände.

(4) Jedes Mitglied kann bis zum Ablauf von drei Monaten nach Entstehung des neuen Zweckverbandes seine Mitgliedschaft kündigen.

§ 22a Eingliederung

(1) Ein Zweckverband kann seinen vollständigen Aufgaben- und Mitgliederbestand unmittelbar in einen anderen Zweckverband überführen (Eingliederung).

(2) [1]Für die Eingliederung bedarf es übereinstimmender Beschlüsse der Verbandsversammlungen nach § 20. [2]Die §§ 9 bis 11 gelten entsprechend.

(3) [1]Der eingegliederte Zweckverband gilt mit dem Zeitpunkt des Wirksamwerdens seiner Eingliederung als aufgelöst. [2]Der aufnehmende Zweckverband ist Rechtsnachfolger des aufgelösten Zweckverbandes.

(4) Jedes Mitglied kann bis zum Ablauf von drei Monaten nach Wirksamwerden der Eingliederung seine Mitgliedschaft kündigen.

VIERTER TEIL

Die öffentlich-rechtliche Vereinbarung

§ 23 Inhalt der Vereinbarung

(1) Gemeinden und Gemeindeverbände können vereinbaren, daß einer der Beteiligten einzelne Aufgaben der übrigen Beteiligten in seine Zuständigkeit übernimmt oder sich verpflichtet, solche Aufgaben für die übrigen Beteiligten durchzuführen.

(2) [1]Übernimmt ein Beteiligter eine Aufgabe der übrigen in seine Zuständigkeit, so gehen das Recht und die Pflicht zur Erfüllung der Aufgabe auf ihn über. [2]Verpflichtet sich einer der Beteiligten, eine Aufgabe für die übrigen durchzuführen, so bleiben deren Rechte und Pflichten als Träger der Aufgabe unberührt.

(3) In der Vereinbarung kann den übrigen Beteiligten ein Mitwirkungsrecht bei der Erfüllung oder Durchführung der Aufgaben eingeräumt werden; das gilt auch für die Bestellung von Dienstkräften.

(4) In der Vereinbarung soll eine angemessene Entschädigung vorgesehen werden, die in der Regel so zu bemessen ist, daß die durch die Übernahme oder Durchführung entstehenden Kosten gedeckt werden.

(5) Ist die Geltungsdauer der Vereinbarung nicht befristet oder beträgt die Frist mehr als 20 Jahre, so muß die Vereinbarung bestimmen, unter welchen Voraussetzungen und in welcher Form sie von einem Beteiligten gekündigt werden kann.

§ 24 Verfahren

(1) [1]Die Vereinbarung ist schriftlich abzuschließen. [2]Kreisangehörige Gemeinden haben den Kreis rechtzeitig zu unterrichten, wenn sie mit Gemeinden oder Gemeindeverbänden außerhalb des Kreises Verhandlungen führen, um mit ihnen eine öffentlich-rechtliche Vereinbarung zu treffen.

(2) [1]Die Vereinbarung bedarf der Genehmigung der in § 29 Abs. 4 bestimmten Aufsichtsbehörde. [2]Die Genehmigung gilt als erteilt, wenn die Aufsichtsbehörde den Beteiligten nicht innerhalb von vier Wochen nach Eingang des Genehmigungsantrages mitteilt, dass sie die Genehmigung versagen oder nur nach Änderung der Vereinbarung erteilen will und nicht innerhalb weiterer vier Wochen einen Termin mit den Beteiligten anberaumt, um dies zu erörtern.

(3) [1]Die Aufsichtsbehörde hat die Vereinbarung und ihre Genehmigung in ihrem amtlichen Veröffentlichungsblatt bekanntzumachen. [2]Die Beteiligten haben in der für ihre Bekanntmachung vorgeschriebenen Form auf die Veröffentlichung hinzuweisen.

(4) Die Vereinbarung wird am Tage nach der Bekanntmachung im Veröffentlichungsblatt der Aufsichtsbehörde wirksam, soweit nicht in ihr ein späterer Zeitpunkt bestimmt ist.

(5) [1]Die Kündigung oder Aufhebung einer öffentlich-rechtlichen Vereinbarung ist der in § 29 Absatz 4 bestimmten Aufsichtsbehörde anzuzeigen. [2]Die Absätze 3 und 4 gelten entsprechend.

§ 25 Satzung zur Erfüllung der gemeinsamen Aufgaben

(1) Durch die Vereinbarung kann die zur Erfüllung gemeinsamer Aufgaben verpflichtete Körperschaft ermächtigt werden, die Benutzung einer Einrichtung durch eine für das gesamte Gebiet geltende Satzung zu regeln.

(2) [1]Die Körperschaft kann im Geltungsbereich der Satzung alle zur Erfüllung erforderlichen Maßnahmen wie im eigenen Gebiet treffen. [2]Das Recht zur Erhebung von Steuern ist hiervon ausgenommen.

§ 26 Pflichtregelung

(1) Ist der Abschluß einer Vereinbarung zur Erfüllung oder Durchführung einzelner Pflichtaufgaben, die den Gemeinden oder Gemeinde-

verbänden durch gesetzliche Vorschrift auferlegt sind, aus Gründen des öffentlichen Wohles dringend geboten, so kann die Aufsichtsbehörde den Beteiligten eine angemessene Frist zum Abschluß der Vereinbarung setzen.

(2) [1]Nach fruchtlosem Ablauf der Frist kann die Aufsichtsbehörde die erforderliche Regelung treffen. [2]Der Entscheidung der Aufsichtsbehörde muß eine mündliche Verhandlung mit den Beteiligten vorausgehen.

(3) [1]§ 13 Abs. 3 Satz 1 bis 3 und die §§ 23 bis 25 gelten für die Pflichtregelung entsprechend. [2]Zur Kündigung ist die Genehmigung der Aufsichtsbehörde erforderlich. [3]Die Aufsichtsbehörde kann den Beteiligten gegenüber erklären, daß die Gründe für die zwangsweise Regelung weggefallen sind. [4]Die Pflichtregelung gilt in diesem Falle als Vereinbarung weiter; sie kann von jedem Beteiligten mit einer Frist von sechs Monaten gekündigt werden.

(4) Für die Aufstellung oder Durchführung von Bauleitplänen kann eine Pflichtregelung nicht getroffen werden.

FÜNFTER TEIL

Das gemeinsame Kommunalunternehmen

§ 27 Entstehung und Auflösung des gemeinsamen Kommunalunternehmens

(1) [1]Mehrere Gemeinden und Kreise, die Landschaftsverbände und der Regionalverband Ruhr können zur gemeinsamen Aufgabenwahrnehmung Unternehmen und Einrichtungen in der Rechtsform einer Anstalt des öffentlichen Rechts in gemeinsamer Trägerschaft führen (gemeinsames Kommunalunternehmen). [2]Soweit nachstehend nichts Abweichendes geregelt ist, gelten für das gemeinsame Kommunalunternehmen die Regelungen des § 114a der Gemeindeordnung für das Land Nordrhein-Westfalen sowie die Verordnung über kommunale Unternehmen und Einrichtungen als Anstalten des öffentlichen Rechts (Kommunalunternehmensverordnung – KUV).

(2) [1]Zur Errichtung regeln die nach Absatz 1 Satz 1 Beteiligten die Rechtsverhältnisse des gemeinsamen Kommunalunternehmens in einer Unternehmenssatzung. [2]Die Gemeinden und Kreise, die Landschaftsverbände und der Regionalverband Ruhr können auch einem bestehenden Kommunalunternehmen (Anstalt des öffentlichen Rechts gemäß § 114a der Gemeindeordnung für das Land Nordrhein-Westfalen) oder einem bestehenden gemeinsamen Kommunalunternehmen beitreten; der Beitritt erfolgt durch die zwischen den Beteiligten zu vereinbarende Änderung der Unternehmenssatzung. [3]Die Beteiligten können bestehende Regie- und Eigenbetriebe sowie eigenbetriebsähnliche Einrichtungen auf das gemeinsame Kommunalunternehmen im Weg der Gesamtrechtsnachfolge ausgliedern. [4]Die auszugliedernden Bereiche sind in der Unternehmenssatzung zu bezeichnen.

(3) Ein Kommunalunternehmen kann mit einem anderen durch Vereinbarung einer entsprechenden Änderung der Unternehmenssatzung des aufnehmenden Unternehmens im Weg der Gesamtrechtsnachfolge zu einem gemeinsamen Kommunalunternehmen verschmolzen werden.

(4) [1]Die in den vorgenannten Absätzen genannten Entscheidungen bedürfen übereinstimmender Beschlüsse der Vertretungen der Träger. [2]Im Fall der Beteiligung eines Landschaftsverbandes bedarf es eines Beschlusses des Landschaftsausschusses. [3]Die Beschlüsse sind von der zuständigen Aufsichtsbehörde zu genehmigen. [4]Die Genehmigung gilt als erteilt, wenn die Aufsichtsbehörde den Beteiligten nicht innerhalb von sechs Wochen nach Eingang des Genehmigungsantrags mitteilt, dass sie die Genehmigung versagen oder nur nach Änderung der Unternehmenssatzung erteilen will. [5]Die Aufsichtsbehörde kann im Einzelfall aus besonderem Grund die Frist verlängern. [6]§ 115 Abs. 1 Satz 2 der Gemeindeordnung für das Land Nordrhein-Westfalen gilt entsprechend.

(5) [1]Die Aufsichtsbehörde hat die Genehmigung und die Unternehmenssatzung oder ihre Änderung in ihrem amtlichen Veröffentlichungsblatt bekannt zu machen. [2]Die beteiligten Gemeinden und Kreise, im Falle ihrer Beteiligung auch die Landschaftsverbände und der Regionalverband Ruhr, haben in der für ihre Bekanntmachungen vorgeschriebenen Form auf die Veröffentlichung hinzuweisen. [3]Die Errichtung, der Beitritt oder die Verschmelzung werden am Tag nach der Bekanntmachung der Unternehmenssatzung oder ihrer Änderung wirksam, wenn nicht in der Unternehmenssatzung ein späterer Zeitpunkt bestimmt ist.

(6) [1]Änderungen der Unternehmenssatzung und die Auflösung des gemeinsamen Kommunalunternehmens können nur durch übereinstimmende Beschlüsse der Vertretungen der Träger erfolgen; Absatz 4 Satz 2 gilt entsprechend. [2]Abweichend von Satz 1 kann die Unternehmenssatzung bestimmen, dass der Austritt eines Trägers lediglich eines Beschlusses der Vertretung des austretenden Trägers bedarf; Absatz 4 Satz 2 gilt entsprechend. [3]Für Änderungen der Unternehmenssatzung, die Auflösung des gemeinsamen Kommunalunternehmens sowie den Austritt eines Trägers gelten Absatz 4 Satz 3 bis 6 entsprechend. [4]Die Abwicklung des gemeinsamen Kommunalunternehmens besorgen die Vorstandsmitglieder als Abwickler.

§ 28 Weitere Vorschriften für das gemeinsame Kommunalunternehmen

(1) [1]Die Unternehmenssatzung des gemeinsamen Kommunalunternehmens muss auch Angaben enthalten über

1. die beteiligten kommunalen Träger des Unternehmens,
2. den Sitz des Unternehmens,
3. den Betrag der von jedem beteiligten kommunalen Träger des Unternehmens auf das Stammkapital zu leistenden Einlage (Stammeinlage),

4. den räumlichen Wirkungsbereich, wenn dem Unternehmen hoheitliche Befugnisse oder das Recht, entsprechend § 114a Abs. 3 der Gemeindeordnung für das Land Nordrhein-Westfalen Satzungen zu erlassen, übertragen werden,
5. die Sitz- und Stimmenverteilung im Verwaltungsrat auf die Träger des gemeinsamen Kommunalunternehmens und die Bestimmung des vorsitzenden Mitglieds des Verwaltungsrats,
6. die Verteilung des Unternehmensvermögens und des Personals im Fall der Auflösung und des Austritts eines Trägers.

[2]§ 17 Abs. 2 Satz 3 gilt für die Satzung des gemeinsamen Kommunalunternehmens entsprechend. [3]Sollen Sacheinlagen geleistet werden, müssen der Gegenstand der Sacheinlage und der Betrag der Stammeinlage, auf die sich die Sacheinlage bezieht, in der Unternehmenssatzung festgesetzt werden. [4]Erlässt das Unternehmen eine Satzung, so hat es diese für das Gebiet jedes Trägers des Unternehmens nach den Vorschriften bekannt zu machen, die für die Bekanntmachung eigener Satzungen des Trägers gelten.

(2) [1]Dem Verwaltungsrat des gemeinsamen Kommunalunternehmens gehören die Hauptverwaltungsbeamtinnen und Hauptverwaltungsbeamten ihrer Träger an; sofern Beigeordnete bestellt sind, zu deren Geschäftsbereichen die dem Unternehmen übertragenen Aufgaben gehören, vertreten diese anstelle der Hauptverwaltungsbeamtinnen und Hauptverwaltungsbeamten ihren Träger im Verwaltungsrat. [2]§ 114a Abs. 8 Satz 3 der Gemeindeordnung für das Land Nordrhein-Westfalen gilt entsprechend. [3]Von jedem Träger ist mindestens eine weitere Person in den Verwaltungsrat zu entsenden; für sie gelten § 114a Abs. 8 Sätze 5 bis 8 der Gemeindeordnung für das Land Nordrhein-Westfalen entsprechend.

(3) [1]Soweit die Träger für die Verbindlichkeiten des gemeinsamen Kommunalunternehmens einzutreten haben, haften sie als Gesamtschuldner. [2]Der Ausgleich im Innenverhältnis richtet sich vorbehaltlich einer abweichenden Regelung in der Unternehmenssatzung nach dem Verhältnis der von jedem Träger des Unternehmens auf das Stammkapital zu leistenden Einlage.

(4) [1]Entscheidungen des Verwaltungsrats über die Beteiligung an anderen Unternehmen und die Erhöhung des Stammkapitals bedürfen der Zustimmung der Vertretungen aller Träger. [2]Hinsichtlich des Erlasses von Satzungen unterliegen die Verwaltungsratsmitglieder der Weisung der Vertretung des jeweiligen Trägers. [3]§ 27 Absatz 4 Satz 2 gilt entsprechend.

(5) Das für Kommunales zuständige Ministerium wird ermächtigt,

1. das Verfahren bei der Errichtung eines gemeinsamen Kommunalunternehmens sowie in den weiteren in § 27 Abs. 2 und 3 genannten Fällen,

2. den Aufbau und die Verwaltung des gemeinsamen Kommunalunternehmens durch Rechtsverordnung zu regeln.

SECHSTER TEIL

Aufsicht und Entscheidung über Streitigkeiten

§ 29 Allgemeine Aufsicht

(1) [1]Aufsichtsbehörde für Zweckverbände ist

1. die Bezirksregierung, in deren Bezirk der Zweckverband seinen Sitz hat, wenn ein anderes Land, eine Gemeinde oder Gemeindeverband eines anderen Landes oder der Bund beteiligt sind sowie wenn Kreise, kreisfreie Städte, das Land oder Gemeindeverbände, zu deren Mitgliedern Kreise, kreisfreie Städte oder das Land gehören, beteiligt sind,
2. in allen übrigen Fällen die Landrätin oder der Landrat als untere staatliche Verwaltungsbehörde, in dessen Bezirk der Zweckverband seinen Sitz hat.

[2]Für gemeinsame Kommunalunternehmen gilt Satz 1 mit der Maßgabe entsprechend, dass im Fall der Beteiligung eines Landschaftsverbandes oder des Regionalverbandes Ruhr Aufsichtsbehörde das für Kommunales zuständige Ministerium ist.

(2) [1]Obere Aufsichtsbehörde ist die Bezirksregierung, wenn die Landrätin oder der Landrat Aufsichtsbehörde ist, sonst das für Kommunales zuständige Ministerium. [2]Oberste Aufsichtsbehörde ist das für Kommunales zuständige Ministerium.

(3) Im übrigen gelten für die Aufsicht über die Zweckverbände und die gemeinsamen Kommunalunternehmen die Vorschriften des 13. Teils der Gemeindeordnung für das Land Nordrhein-Westfalen mit Ausnahme des § 126 entsprechend.

(4) [1]Durch öffentlich-rechtliche Vereinbarungen und Pflichtregelungen wird die Zuständigkeit der Aufsichtsbehörden der beteiligten Gemeinden und Gemeindeverbände, die ordnungsmäßige Durchführung der Aufgaben innerhalb ihres Verwaltungsbezirks zu überwachen, nicht berührt. [2]Für die zum Abschluss einer Vereinbarung erforderliche Genehmigung, die Anordnung einer Pflichtregelung und die Genehmigung ihrer Kündigung ist zuständige Aufsichtsbehörde

1. die Bezirksregierung, zu deren Bezirk die Körperschaft gehört oder in deren Bezirk die Körperschaft ihren Sitz hat, die die wesentlichen Aufgaben oder Aufgabenteile für die anderen Beteiligten übernimmt oder durchführt,
   a) wenn eine Gemeinde oder ein Gemeindeverband eines anderen Landes beteiligt ist,
   b) wenn Kreise oder kreisfreie Städte beteiligt sind,

c) wenn ein Gemeindeverband beteiligt ist, zu dessen Mitgliedern Kreise oder kreisfreie Städte, der Bund oder das Land gehören;

2. in allen übrigen Fällen die Landrätin oder der Landrat als untere staatliche Verwaltungsbehörde; zuständig ist die Landrätin oder der Landrat, zu deren beziehungsweise dessen Bezirk die Körperschaft gehört oder in deren beziehungsweise dessen Bezirk die Körperschaft ihren Sitz hat, die die Aufgabe für die anderen Beteiligten übernimmt oder durchführt.

[3]§ 120 Absatz 5 der Gemeindeordnung für das Land Nordrhein-Westfalen findet entsprechende Anwendung.

§ 30 Schlichtung von Streitigkeiten

Bei Streitigkeiten über Rechte und Verbindlichkeiten der Beteiligten aus öffentlich-rechtlichen Vereinbarungen sowie bei Streitigkeiten zwischen dem Zweckverband und seinen Verbandsmitgliedern oder der Verbandsmitglieder untereinander über Rechte und Verbindlichkeiten aus dem Verbandsverhältnis ist die Aufsichtsbehörde zur Schlichtung anzurufen, soweit nicht dieses Gesetz etwas anderes bestimmt oder in der Vereinbarung oder der Verbandssatzung ein besonderes Schiedsverfahren vorgesehen ist.

SIEBTER TEIL

Übergangs- und Schlußvorschriften

§ 31 Anwendung auf bestehende Zweckverbände

(1) [1]Auf bestehende Zweckverbände ist dieses Gesetz erst anzuwenden, wenn ihre Verbandssatzung den Vorschriften dieses Gesetzes angepaßt ist. [2]Solange bleiben die Verbandssatzungen dieser Zweckverbände und die ihnen zugrunde liegenden gesetzlichen Vorschriften in Kraft. [3]Für das Verfahren der Satzungsänderung gelten jedoch die Vorschriften dieses Gesetzes.

(2) Jeder Zweckverband hat seine Verbandssatzung innerhalb eines Jahres nach dem Inkrafttreten dieses Gesetzes mit dessen Vorschriften in Einklang zu bringen.

(3) [1]Dieses Gesetz gilt auch für Gemeindeforstverbände, soweit nicht Bundesrecht entgegensteht. [2]Für Schulverbände bleibt § 78 Abs. 8 des Schulgesetzes NRW vom 15. Februar 2005 (GV. NRW. S. 102) in der jeweils geltenden Fassung unberührt.

§ 32 Planungsverbände

Auf Planungsverbände nach § 205 des Baugesetzbuches sind die Vorschriften dieses Gesetzes entsprechend anzuwenden, soweit sich aus dem Baugesetzbuch nichts anderes ergibt.

§ 33 Weiterentwicklung der kommunalen Gemeinschaftsarbeit (Experimentierklausel)

Zur Weiterentwicklung der kommunalen Gemeinschaftsarbeit kann das für Kommunales zuständige Ministerium im Einzelfall zeitlich begrenzte Ausnahmen von den Vorschriften dieses Gesetzes zulassen.

§ 34 In-Kraft-Treten

Dieses Gesetz tritt am 1. Juli 1961 in Kraft.

Verordnung über die Entschädigung der Mitglieder kommunaler Vertretungen und deren Ausschüsse im Land Nordrhein-Westfalen (Entschädigungsverordnung Nordrhein-Westfalen – EntschVO NRW)

vom 26. September 2023 (GV. NRW. S. 1140)

Auf Grund

- des § 36 Absatz 4 Satz 3, des § 39 Absatz 7 Satz 6, des § 46 Absatz 1 Satz 1 und des § 133 Absatz 5 der Gemeindeordnung für das Land Nordrhein-Westfalen in der Fassung der Bekanntmachung vom 14. Juli 1994 (GV. NRW. S. 666), von denen § 36 Absatz 4 Satz 3 und § 39 Absatz 7 Satz 6 zuletzt durch Artikel 15 Nummer 1 des Gesetzes vom 23. Januar 2018 (GV. NRW. S. 90) und § 46 Absatz 1 Satz 1 zuletzt durch Artikel 1 Nummer 7 Buchstabe a des Gesetzes vom 18. Dezember 2018 (GV. NRW. S. 738) geändert worden sind und § 133 Absatz 5 durch Artikel 1 Nummer 16 des Gesetzes vom 13. April 2022 (GV. NRW. S. 490) angefügt worden ist,
- des § 30 und des § 31 Absatz 1 Satz 1 der Kreisordnung für das Land Nordrhein-Westfalen in der Fassung der Bekanntmachung vom 14. Juli 1994 (GV. NRW. S. 646), von denen § 30 durch Artikel 2 Nummer 3 des Gesetzes vom 13. April 2022 (GV. NRW. S. 490) neu gefasst und § 31 Absatz 1 Satz 1 zuletzt durch Artikel 3 Nummer 4 Buchstabe a des Gesetzes vom 18. Dezember 2018 (GV. NRW. S. 738) geändert worden ist,
- des § 16 Absatz 1 und 2 der Landschaftsverbandsordnung für das Land Nordrhein-Westfalen in der Fassung der Bekanntmachung vom 14. Juli 1994 (GV. NRW. S. 657), von denen Absatz 1 durch Artikel 3 Nummer 5 des Gesetzes vom 13. April 2022 (GV. NRW. S. 490) neu gefasst und Absatz 2 zuletzt durch Artikel 4 Nummer 1 Buchstabe a des Gesetzes vom 18. Dezember 2018 (GV. NRW. S. 738) geändert worden ist, und
- des § 12 Absatz 3 und 4 des Gesetzes über den Regionalverband Ruhr in der Fassung der Bekanntmachung vom 3. Februar 2004 (GV. NRW. S. 96), von denen Absatz 3 durch Artikel 4 Nummer 4 des Gesetzes vom 13. April 2022 (GV. NRW. S. 490) neu gefasst und Absatz 4 zuletzt durch Artikel 5 Nummer 1 Buchstabe a des Gesetzes vom 18. Dezember 2018 (GV. NRW. S. 738) geändert worden ist, verordnet das Ministerium für Heimat, Kommunales, Bau und Digitalisierung des Landes Nordrhein-Westfalen:

Inhaltsübersicht

§ 1 Aufwandsentschädigungen für Mitglieder kommunaler Vertretungen

(1) Die Aufwandsentschädigung ist ein pauschalierter Auslagenersatz für die durch das kommunalpolitische Ehrenamt entstehenden Aufwendungen und zugleich Ersatz für den Aufwand an Zeit und Arbeitsleistung.

(2) Sitzungsgeld ist ein, auch soweit es als Teil einer Aufwandsentschädigung gewährt wird, pauschalierter Auslagenersatz für die Teilnahme an Sitzungen der Organe und Ausschüsse kommunaler Vertretungen.

(3) Die Aufwandsentschädigung für Mitglieder kommunaler Vertretungen kann als monatliche Pauschale (Vollpauschale) oder als monatliche Teilpauschale (Teilpauschale) zuzüglich des Sitzungsgeldes gezahlt werden.

§ 2 Aufwandsentschädigungssätze für Mitglieder der Räte und der Bezirksvertretungen*

(1) Die Höhe der monatlichen Voll- oder Teilpauschale beträgt für Ratsmitglieder in Gemeinden

1. mit bis zu 10000 Einwohnerinnen und Einwohnern für die Vollpauschale 234,60 Euro oder für die Teilpauschale 127,50 Euro,
2. von 10001 bis 20000 Einwohnerinnen und Einwohnern für die Vollpauschale 280,50 Euro oder für die Teilpauschale 168,30 Euro,
3. von 20001 bis 30000 Einwohnerinnen und Einwohnern für die Vollpauschale 326,40 Euro oder für die Teilpauschale 214,20 Euro,

* Die nach § 10 Satz 1 EntschVO NRW mit Wirkung zum 1. Januar 2025 um zwei Prozent erhöhten Aufwandsentschädigungssätze nach den §§ 2 bis 4 und 5 Absatz 4 EntschVO NRW ergeben sich aus der Anlage des Runderlasses vom 25. November 2024 (MBl. NRW. S. 1083).

4. von 30001 bis 40000 Einwohnerinnen und Einwohnern für die Vollpauschale 377,40 Euro oder für die Teilpauschale 255 Euro,
5. von 40001 bis 60000 Einwohnerinnen und Einwohnern für die Vollpauschale 428,40 Euro oder für die Teilpauschale 316,20 Euro,
6. von 60001 bis 100000 Einwohnerinnen und Einwohnern für die Vollpauschale 464,10 Euro oder für die Teilpauschale 346,80 Euro,
7. von 100001 bis 150000 Einwohnerinnen und Einwohnern für die Vollpauschale 499,80 Euro oder für die Teilpauschale 387,60 Euro,
8. von 150001 bis 450000 Einwohnerinnen und Einwohnern für die Vollpauschale 535,50 Euro oder für die Teilpauschale 428,40 Euro und
9. mit über 450000 Einwohnerinnen und Einwohnern für die Vollpauschale 642,60 Euro oder für die Teilpauschale 530,40 Euro.

(2) Die Höhe der monatlichen Voll- oder Teilpauschale beträgt für Mitglieder in Bezirksvertretungen in Bezirken

1. mit bis zu 50000 Einwohnerinnen und Einwohnern für die Vollpauschale 224,40 Euro oder für die Teilpauschale 158,10 Euro,
2. von 50001 bis 100000 Einwohnerinnen und Einwohnern für die Vollpauschale 260,10 Euro oder für die Teilpauschale 188,70 Euro und
3. mit über 100000 Einwohnerinnen und Einwohnern für die Vollpauschale 290,70 Euro oder für die Teilpauschale 219,30 Euro.

(3) [1]Im Falle der Absätze 1 und 2 wird bei Zahlung der monatlichen Teilpauschale diese zuzüglich eines Sitzungsgeldes in Höhe von 25,50 Euro gezahlt. [2]Sitzungsgelder dürfen für jede Teilnahme an Sitzungen des Rates oder der Bezirksvertretung und der jeweiligen Ausschüsse sowie für die Teilnahme an Fraktionssitzungen gezahlt werden, die der Vorbereitung von Sitzungen des Rates oder der Bezirksvertretung dienen.

(4) [1]Sachkundige Bürgerinnen und Bürger oder sachkundige Einwohnerinnen und Einwohner erhalten für die im Rahmen der Wahrnehmung ihrer Funktion erforderliche Teilnahme an Ausschuss- und Fraktionssitzungen ein Sitzungsgeld. [2]Dies gilt auch für stellvertretende sachkundige Bürgerinnen und Bürger sowie stellvertretende sachkundige Einwohnerinnen und Einwohner, die an Fraktionssitzungen teilnehmen. [3]Die Höhe des Sitzungsgeldes beträgt in Gemeinden

1. mit bis zu 10000 Einwohnerinnen und Einwohnern 25,50 Euro,
2. von 10001 bis 20000 Einwohnerinnen und Einwohnern 30,60 Euro,
3. von 20001 bis 30000 Einwohnerinnen und Einwohnern 35,70 Euro,
4. von 30001 bis 40000 Einwohnerinnen und Einwohnern 40,80 Euro,
5. von 40001 bis 60000 Einwohnerinnen und Einwohnern 45,90 Euro,
6. von 60001 bis 100000 Einwohnerinnen und Einwohnern 51 Euro,

7. von 100001 bis 150000 Einwohnerinnen und Einwohnern 56,10 Euro,
8. von 150001 bis 450000 Einwohnerinnen und Einwohnern 61,20 Euro und
9. mit über 450000 Einwohnerinnen und Einwohnern 66,30 Euro.

§ 3 Aufwandsentschädigungen für Mitglieder der Kreistage*

(1) Die Höhe der monatlichen Voll- oder Teilpauschale beträgt für Mitglieder der Kreistage in Kreisen

1. mit bis zu 200000 Einwohnerinnen und Einwohnern für die Vollpauschale 387,60 Euro oder für die Teilpauschale 316,20 Euro und
2. mit über 200000 Einwohnerinnen und Einwohner für die Vollpauschale 494,70 Euro oder für die Teilpauschale 423,30 Euro.

(2) § 2 Absatz 3 gilt entsprechend.

(3) [1]Für sachkundige Bürgerinnen und Bürger oder sachkundige Einwohnerinnen und Einwohner gilt § 2 Absatz 4 Satz 1 und 2 entsprechend. [2]Die Höhe des Sitzungsgeldes beträgt in Kreisen

1. mit bis zu 200000 Einwohnerinnen und Einwohnern 40,80 Euro und
2. mit über 200000 Einwohnerinnen und Einwohnern 51 Euro.

§ 4 Aufwandsentschädigungen für Mitglieder der Landschaftsversammlungen und der Verbandsversammlung des Regionalverbandes Ruhr*

(1) [1]Die Höhe der monatlichen Vollpauschale für Mitglieder der Landschaftsversammlungen und für Mitglieder der Verbandsversammlung des Regionalverbandes Ruhr beträgt 219,30 Euro, die Höhe der monatlichen Teilpauschale beträgt 107,10 Euro. [2]Abweichend von Satz 1 kann die Landschaftsversammlung beschließen, dass die Aufwandsentschädigungen ausschließlich in Form eines Sitzungsgeldes geleistet werden.

(2) [1]Im Falle von Absatz 1 Satz 1 wird bei Zahlung der monatlichen Teilpauschale diese zuzüglich eines Sitzungsgeldes in Höhe von 56,10 Euro gezahlt. [2]Hat die Landschaftsversammlung von Absatz 1 Satz 2 Gebrauch gemacht, beträgt das Sitzungsgeld 112,20 Euro. [3]§ 2 Absatz 3 Satz 2 gilt entsprechend.

(3) [1]Für sachkundige Bürgerinnen und Bürger gilt § 2 Absatz 4 Satz 1 und 2 entsprechend. [2]Die Höhe des Sitzungsgeldes beträgt 71,40 Euro.

§ 5 Berücksichtigung besonderer Funktionen

(1) [1]Für die jeweils erste ehrenamtliche Stellvertretung einer Hauptverwaltungsbeamtin oder eines Hauptverwaltungsbeamten auf Ebene

---

* Die nach § 10 Satz 1 EntschVO NRW mit Wirkung zum 1. Januar 2025 um zwei Prozent erhöhten Aufwandsentschädigungssätze nach den §§ 2 bis 4 und 5 Absatz 4 EntschVO NRW ergeben sich aus der Anlage des Runderlasses vom 25. November 2024 (MBl. NRW. S. 1083).

der Gemeinden und Kreise wird eine zusätzliche Aufwandsentschädigung in Höhe des dreifachen Satzes der Vollpauschale nach § 2 oder § 3 gezahlt. [2]Für weitere ehrenamtliche Stellvertretungen wird eine zusätzliche Aufwandsentschädigung in Höhe des eineinhalbfachen Satzes der Vollpauschale nach § 2 oder § 3 gezahlt.

(2) [1]Die oder der jeweilige Vorsitzende der Landschaftsversammlung oder der Verbandsversammlung des Regionalverbandes Ruhr erhält eine zusätzliche Aufwandsentschädigung in Höhe des neunfachen Satzes der Vollpauschale nach § 4. [2]Die stellvertretenden Vorsitzenden erhalten eine zusätzliche Aufwandsentschädigung in Höhe des sechsfachen Satzes der Vollpauschale nach § 4.

(3) [1]Die Bezirksvorsteherin oder der Bezirksvorsteher erhält eine zusätzliche Aufwandsentschädigung in Höhe des zweifachen Satzes der Vollpauschale nach § 2 Absatz 2, sofern die Hauptsatzung eine Regelung nach § 36 Absatz 4 der Gemeindeordnung für das Land Nordrhein-Westfalen in der Fassung der Bekanntmachung vom 14. Juli 1994 (GV. NRW. S. 666) in der jeweils geltenden Fassung vorsieht. [2]Unter der Voraussetzung des Satzes 1 wird für die erste und die zweite Stellvertretung einer Bezirksvorsteherin oder eines Bezirksvorstehers der einfache Satz der Vollpauschale, für weitere Stellvertretungen wird die Hälfte des einfachen Satzes der Vollpauschale nach § 2 Absatz 2 gezahlt.

(4) [1]Ortsvorsteherinnen und Ortsvorsteher erhalten eine monatliche Aufwandsentschädigung in Höhe von 260,10 Euro.* [2]Sofern diese Mitglieder eines Rates sind, wird die Aufwandsentschädigung nach Satz 1 als zusätzliche Aufwandsentschädigung gewährt. [3]Der Anspruch der zur Ehrenbeamtin ernannten Ortsvorsteherin oder des zum Ehrenbeamten ernannten Ortsvorstehers auf Ersatz der Auslagen, die ihr oder ihm durch die Erledigung der übertragenen Geschäfte der laufenden Verwaltung entstanden sind, bleibt unberührt.

(5) [1]Die Vorsitzenden von Ausschüssen erhalten eine zusätzliche Aufwandsentschädigung in Höhe des einfachen Satzes der Vollpauschale nach den §§ 2, 3 oder 4. [2]Soweit die Aufwandsentschädigung für Vorsitzende der Ausschüsse als Sitzungsgeld gewährt wird, entspricht dieses der Höhe nach der jeweiligen zusätzlichen Aufwandsentschädigung nach Satz 1. [3]Im Falle einer Verhinderung der oder des Vorsitzenden erhält das Mitglied, welches den Vorsitz in der Sitzung führt, eine zusätzliche Aufwandsentschädigung in Höhe eines Sitzungsgeldes nach den §§ 2, 3 oder 4.

(6) [1]Fraktionsvorsitzende in Räten und Kreistagen erhalten eine zusätzliche Aufwandsentschädigung in Höhe des zweifachen Satzes der Vollpauschale nach § 2 oder § 3. [2]Fraktionsvorsitzende in Räten und

* Die nach § 10 Satz 1 EntschVO NRW mit Wirkung zum 1. Januar 2025 um zwei Prozent erhöhten Aufwandsentschädigungssätze nach den §§ 2 bis 4 und 5 Absatz 4 EntschVO NRW ergeben sich aus der Anlage des Runderlasses vom 25. November 2024 (MBl. NRW. S. 1083).

Kreistagen von Fraktionen mit mindestens acht Mitgliedern erhalten eine zusätzliche Aufwandsentschädigung in Höhe des dreifachen Satzes der Vollpauschale nach § 2 oder § 3. [3]Stellvertretungen von Fraktionsvorsitzenden nach Satz 2 erhalten nach Maßgabe des § 46 Absatz 1 Satz 1 Nummer 3 der Gemeindeordnung für das Land Nordrhein-Westfalen oder des § 31 Absatz 1 Satz 1 Nummer 3 der Kreisordnung für das Land Nordrhein-Westfalen in der Fassung der Bekanntmachung vom 14. Juli 1994 (GV. NRW. S. 646) in der jeweils geltenden Fassung eine zusätzliche Aufwandsentschädigung in Höhe des eineinhalbfachen Satzes der Vollpauschale nach § 2 oder § 3. [4]Sofern die Hauptsatzung in kreisfreien Städten eine Regelung nach § 36 Absatz 4 der Gemeindeordnung für das Land Nordrhein-Westfalen enthält, erhält die oder der Fraktionsvorsitzende einer Fraktion in einer Bezirksvertretung eine zusätzliche Aufwandsentschädigung in Höhe des einfachen Satzes der Vollpauschale nach § 2 Absatz 2.

(7) [1]Fraktionsvorsitzende von Fraktionen in den Landschaftsversammlungen sowie in der Verbandsversammlung des Regionalverbandes Ruhr erhalten eine zusätzliche Aufwandsentschädigung in Höhe des sechsfachen Satzes der Vollpauschale. [2]Deren jeweilige Stellvertretungen erhalten nach Maßgabe des § 16 Absatz 2 Nummer 4 der Landschaftsverbandsordnung für das Land Nordrhein-Westfalen in der Fassung der Bekanntmachung vom 14. Juli 1994 (GV. NRW. S. 657) in der jeweils geltenden Fassung oder des § 12 Absatz 4 Nummer 4 des Gesetzes über den Regionalverband Ruhr in der Fassung der Bekanntmachung vom 3. Februar 2004 (GV. NRW. S. 96) in der jeweils geltenden Fassung eine zusätzliche Aufwandsentschädigung in Höhe des zweifachen Satzes der Vollpauschale nach § 4.

(8) [1]Sofern der jeweilige Fraktionsvorsitz im Wege einer Doppelspitze ausgeübt wird, wird die zusätzliche Aufwandsentschädigung geteilt und jeweils hälftig ausgezahlt. [2]Wenn der Fraktion eine zusätzliche Entschädigung für stellvertretende Fraktionsvorsitzende nach Absatz 6 Satz 3 zusteht und anstelle der Bestellung einer Stellvertretung eine Doppelspitze gebildet wird, wird die Summe der zusätzlichen Aufwandsentschädigungen für Fraktionsvorsitz und stellvertretenden Fraktionsvorsitz geteilt und jeweils hälftig ausgezahlt.

§ 6 Ersatz des Verdienstausfalls und Entschädigung in Form eines Stundenpauschalsatzes

(1) [1]Der durch die Wahrnehmung des kommunalpolitischen Ehrenamtes entgangene Arbeitsverdienst aus selbstständiger oder unselbständiger Arbeit ist mindestens in Höhe eines Regelstundensatzes zu ersetzen. [2]Der Regelstundensatz entspricht der Höhe des Mindestlohns nach dem Mindestlohngesetz vom 11. August 2014 (BGBl. I S. 1348) in der jeweils geltenden Fassung. [3]In der Hauptsatzung kann ein höherer Regelstundensatz festgelegt werden. [4]Die Verdienstausfallentschädigung darf

einen Höchstbetrag von 84,00 Euro je Stunde nicht überschreiten. [5]Diese Höchstgrenze gilt auch in den Fällen der Absätze 2 und 3.

(2) Selbständige erhalten auf Antrag anstelle des Regelstundensatzes eine Verdienstausfallpauschale je Stunde, deren Höhe im Einzelfall auf der Grundlage des glaubhaft gemachten Einkommens nach billigem Ermessen festgesetzt wird.

(3) [1]Auf Antrag ist abhängig Erwerbstätigen der tatsächlich entstandene Verdienstausfall in der nachgewiesenen Höhe gesondert zu ersetzen. [2]Ferner ist der auf den entgangenen Arbeitsverdienst entfallende Arbeitgeberanteil zur Sozialversicherung zu erstatten, soweit dieser zu Lasten der oder des Entschädigungsberechtigten an den Sozialversicherungsträger abgeführt wird.

(4) Entgangener Gewinn aus Nebentätigkeiten und Verdienst, der außerhalb der Arbeitszeit hätte erzielt werden können, bleibt beim Ersatz des Verdienstausfalls außer Betracht.

(5) [1]Personen nach § 45 Absatz 1 Satz 2 der Gemeindeordnung für das Land Nordrhein-Westfalen erhalten auf Antrag eine Entschädigung in Form eines Stundenpauschalsatzes. [2]Der Stundenpauschalsatz entspricht der Höhe des Mindestlohns nach dem Mindestlohngesetz vom 11. August 2014 (BGBl. I S. 1348) in der jeweils geltenden Fassung. [3]Pflegebedürftig sind Personen, die gesundheitlich bedingte Beeinträchtigungen der Selbständigkeit oder der Fähigkeiten aufweisen und deshalb der Hilfe durch andere bedürfen. [4]Dies umfasst insbesondere solche Personen, die als pflegebedürftig nach § 14 des Elften Buches Sozialgesetzbuch – Soziale Pflegeversicherung – (Artikel 1 des Gesetzes vom 26. Mai 1994, BGBl. I S. 1014, 1015), das zuletzt durch Artikel 7 des Gesetzes vom 26. Juli 2023 (BGBl. 2023 I Nr. 202) geändert worden ist, anerkannt sind. [5]Betreuungsbedürftige Personen sind insbesondere Minderjährige unter 14 Jahren. [6]Ein Aufwendungsersatz für die entgeltliche Pflege oder Betreuung durch Dritte nach § 45 Absatz 1 Satz 3 der Gemeindeordnung für das Land Nordrhein-Westfalen erfolgt nicht für die Zeiträume, für die die Entschädigung nach Satz 1 geleistet wird oder die durch Leistungen der Sozialkassen refinanziert werden.

(6) [1]Voraussetzung für die Geltendmachung der Ansprüche nach Absatz 1 bis 3 und 5 Satz 1 ist, dass die Mandatsausübung während der Arbeitszeit erforderlich ist und dies im Rahmen der jeweiligen Antragstellung glaubhaft gemacht wird. [2]Die regelmäßige Arbeitszeit ist individuell zu begründen. [3]In der Regel ist sie auf Werktage im Zeitraum jeweils von 8.00 Uhr bis 18.00 Uhr begrenzt und beinhaltet nicht den Sonntag. [4]Entsprechendes gilt für die weiteren Voraussetzungen nach Absatz 5.

§ 7 Zahlung, Wegfall und Kürzung von Aufwandsentschädigungen und Ersatz des Verdienstausfalls

(1) [1]Aufwandsentschädigungen in Form einer monatlichen Pauschale werden für die Zeit vom Tage des Amtsantritts bis zum Zeitpunkt der

Beendigung des kommunalpolitischen Ehrenamtes monatlich gezahlt. [2]Besteht der Anspruch auf Aufwandsentschädigung nicht für einen vollen Kalendermonat, wird für jeden Tag ein Dreißigstel der monatlichen Aufwandsentschädigung gezahlt.

(2) [1]Bei Gemeinden können Aufwandsentschädigungen nach § 2 und § 5 nebeneinander bezogen werden, wenn sie auf mehreren Ämtern beruhen. [2]Insgesamt ist die Summe der Höhe der Aufwandsentschädigungen auf den fünffachen Satz des Betrages der Aufwandsentschädigung nach § 2 begrenzt. [3]Für Kreise gelten die Sätze 1 und 2 mit der Maßgabe, dass sich die Höhe der Aufwandsentschädigung nach § 3 richtet.

(3) Absatz 2 Satz 1 gilt für Mitglieder der Landschaftsversammlungen sowie der Verbandsversammlung des Regionalverbandes Ruhr mit der Maßgabe entsprechend, dass die Summe der Höhe der Aufwandsentschädigungen auf das Neunfache des Betrages der Vollpauschale nach § 4 begrenzt ist.

(4) [1]Die für das Sitzungsgeld festgesetzten Sätze gelten für eine Sitzung. [2]Für eine Sitzung, die nicht am selben Tage beendet wird, dürfen bis zu zwei Sitzungsgelder gezahlt werden, wenn die Sitzung insgesamt mindestens sechs Stunden gedauert hat. [3]Finden an einem Tag bei derselben kommunalen Körperschaft mehrere Sitzungen statt, dürfen nicht mehr als zwei Sitzungsgelder gewährt werden. [4]Abweichend von Satz 3 gilt für Gemeinden mit über 450000 Einwohnerinnen und Einwohner, dass höchstens vier Sitzungsgelder gezahlt werden dürfen.

(5) Ergeben sich Anhaltspunkte, dass Sitzungen der Fraktionen in missbräuchlicher Weise wiederholt in Arbeitszeiten gelegt und dafür Zahlungen nach § 6 geltend gemacht werden, kann die Hauptsatzung bestimmen, dass in solchen Fällen der Ersatz des Verdienstausfalles nicht zu leisten ist.

(6) [1]Übt die Empfängerin oder der Empfänger der Aufwandsentschädigung das kommunale Ehrenamt ununterbrochen länger als drei Monate nicht aus, wird für die über drei Monate hinausgehende Zeit keine Aufwandsentschädigung gewährt. [2]Dies gilt nicht, soweit sie oder er den Grund für die Nichtausübung nicht selbst zu vertreten hat.

§ 8 Anwendung des Landesreisekostengesetzes

[1]Für die Erstattung von Fahrkosten von Personen, die Aufwandsentschädigungen nach § 2 bis § 5 Absatz 1 bis 4 erhalten, ist das Landesreisekostengesetz vom 1. Dezember 2021 (GV. NRW. S. 1367) in der jeweils geltenden Fassung anzuwenden. [2]Bei der Ermittlung ist höchstens auf die Kosten der Fahrt von der Hauptwohnung zum Sitzungsort und zurück abzustellen. [3]Satz 1 gilt entsprechend für genehmigte Dienstreisen und für weitere, im Zusammenhang mit dem Mandat stehende Auslagen, sofern die Hauptsatzung dazu Regelungen trifft.

§ 9 Veränderung von Einwohnerzahlen

[1]Für die Gewährung von Aufwandsentschädigungen nach § 2 und § 3 sind die Einwohnerzahlen maßgebend, die nach § 78 Absatz 1 der Kom-

munalwahlordnung vom 31. August 1993 (GV. NRW S. 592, ber. S. 967), die zuletzt durch Artikel 2 des Gesetzes vom 5. Mai 2020 (GV. NRW. S. 312d) geändert worden ist, der Wahl der Vertretung zugrunde gelegen haben. [2]Eine Veränderung der Einwohnerzahlen ist bis zum Ablauf der jeweiligen Wahlperiode unbeachtlich.

§ 10 Regelmäßige Anpassung der Aufwandsentschädigungssätze

[1]Die Aufwandsentschädigungssätze nach den §§ 2 bis 4 und 5 Absatz 4 erhöhen sich jährlich, beginnend ab dem 1. Januar 2025, um zwei Prozent. [2]Das für Kommunales zuständige Ministerium macht die jeweils geltenden Entschädigungssätze öffentlich bekannt.

§ 11 Inkrafttreten und Außerkrafttreten

[1]Diese Verordnung tritt am 1. Januar 2024 in Kraft. [2]Gleichzeitig tritt die Entschädigungsverordnung vom 5. Mai 2014 (GV. NRW. S. 276), die zuletzt durch Verordnung vom 13. Dezember 2021 (GV. NRW. S. 1414) geändert worden ist, außer Kraft.

Erstes Gesetz zur Ausführung des Kinder- und Jugendhilfegesetzes (AG-KJHG)

vom 12. Dezember 1990 (GV. NW. S. 664), zuletzt geändert durch Gesetz vom 10. Juni 2025 (GV. NRW. S. 572)

Inhaltsverzeichnis*

* Nicht amtlich.

Erster Abschnitt
Jugendamt

§ 1 Träger der öffentlichen Jugendhilfe

Träger der öffentlichen Jugendhilfe sind die örtlichen und überörtlichen Träger.

§ 1a Örtlicher Träger der öffentlichen Jugendhilfe

(1) Örtliche Träger der öffentlichen Jugendhilfe sind die Kreise und die kreisfreien Städte.

(2) Die Aufgaben des örtlichen Trägers der öffentlichen Jugendhilfe werden durch das Jugendamt wahrgenommen.

(3) [1]Kreisangehörige Gemeinden, die nicht örtliche Träger der öffentlichen Jugendhilfe sind, können für den örtlichen Bereich Aufgaben der Jugendhilfe wahrnehmen. [2]Die Planung und Durchführung dieser Aufgaben ist in den wesentlichen Punkten mit dem örtlichen Träger der öffentlichen Jugendhilfe abzustimmen. [3]Die Gesamtverantwortung des örtlichen Trägers der öffentlichen Jugendhilfe bleibt unberührt. [4]Für die Zusammenarbeit mit den Trägern der freien Jugendhilfe gelten die §§ 4, 74, 76 und 77 Achtes Buch Sozialgesetzbuch – Kinder- und Jugendhilfe – entsprechend.

§ 2 Jugendämter in kreisangehörigen Gemeinden

(1) [1]Die oberste Landesjugendbehörde bestimmt auf Antrag Große kreisangehörige Städte durch Rechtsverordnung zu örtlichen Trägern der öffentlichen Jugendhilfe. [2]Gemeinden, die als Große kreisangehörige Stadt im Sinne von § 4 Absatz 8 Satz 3 der Gemeindeordnung für das Land Nordrhein-Westfalen in der Fassung der Bekanntmachung vom 14. Juli 1994 (GV. NRW. S. 666) in der jeweils geltenden Fassung gelten, sind nicht antragsbefugt.

(2) [1]Erreicht die Einwohnerzahl für die Zuständigkeit eines Kreises als örtlicher Träger der öffentlichen Jugendhilfe nach Bestimmung kreisangehöriger Gemeinden zu örtlichen Trägern der öffentlichen Jugendhilfe nicht mehr den Einwohnerschwellenwert einer Großen kreisangehörigen Stadt, kann der Kreis mit einem anderen Träger der öffentlichen Jugendhilfe, dessen Gebiet an das Gebiet der verbleibenden Gemeinde, die nicht örtlicher Träger der öffentlichen Jugendhilfe ist, angrenzt, im Einvernehmen mit der verbleibenden Gemeinde vereinbaren, dass dieser die Aufgaben nach dem Achten Buch Sozialgesetzbuch – Kinder und Jugendhilfe – in der Fassung der Bekanntmachung vom 11. September 2012 (BGBl. I S. 2022), das zuletzt durch Artikel 1 des Gesetzes vom 21. Dezember 2022 (BGBl. I S. 2824; 2023 I Nr. 19) geändert worden ist,

im Folgenden SGB VIII, anstelle des Kreises auch für diese Gemeinde sicherstellt. [2]Das Gesetz über kommunale Gemeinschaftsarbeit in der Fassung der Bekanntmachung vom 1. Oktober 1979 (GV. NRW. S. 621) in der jeweils geltenden Fassung findet entsprechende Anwendung.

(3) [1]Die oberste Landesjugendbehörde widerruft auf Antrag der kreisangehörigen Gemeinde durch Rechtsverordnung die Bestimmung zum örtlichen Träger der öffentlichen Jugendhilfe. [2]Der Widerruf setzt voraus, dass

1. sich die kreisangehörige Gemeinde mit dem zuständigen Kreis zum Übergang der Aufgaben nach den §§ 69 Absatz 3, 79 Absatz 1 SGB VIII auf den Kreis ins Benehmen gesetzt hat und
2. eine Verständigung erzielt worden ist, zu welchem Zeitpunkt und zu welchen operativen Bedingungen, insbesondere in personeller und finanzieller Hinsicht, der Übergang erfolgen soll.

[3]Dies ist in dem Antrag durch die kreisangehörige Gemeinde zu dokumentieren. [4]Findet eine Verständigung zu Satz 2 Ziffer 2 auf Initiative der Gemeinde nicht statt, hat der Kreis der Gemeinde zur Erzielung der erforderlichen Verständigung innerhalb von einem Monat nach Aufnahme der Übergangsgespräche ein Übergangskonzept vorzulegen, welches bezogen auf den Zeitpunkt und die operativen Bedingungen des Übergangs Regelungen enthält, die eine sachgerechte Erfüllung der übertragenen Aufgaben gewährleistet erscheinen lassen. [5]Von der Antragstellung setzt der Kreis die betroffenen kreisangehörigen Gemeinden in Kenntnis.

§ 3 Geltung des kommunalen Rechts

(1) Für das Jugendamt gelten, soweit das SGB VIII und dieses Gesetz nichts anderes bestimmen, die Gemeindeordnung für das Land Nordrhein-Westfalen oder die Kreisordnung für das Land Nordrhein-Westfalen (KrO) in der Fassung der Bekanntmachung vom 14. Juli 1994 (GV. NW. S. 646) in der jeweils geltenden Fassung.

(2) Für das Jugendamt ist eine Satzung zu erlassen.

§ 4 Stimmberechtigte Mitglieder des Jugendhilfeausschusses

(1) Dem Jugendhilfeausschuss gehören höchstens 15 stimmberechtigte Mitglieder einschließlich der Vorsitzenden/des Vorsitzenden an.

(2) [1]Die stimmberechtigten Mitglieder werden für die Dauer der Wahlperiode der Vertretungskörperschaft von dieser gewählt. [2]Sie üben ihre Tätigkeit nach Ablauf der Wahlperiode bis zum Zusammentreten des neugewählten Jugendhilfeausschusses aus. [3]Scheidet ein Mitglied vor Ablauf der Wahlperiode aus, so ist ein Ersatzmitglied für den Rest der Wahlperiode auf Vorschlag derjenigen Stelle, die das ausgeschiedene Mitglied vorgeschlagen hatte, zu wählen. [4]Zum stimmberechtigten Mit-

glied des Jugendhilfeausschusses kann nur gewählt werden, wer der Vertretungskörperschaft angehören kann. [5]Ein paritätisches Geschlechterverhältnis ist anzustreben.

(3) [1]Für jedes stimmberechtigte Mitglied ist eine persönliche Stellvertretung zu wählen. [2]Absatz 2 gilt entsprechend.

(4) [1]Die im Bereich des öffentlichen Trägers wirkenden und anerkannten Träger der freien Jugendhilfe haben mindestens die doppelte Anzahl der insgesamt auf sie entfallenden Mitglieder und deren Stellvertretungen vorzuschlagen. [2]Ein paritätisches Geschlechterverhältnis ist anzustreben. [3]Die Vertretungskörperschaft wählt aus den vorgeschlagenen Personen die Mitglieder. [4]Vorschläge der anerkannten Träger der freien Jugendhilfe, insbesondere der Wohlfahrtsverbände und der Jugendverbände sind entsprechend der Bedeutung ihrer Arbeit für die Jugendhilfe im Bezirk des Jugendamtes angemessen zu berücksichtigen. [5]Wird kein Vorschlag eingereicht, wählt die Vertretungskörperschaft Personen aus dem Kreise des § 71 Abs. 1 Nr. 2 SGB VIII.

(5) Die/der Vorsitzende des Jugendhilfeausschusses und deren Stellvertretung werden von den stimmberechtigten Mitgliedern des Ausschusses aus den Mitgliedern, die der Vertretungskörperschaft angehören, gewählt.

§ 5 Beratende Mitglieder des Jugendhilfeausschusses

(1) Als beratende Mitglieder gehören dem Jugendhilfeausschuss an:

1. die Hauptverwaltungsbeamtin beziehungsweise der Hauptverwaltungsbeamte oder eine von ihr beziehungsweise ihm bestellte Vertretung,
2. die Leitung des Jugendamtes oder deren Vertretung,
3. eine Richterin beziehungsweise ein Richter des Familiengerichtes oder eine Jugendrichterin beziehungsweise ein Jugendrichter, die beziehungsweise der von der zuständigen Präsidentin beziehungsweise dem zuständigen Präsidenten des Landgerichts bestellt wird,
4. eine Vertretung der Arbeitsverwaltung, die von der Geschäftsführung der zuständigen Agentur für Arbeit bestellt wird,
5. eine Vertretung der Schulen, die von der zuständigen örtlichen Stelle bestellt wird,
6. eine Vertretung der Polizei, die von der zuständigen örtlichen Stelle bestellt wird,
7. je eine Vertretung der katholischen und der evangelischen Kirche sowie der jüdischen Kultusgemeinde, falls Gemeinden dieses Bekenntnisses im Bezirk des Jugendamtes bestehen, sie werden von der zuständigen Stelle der Religionsgemeinschaft bestellt,
8. eine Vertretung des Integrationsrates oder Integrationsausschusses,
9. eine Vertretung aus dem Jugendamtselternbeirat,

10. eine Vertretung örtlicher Jugendringe und
11. eine Vertretung örtlicher Jugendselbstvertretungen.

(2) Für jedes beratende Mitglied des Jugendhilfeausschusses nach Absatz 1 Nummer 3 bis 11 ist eine Stellvertretung zu bestellen.

(3) [1]Durch die Satzung kann bestimmt werden, dass weitere sachkundige Personen dem Jugendhilfeausschuss als beratende Mitglieder angehören. [2]Auf eine angemessene Beteiligung von Frauen und jungen Menschen ist zu achten. [3]Dem Jugendhilfeausschuss sollen als beratende Mitglieder selbstorganisierte Zusammenschlüsse nach § 4a SGB VIII angehören.

§ 6 Unterausschüsse

In der Satzung kann bestimmt werden, dass bei Bedarf für einzelne Aufgaben der Jugendhilfe aus Mitgliedern und stellvertretenden Mitgliedern des Jugendhilfeausschusses beratende Unterausschüsse gebildet werden können.

§ 7 Widerspruchs- und Beanstandungsrecht

(1) [1]Ist die beziehungsweise der Vorsitzende der Vertretungskörperschaft oder die beziehungsweise der Vorsitzende des Jugendhilfeausschusses der Auffassung, dass ein Beschluss des Jugendhilfeausschusses das Wohl der Gemeinde oder des Kreises gefährdet, so kann sie beziehungsweise er dem Beschluss spätestens am fünften Tag nach der Beschlussfassung unter schriftlicher Begründung widersprechen. [2]Der Widerspruch hat aufschiebende Wirkung. [3]Über die Angelegenheit ist in einer neuen Sitzung des Jugendhilfeausschusses, die frühestens am dritten Tage und spätestens zwei Wochen nach dem Widerspruch stattzufinden hat, erneut zu beschließen. [4]Verbleibt der Jugendhilfeausschuss bei seinem Beschluss, so hat die Vertretungskörperschaft über die Angelegenheit zu beschließen.

(2) [1]Verletzt ein Beschluss des Jugendhilfeausschusses das geltende Recht, so hat die Hauptverwaltungsbeamtin beziehungsweise der Hauptverwaltungsbeamte den Beschluss zu beanstanden. [2]Die Beanstandung hat aufschiebende Wirkung. [3]Sie ist schriftlich in Form einer begründeten Darlegung dem Ausschuss mitzuteilen. [4]Verbleibt der Jugendhilfeausschuss bei seinem Beschluss, so hat die Vertretungskörperschaft über die Angelegenheit zu beschließen.

Zweiter Abschnitt
Landesjugendamt

§ 8 Überörtlicher Träger der öffentlichen Jugendhilfe

Überörtliche Träger der öffentlichen Jugendhilfe sind die Landschaftsverbände.

§ 9 Geltung der Landschaftsverbandsordnung

(1) Für das Landesjugendamt gilt, soweit das SGB VIII und dieses Gesetz nichts anderes bestimmen, die Landschaftsverbandsordnung für das Land Nordrhein-Westfalen in der Fassung der Bekanntmachung vom 14. Juli 1994 (GV. NRW. S. 657) in der jeweils geltenden Fassung.

(2) Für das Landesjugendamt ist eine Satzung zu erlassen.

§ 10 Zuständigkeit des Landesjugendhilfeausschusses

(1) [1]Der Landesjugendhilfeausschuss befasst sich mit allen dem überörtlichen Träger der öffentlichen Jugendhilfe obliegenden Aufgaben. [2]Er hat Beschlussrecht im Rahmen der von der Landschaftsversammlung für das Landesjugendamt erlassenen Satzung, der von ihr bereitgestellten Mittel und der von ihr gefassten Beschlüsse zu diesen Aufgaben. [3]Der Landesjugendhilfeausschuss soll in Fragen der Jugendhilfe vor jeder Beschlussfassung der Landschaftsversammlung gehört werden und hat das Recht, Anträge an sie zu stellen.

(2) Die Sitzungen des Landesjugendhilfeausschusses sind öffentlich, soweit nicht das Wohl der Allgemeinheit, berechtigte Interessen einzelner Personen oder schutzbedürftiger Gruppen entgegenstehen.

§ 11 Stimmberechtigte Mitglieder des Landesjugendhilfeausschusses

(1) Dem Landesjugendhilfeausschuss gehören 20 stimmberechtigte Mitglieder einschließlich der/des Vorsitzenden an.

(2) [1]Für die Vorschläge der Träger der freien Jugendhilfe gilt § 4 Absatz 4 Satz 1 und 2. [2]Vorschläge der Wohlfahrtsverbände und der Jugendverbände sind entsprechend der Bedeutung ihrer Arbeit für die Jugendhilfe im Bezirk des Landschaftsverbandes angemessen zu berücksichtigen. [3]Die Mitglieder werden von der obersten Landesjugendbehörde für die Wahlperiode der Landschaftsversammlung ernannt. [4]Vor der Ernennung ist dem Landschaftsausschuss Gelegenheit zur Stellungnahme zu geben.

(3) [1]Als weitere stimmberechtigte Mitglieder sollen dem Landesjugendhilfeausschuss Mitglieder der Landschaftsversammlung, Mitglieder von Jugendhilfeausschüssen im Bezirk des Landschaftsverbandes und andere Personen, die in der Jugendhilfe erfahren oder tätig sind, angehören. [2]Sie werden für die Dauer der Wahlperiode der Landschaftsversammlung von dieser gewählt. [3]Eine paritätische Geschlechterverteilung ist anzustreben.

(4) [1]Auf die Ernennung oder Wahl der stimmberechtigten Mitglieder des Landesjugendhilfeausschusses finden die §§ 12 und 13 des Kommunalwahlgesetzes in der Fassung der Bekanntmachung vom 30. Juni 1998 (GV. NRW. S. 454, ber. S. 509 und 1999 S. 70), das zuletzt durch Artikel 2 des Gesetzes vom 25. März 2022 (GV. NRW. S. 412) geändert worden ist,

entsprechende Anwendung. [2]Sie üben ihre Tätigkeit nach Ablauf der Wahlperiode bis zum Zusammentreten des neugebildeten Landesjugendhilfeausschusses weiter aus. [3]Scheidet ein Mitglied vor Ablauf der Wahlperiode aus, so ist ein Ersatzmitglied für den Rest der Wahlperiode auf Vorschlag derjenigen Stelle, die das ausgeschiedene Mitglied vorgeschlagen hatte, zu ernennen oder zu wählen.

(5) [1]Für jedes stimmberechtigte Mitglied ist eine persönliche Stellvertretung zu wählen. [2]Die Absätze 2 bis 4 gelten entsprechend.

(6) [1]Die/der Vorsitzende des Landesjugendhilfeausschusses und deren Stellvertretung werden von den stimmberechtigten Mitgliedern des Ausschusses aus den dem Ausschuss angehörenden Mitgliedern der Landschaftsversammlung gewählt. [2]Die/der Vorsitzende muss dem Landschaftsausschuss angehören.

§ 12 Beratende Mitglieder des Landesjugendhilfeausschusses

(1) Als beratende Mitglieder gehören dem Landesjugendhilfeausschuss an:

1. die Direktorin beziehungsweise der Direktor des Landschaftsverbandes oder eine von ihr beziehungsweise ihm bestellte Vertretung,
2. die Leitung des Landesjugendamtes oder deren Stellvertretung,
3. eine Vertretung der Gesundheitsverwaltung, die beziehungsweise der von der obersten Landesgesundheitsbehörde bestellt wird,
4. eine Richterin beziehungsweise ein Richter oder eine Vertretung der Justizverwaltung, die von der obersten Landesjustizbehörde bestellt wird,
5. eine Vertretung der Schulverwaltung, die von der obersten Landesschulbehörde bestellt wird,
6. eine Vertretung der Arbeitsverwaltung, die von der Präsidentin beziehungsweise dem Präsidenten der Bundesagentur für Arbeit – Regionaldirektion Nordrhein-Westfalen bestellt wird,
7. je eine Vertretung der katholischen und evangelischen Kirche und der jüdischen Kultusgemeinde; sie werden von der zuständigen Stelle der Religionsgemeinschaften bestellt,
8. eine Vertretung des Landesintegrationsrats und
9. eine Vertretung des Landeselternbeirates.

(2) Für jedes beratende Mitglied des Landesjugendhilfeausschusses nach Absatz 1 Nummern 3 bis 8 ist eine Stellvertretung zu bestellen.

(3) [1]Durch die Satzung kann bestimmt werden, dass weitere sachkundige Personen dem Landesjugendhilfeausschuss angehören. [2]Auf eine angemessene Beteiligung von Frauen und jungen Menschen ist zu achten.

§ 13 Verfahren des Landesjugendhilfeausschusses in Fällen äußerster Dringlichkeit

[1]In Fällen äußerster Dringlichkeit, in denen ein Beschluss des Landesjugendhilfeausschusses nicht mehr rechtzeitig herbeigeführt werden

kann, kann die Direktorin/der Direktor des Landschaftsverbandes Anordnungen im Einverständnis mit der/dem Vorsitzenden dieses Ausschusses treffen. [2]Der Landesjugendhilfeausschuss ist unverzüglich zu unterrichten. [3]Er kann die Anordnungen aufheben, soweit nicht bereits Rechte Dritter entstanden sind.

§ 14 Unterausschüsse

Für die Bildung von Unterausschüssen des Landesjugendhilfeausschusses gilt § 6 entsprechend.

§ 15 Pflichtaufgaben der Landesjugendämter

(1) [1]Die Landesjugendämter führen die Aufgabe nach § 85 Absatz 2 Nummer 6 SGB VIII als Pflichtaufgabe zur Erfüllung nach Weisung aus. [2]Die Aufsicht führt die oberste Landesjugendbehörde.

(2) Die Aufsichtsbehörde kann Weisungen erteilen, um die gesetzmäßige Ausführung der Aufgabe nach Absatz 1 zu sichern.

(3) Zur zweckmäßigen Ausführung dieser Aufgabe kann die Aufsichtsbehörde

a) allgemeine Weisungen erteilen,

b) besondere Weisungen erteilen, wenn die ordnungsgemäße Erfüllung der Aufgabe nicht gesichert erscheint oder überörtliche Interessen gefährdet sein können. Daneben sind besondere Weisungen zulässig, um das Wohl von Kindern und Jugendlichen zu gewährleisten.

§ 15a Kostenerstattung bei Gewährung von Jugendhilfe nach der Einreise

[1]Die nach § 89d SGB VIII dem Land obliegenden Aufgaben werden den Landschaftsverbänden übertragen. [2]Das Land stellt ihnen die zur Erfüllung dieser Aufgaben aufzuwendenden Mittel für Jugendhilfe zur Verfügung.

Dritter Abschnitt

Schutz von Kindern und Jugendlichen in Familienpflege und in Einrichtungen

§ 16 Vollzeitpflege

(1) [1]Die Pflegeerlaubnis nach § 44 SGB VIII ist schriftlich, elektronisch oder zur Niederschrift beim Jugendamt zu beantragen. [2]Sie bedarf der Textform und gilt nur für die in ihr genannten Kinder und Jugendlichen.

(2) [1]Die Pflegeerlaubnis soll in der Regel Eheleuten oder eingetragenen Lebenspartnerinnen bzw. Lebenspartnern, sie kann auch nicht mit-

einander verheirateten Paaren und alleinstehenden Personen erteilt werden. [2]Der Altersunterschied zwischen den Pflegepersonen und dem Kind oder Jugendlichen soll in der Regel dem Eltern-Kind-Verhältnis entsprechen.

(3) [1]Die Pflegeerlaubnis soll in der Regel nicht für mehr als drei Kinder oder Jugendliche in einer Pflegestelle erteilt werden. [2]Die Erteilung der Pflegeerlaubnis für mehr als fünf Kinder oder Jugendliche in einer Pflegestelle ist nicht zulässig. [3]Sollen sechs oder mehr Minderjährige aufgenommen werden, so findet § 45 SGB VIII Anwendung. [4]Das nach § 87a Absatz 1 Satz 3 SGB VIII für die Erteilung der Pflegeerlaubnis örtlich zuständige Jugendamt hat dem Landesjugendamt die beabsichtigte Aufnahme von sechs oder mehr Minderjährigen zu melden. [5]Im Ausnahmefall kann das Landesjugendamt auch dann, wenn weniger als sechs Minderjährige aufgenommen werden, die Notwendigkeit der Anwendung des § 45 SGB VIII feststellen. [6]Dieser Absatz gilt entsprechend für Pflegeverhältnisse nach § 44 Absatz 1 Satz 2 Nummer 1 SGB VIII. [7]In diesen Fällen obliegt die Meldepflicht nach Satz 4 dem nach § 86 SGB VIII zuständigen Jugendamt.

(4) Bei der Auswahl einer Pflegeperson im Rahmen von Hilfe zur Erziehung oder von Eingliederungshilfe für seelisch behinderte Kinder und Jugendliche, die ihren gewöhnlichen Aufenthalt außerhalb des Bereichs des örtlich zuständigen Trägers hat, soll der örtliche Träger der öffentlichen Jugendhilfe beteiligt werden, in dessen Bereich die Pflegeperson ihren gewöhnlichen Aufenthalt hat.

§ 17 Versagungsgründe

Die Pflegeerlaubnis ist insbesondere zu versagen, wenn

a) die Pflegeperson nicht über ausreichende erzieherische Fähigkeiten verfügt,

b) die Pflegeperson nicht die Gewähr dafür bietet, dass die religiöse Erziehung des ihr anvertrauten Kindes oder Jugendlichen im Einklang mit der von den Personensorgeberechtigten bestimmten Grundrichtung der Erziehung durchgeführt wird,

c) die Pflegeperson oder die in ihrer Wohnung lebenden Personen nicht die Gewähr dafür bieten, dass das Wohl des Kindes oder Jugendlichen nicht gefährdet ist,

d) die wirtschaftlichen Verhältnisse der Pflegepersonen und ihre Haushaltsführung nicht geordnet sind,

e) die Pflegeperson oder die in ihrer Wohnung lebenden Personen nicht frei von psychischen oder physischen Krankheiten sind, die das Wohl des Kindes gefährden oder

f) kein ausreichender Wohnraum für das Kind oder den Jugendlichen und die in der Wohnung lebenden Personen vorhanden ist.

§ 18 Rücknahme der Pflegeerlaubnis

Die Pflegeerlaubnis ist zurückzunehmen, wenn sich nachträglich herausstellt, dass bei ihrer Erteilung einer der Versagungsgründe des § 17 vorgelegen hat oder nunmehr vorliegt oder in sonstiger Weise das Wohl des Kindes oder Jugendlichen gefährdet und die Pflegeperson nicht bereit oder in der Lage ist, die Gefährdung abzuwenden.

§ 19 Aufsicht und Anzeigepflicht

(1) [1]Die Pflegeperson hat dem Jugendamt Auskunft über die Pflegestelle und das Kind zu erteilen und es über wichtige Ereignisse zu unterrichten, die das Wohl des Kindes oder des Jugendlichen betreffen. [2]Dem Jugendamt ist insbesondere unverzüglich mitzuteilen, wenn

1. weitere Personen in den Haushalt aufgenommen werden,
2. ein Wohnortwechsel beabsichtigt wird,
3. eine das Wohl des Kindes gefährdende Erkrankung eines Haushaltsangehörigen vorliegt,
4. eine Haushaltsangehörige beziehungsweise ein Haushaltsangehöriger verstirbt oder
5. bei Paaren eine Trennung vollzogen wird.

(2) [1]Den vom Jugendamt beauftragten Personen ist der Zutritt zu dem Kind und den Räumen, die seinem Aufenthalt dienen, zu gestatten. [2]Das Grundrecht der Unverletzlichkeit der Wohnung (Artikel 13 Absatz 1 des Grundgesetzes) wird insoweit eingeschränkt. [3]Die vom Jugendamt beauftragten Personen haben ihren Dienstausweis oder einen vom Jugendamt ausgestellten Ausweis bei sich zu führen und auf Verlangen vorzuzeigen.

§ 20 Erlaubnis und Untersagung des Betriebs einer Einrichtung

(1) Zu den erlaubnispflichtigen Einrichtungen nach § 45a SGB VIII gehören familienähnliche erwerbsmäßige Betreuungsformen,

1. die an einen Träger angebunden sind, welchem die Leitung, die pädagogische Leitung und die Verwaltung obliegt; von dem Träger ist
   a) die verantwortliche Fachaufsicht,
   b) die Umsetzung der Konzeption und des Hilfeplans,
   c) die fachliche Steuerung der Hilfen und
   d) die gesamte Personalverantwortung, wie Auswahl, Überwachung, Weiterbildung und Vertretung

zu gewährleisten

oder

2. die eine Fachkraft im Umfang von mindestens einer Vollzeitstelle beschäftigen, der kein Aussageverweigerungsrecht gemäß § 52 Absatz 1 der Strafprozeßordnung in der Fassung der Bekanntmachung

vom 7. April 1987 (BGBl. I S. 1074, 1319), die zuletzt durch Artikel 2 des Gesetzes vom 26. Juli 2023 (BGBl. 2023 I Nr. 203) geändert worden ist, zusteht.

(2) [1]Das Landesjugendamt hat das nach § 87a Absatz 3 SGB VIII zuständige Jugendamt sowie einen zentralen Träger der freien Jugendhilfe, wenn diesem der Träger der Einrichtung angehört, bei der Prüfung der Voraussetzungen für die Erteilung einer Erlaubnis zu beteiligen. [2]Bei Betriebserlaubnisverfahren für Kindertageseinrichtungen erfolgt die Beteiligung des zentralen Trägers der freien Jugendhilfe durch den Träger der Einrichtung.

(3) Erlangt ein Jugendamt Kenntnis davon, dass eine in seinem Bezirk gelegene Einrichtung ohne Erlaubnis Kinder und Jugendliche aufnimmt oder dass Tatsachen vorliegen, die die Eignung der Einrichtung zur Aufnahme von Kindern und Jugendlichen ausschließen, hat es bei Gefahr im Verzug unverzüglich die notwendigen Maßnahmen zu treffen und dem Landesjugendamt sowie dem zuständigen zentralen Träger der freien Jugendhilfe hiervon Mitteilung zu machen.

(4) Wird eine Einrichtung im Sinne des § 45a SGB VIII ohne die erforderliche Erlaubnis betrieben, so kann das zuständige Landesjugendamt den weiteren Betrieb untersagen.

§ 21 Betreuungskräfte

(1) [1]In erlaubnispflichtigen Einrichtungen im Sinne des § 45a SGB VIII oder sonstigen betreuten Wohnformen im Sinne des § 48a SGB VIII, in denen Kinder oder Jugendliche über Tag und Nacht betreut werden, sind pädagogische oder therapeutische Fachkräfte zur Betreuung Minderjähriger geeignet, die über eine entsprechende Fachausbildung mit staatlicher Anerkennung oder über eine für diese Aufgabe gleich geeignete Fachausbildung verfügen, sofern nicht in ihrer Person liegende Gründe sie ungeeignet erscheinen lassen. [2]Andere Personen kann das Landesjugendamt als weitere Betreuungskräfte beziehungsweise Zusatzkräfte zulassen, wenn sie nach Vorbildung und Erfahrung geeignet erscheinen; die Zulassung kann mit Auflagen verbunden werden.

(2) Für Einrichtungen im Anwendungsbereich des Kinderbildungsgesetzes vom 3. Dezember 2019 (GV. NRW. S. 894; 2020 S. 77), das zuletzt durch Artikel 2 des Gesetzes vom 13. April 2022 (GV. NRW. S. 509) geändert worden ist, gilt Absatz 1 nicht.

§ 22 Sicherstellung des Schulunterrichts bei Gewährung von Hilfe zur Erziehung in einer Einrichtung

Wenn schulpflichtige Kinder oder Jugendliche, denen Hilfe zur Erziehung in einer Einrichtung gewährt wird, aus erzieherischen Gründen weder einer öffentlichen Schule zugewiesen noch in eine genehmigte Ersatzschule aufgenommen werden können, hat das Jugendamt im Benehmen mit der zuständigen Schulaufsichtsbehörde dafür zu sorgen, dass diesen Kindern und Jugendlichen der erforderliche Schulunterricht anderweitig zuteilwird oder sie eine besondere pädagogische Förderung erhalten, die die Wiedereingliederung in die Schule möglich macht.

§ 23 Aufsicht über Einrichtungen der Landschaftsverbände

Die Aufsicht über Einrichtungen der Landschaftsverbände im Sinne des § 45a SGB VIII führen die Landesjugendämter.

Vierter Abschnitt

Ombudschaft

§ 24 Ombudsstellen

(1) [1]Das Land fördert gemäß § 14 Absatz 2 des Landeskinderschutzgesetzes NRW vom 13. April 2022 (GV. NRW. S. 509) zur Sicherstellung des Zugangs zu ombudschaftlicher Beratung eine überregionale Ombudsstelle und soll weitere regionale Ombudsstellen fördern. [2]Die Verteilung der regionalen Ombudsstellen soll sich an den Regierungsbezirken in Nordrhein-Westfalen orientieren.

(2) [1]Die regionalen Ombudsstellen arbeiten unabhängig und fachlich nicht weisungsgebunden. [2]Sie bieten jungen Menschen und ihren Familien Beratung in sowie Vermittlung und Klärung von Konflikten im Zusammenhang mit Aufgaben der Kinder- und Jugendhilfe und deren Wahrnehmung durch die öffentliche und freie Jugendhilfe.

(3) Die überregionale Ombudsstelle hat neben ombudschaftlicher Beratung

1. den regionalen Ombudsstellen einheitliche Leitlinien und Qualitätsstandards zur Verfügung zu stellen, die dem fachlich anerkannten Standard entsprechen,
2. den regionalen Ombudsstellen Fachberatung, insbesondere in schwierigen Fallkonstellationen, anzubieten und
3. regelmäßig Veranstaltungen für die in den regionalen Ombudsstellen tätigen Personen durchzuführen, die deren weiterer Qualifizierung und einem landesweiten Erfahrungsaustausch dienen.

§ 25 Mitwirkung

Die Träger der öffentlichen Jugendhilfe und die Träger der freien Jugendhilfe sollen an einer Klärung des Konflikts konstruktiv mitwirken.

Fünfter Abschnitt

Bericht der Landesregierung

§ 26 Kinder- und Jugendbericht

(1) [1]Die Landesregierung legt dem Landtag in jeder Legislaturperiode einen Bericht über die Lage der Kinder und Jugendlichen in Nord-

rhein-Westfalen vor. [2]Dieser soll eine Darstellung der wichtigsten Entwicklungstendenzen der Kinder- und Jugendhilfe im Lande unter Berücksichtigung allgemeiner Rahmenbedingungen sowie eine Zusammenfassung der landespolitischen Maßnahmen und Leistungen für Kinder und Jugendliche im Berichtszeitraum enthalten. [3]Er soll darüber hinaus einen Ausblick zur Weiterentwicklung der Kinder- und Jugendhilfe geben und die kinder- und jugendpolitischen Zielvorstellungen der Landesregierung enthalten.

(2) Die Landesregierung kann Expertisen und Gutachten einholen und Sachverständige mit der Abfassung des Berichts beziehungsweise Teilen des Berichts befassen.

Sechster Abschnitt

Anerkennung als Träger der freien Jugendhilfe

§ 27 Öffentliche Anerkennung

(1) Zuständig für die öffentliche Anerkennung der Träger der freien Jugendhilfe nach § 75 SGB VIII sind

1. das Jugendamt nach Beschlussfassung des Jugendhilfeausschusses, wenn der Träger der freien Jugendhilfe vorwiegend im Bezirk des Jugendamtes tätig ist,
2. das Landesjugendamt nach Beschlussfassung des Landesjugendhilfeausschusses, wenn der Träger der freien Jugendhilfe vorwiegend im Bezirk des Landesjugendamtes in mehreren Jugendamtsbezirken tätig ist; gehören diese zu demselben Kreis, ist anstelle des Landesjugendamtes das Jugendamt dieses Kreises zuständig und
3. die oberste Landesjugendbehörde, wenn der Träger der freien Jugendhilfe in beiden Landesjugendamtsbezirken gleichermaßen tätig ist sowie in allen übrigen Fällen.

(2) Die auf Landesebene zusammengeschlossenen Verbände der freien Wohlfahrtspflege sind anerkannte Träger der freien Jugendhilfe.

(3) [1]Die öffentliche Anerkennung gilt nur für die Organisationsstufe eines Trägers der freien Jugendhilfe, für die sie erteilt ist. [2]Die öffentliche Anerkennung durch die oberste Landesjugendbehörde kann auf Antrag auf die dem Träger der freien Jugendhilfe gegenwärtig und zukünftig angehörenden regionalen und sonstigen Untergliederungen (Orts-, Kreis- und Bezirksverbände, landesweite Teilorganisationen) ausgedehnt werden, wenn die Untergliederungen an dem Träger der freien Jugendhilfe ausgerichtete einheitliche Organisationsformen, Satzungsregelungen und Betätigungsbereiche aufweisen.

(4) Die öffentliche Anerkennung kann widerrufen oder zurückgenommen werden, wenn die Voraussetzungen für die Anerkennung nicht vorgelegen haben oder nicht mehr vorliegen.

Siebter Abschnitt

Amtspflegschaft und Amtsvormundschaft

§ 28 Führung der Amtspflegschaft und der Amtsvormundschaft

(1) [1]Über § 56 Absatz 2 Satz 2 SGB VIII hinaus ist auch im Falle des § 1799 Absatz 2 Satz 1 des Bürgerlichen Gesetzbuches eine Genehmigung des Familiengerichts nicht erforderlich. [2]Das Gleiche gilt im Falle des § 1854 Nummer 6 des Bürgerlichen Gesetzbuches, soweit der Vermögenswert 6000 Euro nicht übersteigt.

(2) [1]Soweit der Mündel weder über Einkünfte noch Vermögen verfügt, ist das Jugendamt als Pfleger oder Vormund über § 56 Absatz 2 SGB VIII hinaus von der Aufsicht des Familiengerichts nach § 1798 Absatz 2 in Verbindung mit § 1835 Absatz 1 des Bürgerlichen Gesetzbuches ausgenommen. [2]In diesen Fällen ist eine schriftliche Versicherung des Pflegers oder Vormunds im Rahmen der Berichtspflicht nach § 1802 Absatz 2 in Verbindung mit § 1863 des Bürgerlichen Gesetzbuches abzugeben, dass der Mündel weder über Einkünfte noch Vermögen verfügt.

Achter Abschnitt

Frühförderung

§ 29 Maßnahmen der Früherkennung und der Frühförderung für Kinder

Maßnahmen der Früherkennung und der Frühförderung für Kinder, die noch nicht eingeschult sind, sind unabhängig von der Art der Behinderung vorrangig von den Trägern der Eingliederungshilfe nach den Bestimmungen des Neunten Buches Sozialgesetzbuch – Rehabilitation und Teilhabe von Menschen mit Behinderungen – (Artikel 1 des Gesetzes vom 23. Dezember 2016, BGBl. I S. 3234), das zuletzt durch Artikel 6 des Gesetzes vom 22. Dezember 2023 (BGBl. 2023 I Nr. 412) geändert worden ist, zu gewähren.

Neunter Abschnitt

Durchführungs- und Schlussvorschriften

§ 30 Durchführungsvorschriften

Die oberste Landesjugendbehörde erlässt die zur Durchführung des SGB VIII und dieses Gesetzes erforderlichen Verwaltungsvorschriften.

§ 31 Inkrafttreten

Dieses Gesetz tritt am 1. Januar 1991 in Kraft.

Verordnung über das Haushaltswesen der Kommunen im Land Nordrhein-Westfalen (Kommunalhaushaltsverordnung Nordrhein-Westfalen – KomHVO NRW)

vom 12. Dezember 2018 (GV. NRW. S. 708), zuletzt geändert durch Gesetz vom 10. Juli 2025 (GV. NRW. S. 618)

Auf Grund des § 133 Absatz 1 und 2 der Gemeindeordnung für das Land Nordrhein-Westfalen in der Fassung der Bekanntmachung vom 14. Juli 1994 (GV. NRW. S. 666), der zuletzt durch Artikel 15 des Gesetzes vom 23. Januar 2018 (GV. NRW. S. 90) geändert worden ist, verordnet das Ministerium für Heimat, Kommunales, Bau und Gleichstellung im Einvernehmen mit dem Ministerium der Finanzen:

Inhaltsübersicht

Teil 1

Haushaltsplanung, Finanzplanung

§ 1 Bestandteile des Haushaltsplans und Anlagen

(1) Der Haushaltsplan besteht aus

1. dem Ergebnisplan,
2. dem Finanzplan,
3. den Teilplänen,
4. dem Haushaltssicherungskonzept, wenn ein solches erstellt werden muss oder fortzuschreiben ist.

(2) [1]Dem Haushaltsplan sind als Anlagen beizufügen

1. der Vorbericht,
2. der Stellenplan,
3. der Haushaltsquerschnitt als je eine Übersicht über die Erträge und Aufwendungen, die Veranschlagung des ordentlichen Ergebnisses und des Teilergebnisses der Produktgruppen des Ergebnisplans sowie über den Saldo aus laufender Verwaltungstätigkeit, die Einzahlungen, die Auszahlungen, den Saldo aus Investitionstätigkeit, den Finanzierungsmittelüberschuss oder -fehlbetrag und die Verpflichtungsermächtigungen der Produktgruppen des Finanzplans nach § 3,
4. eine Übersicht über den voraussichtlichen Stand der Verbindlichkeiten aus Krediten für Investitionen und aus Liquiditätskrediten und der ihnen wirtschaftlich gleichkommenden Rechtsgeschäfte sowie der Verpflichtungen aus Bürgschaften, Gewährverträgen und der ihnen wirtschaftlich gleichkommenden Rechtsgeschäfte, jeweils bezogen auf den Beginn des Vorjahres sowie auf den Beginn und das Ende des Haushaltsjahres,
5. eine Übersicht über die Entwicklung des Eigenkapitals,
6. eine Übersicht über die aus Verpflichtungsermächtigungen in den einzelnen Jahren voraussichtlich fällig werdenden Auszahlungen werden Auszahlungen in den Jahren fällig, auf die sich der Finanzplan noch nicht erstreckt, ist die voraussichtliche Deckung des Zahlungsmittelbedarfs dieser Jahre gesondert darzustellen,
7. die Ergebnisrechnung, die Finanzrechnung und die Bilanz des Vorvorjahres; soweit der betreffende Jahresabschluss noch nicht festgestellt wurde, reicht der von der Hauptverwaltungsbeamtin oder dem Hauptverwaltungsbeamten bestätigte Entwurf,
8. die Wirtschaftspläne und neuesten Jahresabschlüsse der Sondervermögen, für die Sonderrechnungen geführt werden,
9. die Wirtschaftspläne und neuesten Jahresabschlüsse der Unternehmen und Einrichtungen mit eigener Rechtspersönlichkeit, an denen die Kommune mit mehr als 20 Prozent unmittelbar oder mittelbar beteiligt ist, an die Stelle der Wirtschaftspläne und Jahresabschlüsse kann eine kurz gefasste Übersicht über die Wirtschaftslage und die voraussichtliche Entwicklung der Unternehmen und Einrichtungen treten,
10. in den kreisfreien Städten die Übersichten mit bezirksbezogenen Haushaltsangaben.

[2]Für die Vorlage der Anlagen gemäß Nummer 7 kann die Aufsichtsbehörde in begründeten Einzelfällen bis zum Haushaltsjahr 2021 Ausnahmen zulassen.

(3) Den im Haushaltsplan für das Haushaltsjahr zu veranschlagenden Erträgen und Aufwendungen sowie Einzahlungen und Auszahlungen

sind die Ergebnisse der Rechnung des Vorvorjahres und die Haushaltspositionen des Vorjahres voranzustellen und die Planungspositionen der dem Haushaltsjahr folgenden drei Jahre anzufügen (mittelfristige Ergebnis- und Finanzplanung).

§ 2 Ergebnisplan

(1) Der Ergebnisplan enthält in Form des vorgegebenen Musters nach § 133 Absatz 3 der Gemeindeordnung:

die ordentlichen Erträge:

1. Steuern und ähnliche Abgaben,
2. Zuwendungen und allgemeine Umlagen,
3. sonstige Transfererträge,
4. öffentlich-rechtliche Leistungsentgelte,
5. privatrechtliche Leistungsentgelte,
6. Kostenerstattungen und Kostenumlagen,
7. sonstige ordentliche Erträge,
8. aktivierte Eigenleistungen,
9. Bestandsveränderungen,

die ordentlichen Aufwendungen:

10. Personalaufwendungen,
11. Versorgungsaufwendungen,
12. Aufwendungen für Sach- und Dienstleistungen,
13. bilanzielle Abschreibungen,
14. Transferaufwendungen,
15. sonstige ordentliche Aufwendungen,

außerdem:

16. Finanzerträge,
17. Zinsen und sonstige Finanzaufwendungen

und:

18. außerordentliche Erträge,
19. außerordentliche Aufwendungen.

(2) Im Ergebnisplan sind für jedes Haushaltsjahr

1. der Saldo aus der Summe der ordentlichen Erträge und der Summe der ordentlichen Aufwendungen als ordentliches Ergebnis,
2. der Saldo aus den Finanzerträgen und den Zinsen und sonstigen Finanzaufwendungen als Finanzergebnis,
3. die Summe aus dem ordentlichen Ergebnis und dem Finanzergebnis als Ergebnis der laufenden Verwaltungstätigkeit,
4. der Saldo aus den außerordentlichen Erträgen und den außerordentlichen Aufwendungen als außerordentliches Ergebnis,

5. die Summe aus Ergebnis der laufenden Verwaltungstätigkeit und außerordentlichem Ergebnis als Jahresergebnis

auszuweisen.

(3) Die Zuordnung von Erträgen und Aufwendungen zu den Positionen des Ergebnisplans ist auf der Grundlage des vom für Kommunales zuständigen Ministerium bekannt gegebenen Kontierungsplans vorzunehmen.

§ 3 Finanzplan

(1) Der Finanzplan enthält in Form des vorgegebenen Musters nach § 133 Absatz 3 der Gemeindeordnung:

die Einzahlungen aus laufender Verwaltungstätigkeit:

1. Steuern und ähnliche Abgaben,
2. Zuwendungen und allgemeine Umlagen,
3. sonstige Transfereinzahlungen,
4. öffentlich-rechtliche Leistungsentgelte,
5. privatrechtliche Leistungsentgelte,
6. Kostenerstattungen und Kostenumlagen,
7. sonstige Einzahlungen,
8. Zinsen und sonstige Finanzeinzahlungen,

die Auszahlungen aus laufender Verwaltungstätigkeit:

9. Personalauszahlungen,
10. Versorgungsauszahlungen,
11. Auszahlungen für Sach- und Dienstleistungen,
12. Zinsen und sonstige Finanzauszahlungen,
13. Transferauszahlungen,
14. sonstige Auszahlungen,

aus Investitionstätigkeit
die Einzahlungen:

15. aus Zuwendungen für Investitionsmaßnahmen,
16. aus der Veräußerung von Sachanlagen,
17. aus der Veräußerung von Finanzanlagen,
18. von Beiträgen und ähnlichen Entgelten und
19. sonstige Investitionseinzahlungen,

die Auszahlungen:

20. für den Erwerb von Grundstücken und Gebäuden,
21. für Baumaßnahmen,
22. für den Erwerb von beweglichem Anlagevermögen,
23. für den Erwerb von Finanzanlagen,

24. von aktivierbaren Zuwendungen und
25. sonstige Investitionsauszahlungen,

aus Finanzierungstätigkeit:

26. Einzahlungen aus der Aufnahme von Krediten für Investitionen und diesen wirtschaftlich gleichkommenden Rechtsverhältnissen,
27. Einzahlungen aus der Aufnahme von Krediten zur Liquiditätssicherung,
28. Auszahlungen für die Tilgung von Krediten für Investitionen und diesen wirtschaftlich gleichkommenden Rechtsverhältnissen,
29. Auszahlungen für die Tilgung von Krediten zur Liquiditätssicherung.

(2) Im Finanzplan sind für jedes Haushaltsjahr

1. der Zahlungsmittelsaldo aus den Ein- und Auszahlungen aus laufender Verwaltungstätigkeit als Saldo aus laufender Verwaltungstätigkeit,
2. der Saldo aus den Ein- und Auszahlungen aus Investitionstätigkeit als Saldo aus Investitionstätigkeit,
3. die Summe der Salden nach den Nummern 1 und 2 als Finanzmittelüberschuss oder Finanzmittelfehlbetrag,
4. der Saldo aus den Ein- und Auszahlungen aus Finanzierungstätigkeit als Saldo aus Finanzierungstätigkeit,
5. die Summe aus Finanzmittelüberschuss oder Finanzmittelfehlbetrag und aus dem Saldo nach Nummer 4,
6. die Summe nach Nummer 5 und dem Bestand am Anfang des Haushaltsjahres als Bestand an Finanzmitteln am Ende des Haushaltsjahres

auszuweisen.

(3) Die Zuordnung von Einzahlungen und Auszahlungen zu den Positionen des Finanzplans ist auf der Grundlage des vom für Kommunales zuständigen Ministerium bekannt gegebenen Kontierungsplans vorzunehmen.

§ 4 Teilpläne, Budgets

(1) [1]Der Haushaltsplan ist in Teilpläne zu gliedern. [2]Die Teilpläne sind produktorientiert zu bilden. [3]Sie bestehen aus einem Teilergebnisplan und einem Teilfinanzplan. [4]Sie werden nach Produktbereichen oder nach Verantwortungsbereichen (Budgets) unter Beachtung des vom für Kommunales zuständigen Ministerium bekannt gegebenen Produktrahmens aufgestellt.

(2) Die Aufstellung der Teilpläne ist nach folgenden Maßgaben vorzunehmen:

1. Werden Teilpläne nach Produktbereichen aufgestellt, sollen dazu die Ziele und soweit möglich die Kennzahlen zur Messung der Zielerreichung, die Produktgruppen und die wesentlichen Produkte beschrieben werden.
2. Werden Teilpläne nach Produktgruppen oder nach Produkten aufgestellt, sollen dazu die Ziele und die Kennzahlen zur Messung der Zielerreichung beschrieben werden. Diesen Teilplänen sind die Produktbereiche nach Absatz 1 voranzustellen, deren Teilergebnispläne die Summen der Erträge und der Aufwendungen und deren Teilfinanzpläne die Summen der Einzahlungen und der Auszahlungen für Investitionen ausweisen müssen.
3. Werden Teilpläne nach örtlichen Verantwortungsbereichen aufgestellt, sollen dazu die Aufgaben und die dafür gebildeten Produkte sowie die Ziele und die Kennzahlen zur Messung der Zielerreichung beschrieben werden. Diesen Teilplänen sind in einer Übersicht die Produktbereiche nach Absatz 1 voranzustellen, deren Teilergebnispläne die Summen der Erträge und der Aufwendungen und deren Teilfinanzpläne die Summen der Einzahlungen und der Auszahlungen für Investitionen ausweisen müssen.

(3) [1]Die Teilergebnispläne sind entsprechend § 2 aufzustellen. [2]Für jeden Teilergebnisplan ist ein Jahresergebnis entsprechend § 2 Absatz 2 darzustellen. [3]Soweit Erträge und Aufwendungen aus internen Leistungsbeziehungen für die Haushaltsbewirtschaftung erfasst werden, sind diese zusätzlich abzubilden.

(4) [1]Für die Teilfinanzpläne gilt § 3 entsprechend, soweit die dort enthaltenen Einzahlungen und Auszahlungen nicht zentral im Haushalt oder einem Teilfinanzplan veranschlagt sind. [2]Abweichend von Satz 1 kann die Darstellung im Teilfinanzplan auf § 3 Absatz 1 Nummern 15 bis 19 und Nummern 20 bis 25 unter Angabe des Saldos aus § 3 Absatz 2 Nummer 2 beschränkt werden. [3]Die Investitionen sind einzeln oberhalb der vom Vertretungsorgan festgelegten Wertgrenze unter Angabe der Ein- und Auszahlungen sowie der jeweiligen Investitionssumme und der Verpflichtungsermächtigungen für die Folgejahre darzustellen.

(5) Die zur Ausführung des Haushaltsplans getroffenen Bewirtschaftungsregelungen sind in den Teilplänen oder in der Haushaltssatzung auszuweisen.

(6) Eine Position im Teilergebnisplan oder im Teilfinanzplan, die keinen Betrag ausweist, kann entfallen, es sei denn, im Vorjahr oder im Vorvorjahr wurde unter dieser Position ein Betrag ausgewiesen oder in der mittelfristigen Ergebnis- und Finanzplanung soll unter dieser Position ein Betrag ausgewiesen werden.

§ 5 Haushaltssicherungskonzept

[1]Im Haushaltssicherungskonzept gemäß § 76 der Gemeindeordnung sind die Ausgangslage, die Ursachen der entstandenen Fehlentwicklung

und deren vorgesehene Beseitigung zu beschreiben. [2]Das Haushaltssicherungskonzept soll die schnellstmögliche Wiedererlangung des Haushaltsausgleichs gewährleisten und darstellen, wie nach Umsetzung der darin enthaltenen Maßnahmen der Haushalt so gesteuert werden kann, dass er in Zukunft dauerhaft ausgeglichen sein wird.

§ 6 Berücksichtigung von Orientierungsdaten im Haushaltsplan

Bei der Aufstellung und Fortschreibung der Ergebnis- und Finanzplanung sollen die vom für Kommunales zuständigen Ministerium bekannt gegebenen Orientierungsdaten berücksichtigt werden.

§ 7 Vorbericht

(1) [1]Der Vorbericht soll einen Überblick über die Eckpunkte des Haushaltsplans geben. [2]Die Entwicklung und die aktuelle Lage der Kommune sind anhand der im Haushaltsplan enthaltenen Informationen und der Ergebnis- und Finanzdaten darzustellen.

(2) Der Vorbericht soll unter Berücksichtigung der nachfolgenden Gliederung Aussagen enthalten über:

1. welche wesentlichen Ziele und Strategien die Kommune verfolgt und welche Änderungen gegenüber dem Vorjahr eintreten werden,
2. wie sich die wesentlichen Erträge, Aufwendungen, Einzahlungen und Auszahlungen, das Vermögen, die Verbindlichkeiten und die Zinsbelastungen sowie die Verpflichtungen aus Bürgschaften, Gewährverträgen und ihnen wirtschaftlich gleichkommenden Rechtsgeschäften in den beiden dem Haushaltsjahr vorangegangenen Haushaltsjahren entwickelt haben und voraussichtlich im mittelfristigen Ergebnis- und Finanzplanungszeitraums entwickeln werden,
3. wie sich das Jahresergebnis und das Eigenkapital im Haushaltsjahr und in den dem Haushaltsjahr folgenden drei Jahren entwickeln werden und in welchem Verhältnis diese Entwicklung zum Deckungsbedarf des Finanzplans steht,
4. welche wesentlichen Investitionen, Instandsetzungs- und Erhaltungsmaßnahmen im Haushaltsjahr geplant sind und welche Auswirkungen sich hieraus für die Haushalte der folgenden Jahre ergeben,
5. wie sich der Saldo aus laufender Verwaltungstätigkeit und aus Finanzierungstätigkeit entwickeln wird unter besonderer Angabe der Entwicklung der Kredite zur Liquiditätssicherung inklusive eines darzustellenden Abbaupfades,
6. wenn ein Haushaltssicherungskonzept aufgestellt wurde, wie die für das Haushaltsjahr vorgesehenen Maßnahmen im Haushaltsplan verwirklicht werden und wie sich diese auf die künftige Entwicklung der Ertrags-, Finanz- und Vermögenslage auswirken,

7. welche wesentlichen haushaltswirtschaftlichen Belastungen sich insbesondere aus der Eigenkapitalausstattung und der Verlustabdeckung für andere Organisationseinheiten und Vermögensmassen, aus Umlagen, aus Straßenentwässerungskostenanteilen, der Übernahme von Bürgschaften und anderen Sicherheiten sowie Gewährverträgen ergeben werden oder zu erwarten sind aus
   a) den Sondervermögen der Kommune, für die aufgrund gesetzlicher Vorschriften Sonderrechnungen geführt werden,
   b) den Formen interkommunaler Zusammenarbeit, an denen die Kommune beteiligt ist, und
   c) den unmittelbaren und mittelbaren Beteiligungen der Kommune an Unternehmen in einer Rechtsform des öffentlichen und privaten Rechts.

§ 8 Stellenplan

(1) [1]Der Stellenplan hat die im Haushaltsjahr erforderlichen Stellen der Beamtinnen und Beamten und der nicht nur vorübergehend beschäftigten Bediensteten auszuweisen. [2]Stellen von Beamtinnen und Beamten in Einrichtungen von Sondervermögen, für die Sonderrechnungen geführt werden, sind gesondert aufzuführen.

(2) [1]Im Stellenplan ist ferner für jede Besoldungs- und Entgeltgruppe die Gesamtzahl der Stellen für das Vorjahr sowie der am 30. Juni des Vorjahres besetzten Stellen anzugeben. [2]Wesentliche Abweichungen vom Stellenplan des Vorjahres sowie geplante zukünftige Veränderungen sind zu erläutern.

(3) Dem Stellenplan ist beizufügen:

1. eine Übersicht über die vorgesehene Aufteilung der Stellen des Stellenplans auf die Produktbereiche, soweit diese nicht auszugsweise den einzelnen Teilplänen beigefügt sind,
2. eine Übersicht über die vorgesehene Zahl der Nachwuchskräfte und der informatorisch beschäftigten Dienstkräfte.

§ 9 Haushaltsplan für zwei Jahre

(1) Werden in der Haushaltssatzung Ermächtigungen für zwei Haushaltsjahre ausgesprochen, sind im Ergebnisplan die Erträge und Aufwendungen und im Finanzplan die Einzahlungen, Auszahlungen und Verpflichtungsermächtigungen für jedes der beiden Haushaltsjahre getrennt aufzuführen.

(2) Die Fortschreibung der mittelfristigen Ergebnis- und Finanzplanung im ersten Haushaltsjahr ist dem Vertretungsorgan vor Beginn des zweiten Haushaltsjahres vorzulegen.

(3) Anlagen nach § 1 Absatz 2 Nummer 8 bis 10, die nach der Beschlussfassung über die Haushaltssatzung nach Absatz 1 erstellt worden sind, müssen der Fortschreibung nach Absatz 2 beigefügt werden.

§ 10 Nachtragshaushaltsplan

(1) Der Nachtragshaushaltsplan muss alle erheblichen Änderungen der Erträge und Aufwendungen und der Einzahlungen und Auszahlungen, die zum Zeitpunkt seiner Aufstellung übersehbar sind, einschließlich der bereits geleisteten oder angeordneten über- und außerplanmäßigen Aufwendungen und Auszahlungen, sowie die damit zusammenhängenden Änderungen der Ziele und Kennzahlen enthalten.

(2) Enthält der Nachtragshaushaltsplan neue Verpflichtungsermächtigungen, so sind deren Auswirkungen auf die mittelfristige Finanzplanung anzugeben, die Übersicht nach § 1 Absatz 2 Nummer 6 ist zu ergänzen.

Teil 2
Planungsgrundsätze

§ 11 Allgemeine Planungsgrundsätze

(1) Die Erträge und Aufwendungen sind in ihrer voraussichtlich dem Haushaltsjahr zuzurechnenden Höhe, die Einzahlungen und Auszahlungen in Höhe der im Haushaltsjahr voraussichtlich eingehenden oder zu leistenden Beträge zu veranschlagen, sie sind sorgfältig zu schätzen, soweit sie nicht errechenbar sind.

(2) Die Erträge, Aufwendungen, Einzahlungen und Auszahlungen sind in voller Höhe und getrennt voneinander zu veranschlagen, soweit in dieser Verordnung nichts anderes bestimmt ist.

(3) [1]Für denselben Zweck sollen Aufwendungen und Auszahlungen nicht an verschiedenen Stellen im Haushaltsplan veranschlagt werden. [2]Wird ausnahmsweise anders verfahren, ist auf die Ansätze gegenseitig zu verweisen.

§ 12 Verpflichtungsermächtigungen

(1) [1]Die Verpflichtungsermächtigungen sind in den Teilfinanzplänen maßnahmenbezogen zu veranschlagen. [2]Dabei ist anzugeben, wie sich die Belastungen voraussichtlich auf die künftigen Jahre verteilen werden. [3]Dies gilt nur für die Investitionen, die nach § 4 Absatz 4 Satz 3 darzustellen sind.

(2) [1]Es kann erklärt werden, dass einzelne Verpflichtungsermächtigungen auch für andere Investitionsmaßnahmen in Anspruch genommen werden können. [2]Der in der Haushaltssatzung festgesetzte Gesamtbetrag der Verpflichtungsermächtigungen darf nicht überschritten werden.

§ 13 Investitionen

(1) [1]Bevor Investitionen oberhalb der vom Vertretungsorgan festgelegten Wertgrenzen beschlossen und im Haushaltsplan ausgewiesen wer-

den, soll unter mehreren in Betracht kommenden Möglichkeiten durch einen Wirtschaftlichkeitsvergleich, mindestens durch einen Vergleich der Anschaffungs- oder Herstellungskosten nach § 34 Absatz 2 und 3 und der Folgekosten, die für die Kommune wirtschaftlichste Lösung ermittelt werden. [2]Dabei ist die künftige Bevölkerungsentwicklung zu berücksichtigen.

(2) [1]Ermächtigungen für Baumaßnahmen dürfen im Finanzplan erst veranschlagt werden, wenn Baupläne, Kostenberechnungen und Erläuterungen vorliegen, aus denen die Art der Ausführung, die Gesamtkosten der Maßnahme, getrennt nach Grunderwerb und Herstellungskosten, einschließlich der Einrichtungskosten sowie der Folgekosten ersichtlich sind und denen ein Bauzeitplan beigefügt ist. [2]Die Unterlagen müssen auch die voraussichtlichen Jahresauszahlungen unter Angabe der Kostenbeteiligung Dritter, und die für die Dauer der Nutzung entstehenden jährlichen Haushaltsbelastungen ausweisen.

(3) Vor Beginn einer Investition unterhalb der festgelegten Wertgrenzen muss mindestens eine Kostenberechnung vorliegen.

§ 14 Verfügungsmittel

[1]Verfügungsmittel der Hauptverwaltungsbeamtin oder des Hauptverwaltungsbeamten sind im Haushaltsplan gesondert zu veranschlagen. [2]Die verfügbaren Mittel dürfen nicht überschritten werden, sind nicht übertragbar und nicht deckungsfähig.

§ 15 Fremde Finanzmittel

(1) Im Finanzplan werden nicht veranschlagt:

1. durchlaufende Finanzmittel,
2. Finanzmittel, die die Kommune auf Grund rechtlicher Vorschriften unmittelbar in den Haushalt eines anderen öffentlichen Aufgabenträgers zu buchen hat, einschließlich der ihr zur Selbstbewirtschaftung zugewiesenen Finanzmittel,
3. Finanzmittel, die in der Zahlungsabwicklung mit dem endgültigen Kostenträger oder mit einer anderen Institution, die unmittelbar mit dem endgültigen Kostenträger abrechnet, anstelle der Kommune vereinnahmt oder ausgezahlt werden.

(2) Die Hauptverwaltungsbeamtin oder der Hauptverwaltungsbeamte kann anordnen, dass Zahlungen nach Absatz 1 angenommen oder geleistet werden dürfen, wenn dies im Interesse der Kommune liegt und gewährleistet ist, dass diese Zahlungen in die Prüfung der Zahlungsabwicklung einbezogen werden.

§ 16 Interne Leistungsbeziehungen

Werden in den Teilplänen zum Nachweis des vollständigen Ressourcenverbrauchs interne Leistungsbeziehungen erfasst, sind diese dem

Jahresergebnis des Teilergebnisplans und der Teilergebnisrechnung hinzuzufügen und müssen sich im Ergebnisplan und in der Ergebnisrechnung insgesamt ausgleichen.

§ 17 Kosten- und Leistungsrechnung

(1) Nach den örtlichen Bedürfnissen der Kommune soll eine Kosten- und Leistungsrechnung zur Unterstützung der Verwaltungssteuerung und für die Beurteilung der Wirtschaftlichkeit und Leistungsfähigkeit bei der Aufgabenerfüllung geführt werden.

(2) Die Hauptverwaltungsbeamtin oder der Hauptverwaltungsbeamte regelt die Grundsätze über Art und Umfang der Kosten- und Leistungsrechnung und legt sie dem Vertretungsorgan zur Kenntnis vor.

§ 18 Weitere Vorschriften für die Haushaltsplanung

(1) [1]Die Veranschlagung von Personalaufwendungen in den Teilplänen richtet sich nach den im Haushaltsjahr voraussichtlich besetzten Stellen. [2]Dabei können die Personalaufwendungen für Personen, die nicht im Stellenplan geführt werden, zentral veranschlagt werden.

(2) Die Versorgungs- und die Beihilfeaufwendungen können auf die Teilpläne aufgeteilt oder zentral veranschlagt werden.

§ 19 Erläuterungen

[1]Die Ansätze im Haushaltsplan sind, soweit erforderlich, zu erläutern. [2]Insbesondere sind zu erläutern:

1. Ansätze von Erträgen und Aufwendungen, soweit sie wesentlich sind und von den bisherigen Ansätzen wesentlich abweichen,
2. neue Investitionen; erstrecken sie sich über mehrere Jahre, ist bei jeder folgenden Veranschlagung die bisherige Abwicklung darzulegen,
3. Notwendigkeit und Höhe der Verpflichtungsermächtigungen,
4. Ansätze für Aufwendungen und Auszahlungen zur Erfüllung von Verträgen, die die Kommune über ein Jahr hinaus zu erheblichen Zahlungen verpflichten, sowie
5. Sperrvermerke, Zweckbindungen und andere besondere Bestimmungen im Haushaltsplan.

Teil 3

Besondere Vorschriften für die Haushaltswirtschaft

§ 20 Grundsätze der Gesamtdeckung

[1]Soweit in dieser Verordnung nichts anderes bestimmt ist, dienen

1. die Erträge insgesamt zur Deckung der Aufwendungen des Ergebnisplanes und

2. die Einzahlungen insgesamt zur Deckung der Auszahlungen des Finanzplanes.

[2]§ 86 Absatz 1 der Gemeindeordnung bleibt hiervon unberührt.

§ 21 Bildung von Budgets

(1) [1]Zur flexiblen Haushaltsbewirtschaftung können Erträge und Aufwendungen zu Budgets verbunden werden. [2]In den Budgets ist die Summe der Erträge und die Summe der Aufwendungen für die Haushaltsführung verbindlich. [3]Die Sätze 1 und 2 gelten auch für Einzahlungen und Auszahlungen für Investitionen.

(2) [1]Es kann bestimmt werden, dass Mehrerträge bestimmte Ermächtigungen für Aufwendungen erhöhen und Mindererträge bestimmte Ermächtigungen für Aufwendungen vermindern. [2]Das Gleiche gilt für Mehreinzahlungen und Mindereinzahlungen für Investitionen. [3]Die Mehraufwendungen oder Mehrauszahlungen gelten nicht als überplanmäßige Aufwendungen oder Auszahlungen.

(3) [1]Die Bewirtschaftung der Budgets darf nicht zu einer Minderung des Saldos aus laufender Verwaltungstätigkeit nach § 3 Absatz 2 Nummer 1 führen. [2]Die Inanspruchnahme von Budgets nach Absatz 2 ist nur zulässig, wenn das geplante Jahresergebnis nicht gefährdet ist und die Vorschriften des § 86 der Gemeindeordnung beachtet werden.

§ 22 Ermächtigungsübertragung

(1) [1]Ermächtigungen für Aufwendungen und Auszahlungen sind übertragbar. [2]Die Hauptverwaltungsbeamtin oder der Hauptverwaltungsbeamte regelt mit Zustimmung des Vertretungsorgans die Grundsätze über Art, Umfang und Dauer der Ermächtigungsübertragungen.

(2) Werden Ermächtigungen für Aufwendungen und Auszahlungen übertragen, erhöhen sie die entsprechenden Positionen im Haushaltsplan des folgenden Jahres.

(3) Sind Erträge oder Einzahlungen auf Grund rechtlicher Verpflichtungen zweckgebunden, bleiben die entsprechenden Ermächtigungen zur Leistung von Aufwendungen bis zur Erfüllung des Zwecks und die Ermächtigungen zur Leistung von Auszahlungen bis zur Fälligkeit der letzten Zahlung für ihren Zweck verfügbar.

(4) [1]Werden Ermächtigungen übertragen, ist dem Vertretungsorgan eine Übersicht der Übertragungen mit Angabe der Auswirkungen auf den Ergebnisplan und den Finanzplan des Folgejahres vorzulegen. [2]Die Übertragungen sind im Jahresabschluss im Plan-/Ist Vergleich der Ergebnisrechnung gemäß § 39 Absatz 2 und der Finanzrechnung gemäß § 40 und im Anhang gesondert anzugeben.

§ 23 Überwachung der Forderungen

(1) [1]Die der Kommune zustehenden Forderungen sind vollständig zu erfassen und rechtzeitig durchzusetzen. [2]Der Zahlungseingang ist zu überwachen.

(2) Die Kommune kann davon absehen, Ansprüche von weniger als 10 Euro geltend zu machen, es sei denn, dass die Durchsetzung aus grundsätzlichen Erwägungen geboten ist, letzteres gilt insbesondere für Gebühren.

(3) Mit juristischen Personen des öffentlichen Rechts kann auf der Grundlage der Gegenseitigkeit etwas anderes vereinbart werden.

§ 24 Bewirtschaftung und Überwachung der Aufwendungen und Auszahlungen

(1) [1]Die im Haushaltsplan enthaltenen Ermächtigungen dürfen erst dann in Anspruch genommen werden, wenn die Aufgabenerfüllung dies erfordert. [2]Die Inanspruchnahme ist zu überwachen.

(2) [1]Bei Ermächtigungen für Investitionen muss die rechtzeitige Bereitstellung der Finanzmittel gesichert sein. [2]Dabei darf die Finanzierung anderer, bereits begonnener Maßnahmen nicht beeinträchtigt werden.

(3) Die Absätze 1 und 2 gelten für die Inanspruchnahme von Verpflichtungsermächtigungen entsprechend.

(4) Abgaben, abgabeähnliche Erträge und allgemeine Zuweisungen, die die Kommune zurückzuzahlen hat, sind bei den Erträgen abzusetzen, auch wenn sie sich auf Erträge der Vorjahre beziehen.

(5) Die für die Bewirtschaftung festgelegten Sperrvermerke oder andere besondere Bestimmungen sind, soweit sie bereits bei der Aufstellung des Haushaltsplans feststehen, im Haushaltsplan oder in der Haushaltssatzung auszuweisen.

§ 25 Berichtspflicht, haushaltswirtschaftliche Sperre

(1) Das Vertretungsorgan ist unverzüglich zu unterrichten, wenn sich abzeichnet, dass

1. sich das Ergebnis des Ergebnisplanes oder des Finanzplanes wesentlich verschlechtert,
2. sich die Gesamtauszahlungen einer Maßnahme des Finanzplanes nach § 4 Absatz 4 Satz 3 wesentlich erhöhen werden oder
3. eine haushaltswirtschaftliche Sperre nach Absatz 2 ausgesprochen wird.

(2) [1]Soweit und solange die Entwicklung der Erträge und Einzahlungen oder Aufwendungen und Auszahlungen es erfordert, kann die Inanspruchnahme von Ansätzen für Aufwendungen und Auszahlungen und Verpflichtungsermächtigungen durch die Kämmerin oder den Kämmerer gesperrt werden. [2]§ 81 Absatz 4 der Gemeindeordnung bleibt unberührt.

(3) *weggefallen*

§ 26 *(weggefallen)*

§ 27 Stundung, Niederschlagung und Erlass

(1) [1]Ansprüche der Kommune dürfen ganz oder teilweise gestundet werden, wenn ihre Einziehung bei Fälligkeit eine erhebliche Härte für den Schuldner bedeuten würde und der Anspruch durch die Stundung nicht gefährdet erscheint. [2]Gestundete Beträge sind in der Regel angemessen zu verzinsen.

(2) Ansprüche der Kommune dürfen niedergeschlagen werden, wenn zu erwarten ist, dass die Einziehung keinen Erfolg haben wird, oder wenn die Kosten der Einziehung außer Verhältnis zur Höhe des Anspruchs stehen.

(3) [1]Ansprüche der Kommune dürfen ganz oder zum Teil erlassen werden, wenn ihre Einziehung nach Lage des einzelnen Falles für den Schuldner eine besondere Härte bedeuten würde. [2]Das Gleiche gilt für die Rückzahlung oder Anrechnung von geleisteten Beträgen.

(4) Ansprüche der Kommune, die diese als dauerhaft uneinbringlich einschätzt, sind auszubuchen und dürfen nicht im Inventar geführt werden.

Teil 4

Buchführung, Inventar, Zahlungsabwicklung

§ 28 Buchführung

(1) [1]Alle Geschäftsvorfälle sowie die Vermögens- und Schuldenlage sind nach dem System der doppelten Buchführung und unter Beachtung der Grundsätze ordnungsmäßiger Buchführung in den Büchern klar ersichtlich und nachprüfbar aufzuzeichnen. [2]Die Bücher müssen Auswertungen nach der Haushaltsgliederung, nach der sachlichen Ordnung sowie in zeitlicher Ordnung zulassen.

(2) [1]Die Eintragungen in die Bücher müssen vollständig, richtig, zeitgerecht und geordnet vorgenommen werden, so dass die Geschäftsvorfälle in ihrer Entstehung und Abwicklung nachvollziehbar sind. [2]Eine Eintragung oder eine Aufzeichnung in den Büchern darf nicht in einer Weise verändert werden, dass der ursprüngliche Inhalt nicht mehr feststellbar ist. [3]Auch solche Veränderungen dürfen nicht vorgenommen werden, deren Beschaffenheit es ungewiss lässt, ob sie ursprünglich oder erst später gemacht worden sind.

(3) [1]Den Buchungen sind Belege, durch die der Nachweis der richtigen und vollständigen Ermittlung der Ansprüche und Verpflichtungen zu erbringen ist, zu Grunde zu legen (begründende Unterlagen). [2]Die Buchungsbelege müssen Hinweise enthalten, die eine Verbindung zu den Eintragungen in den Büchern herstellen.

(4) [1]Aus den Buchungen der zahlungswirksamen Geschäftsvorfälle sind die Zahlungen für den Ausweis in der Finanzrechnung durch eine

von der Kommune bestimmte Buchungsmethode zu ermitteln. [2]Die Ermittlung darf nicht durch eine indirekte Rückrechnung aus dem in der Ergebnisrechnung ausgewiesenen Jahresergebnis erfolgen.

(5) Bei der Buchführung mit Hilfe automatisierter Datenverarbeitung (DV-Buchführung) muss unter Beachtung der Grundsätze zur ordnungsmäßigen Führung und Aufbewahrung von Büchern, Aufzeichnungen und Unterlagen in elektronischer Form sowie zum Datenzugriff (GoBD) sichergestellt werden, dass

1. fachlich geprüfte Programme und freigegebene Verfahren eingesetzt werden,
2. die Daten vollständig und richtig erfasst, eingegeben, verarbeitet und ausgegeben werden,
3. nachvollziehbar dokumentiert ist, wer, wann, welche Daten eingegeben oder verändert hat,
4. in das automatisierte Verfahren nicht unbefugt eingegriffen werden kann,
5. die gespeicherten Daten nicht verloren gehen und nicht unbefugt verändert werden können,
6. die gespeicherten Daten bis zum Ablauf der Aufbewahrungsfristen jederzeit in angemessener Frist lesbar und maschinell auswertbar sind,
7. Berichtigungen der Bücher protokolliert und die Protokolle wie Belege aufbewahrt werden,
8. elektronische Signaturen mindestens während der Dauer der Aufbewahrungsfristen nachprüfbar sind,
9. die Unterlagen, die für den Nachweis der richtigen und vollständigen Ermittlung der Ansprüche oder Zahlungsverpflichtungen sowie für die ordnungsgemäße Abwicklung der Buchführung und des Zahlungsverkehrs erforderlich sind, einschließlich eines Verzeichnisses über den Aufbau der Datensätze und die Dokumentation der eingesetzten Programme und Verfahren bis zum Ablauf der Aufbewahrungsfrist verfügbar bleiben, § 59 bleibt unberührt,
10. die Verwaltung von Informationssystemen und automatisierten Verfahren von der fachlichen Sachbearbeitung und der Erledigung von Aufgaben der Finanzbuchhaltung verantwortlich abgegrenzt wird.

(6) Für durchlaufende Finanzmittel sowie andere haushaltsfremde Vorgänge sind gesonderte Nachweise zu führen.

(7) [1]Der Buchführung ist der vom für Kommunales zuständigen Ministerium bekannt gegebene Kontenrahmen zu Grunde zu legen. [2]Der Kontenrahmen kann bei Bedarf ergänzt werden. [3]Die eingerichteten Konten sind in einem Verzeichnis (Kontenplan) aufzuführen.

§ 29 Inventar, Inventur

(1) Für die Aufstellung des Inventars und die Durchführung der Inventur gemäß § 91 Absatz 1 und 2 der Gemeindeordnung gilt:

1. Vermögensgegenstände des Sachanlagevermögens sowie Roh-, Hilfs- und Betriebsstoffe können, wenn sie regelmäßig ersetzt werden und ihr Gesamtwert für die Kommune von nachrangiger Bedeutung ist, mit einer gleichbleibenden Menge und einem gleichbleibenden Wert (Festwert) angesetzt werden, sofern ihr Bestand in seiner Größe, seinem Wert und seiner Zusammensetzung nur geringen Veränderungen unterliegt, jedoch ist in der Regel alle fünf Jahre eine körperliche Bestandsaufnahme durchzuführen;
2. wird für Aufwuchs ein pauschaliertes Festwertverfahren angewendet, ist eine Revision nach zehn Jahren und eine Neuberechnung des Forsteinrichtungswerks alle 20 Jahre durchzuführen und
3. gleichartige Vermögensgegenstände des Vorratsvermögens sowie andere gleichartige oder annähernd gleichwertige bewegliche Vermögensgegenstände und Schulden können jeweils zu einer Gruppe zusammengefasst und mit dem gewogenen Durchschnittswert angesetzt werden.

(2) Die Hauptverwaltungsbeamtin oder der Hauptverwaltungsbeamte regelt das Nähere über die Durchführung der Inventur.

(3) Das Verfahren und die Ergebnisse der Inventur sind so zu dokumentieren, dass diese für sachverständige Dritte in angemessener Zeit nachvollziehbar sind.

§ 30 Inventurvereinfachungsverfahren

(1) [1]Bei der Aufstellung des Inventars darf der Bestand der Vermögensgegenstände nach Art, Menge und Wert auch mit Hilfe anerkannter mathematisch-statistischer Methoden auf Grund von Stichproben ermittelt werden. [2]Das Verfahren muss den Grundsätzen ordnungsmäßiger Buchführung entsprechen. [3]Der Aussagewert des auf diese Weise aufgestellten Inventars muss dem Aussagewert eines auf Grund einer körperlichen Bestandsaufnahme aufgestellten Inventars gleichkommen.

(2) [1]Bei der Aufstellung des Inventars für den Schluss eines Haushaltsjahres bedarf es einer körperlichen Bestandsaufnahme der Vermögensgegenstände für diesen Zeitpunkt nicht, soweit durch Anwendung eines den Grundsätzen ordnungsmäßiger Buchführung entsprechenden anderen Verfahrens gesichert ist, dass der Bestand der Vermögensgegenstände nach Art, Menge und Wert auch ohne die körperliche Bestandsaufnahme für diesen Zeitpunkt festgestellt werden kann. [2]Bei Anwendung des Buchinventurverfahrens soll das Intervall für die körperliche Bestandsaufnahme bei körperlichen beweglichen Vermögensgegenständen des Anlagevermögens fünf Jahre und bei körperlichen unbeweglichen Vermögensgegenständen des Anlagevermögens zehn Jahre nicht überschreiten.

(3) In dem Inventar für den Schluss eines Haushaltsjahres brauchen Vermögensgegenstände nicht verzeichnet zu werden, wenn

1. die Kommune ihren Bestand auf Grund einer körperlichen Bestandsaufnahme oder auf Grund eines nach Absatz 2 zulässigen anderen Verfahrens nach Art, Menge und Wert in einem besonderen Inventar verzeichnet hat, das für einen Tag innerhalb der letzten drei Monate vor oder der ersten beiden Monate nach dem Schluss des Haushaltsjahres aufgestellt ist, und
2. auf Grund des besonderen Inventars durch Anwendung eines den Grundsätzen ordnungsmäßiger Buchführung entsprechenden Fortschreibungs- oder Rückrechnungsverfahrens gesichert ist, dass der am Schluss des Haushaltsjahres vorhandene Bestand der Vermögensgegenstände für diesen Zeitpunkt ordnungsgemäß bewertet werden kann.

(4) Die Hauptverwaltungsbeamtin oder der Hauptverwaltungsbeamte kann für bewegliche Gegenstände des Sachanlagevermögens, deren Anschaffungs- oder Herstellungskosten im Einzelnen wertmäßig den Betrag von 800 Euro ohne Umsatzsteuer nicht überschreiten, Befreiungen von § 91 Absatz 1 und 2 der Gemeindeordnung vorsehen.

(5) Sofern Vorratsbestände von Roh-, Hilfs- und Betriebsstoffen, Waren sowie unfertige und fertige Erzeugnisse bereits dem Lager entnommen sind, gelten sie als verbraucht und dürfen nicht erfasst und bewertet werden.

§ 31 Zahlungsabwicklung, Liquiditätsplanung

(1) [1]Zur Zahlungsabwicklung gehören die Annahme von Einzahlungen, die Leistung von Auszahlungen und die Verwaltung der Finanzmittel. [2]Jeder Zahlungsvorgang ist zu erfassen und zu dokumentieren, dabei sind die durchlaufenden und die fremden Finanzmittel nach § 15 Absatz 1 gesondert zu erfassen.

(2) [1]Jeder Zahlungsanspruch und jede Zahlungsverpflichtung sind auf ihren Grund und ihre Höhe zu prüfen und festzustellen (sachliche und rechnerische Feststellung). [2]Die Hauptverwaltungsbeamtin oder der Hauptverwaltungsbeamte regelt die Befugnis für die sachliche und rechnerische Feststellung.

(3) [1]Zahlungsabwicklung und Buchführung dürfen nicht von demselben Beschäftigten wahrgenommen werden. [2]Beschäftigten, denen die Buchführung oder die Abwicklung von Zahlungen obliegt, darf die Befugnis zur sachlichen und rechnerischen Feststellung nur übertragen werden, wenn und soweit der Sachverhalt nur von ihnen beurteilt werden kann. [3]Zahlungsaufträge sind von zwei Beschäftigten freizugeben.

(4) [1]Die Finanzmittelkonten sind am Schluss des Buchungstages oder vor Beginn des folgenden Buchungstages mit den Bankkonten abzugleichen. [2]Am Ende des Haushaltsjahres sind sie für die Aufstellung des Jahresabschlusses abzuschließen und der Bestand an Finanzmitteln ist festzustellen.

(5) [1]Die Zahlungsabwicklung ist mindestens einmal jährlich unvermutet zu prüfen. [2]Überwacht die örtliche Rechnungsprüfung dauernd die Zahlungsabwicklung, kann von der unvermuteten Prüfung abgesehen werden.

(6) Die Kommune hat ihre Zahlungsfähigkeit durch eine angemessene Liquiditätsplanung unter Einbeziehung der im Finanzplan ausgewiesenen Einzahlungen und Auszahlungen sicherzustellen.

§ 32 Sicherheitsstandards und interne Aufsicht

(1) [1]Um die ordnungsgemäße Erledigung der Aufgaben der Finanzbuchhaltung unter besonderer Berücksichtigung des Umgangs mit Zahlungsmitteln sowie die Verwahrung und Verwaltung von Wertgegenständen sicherzustellen, sind von der Hauptverwaltungsbeamtin oder dem Hauptverwaltungsbeamten nähere Vorschriften unter Berücksichtigung der örtlichen Gegebenheiten zu erlassen. [2]Die Vorschriften können ein Weisungsrecht oder einen Zustimmungsvorbehalt der Hauptverwaltungsbeamtin oder des Hauptverwaltungsbeamten vorsehen, müssen inhaltlich hinreichend bestimmt sein und bedürfen der Schriftform. [3]Sie sind dem Vertretungsorgan zur Kenntnis zu geben.

(2) Die örtlichen Vorschriften nach Absatz 1 müssen mindestens Bestimmungen in Ausführung des § 23 Absatz 1 und der §§ 28, 31 und 59 sowie über

1. die Aufbau- und Ablauforganisation der Finanzbuchhaltung (Geschäftsablauf) mit Festlegungen über
   - 1.1 sachbezogene Verantwortlichkeiten,
   - 1.2 schriftliche Unterschriftsbefugnisse oder elektronische Signaturen mit Angabe von Form und Umfang,
   - 1.3 zentrale oder dezentrale Erledigung der Zahlungsabwicklung mit Festlegung eines Verantwortlichen für die Sicherstellung der Zahlungsfähigkeit,
   - 1.4 Buchungsverfahren mit und ohne Zahlungsabwicklung sowie die Identifikation von Buchungen,
   - 1.5 die tägliche Abstimmung der Konten mit Ermittlung der Liquidität,
   - 1.6 die Jahresabstimmung der Konten für den Jahresabschluss,
   - 1.7 die Behandlung von Kleinbeträgen,
   - 1.8 Stundung, Niederschlagung und Erlass von Ansprüchen der Kommune,
   - 1.9 Mahn- und Vollstreckungsverfahren mit Festlegung einer zentralen Stelle sowie gegebenenfalls weiterer Stellen mit deren abweichend davon festgelegten Einzelzuständigkeiten,
2. den Einsatz von automatisierter Datenverarbeitung in der Finanzbuchhaltung mit Festlegungen über

2.1 die Freigabe von Verfahren,
2.2 Berechtigungen im Verfahren,
2.3 Dokumentation der eingegebenen Daten und ihrer Veränderungen,
2.4 Identifikationen innerhalb der sachlichen und zeitlichen Buchung,
2.5 Nachprüfbarkeit von elektronischen Signaturen,
2.6 Sicherung und Kontrolle der Verfahren,
2.7 die Abgrenzung der Verwaltung von Informationssystemen und automatisierten Verfahren von der fachlichen Sachbearbeitung und der Erledigung der Aufgaben der Finanzbuchhaltung,

3. die Verwaltung der Zahlungsmittel mit Festlegungen über
   3.1 Einrichtung von Bankkonten,
   3.2 Unterschriften von zwei Beschäftigten im Bankverkehr,
   3.3 Aufbewahrung, Beförderung und Entgegennahme von Zahlungsmitteln durch Beschäftigte und Automaten,
   3.4 Einsatz von Geldkarte, Debitkarte oder Kreditkarte sowie Schecks,
   3.5 Anlage nicht benötigter Zahlungsmittel,
   3.6 Aufnahme und Rückzahlung von Krediten zur Liquiditätssicherung,
   3.7 die durchlaufende Zahlungsabwicklung und fremde Finanzmittel,
   3.8 die Bereitstellung von Liquidität im Rahmen eines Liquiditätsverbundes, wenn ein solcher eingerichtet ist,
4. die Sicherheit und Überwachung der Finanzbuchhaltung mit Festlegungen über
   4.1 ein Verbot bestimmter Tätigkeiten in Personalunion,
   4.2 die Sicherheitseinrichtungen,
   4.3 die Aufsicht und Kontrolle über Buchführung und Zahlungsabwicklung,
   4.4 regelmäßige und unvermutete Prüfungen,
   4.5 die Beteiligung der örtlichen Rechnungsprüfung und der Kämmerin oder des Kämmerers,
5. die sichere Verwahrung und die Verwaltung von Wertgegenständen sowie von Unterlagen nach § 59

enthalten.

(3) Beschäftigte, denen die Abwicklung von Zahlungen obliegt, können mit der Stundung, Niederschlagung und dem Erlass von kommuna-

len Ansprüchen beauftragt werden, wenn dies der Verwaltungsvereinfachung dient und eine ordnungsgemäße Erledigung gewährleistet ist.

(4) [1]Die Hauptverwaltungsbeamtin oder der Hauptverwaltungsbeamte hat die Aufsicht über die Finanzbuchhaltung. [2]Sie oder er kann die Aufsicht einer Beigeordneten oder einem Beigeordneten oder einer oder einem sonstigen Beschäftigten übertragen, der oder dem nicht die Abwicklung von Zahlungen obliegt. [3]Ist eine Kämmerin oder ein Kämmerer bestellt, so hat sie oder er die Aufsicht über die Finanzbuchhaltung, sofern sie oder er nicht nach § 93 Absatz 2 der Gemeindeordnung als Verantwortliche oder als Verantwortlicher für die Finanzbuchhaltung bestellt ist.

Teil 5

Vermögen und Schulden

§ 33 Allgemeine Bewertungsanforderungen

(1) [1]Die Bewertung des im Jahresabschluss auszuweisenden Vermögens und der Schulden ist unter Beachtung der Grundsätze ordnungsmäßiger Buchführung vorzunehmen. [2]Dabei gilt insbesondere:

1. Die Wertansätze der Eröffnungsbilanz des Haushaltsjahres müssen mit denen der Schlussbilanz des vorhergehenden Haushaltsjahres übereinstimmen.
2. Die Vermögensgegenstände und die Schulden sind zum Abschlussstichtag einzeln zu bewerten.
3. Es ist wirklichkeitsgetreu zu bewerten, namentlich sind alle vorhersehbaren Risiken und Verluste, die bis zum Abschlussstichtag entstanden sind, zu berücksichtigen, selbst wenn diese erst zwischen dem Abschlussstichtag und dem Tag der Aufstellung des Jahresabschlusses bekannt geworden sind; Risiken und Verluste, für deren Verwirklichung im Hinblick auf die besonderen Verhältnisse der öffentlichen Haushaltswirtschaft nur eine geringe Wahrscheinlichkeit spricht, bleiben außer Betracht. Gewinne sind nur zu berücksichtigen, wenn sie am Abschlussstichtag realisiert sind.
4. Im Haushaltsjahr entstandene Aufwendungen und erzielte Erträge sind unabhängig von den Zeitpunkten der entsprechenden Zahlungen im Jahresabschluss zu berücksichtigen.
5. Die auf den vorhergehenden Jahresabschluss angewandten Bewertungsmethoden sollen beibehalten werden

(2) Von den Grundsätzen des Absatzes 1 darf nur in begründeten Ausnahmefällen abgewichen werden.

§ 33a Aufwendungen für die Erhaltung der gemeindlichen Leistungsfähigkeit

(1) [1]In den Jahresabschlüssen 2020 bis 2023 sind Aufwendungen zur Erhaltung der gemeindlichen Leistungsfähigkeit, soweit sie nicht bilan-

zierungsfähig sind, als Bilanzierungshilfe zu aktivieren. [2]Der Posten ist in der Bilanz unter der Bezeichnung „Aufwendungen zur Erhaltung der gemeindlichen Leistungsfähigkeit“ vor dem Anlagevermögen auszuweisen und im Anhang zu erläutern.

(2) Die Bewertung der nach Absatz 1 zu aktivierenden Bilanzierungshilfen erfolgt nach § 5 des NKF-COVID-19-Ukraine-Isolierungsgesetzes vom 29. September 2020 (GV. NRW. S. 916), das zuletzt durch Artikel 2 des Gesetzes vom 9. Dezember 2022 (GV. NRW. S. 1063) geändert worden ist.

(3) Die weitere bilanzielle Behandlung der in den Jahresabschlüssen der Haushaltsjahre 2020 bis 2023 aktivierten Bilanzierungshilfen in den Haushaltsjahren nach 2022 richtet sich nach § 6 des NKF-COVID-19-Ukraine-Isolierungsgesetzes.

§ 34 Wertansätze für Vermögensgegenstände

(1) [1]Ein Vermögensgegenstand ist in die Bilanz aufzunehmen, wenn die Kommune das wirtschaftliche Eigentum daran inne hat und dieser selbstständig verwertbar ist. [2]Als Anlagevermögen sind nur die Gegenstände auszuweisen, die dazu bestimmt sind, dauernd der Aufgabenerfüllung der Kommune zu dienen.

(2) [1]Anschaffungskosten sind die Aufwendungen, die geleistet werden, um einen Vermögensgegenstand zu erwerben und ihn in einen betriebsbereiten Zustand zu versetzen, soweit sie dem Vermögensgegenstand einzeln zugeordnet werden können. [2]Zu den Anschaffungskosten gehören auch die Nebenkosten sowie die nachträglichen Anschaffungskosten. [3]Minderungen des Anschaffungspreises sind abzusetzen.

(3) [1]Herstellungskosten sind die Aufwendungen, die durch den Verbrauch von Gütern und die Inanspruchnahme von Diensten für die Herstellung eines Vermögensgegenstands, seine Erweiterung oder für eine über seinen ursprünglichen Zustand hinausgehende wesentliche Verbesserung entstehen. [2]Dazu gehören die Materialkosten, die Fertigungskosten und die Sonderkosten der Fertigung. [3]Bei der Berechnung der Herstellungskosten dürfen auch angemessene Teile der notwendigen Materialgemeinkosten, der notwendigen Fertigungsgemeinkosten und des Wertverzehrs des Anlagevermögens, soweit er durch die Fertigung veranlasst ist, eingerechnet werden. [4]Kosten der allgemeinen Verwaltung sowie Aufwendungen für soziale Einrichtungen der Verwaltung, für freiwillige soziale Leistungen und für betriebliche Altersversorgung brauchen nicht eingerechnet zu werden. [5]Aufwendungen im Sinne der Sätze 3 und 4 dürfen nur insoweit berücksichtigt werden, als sie auf den Zeitraum der Herstellung entfallen.

(4) [1]Zinsen für Fremdkapital gehören nicht zu den Herstellungskosten. [2]Zinsen für Fremdkapital, welches zur Finanzierung der Herstellung eines Vermögensgegenstands verwendet wird, dürfen als Herstellungs-

kosten angesetzt werden, soweit sie auf den Zeitraum der Herstellung entfallen.

(5) [1]Forderungen sind mit dem Nominalbetrag anzusetzen. [2]Soweit ein Ausfallrisiko besteht, ist der Nominalbetrag entweder durch Einzel- oder durch Pauschalwert- oder durch pauschale Einzelwertberichtigung zu vermindern.

§ 35 Bewertungsvereinfachungsverfahren

[1]Soweit es den Grundsätzen ordnungsmäßiger Buchführung entspricht, kann für den Wertansatz gleichartiger Vermögensgegenstände des Vorratsvermögens unterstellt werden, dass die zuerst oder die zuletzt angeschafften oder hergestellten Vermögensgegenstände zuerst verbraucht oder veräußert worden sind. [2]§ 29 Absatz 1 Nummer 1 und 3 sind auch auf den Jahresabschluss anwendbar.

§ 35a Bildung von Bewertungseinheiten

[1]Werden Kredite gemäß § 86 Absatz 1 Satz 4 der Gemeindeordnung aufgenommen, kann § 254 des Handelsgesetzbuchs angewandt werden. [2]Sofern hiervon Gebrauch gemacht wird, sind § 88 Absatz 1 der Gemeindeordnung, § 33 Absatz 1 Nummer 2 und 3, § 36 Absatz 1 dieser Verordnung und § 256a des Handelsgesetzbuchs in dem Umfang und für den Zeitraum nicht anzuwenden, in dem die gegenläufigen Wertänderungen oder Zahlungsströme sich ausgleichen.

§ 36 Abschreibungen und Zuschreibungen

(1) [1]Bei Vermögensgegenständen des Anlagevermögens, deren Nutzung zeitlich begrenzt ist, sind die Anschaffungs- oder Herstellungskosten um planmäßige Abschreibungen zu vermindern. [2]Die Anschaffungs- oder Herstellungskosten sollen dazu linear auf die Haushaltsjahre verteilt werden, in denen der Vermögensgegenstand voraussichtlich genutzt wird. [3]Die degressive Abschreibung oder die Leistungsabschreibung können dann angewandt werden, wenn dies dem tatsächlichen Ressourcenverbrauch besser entspricht.

(2) [1]Bei Gebäuden dürfen für das Bauwerk und für die mit ihm verbundenen Gebäudeteile (Komponenten) Dach und Fenster unterschiedliche Nutzungsdauern bestimmt werden (Komponentenansatz). [2]Darüber hinaus dürfen weitere Komponenten gebildet werden, soweit es sich um mit dem Gebäude verbundene physische Gebäudebestandteile handelt und deren Wert im Einzelnen mindestens 5 Prozent des Neubauwertes beträgt. [3]Bei Straßen, Wegen und Plätzen in bituminöser Bauweise mit Unterbau dürfen für die Komponenten Deckschicht und Unterbau unterschiedliche Nutzungsdauern bestimmt werden. [4]Für alle anderen Vermögensgegenstände ist die Anwendung des Komponentenansatzes ausgeschlossen.

(3) [1]Vermögensgegenstände des Anlagevermögens, deren Anschaffungs- oder Herstellungskosten wertmäßig den Betrag von 800 Euro ohne Umsatzsteuer nicht übersteigen, die selbstständig genutzt werden können und einer Abnutzung unterliegen, können unmittelbar als Aufwand verbucht werden. [2]In diesem Fall wird die Auszahlung der laufenden Verwaltungstätigkeit zugeordnet.

(4) [1]Für die Bestimmung der wirtschaftlichen Nutzungsdauer von abnutzbaren Vermögensgegenständen ist die vom für Kommunales zuständigen Ministerium bekannt gegebene Abschreibungstabelle für Kommunen zu Grunde zu legen. [2]Innerhalb des dort vorgegebenen Rahmens ist unter Berücksichtigung der tatsächlichen örtlichen Verhältnisse die Bestimmung der jeweiligen Nutzungsdauer so vorzunehmen, dass eine Stetigkeit für zukünftige Festlegungen von Abschreibungen gewährleistet wird. [3]Eine Übersicht über die örtlich festgelegten Nutzungsdauern der Vermögensgegenstände (Abschreibungstabelle) sowie ihre nachträglichen Änderungen sind der Aufsichtsbehörde auf Anforderung vorzulegen.

(5) [1]Wird, soweit nicht von der Möglichkeit des Absatzes 2 Gebrauch gemacht wird, durch Erhaltung oder Instandsetzung eines Vermögensgegenstandes des Anlagevermögens oder einer Komponente desselben, die im Sinne des Absatzes 2 als erheblich einzustufen wäre, eine Verlängerung seiner wirtschaftlichen Nutzungsdauer erreicht, ist er neu zu bewerten und die Restnutzungsdauer neu zu bestimmen. [2]Entsprechend ist zu verfahren, wenn in Folge einer voraussichtlich dauernden Wertminderung eine Verkürzung eintritt.

(6) [1]Außerplanmäßige Abschreibungen sind bei einer voraussichtlich dauernden Wertminderung eines Vermögensgegenstandes des Anlagevermögens vorzunehmen, um diesen mit dem niedrigeren Wert anzusetzen, der diesem am Abschlussstichtag beizulegen ist. [2]Bei Finanzanlagen können außerplanmäßige Abschreibungen auch bei einer voraussichtlich nicht dauernden Wertminderung vorgenommen werden. [3]Außerplanmäßige Abschreibungen sind im Anhang zu erläutern.

(7) [1]Bei einer voraussichtlich dauernden Wertminderung von Grund und Boden durch die Anschaffung oder Herstellung von Infrastrukturvermögen können außerplanmäßige Abschreibungen bis zur Inbetriebnahme der Vermögensgegenstände linear auf den Zeitraum verteilt werden, in dem die Vermögensgegenstände angeschafft oder hergestellt werden. [2]Absatz 6 Satz 3 gilt entsprechend.

(8) Bei Vermögensgegenständen des Umlaufvermögens sind Abschreibungen vorzunehmen, um diese mit einem niedrigeren Wert anzusetzen, der sich aus einem beizulegenden Wert am Abschlussstichtag ergibt.

(9) [1]Stellt sich in einem späteren Haushaltsjahr heraus, dass die Gründe für eine Wertminderung eines Vermögensgegenstandes des Anla-

gevermögens nicht mehr bestehen, so ist der Betrag der Abschreibung im Umfang der Werterhöhung unter Berücksichtigung der Abschreibungen, die inzwischen vorzunehmen gewesen wären, zuzuschreiben. [2]Zuschreibungen sind im Anhang zu erläutern.

§ 37 Wertansätze für Rückstellungen

(1) [1]Pensionsverpflichtungen nach den beamtenrechtlichen Vorschriften sind als Rückstellung anzusetzen. [2]Zu den Rückstellungen nach Satz 1 gehören bestehende Versorgungsansprüche sowie sämtliche Anwartschaften und andere fortgeltende Ansprüche nach dem Ausscheiden aus dem Dienst. [3]Für die Rückstellungen ist im Teilwertverfahren der Barwert zu ermitteln. [4]Der Berechnung ist ein Rechnungszinsfuß von 5 Prozent zu Grunde zu legen. [5]Der Barwert für Ansprüche auf Beihilfen nach § 75 des Gesetz über die Beamtinnen und Beamten des Landes Nordrhein-Westfalen sowie andere Ansprüche außerhalb des Beamtenversorgungsgesetz für das Land Nordrhein-Westfalen kann als prozentualer Anteil der Rückstellungen für Versorgungsbezüge nach Satz 1 ermittelt werden. [6]Der Prozentsatz nach Satz 5 ist aus dem Verhältnis des Volumens der gezahlten Leistungen nach Satz 5 zu dem Volumen der gezahlten Versorgungsbezüge zu ermitteln. [7]Er bemisst sich nach dem Durchschnitt dieser Leistungen in den drei dem Jahresabschluss vorangehenden Haushaltsjahren. [8]Die Ermittlung des Prozentsatzes ist mindestens alle fünf Jahre vorzunehmen. [9]Abweichend kann der Barwert für die gesamten zukünftigen Ansprüche nach Satz 5 auf Grundlage des Durchschnitts dieser Leistungen im vorgenannten Zeitraum ermittelt werden.

(2) Soweit auf Grund einer allgemeinen Besoldungsanpassung Zuführungen zu den Rückstellungen nach Absatz 1 erforderlich sind, können diese Beträge ratierlich über die drei auf das Jahr der Anpassung folgenden Haushaltsjahre in der Ergebnisplanung beziehungsweise der Ergebnisrechnung verteilt werden.

(3) [1]Für die Rekultivierung und Nachsorge von Deponien sind Rückstellungen in Höhe der zu erwartenden Gesamtkosten zum Zeitpunkt der Rekultivierungs- und Nachsorgemaßnahmen anzusetzen. [2]Das gilt entsprechend für die Sanierung von Altlasten.

(4) [1]Für unterlassene Instandhaltung von Sachanlagen sind Rückstellungen anzusetzen, wenn die Nachholung der Instandhaltung hinreichend konkret beabsichtigt ist und als bisher unterlassen bewertet werden muss. [2]Die vorgesehenen Maßnahmen müssen am Abschlussstichtag einzeln bestimmt und wertmäßig beziffert sein.

(5) [1]Für Verpflichtungen, die dem Grunde oder der Höhe nach zum Abschlussstichtag noch nicht genau bekannt sind, müssen Rückstellungen angesetzt werden, sofern der zu leistende Betrag nicht geringfügig ist. [2]Es muss wahrscheinlich sein, dass eine Verbindlichkeit zukünftig

entsteht, die wirtschaftliche Ursache vor dem Abschlussstichtag liegt und die zukünftige Inanspruchnahme voraussichtlich erfolgen wird. [3]Ferner können Rückstellungen gebildet werden für unbestimmte Aufwendungen in künftigen Haushaltsjahren für die erhöhte Heranziehung zu Umlagen nach § 56 Kreisordnung für das Land Nordrhein-Westfalen, § 22 Landschaftsverbandsordnung für das Land Nordrhein-Westfalen, § 2 Städteregion Aachen Gesetz, § 19 des Gesetzes über den Regionalverband Ruhr aufgrund von ungewöhnlich hohen Steuereinzahlungen des Haushaltsjahres, die in die Berechnungen der Umlagegrundlage nach dem jeweils geltenden Gesetz zur Regelung der Zuweisungen des Landes Nordrhein-Westfalen an die Gemeinden und Gemeindeverbände einbezogen werden.

(6) Für drohende Verluste aus schwebenden Geschäften und aus laufenden Verfahren müssen Rückstellungen angesetzt werden, sofern der voraussichtliche Verlust nicht geringfügig sein wird.

(7) [1]Sonstige Rückstellungen dürfen nur gebildet werden, soweit diese durch Gesetz oder Verordnung zugelassen sind. [2]Rückstellungen sind aufzulösen, wenn der Grund hierfür entfallen ist.

Teil 6
Jahresabschluss

§ 38 Jahresabschluss

(1) [1]Die Kommune hat zum Schluss eines jeden Haushaltsjahres einen Jahresabschluss unter Beachtung der Grundsätze ordnungsmäßiger Buchführung und der in dieser Verordnung enthaltenen Maßgaben aufzustellen. [2]Der Jahresabschluss besteht aus

1. der Ergebnisrechnung,
2. der Finanzrechnung,
3. den Teilrechnungen,
4. der Bilanz und
5. dem Anhang.

(2) [1]Dem Jahresabschluss ist ein Lagebericht nach § 49 beizufügen. [2]Sofern eine Kommune von der größenabhängigen Befreiung im Zusammenhang mit der Erstellung des Gesamtabschlusses und des Gesamtlageberichtes Gebrauch macht, sind in den Anhang des kommunalen Jahresabschlusses Angaben zu Erträgen und Aufwendungen mit den einzubeziehenden vollkonsolidierungspflichtigen verselbstständigten Aufgabenbereichen aufzunehmen.

§ 39 Ergebnisrechnung

(1) [1]In der Ergebnisrechnung sind die dem Haushaltsjahr zuzurechnenden Erträge und Aufwendungen getrennt voneinander nachzuweisen.

[2]Dabei dürfen Aufwendungen nicht mit Erträgen verrechnet werden, soweit durch Gesetz oder Verordnung nichts anderes zugelassen ist. [3]Für die Aufstellung der Ergebnisrechnung gilt § 2 entsprechend.

(2) Den in der Ergebnisrechnung nachzuweisenden Ist-Ergebnissen sind die Ergebnisse der Rechnung des Vorjahres und die fortgeschriebenen Planansätze des Haushaltsjahres voranzustellen sowie ein Plan-/Ist-Vergleich anzufügen, der die nach § 22 Absatz 1 übertragenen Ermächtigungen gesondert auszuweisen hat.

(3) Erträge und Aufwendungen, die unmittelbar mit der allgemeinen Rücklage verrechnet werden, sind nachrichtlich nach dem Jahresergebnis auszuweisen.

§ 40 Finanzrechnung

[1]In der Finanzrechnung sind die im Haushaltsjahr eingegangenen Einzahlungen und geleisteten Auszahlungen getrennt voneinander nachzuweisen. [2]Dabei dürfen Auszahlungen nicht mit Einzahlungen verrechnet werden, soweit durch Gesetz oder Verordnung nicht anderes zugelassen ist. [3]Für die Aufstellung der Finanzrechnung finden § 3 und § 39 Absatz 2 entsprechende Anwendung. [4]In dieser Aufstellung sind die Zahlungen aus der Aufnahme und der Tilgung von Krediten zur Liquiditätssicherung gesondert auszuweisen. [5]Fremde Finanzmittel nach § 15 Absatz 1 sind darin in Höhe der Änderung ihres Bestandes gesondert vor den gesamten liquiden Mitteln auszuweisen.

§ 41 Teilrechnungen

(1) [1]Entsprechend den gemäß § 4 aufgestellten Teilplänen sind Teilrechnungen, gegliedert in Teilergebnisrechnung und Teilfinanzrechnung, aufzustellen. [2]§ 39 Absatz 2 findet entsprechende Anwendung.

(2) Die Teilrechnungen sind jeweils um Ist-Zahlen zu den in den Teilplänen ausgewiesenen Leistungsmengen und Kennzahlen zu ergänzen.

§ 42 Bilanz

(1) Die Bilanz hat sämtliche Vermögensgegenstände als Anlage- oder Umlaufvermögen, das Eigenkapital und die Schulden sowie die Rechnungsabgrenzungsposten zu enthalten und ist entsprechend den Absätzen 3 und 4 zu gliedern, soweit in der Gemeindeordnung oder in dieser Verordnung nichts anderes bestimmt ist.

(2) In der Bilanz dürfen Posten auf der Aktivseite nicht mit Posten auf der Passivseite sowie Grundstücksrechte nicht mit Grundstückslasten verrechnet werden.

(3) Die Aktivseite der Bilanz ist mindestens in die Posten

0. Aufwendungen zur Erhaltung der gemeindlichen Leistungsfähigkeit,

1. Anlagevermögen,
   1.1 Immaterielle Vermögensgegenstände,
   1.2 Sachanlagen,
      1.2.1 Unbebaute Grundstücke und grundstücksgleiche Rechte,
         1.2.1.1 Grünflächen,
         1.2.1.2 Ackerland,
         1.2.1.3 Wald, Forsten,
         1.2.1.4 Sonstige unbebaute Grundstücke,
      1.2.2 Bebaute Grundstücke und grundstücksgleiche Rechte,
         1.2.2.1 Kinder- und Jugendeinrichtungen,
         1.2.2.2 Schulen,
         1.2.2.3 Wohnbauten,
         1.2.2.4 Sonstige Dienst-, Geschäfts- und Betriebsgebäude,
      1.2.3 Infrastrukturvermögen,
         1.2.3.1 Grund und Boden des Infrastrukturvermögens,
         1.2.3.2 Brücken und Tunnel,
         1.2.3.3 Gleisanlagen mit Streckenausrüstung und Sicherheitsanlagen,
         1.2.3.4 Entwässerungs- und Abwasserbeseitigungsanlagen,
         1.2.3.5 Straßennetz mit Wegen, Plätzen und Verkehrslenkungsanlagen,
         1.2.3.6 Sonstige Bauten des Infrastrukturvermögens,
      1.2.4 Bauten auf fremdem Grund und Boden,
      1.2.5 Kunstgegenstände, Kulturdenkmäler,
      1.2.6 Maschinen und technische Anlagen, Fahrzeuge,
      1.2.7 Betriebs- und Geschäftsausstattung,
      1.2.8 Geleistete Anzahlungen, Anlagen im Bau,
   1.3 Finanzanlagen,
      1.3.1 Anteile an verbundenen Unternehmen,
      1.3.2 Beteiligungen,
      1.3.3 Sondervermögen,
      1.3.4 Wertpapiere des Anlagevermögens,
      1.3.5 Ausleihungen,
         1.3.5.1 an verbundene Unternehmen,
         1.3.5.2 an Beteiligungen,

1.3.5.3 an Sondervermögen,
1.3.5.4 Sonstige Ausleihungen,

2. Umlaufvermögen,
   2.1 Vorräte,
      2.1.1 Roh-, Hilfs- und Betriebsstoffe, Waren,
      2.1.2 Geleistete Anzahlungen,
   2.2 Forderungen und sonstige Vermögensgegenstände,
      2.2.1 Öffentlich-rechtliche Forderungen und Forderungen aus Transferleistungen,
      2.2.2 Privatrechtliche Forderungen,
      2.2.3 Sonstige Vermögensgegenstände,
   2.3 Wertpapiere des Umlaufvermögens,
   2.4 Liquide Mittel,
3. Aktive Rechnungsabgrenzung,
zu gliedern und nach Maßgabe des § 44 Absatz 7 um den Posten
4. Nicht durch Eigenkapital gedeckter Fehlbetrag
zu ergänzen.

(4) Die Passivseite der Bilanz ist mindestens in die Posten

1. Eigenkapital,
   1.1 Allgemeine Rücklage,
   1.2 Sonderrücklagen,
   1.3 Ausgleichsrücklage,
   1.4 Jahresüberschuss/Jahresfehlbetrag,
2. Sonderposten,
   2.1 für Zuwendungen,
   2.2 für Beiträge,
   2.3 für den Gebührenausgleich,
   2.4 Sonstige Sonderposten,
3. Rückstellungen,
   3.1 Pensionsrückstellungen,
   3.2 Rückstellungen für Deponien und Altlasten,
   3.3 Instandhaltungsrückstellungen,
   3.4 Sonstige Rückstellungen nach § 37 Absatz 5 und 6,
4. Verbindlichkeiten,
   4.1 Anleihen,
      4.1.1 für Investitionen,
      4.1.2 zur Liquiditätssicherung,
   4.2 Verbindlichkeiten aus Krediten für Investitionen,

4.2.1 von verbundenen Unternehmen,
4.2.2 von Beteiligungen,
4.2.3 von Sondervermögen,
4.2.4 vom öffentlichen Bereich,
4.2.5 von Kreditinstituten,
4.3 Verbindlichkeiten aus Krediten zur Liquiditätssicherung,
4.4 Verbindlichkeiten aus Vorgängen, die Kreditaufnahmen wirtschaftlich gleichkommen,
4.5 Verbindlichkeiten aus Lieferungen und Leistungen,
4.6 Verbindlichkeiten aus Transferleistungen,
4.7 Sonstige Verbindlichkeiten,
4.8 Erhaltene Anzahlungen,
5. Passive Rechnungsabgrenzung

zu gliedern.

(5) [1]In der Bilanz ist zu jedem Posten nach den Absätzen 3 und 4 der Betrag des Vorjahres anzugeben. [2]Sind die Beträge nicht vergleichbar, ist dies im Anhang zu erläutern. [3]Ein Posten der Bilanz, der keinen Betrag ausweist, kann entfallen, es sei denn, dass im vorhergehenden Haushaltsjahr unter diesem Posten ein Betrag ausgewiesen wurde.

(6) [1]Neue Posten dürfen hinzugefügt werden, wenn ihr Inhalt nicht von einem vorgeschriebenen Posten der Absätze 3 und 4 erfasst wird. [2]Dies gilt nicht für Wertberichtigungen zu Forderungen. [3]Werden Posten hinzugefügt, ist dies im Anhang anzugeben.

(7) [1]Die vorgeschriebenen Posten der Bilanz dürfen zusammengefasst werden, wenn sie einen Betrag enthalten, der für die Vermittlung eines den tatsächlichen Verhältnissen entsprechenden Bildes der Vermögens- und Schuldenlage der Kommune nicht erheblich ist oder dadurch die Klarheit der Darstellung vergrößert wird. [2]Die Zusammenfassung von Posten der Bilanz ist im Anhang anzugeben. [3]Dies gilt auch für die Mitzugehörigkeit zu anderen Posten, wenn Vermögensgegenstände oder Schulden unter mehrere Posten der Bilanz fallen.

(8) Die Zuordnung von Wertansätzen für Vermögensgegenstände und Schulden zu den Posten der Bilanz ist auf der Grundlage des vom für Kommunales zuständigen Ministerium bekannt gegebenen Kontierungsplans vorzunehmen.

§ 43 Rechnungsabgrenzungsposten

(1) [1]Als aktive Rechnungsabgrenzungsposten sind vor dem Abschlussstichtag geleistete Ausgaben, soweit sie Aufwand für eine bestimmte Zeit nach diesem Tag darstellen, anzusetzen. [2]Satz 1 gilt entsprechend, wenn Sachzuwendungen geleistet werden.

(2) [1]Ist der Rückzahlungsbetrag einer Verbindlichkeit höher als der Auszahlungsbetrag, so darf der Unterschiedsbetrag in den aktiven Rech-

nungsabgrenzungsposten aufgenommen werden. [2]Der Unterschiedsbetrag ist durch planmäßige jährliche Abschreibungen aufzulösen, die auf die gesamte Laufzeit der Verbindlichkeit verteilt werden können.

(3) [1]Als passive Rechnungsabgrenzungsposten sind vor dem Abschlussstichtag eingegangene Einnahmen, soweit sie einen Ertrag für eine bestimmte Zeit nach diesem Tag darstellen, anzusetzen. [2]Satz 1 gilt entsprechend, wenn erhaltene Zuwendungen für Investitionen an Dritte weitergeleitet werden.

§ 44 Weitere Vorschriften zu einzelnen Bilanzposten

(1) Immaterielle Vermögensgegenstände des Anlagevermögens, die nicht entgeltlich erworben oder selbst hergestellt wurden, dürfen nicht aktiviert werden.

(2) [1]Bei geleisteten Zuwendungen für Vermögensgegenstände, an denen die Kommune das wirtschaftliche Eigentum hat, sind die Vermögensgegenstände zu aktivieren. [2]Ist kein Vermögensgegenstand zu aktivieren, jedoch die geleistete Zuwendung mit einer mehrjährigen, zeitbezogenen Gegenleistungsverpflichtung verbunden, ist diese als Rechnungsabgrenzungsposten zu aktivieren und entsprechend der Erfüllung der Gegenleistungsverpflichtung aufzulösen. [3]Besteht eine mengenbezogene Gegenleistungsverpflichtung, ist diese als immaterieller Vermögensgegenstand des Anlagevermögens zu bilanzieren. [4]Ein Rechnungsabgrenzungsposten ist auch bei einer Sachzuwendung zu bilden.

(3) [1]Erträge und Aufwendungen aus dem Abgang und der Veräußerung von Vermögensgegenständen nach § 90 Absatz 3 Satz 1 der Gemeindeordnung sowie aus Wertveränderungen von Finanzanlagen sind unmittelbar mit der allgemeinen Rücklage zu verrechnen. [2]Die Verrechnungen sind im Anhang zu erläutern.

(4) [1]Erhaltene Zuwendungen für die Anschaffung oder Herstellung von Vermögensgegenständen, deren ertragswirksame Auflösung durch den Zuwendungsgeber ausgeschlossen wurde, sind in Höhe des noch nicht aktivierten Anteils der Vermögensgegenstände in einer Sonderrücklage zu passivieren. [2]Diese Sonderrücklage kann auch gebildet werden, um die vom Vertretungsorgan beschlossene Anschaffung oder Herstellung von Vermögensgegenständen zu sichern. [3]In dem Jahr, in dem die vorgesehenen Vermögensgegenstände betriebsbereit sind, ist die Sonderrücklage durch Umschichtung in die allgemeine Rücklage insoweit aufzulösen. [4]Sonstige Sonderrücklagen dürfen nur gebildet werden, soweit diese durch Gesetz oder Verordnung zugelassen sind.

(5) [1]Für erhaltene und zweckentsprechend verwendete Zuwendungen und Beiträge für Investitionen sind Sonderposten auf der Passivseite zwischen dem Eigenkapital und den Rückstellungen anzusetzen. [2]Die Auflösung der Sonderposten ist entsprechend der Abnutzung des geförderten Vermögensgegenstandes vorzunehmen. [3]Werden erhaltene Zu-

wendungen für Investitionen an Dritte weitergeleitet, darf ein Sonderposten nur gebildet werden, wenn die Kommune die geförderten Vermögensgegenstände nach Absatz 2 Satz 1 zu aktivieren hat.

(6) [1]Kostenüberdeckungen der kostenrechnenden Einrichtungen am Ende eines Kalkulationszeitraumes, die nach § 6 des Kommunalabgabengesetzes für das Land Nordrhein-Westfalen ausgeglichen werden müssen, sind als Sonderposten für den Gebührenausgleich anzusetzen. [2]Kostenunterdeckungen, die ausgeglichen werden sollen, sind im Anhang anzugeben.

(7) Ergibt sich in der Bilanz ein Überschuss der Passivposten über die Aktivposten, ist der entsprechende Betrag auf der Aktivseite der Bilanz unter der Bezeichnung „Nicht durch Eigenkapital gedeckter Fehlbetrag“ gesondert auszuweisen.

§ 45 Anhang

(1) [1]Im Anhang sind zu den Posten der Bilanz die verwendeten Bilanzierungs- und Bewertungsmethoden anzugeben. [2]Die Positionen der Ergebnisrechnung und die in der Finanzrechnung nachzuweisenden Einzahlungen und Auszahlungen aus der Investitionstätigkeit und der Finanzierungstätigkeit sind zu erläutern. [3]Die Anwendung von Vereinfachungsregelungen und Schätzungen ist zu beschreiben. [4]Die Erläuterungen sind so zu fassen, dass sachverständige Dritte die Sachverhalte beurteilen können.

(2) [1]Gesondert anzugeben und zu erläutern sind:

1. Besondere Umstände, die dazu führen, dass der Jahresabschluss nicht ein den tatsächlichen Verhältnissen entsprechendes Bild der Vermögens-, Schulden-, Ertrags- und Finanzlage der Kommune vermittelt,
2. die Verringerung der allgemeinen Rücklage und ihre Auswirkungen auf die weitere Entwicklung des Eigenkapitals innerhalb der auf das abgelaufene Haushaltsjahr bezogenen mittelfristigen Ergebnis- und Finanzplanung,
3. Abweichungen vom Grundsatz der Einzelbewertung und von bisher angewandten Bewertungs- und Bilanzierungsmethoden,
4. die Vermögensgegenstände des Anlagevermögens, für die Rückstellungen für unterlassene Instandhaltung gebildet worden sind, unter Angabe des Rückstellungsbetrages,
5. die Aufgliederung des Postens „Sonstige Rückstellungen“ entsprechend § 37 Absatz 5 und 6, sofern es sich um wesentliche Beträge handelt,
6. Abweichungen von der standardmäßig vorgesehenen linearen Abschreibung sowie von der örtlichen Abschreibungstabelle bei der Festlegung der Nutzungsdauer von Vermögensgegenständen,

7. noch nicht erhobene Beiträge aus fertiggestellten Erschließungsmaßnahmen,
8. bei Fremdwährungen der Kurs der Währungsumrechnung,
9. die Verpflichtungen aus Leasingverträgen,
10. Name und Sitz anderer Unternehmen, die Höhe des Anteils am Kapital, das Eigenkapital und das Ergebnis des letzten Geschäftsjahrs dieser Unternehmen, für das ein Jahresabschluss vorliegt, soweit es sich um Beteiligungen im Sinne des § 271 Absatz 1 des Handelsgesetzbuchs handelt,
11. bei Anwendung des § 35a,
    a) mit welchem Betrag jeweils Vermögensgegenstände, Schulden, schwebende Geschäfte und mit hoher Wahrscheinlichkeit erwartete Transaktionen zur Absicherung welcher Risiken in welche Arten von Bewertungseinheiten einbezogen sind sowie die Höhe der mit Bewertungseinheiten abgesicherten Risiken,
    b) für die jeweils abgesicherten Risiken, warum, in welchem Umfang und für welchen Zeitraum sich die gegenläufigen Wertänderungen oder Zahlungsströme künftig voraussichtlich ausgleichen einschließlich der Methode der Ermittlung,
    c) eine Erläuterung der mit hoher Wahrscheinlichkeit erwarteten Transaktionen, die in Bewertungseinheiten einbezogen wurden,

    soweit die Angaben nicht im Lagebericht gemacht werden.

[2]Im Anhang ist anzugeben, ob und für welchen Zeitraum ein gültiger Gleichstellungsplan gemäß § 5 des Gesetzes zur Gleichstellung von Frauen und Männern für das Land Nordrhein-Westfalen vorliegt. [3]Zu erläutern sind auch die im Verbindlichkeitenspiegel auszuweisenden Haftungsverhältnisse sowie alle Sachverhalte, aus denen sich künftig erhebliche finanzielle Verpflichtungen ergeben können, und weitere wichtige Angaben, soweit sie nach Vorschriften der Gemeindeordnung oder dieser Verordnung für den Anhang vorgesehen sind.

(3) Dem Anhang ist ein Anlagenspiegel, ein Forderungsspiegel und ein Verbindlichkeitenspiegel nach den §§ 46 bis 48 sowie ein Eigenkapitalspiegel und eine Übersicht über die in das folgende Jahr übertragenen Haushaltsermächtigungen beizufügen.

(4) [1]Kommunen, die ausschließlich Beteiligungen ohne beherrschenden Einfluss halten und somit von der Aufstellung eines Gesamtabschlusses und eines Beteiligungsberichtes befreit sind, müssen eine Übersicht sämtlicher verselbstständigter Aufgabenbereiche in öffentlich-rechtlicher und privatrechtlicher Form beifügen. [2]Die Übersicht muss die Angaben nach § 117 Absatz 2 Gemeindeordnung enthalten.

§ 46 Anlagenspiegel

(1) Im Anlagenspiegel ist die Entwicklung der Posten des Anlagevermögens darzustellen.

(2) [1]Im Anhang ist die Entwicklung der einzelnen Posten des Anlagevermögens in einer gesonderten Aufgliederung darzustellen. [2]Dabei sind, ausgehend von den gesamten Anschaffungs- und Herstellungskosten, die Zugänge, Abgänge, Umbuchungen und Zuschreibungen des Geschäftsjahrs sowie die Abschreibungen gesondert aufzuführen. [3]Zu den Abschreibungen sind gesondert folgende Angaben zu machen:

1. die Abschreibungen in ihrer gesamten Höhe zu Beginn und Ende des Geschäftsjahrs,
2. die im Laufe des Geschäftsjahrs vorgenommenen Abschreibungen und
3. Änderungen in den Abschreibungen in ihrer gesamten Höhe im Zusammenhang mit Zu- und Abgängen sowie Umbuchungen im Laufe des Geschäftsjahrs.

[4]Sind in die Herstellungskosten Zinsen für Fremdkapital einbezogen worden, ist für jeden Posten des Anlagevermögens anzugeben, welcher Betrag an Zinsen im Geschäftsjahr aktiviert worden ist.

§ 47 Forderungsspiegel

(1) [1]Im Forderungsspiegel sind die Forderungen der Kommune nachzuweisen. [2]Er ist mindestens entsprechend § 42 Absatz 3 Nummer 2.2.1 und 2.2.2 zu gliedern.

(2) Zu den Posten nach Absatz 1 Satz 2 ist jeweils der Gesamtbetrag am Abschlussstichtag unter Angabe der Restlaufzeit, gegliedert in Betragsangaben für Forderungen mit Restlaufzeiten bis zu einem Jahr, von einem bis fünf Jahren und von mehr als fünf Jahren sowie der Gesamtbetrag am vorherigen Abschlussstichtag anzugeben.

§ 48 Verbindlichkeitenspiegel

(1) [1]Im Verbindlichkeitenspiegel sind die Verbindlichkeiten der Kommune nachzuweisen. [2]Er ist mindestens entsprechend § 42 Absatz 4 Nummer 4 zu gliedern. [3]Nachrichtlich sind die Haftungsverhältnisse aus der Bestellung von Sicherheiten, gegliedert nach Arten und unter Angabe des jeweiligen Gesamtbetrages, auszuweisen.

(2) Zu den Posten nach Absatz 1 Satz 1 sind jeweils der Gesamtbetrag am Abschlussstichtag unter Angabe der Restlaufzeit, gegliedert in Betragsangaben für Verbindlichkeiten mit Restlaufzeiten bis zu einem Jahr, von einem bis zu fünf Jahren und von mehr als fünf Jahren sowie der Gesamtbetrag am vorherigen Abschlussstichtag anzugeben.

§ 49 Lagebericht

[1]Der Lagebericht ist so zu fassen, dass ein den tatsächlichen Verhältnissen entsprechendes Bild der Vermögens-, Schulden-, Ertrags- und Finanzlage der Kommune vermittelt wird. [2]Dazu ist ein Überblick über

die wichtigen Ergebnisse des Jahresabschlusses und Rechenschaft über die Haushaltswirtschaft im abgelaufenen Jahr zu geben. [3]Über Vorgänge von besonderer Bedeutung, auch solcher, die nach Schluss des Haushaltsjahres eingetreten sind, ist zu berichten. [4]Außerdem hat der Lagebericht eine ausgewogene und umfassende, dem Umfang der kommunalen Aufgabenerfüllung entsprechende Analyse der Haushaltswirtschaft und der Vermögens-, Schulden-, Ertrags- und Finanzlage der Kommune zu enthalten. [5]In die Analyse sollen produktorientierte Ziele und Kennzahlen, soweit sie bedeutsam für das Bild der Vermögens-, Schulden-, Ertrags- und Finanzlage der Kommune sind, einbezogen und unter Bezugnahme auf die im Jahresabschluss enthaltenen Ergebnisse erläutert werden. [6]Auch ist auf die Chancen und Risiken für die künftige Entwicklung der Kommune einzugehen, zu Grunde liegende Annahmen sind anzugeben.

Teil 7
Gesamtabschluss

§ 50 Gesamtabschluss

(1) Der Gesamtabschluss besteht aus

1. der Gesamtergebnisrechnung,
2. der Gesamtbilanz,
3. dem Gesamtanhang,
4. der Kapitalflussrechnung und
5. dem Eigenkapitalspiegel.

(2) Dem Gesamtabschluss ist ein Gesamtlagebericht beizufügen.

(3) Auf den Gesamtabschluss sind, soweit seine Eigenart keine Abweichungen bedingt oder nichts anderes bestimmt ist, die §§ 33 bis 39, 42 bis 44 und 48 entsprechend anzuwenden.

(4) Sofern in diesem Abschnitt auf Vorschriften des Handelsgesetzbuchs verwiesen wird, finden diese in der Fassung des Handelsgesetzbuchs vom 10. Mai 1897 (RGBl. S. 105), zuletzt geändert durch Gesetz vom 23. Juni 2017 (BGBl. I S. 1693), entsprechende Anwendung.

§ 51 Konsolidierung

(1) Verselbstständigte Aufgabenbereiche in öffentlich-rechtlichen Organisationsformen sind entsprechend den §§ 300, 301, 303 bis 305 und 307 bis 309 des Handelsgesetzbuchs zu konsolidieren.

(2) [1]Stehen Unternehmen und Einrichtungen des privaten Rechts unter der einheitlichen Leitung der Kommune, sind diese entsprechend Absatz 1 zu konsolidieren. [2]Dies gilt auch, wenn der Kommune

1. die Mehrheit der Stimmrechte der Gesellschafter zusteht,

2. das Recht zusteht, die Mehrheit der Mitglieder des Verwaltungs-, Leitungs- oder Aufsichtsorgans zu bestellen oder abzuberufen und sie gleichzeitig Gesellschafterin ist oder
3. das Recht zusteht, einen beherrschenden Einfluss auf Grund eines mit diesem Unternehmen geschlossenen Beherrschungsvertrags oder auf Grund einer Satzungsbestimmung dieses Unternehmens auszuüben.

(3) Verselbstständigte Aufgabenbereiche unter maßgeblichem Einfluss der Kommune sind entsprechend den §§ 311 und 312 des Handelsgesetzbuchs zu konsolidieren.

§ 52 Gesamtlagebericht, Gesamtanhang

(1) [1]Durch den Gesamtlagebericht ist das durch den Gesamtabschluss zu vermittelnde Bild der Vermögens-, Schulden-, Ertrags- und Finanzgesamtlage der Kommune einschließlich der verselbstständigten Aufgabenbereiche zu erläutern. [2]Dazu sind in einem Überblick der Geschäftsablauf mit den wichtigsten Ergebnissen des Gesamtabschlusses und die Gesamtlage in ihren tatsächlichen Verhältnissen darzustellen. [3]Außerdem hat der Lagebericht eine ausgewogene und umfassende, dem Umfang der kommunalen Aufgabenerfüllung entsprechende Analyse der Haushaltswirtschaft der Kommune unter Einbeziehung der verselbstständigten Aufgabenbereiche und der Gesamtlage der Kommune zu enthalten. [4]In die Analyse sollen produktorientierte Ziele und Kennzahlen, soweit sie bedeutsam für das Bild der Vermögens-, Schulden-, Ertrags- und Finanzgesamtlage der Kommune sind, einbezogen und unter Bezugnahme auf die im Gesamtabschluss enthaltenen Ergebnisse erläutert werden. [5]Auch ist auf die Chancen und Risiken für die künftige Gesamtentwicklung der Kommune einzugehen, zu Grunde liegende Annahmen sind anzugeben. [6]Der Gesamtabschluss muss zu sämtlichen verselbstständigten Aufgabenbereichen in öffentlich-rechtlicher und privatrechtlicher Form die Angaben nach § 53 Absatz 1 bis 3 enthalten.

(2) [1]Im Gesamtanhang sind zu den Posten der Gesamtbilanz und den Positionen der Gesamtergebnisrechnung die verwendeten Bilanzierungs- und Bewertungsmethoden anzugeben und so zu erläutern, dass sachverständige Dritte die Wertansätze beurteilen können. [2]Die Anwendung von zulässigen Vereinfachungsregelungen und Schätzungen ist im Einzelnen anzugeben.

(3) Dem Gesamtanhang ist eine Kapitalflussrechnung unter Beachtung des Deutschen Rechnungslegungsstandards Nummer 21 (DRS 21) in der vom Bundesministerium der Justiz nach § 342 Absatz 2 des Handelsgesetzbuchs bekannt gemachten Form beizufügen.

§ 53 Beteiligungsbericht

Im Beteiligungsbericht nach § 117 der Gemeindeordnung sind in Form des vorgegebenen Musters nach § 133 Absatz 3 der Gemeindeordnung gesondert anzugeben und zu erläutern

1. die Beteiligungsverhältnisse,
2. die Ziele der Beteiligung und
3. die Erfüllung des öffentlichen Zwecks.

Teil 8
Sonderbestimmungen für die erstmalige Bewertung von Vermögen und die Eröffnungsbilanz

§ 54 Aufstellung der Eröffnungsbilanz

(1) [1]Die Kommune hat eine Eröffnungsbilanz nach § 92 der Gemeindeordnung unter Beachtung der Grundsätze ordnungsmäßiger Buchführung und der in der Gemeindeordnung und dieser Verordnung enthaltenen Vorschriften aufzustellen. [2]Die Eröffnungsbilanz ist entsprechend § 42 Absatz 3 und 4 zu gliedern, ihr ist ein Anhang entsprechend § 45 Absatz 1 und 2 sowie ein Forderungsspiegel nach § 47 und ein Verbindlichkeitenspiegel nach § 48 beizufügen. [3]Sie ist durch einen Lagebericht entsprechend § 49 zu ergänzen.

(2) [1]Vor der Aufstellung der Eröffnungsbilanz ist eine Inventur nach § 29 durchzuführen und ein Inventar aufzustellen. [2]§ 30 Absatz 2 bis 4 findet entsprechende Anwendung.

§ 55 Ermittlung der Wertansätze

(1) [1]Die Ermittlung der Wertansätze für die Eröffnungsbilanz ist auf der Grundlage von vorsichtig geschätzten Zeitwerten durch geeignete Verfahren vorzunehmen. [2]Bei der Bewertung der Vermögensgegenstände und Schulden finden die §§ 32 bis 37 und die §§ 42 bis 44 entsprechende Anwendung, soweit nicht nach den §§ 56 und 57 zu verfahren ist. [3]Dabei ist bei den Vermögensgegenständen des Anlagevermögens, deren Nutzung zeitlich begrenzt ist, die Restnutzungsdauer festzulegen.

(2) Bei der Bewertung von Vermögensgegenständen dürfen Sachverhalte, für die Rückstellungen nach § 37 gebildet werden, nicht wertmindernd berücksichtigt werden.

§ 56 Besondere Bewertungsvorschriften

(1) [1]Bei bebauten Grundstücken, die für die in § 107 Absatz 2 Nummer 2 der Gemeindeordnung, im Gesetz über den Brandschutz, die Hilfeleistung und den Katastrophenschutz vom 17. Dezember 2015 (GV. NRW. S. 886) in der jeweils geltenden Fassung und im Gesetz über den Rettungsdienst sowie die Notfallrettung und den Krankentransport durch Unternehmer vom 24. November 1992 (GV. NRW. S. 458) in der jeweils geltenden Fassung benannten Aufgabenbereiche genutzt werden, sollen die Gebäude anhand des Sachwertverfahrens bewertet werden. [2]Dabei sind in der Regel die aktuellen Normalherstellungskosten zu Grunde zu

legen, sofern nicht ausnahmsweise besser geeignete örtliche Grundlagen für die Wertermittlung verfügbar sind. [3]Insbesondere Gebäude oder wesentliche Gebäudeteile, die in marktvergleichender Weise genutzt werden, können abweichend von Satz 2 anhand des Ertragswertverfahrens bewertet werden. [4]Der Grund und Boden ist mit 25 bis 40 Prozent des aktuellen Werts des umgebenden erschlossenen Baulands in der bestehenden örtlichen Lage anzusetzen.

(2) [1]Grund und Boden von Infrastrukturvermögen im planungsrechtlichen Innenbereich der Kommune ist mit 10 Prozent des nach § 13 Absatz 1 der Verordnung über die Gutachterausschüsse für Grundstückswerte abgeleiteten gebietstypischen Werts für das Gebiet der Kommune für baureifes Land für freistehende Ein- und Zweifamilienhäuser des individuellen Wohnungsbaus in mittlerer Lage anzusetzen. [2]Grund und Boden von Infrastrukturvermögen im planungsrechtlichen Außenbereich ist mit 10 Prozent des Bodenrichtwerts für Ackerland anzusetzen, sofern nicht wegen der umliegenden Grundstücke andere Bodenrichtwerte gelten, mindestens jedoch mit einem Euro pro Quadratmeter anzusetzen.

(3) [1]Für die Kulturpflege bedeutsame bewegliche Vermögensgegenstände sollen, wenn sie auf Dauer versichert sind, mit ihrem Versicherungswert, andernfalls mit dem einer dauerhaften Versicherung zu Grunde zu legenden Wert angesetzt werden. [2]Sonstige Kunstgegenstände, Ausstellungsgegenstände und andere bewegliche Kulturobjekte können mit einem Erinnerungswert angesetzt werden.

(4) Baudenkmäler, die nicht als Gebäude oder als Teil eines Gebäudes genutzt werden, und Bodendenkmäler sind mit einem Erinnerungswert anzusetzen.

(5) [1]Eine Aufteilung der Aufwendungen für Anlagen im Bau nach den einzelnen Posten des Sachanlagevermögens ist nicht vorzunehmen. [2]Wertmindernde Umstände sind zu berücksichtigen.

(6) [1]Beim Ansatz von Beteiligungen an Unternehmen in Form von Aktien oder anderen Wertpapieren, die an einer Börse zum amtlichen Handel oder zum geregelten Markt zugelassen oder in den Freiverkehr einbezogen sind, findet Absatz 7 entsprechende Anwendung. [2]Beteiligungen an Unternehmen, die nach § 116 Absatz 3 der Gemeindeordnung nicht in den Gesamtabschluss einbezogen zu werden brauchen, sowie Sondervermögen und rechtlich unselbstständige Stiftungen können mit dem anteiligen Wert des Eigenkapitals angesetzt werden. [3]Die übrigen Beteiligungen an Unternehmen sollen unter Beachtung ihrer öffentlichen Zwecksetzung anhand des Ertragswertverfahrens oder des Substanzwertverfahrens bewertet werden. [4]Dabei darf die Wertermittlung auf die wesentlichen wertbildenden Faktoren unter Berücksichtigung vorhandener Planungsrechnungen beschränkt werden.

(7) [1]Wertpapiere, die an einer Börse zum amtlichen Handel oder zum geregelten Markt zugelassen oder in den Freiverkehr einbezogen sind,

sind mit dem Tiefstkurs der vergangenen zwölf Wochen ausgehend vom Bilanzstichtag anzusetzen, andere Wertpapiere mit ihren historischen Anschaffungskosten. [2]Wertpapiere sind als Anlagevermögen zu aktivieren. [3]Sie sind nur dann als Umlaufvermögen anzusetzen, wenn sie zur Veräußerung oder als kurzfristige Anlage liquider Mittel bis zu einem Jahr bestimmt sind.

(8) Für die Bestimmung der wirtschaftlichen Restnutzungsdauer von abnutzbaren Vermögensgegenständen findet § 36 Absatz 4 entsprechende Anwendung.

(9) Die Bewertung von Vermögensgegenständen und Schulden sowie die Zuordnung der ermittelten Wertansätze zu den Posten der Eröffnungsbilanz ist auf der Grundlage der vom für Kommunales zuständigen Ministerium bekannt gegebenen Bewertungsrichtlinie vorzunehmen.

§ 57 Vereinfachungsverfahren für die Ermittlung von Wertansätzen

(1) [1]Vermögensgegenstände, für die ein Zeitwert von weniger als 800 Euro ohne Umsatzsteuer ermittelt wird, müssen nicht angesetzt werden. [2]Sie können mit ihrem Zeitwert, wenn sie noch länger als ein Jahr genutzt werden, oder mit einem Erinnerungswert angesetzt werden.

(2) Am Bilanzstichtag auf ausländische Währung lautende Verbindlichkeiten und erhaltene Anzahlungen sind mit dem Briefkurs, Forderungen und geleistete Anzahlungen mit dem Geldkurs in Euro umzurechnen.

(3) [1]Eine eigenständige Bewertung von Maschinen und technischen Anlagen, die Teil eines Gebäudes sind, sowie von selbstständigen beweglichen Gebäudeteilen kann unterbleiben, wenn deren voraussichtliche Nutzungsdauer nicht erheblich von der des zugehörigen Gebäudes abweicht oder wenn diese keine wesentliche Bedeutung haben. [2]Dies gilt nicht für Vermögensgegenstände, die nur vorübergehend in ein Gebäude eingebaut oder eingefügt sind (Scheinbestandteile).

(4) Zum Zwecke der Gebührenkalkulation ermittelte Wertansätze für Vermögensgegenstände können übernommen werden.

(5) [1]Für gleichartige oder sachlich durch eine Fördermaßnahme verbundene Vermögensgegenstände kann der Prozentanteil der erhaltenen Zuwendungen und Beiträge an den Anschaffungs- und Herstellungskosten des geförderten Vermögensgegenstandes mit Hilfe mathematisch-statistischer Methoden auf Grund von Stichproben oder durch andere geeignete Verfahren pauschal ermittelt werden. [2]Dieser Prozentanteil ist der Ermittlung des ansetzbaren Werts der Sonderposten unter Berücksichtigung des angesetzten Zeitwerts des Vermögensgegenstandes zu Grunde zu legen.

§ 58 Berichtigung von Wertansätzen nach Feststellung der Eröffnungsbilanz

(1) [1]Ergibt sich bei der Aufstellung späterer Jahresabschlüsse, dass in der Eröffnungsbilanz Vermögensgegenstände oder Sonderposten oder Schulden

1. mit einem zu niedrigen Wert,
2. mit einem zu hohen Wert,
3. zu Unrecht oder
4. zu Unrecht nicht

angesetzt worden sind, so ist in der später aufzustellenden Bilanz der Wertansatz zu berichtigen, wenn es sich um einen wesentlichen Wertbetrag handelt. [2]Eine Berichtigungspflicht besteht auch, wenn am späteren Abschlussstichtag die fehlerhaft angesetzten Vermögensgegenstände nicht mehr vorhanden sind oder die Schulden nicht mehr bestehen. [3]Maßgeblich für die Beurteilung der Fehlerhaftigkeit sind die zum Eröffnungsbilanzstichtag bestehenden objektiven Verhältnisse.

(2) [1]Ist eine Berichtigung vorzunehmen, so ist eine sich daraus ergebende Wertänderung ergebnisneutral mit der allgemeinen Rücklage zu verrechnen. [2]Wertberichtigungen oder Wertnachholungen sind im Anhang der Bilanz zum aufzustellenden Jahresabschluss gesondert anzugeben. [3]Eine Berichtigung von Wertansätzen durch eine neue Ausübung von Wahlrechten oder Ermessenspielräumen ist nicht zulässig.

Teil 9

Schlussvorschriften

§ 59 Aufbewahrung von Unterlagen, Aufbewahrungsfristen

(1) Die Kommune ist verpflichtet, die Bücher, die Unterlagen über die Inventur, die Jahresabschlüsse, die dazu ergangenen Anweisungen und Organisationsregelungen, die Buchungsbelege und die Unterlagen über den Zahlungsverkehr sowie die Eröffnungsbilanz geordnet und sicher aufzubewahren.

(2) [1]Die Jahresabschlüsse und die Eröffnungsbilanz sind dauernd aufzubewahren. [2]Die Bücher sind zehn Jahre, die Belege und die sonstigen Unterlagen sechs Jahre aufzubewahren. [3]Die Fristen beginnen am 1. Januar des der Beschlussfassung des Vertretungsorgans über die Feststellung des Jahresabschlusses folgenden Haushaltsjahres.

(3) Bei der Sicherung der Bücher, der Belege und der sonst erforderlichen Aufzeichnungen auf Datenträger oder Bildträger muss insbesondere sichergestellt sein, dass der Inhalt der Daten- oder Bildträger mit den Originalen übereinstimmt, während der Dauer der Aufbewahrungsfrist verfügbar und maschinell auswertbar ist und jederzeit innerhalb einer angemessenen Frist lesbar gemacht werden kann.

(4) Werden automatisierte Verfahren, in denen Bücher und Belege gespeichert sind, geändert oder abgelöst, muss die maschinelle Auswertung der gespeicherten Daten innerhalb der Aufbewahrungsfristen auch mit den geänderten oder neuen Verfahren oder durch ein anderes System gewährleistet sein.

§ 60 Sondervermögen, Treuhandvermögen

Soweit auf Sondervermögen und Treuhandvermögen der Kommune gesetzliche Vorschriften über die Haushaltswirtschaft Anwendung finden, gilt diese Verordnung sinngemäß.

§ 61 Inkrafttreten

[1]Diese Verordnung tritt am 1. Januar 2019 in Kraft. [2]Gleichzeitig tritt die Gemeindehaushaltsverordnung NRW vom 16. November 2004 (GV. NRW. S. 644, ber. 2005 S. 15), die zuletzt durch Verordnung vom 27. April 2018 (GV. NRW. S. 239) geändert worden ist, außer Kraft.

Sachregister

Die mit E gekennzeichneten Zahlen beziehen sich auf die Seitenzahlen in der Einführung. Die **fettgedruckten Zahlen** beziehen sich auf die Ordnungsnummern, unter denen die Gesetze/Verordnungen in der Textausgabe abgedruckt sind (siehe dazu die Inhaltsübersicht). Die Zahlen nach dem Schrägstrich verweisen auf die betreffende Vorschrift (= Paragraf)

Beispiel:
28 E = Seite 28 in der Einführung
1/2 = § 2 Gemeindeordnung